한국
커뮤니케이션학사

한국커뮤니케이션학사

독립 학문으로 성립·발전 과정

초판 1쇄 발행 2017년 8월 15일
초판 2쇄 발행 2018년 9월 20일

지은이 차배근
펴낸이 성낙인
펴낸곳 서울대학교출판문화원

출판등록 제15-3호

주소 08826 서울 관악구 관악로 1
대표전화 02-880-5252 | 팩스 02-888-4148
홍보마케팅팀(주문 상담) 02-889-4424, 02-880-7995
이메일 snubook@snu.ac.kr
홈페이지 www.snupress.com

ISBN 978-89-521-1836-3 93300

독립 학문으로 성립·발전 과정

한국 커뮤니케이션학사

차배근 지음

서울대학교출판문화원

A History of Communication Studies and Education in Korea

by Cha, Bae Keun, Ph. D.

Seoul National University Press

머리말

커뮤니케이션학(the academic discipline of communication)이란 현재 우리나라에서 신문학(新聞學)·신문방송학·언론학·언론정보학·미디어학·언론정보영상학·광고홍보학 등으로 부르는 것들을 모두 아우르는 학문으로서, 이는 ① 인간사회에서의 모든 커뮤니케이션 현상(커뮤니케이션학 고유의 연구대상)을 ② 과학적(scientific) 또는 인문학적(humanistic) 방법을 통하여 ③ 기술(describe)하고 설명(explain)해서 커뮤니케이션 현상에 대한 보편타당한 지식체계, 즉 커뮤니케이션 이론(communication theory)을 정립함으로써 이를 통해 주어진 커뮤니케이션 현상을 미리 예측(predict)하고, 나아가서는 그것을 효과적으로 통제(control)하여 인류사회의 문명발전과 복지증진에 기여하는 ④ 하나의 독립된 학문 내지 '학'(學, an independent discipline)이라고 정의할 수 있다. 그러면 이러한 커뮤니케이션학은 도대체 언제부터 시작되어 어떻게 발전해 왔으며, 우리나라에서는 왜 신문학·신문방송학·언론정보학 등등의 여러 가지 이름으로 부르게 되었는가?

바로 이러한 문제, 즉 커뮤니케이션학의 성립과 발전 과정 등에 관한 연구분야를 '커뮤니케이션학사'(學史)라고 부르는데, 이는 커뮤니케이션 전공자들에게 매우 중요한 분야이다. 왜냐하면 커뮤니케이션학사를 통하여 우리가 공부하는 커뮤니케이션학의 역사와 본질을 더 정확히 알 수 있으며, 커뮤니케이션 현상에 관한 여러 가지 연구문제들과 그 해결방법 등도 제시 받을 수 있고, 이미 해결된 연구문제를 되풀이해 연구해야 하는 수고나 번거로움도 덜 수 있기 때문이다. 또한 커뮤니케이션학의 학문적 뿌리·전통·정신 등을 알아서 계승함으로써 앞으로 커뮤니케이션학을 더욱 발전시킬 수 있다. 그러므로 커뮤니케이션학을 공부하려면 우선 그 학사부터 아는 것이 매우 중요하다.

이 책은 커뮤니케이션학(신문학·신문방송학·언론학·언론정보학 등)을 공부하는 학생들에게 커뮤니케이션에 관한 연구와 교육이 언제부터 어떻게 시작되어 어떻게 발전되어 왔는지를 알려 주기 위하여 출판하게 되었다. 그러나 이 책을 쓰게 된 또 하나의 주요 이유는, 저자가 그간에 우리나라 커뮤니케이션학사에 관하여 오랫동안 관심을 가져오면서 수집해 놓았던 자료들을 정리해 후학들에게 물려주고 싶은 욕심 때문이었다.

책 이름[書名]인 '한국커뮤니케이션학사'에서 '학사'(學史)라는 말이 요즘 학생들에게는 좀 생소해서 혹시 '한국커뮤니케이션사'(history of communication in Korea)와 혼동할지도 모르겠다. 그러나 '한국커뮤니케이션사'란 우리나라에서 커뮤니케이션의 역사를 말하는 것으로, 예컨대 봉수제도·신문·잡지·라디오·텔레비전 등을 통한 인간들 간의 커뮤니케이션이 언제부터 어떻게 발달해 왔는지 등에 관한 역사를 말한다. 반면 '커뮤니케이션학사'(history of communication studies and education)란 '커뮤니케이션학'이라는 학문이 언제부터 어떻게 연구·교육되기 시작하여 어떻게 발전해 왔는지에 관한 학문의 역사를 말한다.

이러한 '커뮤니케이션학사'는 서양에서는 고대 그리스 시대부터 시작되었으며, 우리나라에서도 20세기 초반부터 서양의 신문학, 매스커뮤니케이션학, 커뮤니케이션학 등을 차례로 수용해서 신문학·신문방송학·언론학·언론정보학·미디어학·언론정보영상학·광고홍보학 등 여러 가지 이름으로 연구·교육해 왔다. 따라서 이 책 제1장에서는 우선 서양에서 커뮤니케이션학 연구와 교육의 역사부터 간단히 살펴본 뒤에, 제2장부터 우리나라에서는 커뮤니케이션학이 언제부터 어떻게 연구·교육되기 시작하여 어떻게 발전해 왔는지 그 역사를 4개 장(章)으로 나누어 고찰해 보았다. 그러나 2000년도 이전까지의 학사(學史)에 한해 살펴보았다.

사료(史料)의 부족과 저자의 능력 부족 등으로 인하여 제대로 고찰하지 못한 점이 적지 않으며, 오류도 없지 않으리라고 생각한다. 하지만 이 책이 현재 커뮤니케이션학을 공부하고 있거나 또는 앞으로 공부하려는 학생들에게 커뮤니케이션학의 학문적 뿌리와 성격 및 본질 등을 이해하는 데 조금이라도 도움이 된다면 더 바랄 나위 없겠다.

끝으로 지면을 빌려 저자의 옛 제자 두 사람, 즉 이원락 박사와 하종원 박사에게 사의(謝意)를 표하고 싶다. 이들이 이 책의 원고 내용을 일일이 교열(校閱)해 주고 좋은 의견 등을 제시해 주지 않았다면, 저자가 이 책을 감히 상재(上梓)하지 못했을지도 모르겠다. 또한 보잘것없는 졸저(拙著)이지만 이 책을 지난해 미수(米壽)를 맞으신 춘포(春圃) 이현재(李賢宰) 선생님께 바치고 싶다. 비록 전공은 다르지만, 학문을 시작할 때의 초심(初心)을 잊지 말라고 늘 격려해 주시고, 삶의 자세를 몸소 행동으로 보여 주시는 선생님을 이 세상에서 만나, 요즘도 주말이면 산행을 같이하면서 가까이 모시게 된 것은 나의 큰 행복의 하나이다.

2017년 7월

화성시 정남면 낭형당에서

저자 차배근

차례

제5장 매스컴학에서 다시 커뮤니케이션학으로 확대·발전

제1장

서론:
커뮤니케이션학의 기원과 성립·발전

커뮤니케이션학이란, 머리말에서 말했듯이 현재 우리나라에서 신문학·신문방송학·언론학·언론정보학·미디어학·언론정보영상학·광고홍보학 등 다양한 이름으로 부르는 것들을 모두 아우르는 학문이다. 그렇다면 왜 이처럼 우리나라에서는 커뮤니케이션학을 여러 가지 다양한 명칭으로 부르고 있는가? 가장 중요한 이유의 하나는, 서양에서 도입한 커뮤니케이션학에서 '커뮤니케이션'(communication)이라는 단어의 뜻에 꼭 맞는 우리말 어휘가 없기 때문이다. 또 하나의 이유는, 커뮤니케이션학이 처음에는 신문학(journalism)에서부터 시작되어 방송 등도 포괄하는 매스커뮤니케이션학으로 확대·발전했다가 다시 인간사회의 모든 커뮤니케이션 현상을 다루는 커뮤니케이션학으로 확대·발전하는 과정에서 여러 가지 명칭으로 불려졌기 때문이다. 그러면 우선 제1장에서 커뮤니케이션학의 기원과 성립·발전 과정부터 살펴본 다음, 제2장부터 우리나라에서는 커뮤니케이션학이 언제부터 어떻게 연구·교육해 왔는지 알아보기로 하겠다.

커뮤니케이션학의 기원과 수사학의 생성 · 발달

커뮤니케이션학이 하나의 독립 학문으로 정립된 것은, 대부분의 다른 학문들과 마찬가지로 20세기 초 유럽과 미국 등지에서였다. 그러나 커뮤니케이션 현상에 대한 인간의 관심은 인류가 사회를 이루고 살기 시작한 때부터 비롯되었다고 볼 수 있다. 인간사회에서 경제체제를 우리 몸에서 혈관(血管)에 비유한다면, 커뮤니케이션은 우리 몸에서 신경체계(神經體系)에 비유할 수 있을 만큼, 인간들 간의 커뮤니케이션은 매우 중요한 역할을 담당하기 때문이다. 따라서 커뮤니케이션 현상에 대한 인간의 관심은 인류 역사와 그 기원을 같이했다고 볼 수 있다. 이는 성서(聖書)를 보아도 알 수 있는데, 『신약성서』 요한복음 1장 1절을 보면, "태초에 말씀(word or logos)이 있었다"고 하며, 『구약성서』 창세기 1장에도 하나님이 말씀을 통해 천지만물을 창조하는 과정이 자세히 설명되어 있는데, 이는 곧 고대인(古代人)들도 '말'이라는 커뮤니케이션 수단에 관해 관심이 컸음을 시사하고 있다.

1. 설득에 관한 관심과 수사학의 탄생

파피루스(papyrus)에 쓰여진 여러 기록들에도 기원전 2500년경 이집트의 가게미(Kagemni)라는 사람이 왕에게 설득 방법을 가르쳤다는 사실이 나오며(Gunn, 1948; Gray, 1946, pp. 446-454), 호머(Homer)의 『일리아드』(*Iliad*)에도 '논증'(argument)이니 '감정적 호소'(emotional appeal)니 하는 현대적 커뮤니케이션 용어들이 여기저기 나오는 것을 볼 때, 서양에서는 일찍부터 커뮤니케이션 방법에 대한 관심이 컸던 것을 짐작할 수 있다. 그 결과

고대 그리스 시대에는 수사학(修辭學, rhetoric)이라는 학문까지 탄생했는데, '수사학'이라고 하면 '문제론'(文體論)으로 오해하는 사람들도 없지 않다. 그러나 고대 그리스 시대의 수사학은 아리스토텔레스(Aristoteles, B.C. 384~322)가 기원전 330년경에 저술한 『수사학』(*Rhetoric*)이라는 책에서 정의했듯이, "어떤 경우에나 쓰여질 모든 가능한 설득의 수단을 관찰 또는 발견하는 학문"(Aristotle, 1954, I. 1355bs26)으로, 오늘날 커뮤니케이션학에서 주요 연구분야의 하나인 '설득커뮤니케이션론'(persuasive communication)과 마찬가지였다. 따라서 고대 그리스 시대의 수사학을 현대 커뮤니케이션학의 효시로 잡는다면 그 역사는 2,300여 년 전으로 거슬러 올라갈 수 있다. 그렇다면 수사학이 서양에서 일찍부터 대두한 까닭은 무엇인가?

1) 고대 그리스의 시실리와 아테네에서 수사학의 탄생과 발달

기원전 467년 시실리(Sicily)의 시러큐스(Syracuse)에서 당시까지 서양 역사상 가장 큰 정치적 변혁이 일어났는데, 그것은 민중들이 독재자 트라시발루스(Thrasybalus)를 축출하고 민주정부를 수립한 것이었다. 그러자 시민들이 법정으로 몰려가서 트라시발루스에게 빼앗겼던 재산과 시민권을 되찾기 위하여 호소하면서 자신들의 주장을 효과적으로 표현·전달할 수 있는 방법의 필요성을 깨닫게 되었다. 이에 코랙스(Corax)라는 사람이 『수사술』(修辭術, *Rhetorike Teche*)이라는 책을 써서 시민들에게 법정에서 효과적으로 논증하는 방법을 가르치기 시작했다.

이것이 바로 수사학의 효시였는데(Thonssen and Baird, 1948, pp. 34-35), 코랙스는 이 책에서 수사학이란 "화자(話者)가 청중으로부터 바라는 반응을 불러일으키기 위한 설득술"(art of persuasion)이라고 정의했다(McCroskey, 1968, p. 4에서 인용). 이렇게 시실리의 시러큐스에서 시작된 수사학은 그 후 그리스의 아테네(Athens)에서도 민주정치가 시행되면서 크게 발달했는데, 그 주요 요인으로는 특히 다음과 같은 두 가지를 들 수 있다(〈참고자료 1-1〉 참조).

첫째는 기원전 462년부터 시작된 '디스카스테리아'(diskastêria)라는 민주적 재판제도 때문이었다. 이는 판사 없이 배심원들이 재판하는 제도로서, 아테네 시민권자들 중에서 우선 6,000명의 배심원 후보들을 추첨으로 선출한 다음, 그 가운데서 다시 평균 201명(재판의 사안에 따라 명수가 달랐음)의 배심원들을 재판 당일 현장에서 추첨해 이들로 하여금 재판정에서 원고와 피고의 진술을 한 차례씩 듣고 나서 투표로 판결을 내리도록 하는 재판제도였다(Kirchner, 1960, pp. 30-58). 따라서 법정에 서게 될 경우 그 많은 배심원들을 상대로 자기의 입장이나 주장을 효과적으로 변론하고 입증해서 배심원들을 설득할 수 없는 한, 재판에 이길 승산은 거의 없었다. 때문에 아테네 시민들은 누구나 설득술(說得術)을 배우고 연구하게 되면서 수사학이 크게 발달하게 되었다.

둘째로 아테네에서 수사학이 발달하게 된 또 하나의 주요 요인은, 민회(民會, ekklesia)에 의한 민주정치제도 때문이었다. 민회란 아테네에서 시민권을 가진 20세 이상의 남성들로 구성된 국가 최고의 의결기구로서, 전쟁·외교·법률 제정·시민권 부여·관리 선출·장군 선발·재정·세금 등 나라의 모든 중대사들에 관하여 의논하고 의결했다. 따라서 시민권을 가진 20세 이상의 아테네의 모든 남성들은 1년에 정기적으로 40회 정도, 그리고 시급한 주요 안건이 있을 경우는 수시로 모여 아침부터 그 안건에 관하여 자유로운 토의와 토론을 벌이면서 거수(擧手) 등을 통해 의결했다. 당시 아테네 시민들은 이처럼 민회에 참여하여 자신의 의견이나 생각을 올바로 개진해서 민주주의 발전에 기여하는 것을 자신의 가장 중요한 권리와 의무로 여겼다.

참고자료 1-1

고대 아테네 민주주의의 세 가지 핵심제도와 수사학

고대 아테네는 그리스의 여러 도시국가(polis) 중 하나로, 기원전 510년 민주정부를 수립하여 170여 년 동안 번성하다가 기원전 338년 마케도니아 왕국의 필리포스 2세(Philippos II)에 의해 멸망당했다. 고대 아테네는 기원전 507년 클레이스테네스(Cleisthenes)가 'demokratia'(영어로 rule by the people)라는 민주적 개혁조치들을 단행함으로써 민주주의가 꽃을 피우게 되었는데, 이렇게 만든 아테네 민주주의의 핵심제도로는 다음 세 가지를 꼽을 수 있다.

① 민회에 의한 민주정치제도

첫째는 'ekklesia'라고 부른 민회(民會)에 의한 정치제도였는데, 민회는 시민들로 구성된 국가 최고 의결기구로 입법·행정뿐 아니라 사법까지 지배했다. 이러한 민회에는 아테네의 모든 시민들이 참여했다. 그러나 실제로는 아테네 시민권을 가진 20세 이상의 자유시민 중에서 남성만 참여할 수 있었으며, 여자·범법자·노예·외국인 등은 참여 자격이 없었다. 그래서 기원전 5세기경 아테네의 전체 인구는 25만 명 정도였으나, 민회에 참여할 수 있는 시민은 전체 인구 중 겨우 12%인 3만 명 정도에 불과했다.

민회에서는 전쟁의 선포, 외국과의 동맹이나 조약의 체결 등에 관한 외교 문제, 법률의 제정, 국가 안위에 관련된 범죄자에 대한 재판, 시민권 부여, 관리 선출, 장군 선발, 재정과 세금 문제 등등 나라의 모든 중대사에 관하여 의논하고 결정했다.

민회는 1년에 정기적으로 40회 정도 개최되었으며, 필요하면 임시로도 열었다. 회의는 보통 이른 아침부터 시작했는데, 모든 안건은 토의나 토론을 거친 다음, 표결은 거수(擧手)로 하거나 또는 항아리 속에 찬반을 표하는 조개껍질을 넣어서 다수결로 했다. 이때 모든 참여자들에게 누구나 자신의 의견을 말하고 투표할 수 있는 권한과 기회를 동등하게 부여해 주었다. 회의는 의장(議長)이 진행했으나, 의장은 정치인이 아닌 일반시민 중에서 시민들이 제비뽑기로 선출했으며, 임기는 1개월이었다.

민회는 처음에는 아고라(Agora)에서 열었는데, 이곳은 저잣거리인데다가 행정기관들도 있어서 자연히 많은 사람들이 모여들어 정치와 사업 등에 관한 온갖 정보와 의견을 교환했기 때문이다. 예컨대, 소크라테스와 소피스트들도 이곳에 모여 제자들과 학문을 논하고 담소를 나누었다. 이러한 곳에서 민회도 열림으로써 아고라는 아테네 시대 초기에 민주주의의 요람이 되었다.

그러나 기원전 6세기 말 클레이스테네스 시대에 민회 장소를 프닉스 언덕(Pnyx Hill)으로 옮겼다. '프닉스'는 그리스말로 "숨쉬기 어렵다"는 뜻인데, 이 언덕에서 민회가 열릴 때는 군중들이 발 디딜 틈도 없이 모여 열띤 토론을 벌여서 숨쉬기조차 힘들었기 때문에 이렇게 불렀다고 한다. 프닉스 언덕의 넓이는 2,400평방미터로서 6,000명의 사람들을 수용할 수 있었는데, 이는 주요 안건에 관한 민회에는 6,000명의 시민들이 참여토록 했기 때문이다.

기원전 4세기 이후에는 민회 장소를 아크로폴리스 언덕(Acropolis Hill) 기슭에 세워진 대형 야외극장인 디오니소스 극장(Theater of Dionysos)으로 옮겼다. 그런데 민회 장소를 아크로폴리스 언덕으로 옮긴 것처럼 잘못 알려져, 예컨대 서울대학교 학생들도 민주화 시위를 벌이던 행정관 건물 뒤의 언덕을 '아크로폴리스 광장'이라고 부르고 있다.

② 평의회에 의한 민주정치제도

두 번째 핵심적 민주제도는 평의회(評議會)에 의한 정치제도였다. 앞서 말했듯이 아테네의 주요 국사(國事)는 모두 민회에서 결정했지만, 민회의 규모가 너무 커서 긴급한 일들은 신속하게 처리하기가 어려웠다. 그러자 긴급한 일들의 처리를 위해 아테네의 10개 부족에서 각각 50명씩 모두 500명을 추첨으로 뽑아서 'boule'이라는 평의회를 만들어 긴급한 일들을 처리했다. 평의회 위원들은 매년 30세 이상의 아테네 시민권자 중에서만 뽑았으며, 평생 두 번 이상 평의회 의원이 될 수 없었는데, 이는 가능한 한 모든 시민에게 골고루 정치활동의 기회를 보장하기 위해서였다.

500명의 평의회 위원들은 매일 '톨로스'(Tholos)라는 원형 건물 안에 있는 메트룬(Metroon) 회관에서 민회 의장과 함께 회의를 열어 국가의 긴급한 일들을 처리하고, 민회에서 토의할 안건 등도 결정했다. 또한 평의회 위원들의 대부분은 정부 각 부처 행정위원회 장(長)을 맡아 그날그날의 행정사무를 처리하기도 했다.

③ 배심원단에 의한 민주재판제도

세 번째 핵심적 민주제도는 'dikasteria'라고 부른 시민재판제도, 즉 시민들로 구성된 배심원단에 의한 재판제도였다. 배심원단의 배심원들은 아테네 10개 부족의 30세 이상 남성 시민 중에서 각 부족별로 600명씩 추첨으로 뽑아 모두 6,000명의 배심원 후보 명단을 작성했다. 그런 다음 그중에서 재판사건의 중요성에 따라 101명에서부터 1,001명까지의 배심원들을 재판 당일 '클레로테리온'(Kleroterion)이라는 추첨기를 사용해서 무작위로 선발하여 배심원단을 구성했다. 이처럼 배심원들을 재판 당일 추첨기로 뽑은 것은 재판 당사자들이 배심원을 미리 매수하거나 특정인이 배심원으로 뽑히는 것을 막기 위해서였다.

이렇게 뽑은 배심원들이 모든 재판을 맡았기 때문에 아테네에는 직업적 판사도 없었고, 검사나 변호사도 없었다. 따라서 소송할 일이 생기면 시민 각자가 법정에 제기한 다음, 법정에 나가서 상대방(피고)을 고소하고 자신(원고)은 변호해야 했다. 재판은 아고라와 아크로폴리스 사이에 위치한 'Arios Pagos'라는 언덕에서 열었는데, 이 언덕에 모인 수백 명의 배심원들 앞에서 원고와 피고가 한 차례씩 고소나 변론을 하고 나면, 그것을 배심원들이 듣고 투표로써 누가 유죄고 무죄인지 판결을 내렸다. 따라서 자신의 주장이나 의견을 효과적으로 진술하거나 변론하지 못하면 진실 여부를 떠나서 재판에 질 수밖에 없었다. 그러자 원고나 피고들을 소피스트(sophist)들에게 고소나 변론 내용을 대신해서 작성해 달라고 부탁하거나, 또는 그들에게서 고소나 변론 요령과 수사학 원리를 배운 다음 법정에 서기도 했다.

위에서 아테네 민주주의의 핵심제도인 민회와 재판제도에 관하여 살펴보았는데, 기원전 451년 아테네의 민주주의 꽃을 다시 활짝 피웠던 페리클레스(Perikles)는 역설하기를, "민주주의는 권력이 소수에게 있는 것이 아니라 전체 시민의 손에 있다"면서, 시민들이 민주적 의사결정 과정에 이르는 방법으로서 토의와 토론의 중요성을 강조한다. 그러면서 시민들에게 민회나 법정 등에서 동등한 발언권에 의거한 자유로운 토의와 토론을 통하여 국사의 중요한 문제들에 대해 올바른 결정을 내리도록 했다. 따라서 아테네 시민들도 민회나 법정과 같은 공적 영역에 참여하여 자신의 의견이나 생각을 올바로 개진해서 민주주의 발전에 기여하는 것을 자신의 가장 중요한 권리이자 의무로 알았다. 그러므로 토의·토론·설득 등을 통해 국가사회의 주요 문제를 다 함께 민주적으로 해결하는 방법에 관한 학문인 수사학을 열심히 연구하고 교육하게 되었다.

그러므로 이러한 자신의 권리와 의무를 다하기 위하여 아테네 시민들은 연설·토의·토론·설득 방법 등을 열심히 배우고 연구했다. 그 결과 토의·토론·설득 등을 통해 국가사회의 주요 문제 등을 민주적으로 해결하는 방법에 관한 학문인 수사학이 아테네에서 크게 발달하게 되었다.

2) 과학적 학문으로서의 수사학의 성립과 발달

이와 같이 아테네에서 민주주의의 시행과 함께 수사학의 필요성이 크게 대두되자, 이를 기화로 일부 소피스트(sophist)들이 돈을 벌려는 목적에서 수사학의 정수(精髓)를 가르치는 대신 궤변을 가르치는 경향까지 나타나게 되었다. 이런 시기를 수사학의 제1궤변기(詭辯期: the First Sophistic Period)라고 부르는데, 이처럼 수사학이 궤변술로 전락되어 사회의 비판 대상이 되자, 이소크라테스(Isocrates, B.C. 436~338)는 『소피스트에 대한 반대』(*Against the Sophists*)와 『안티도시스』(*Antidosis*)라는 저서를 통하여 "수사학의 본래 목적은 시민들에게 공동생활의 방법을 가르치는 것"이라고 역설하면서, 이러한 수사학의 본질을 훼손하는 소피스트들을 비난하고 나섰다(Clark, 1957, p. 24에서 인용).

플라톤(Platon, B.C. 428?~347)도 그의 저서 『고르기아스』(*Gorgias*, B.C. 383년경)와 『패드러스』(*Phaedrus*, B.C. 380)에서 "진정한 의미의 수사학이란 언어를 통하여 시민들의 심령(soul)을 일깨우는 예술로서 대화법(dialectics)에 심리학(psychologia)을 곁들인 학문"이라고 정의하면서, 그 목적보다 수단에 치중하는 일부 소피스트들의 사이비 수사학을 공박했다(Hostettler, 1967, p. 19 및 Mackin, 1969, p. 6). 또한 다른 저서인 『공화국』(*The Republic*), 『법학』(*Laws*), 『정치학』(*Politics*) 등에서도 플라톤은 민주적 사회통제의 주요 수단으로서 설득의 기능과 중요성을 역설하면서, 설득을 주제로 한 참다운 수사학의 정립을 촉구했다(Black, 1965, p. 87에서 인용).

그런가 하면 아리스토텔레스는 수사학이란 "단순히 설득의 기술(knack)이 아니라, 어떤 경우에나 쓰여질 모든 가능한 설득의 수단을 관찰 또는 발견하는 학문"이라고 정의했다. 그러면서 그는 실용적 입장이나 또는 스승 플라톤의 도덕철학적 학문태도와는 달리, 실증적 또는 과학적 입장에서 수사학을 연구해서 "도대체 인간들은 서로 말이나 글을 통하여 어떻게 사회적 합의(social consensus)에 도달하는가" 하는 설득 과정과 그 원리를 밝혀보고자 했다(Clark, 1957, p. 41). 그리하여 기원전 330년경 『수사학』(*Rhetoric*)이라는 책을 통해 수사학의 이론적 체계를 제시함으로써 수사학이 하나의 과학적 학문으로 정립하게 되었다.

아리스토텔레스의 『수사학』은 모두 3권으로 구성되어 있는데, 제1권에서 수사학의 필요성을 설명한 다음, 제2권에서는 청중의 심리를 설득 상황과 관련시켜 분석하고, 제3권에서는 청중을 설득하기 위한 화자의 다섯 가지 주요 기능들(functions)을 중심으로 메시지의 고안(考案)과 전달 방법에 관한 여러 가지 이론과 원리들을 제시했다. 그러면서 설득을 어떤 주어진 상황에서 화자(speaker)가 말(speech)이라는 수단을 통하여 청중(listeners)의 태도·행동 등을 변용시키는 역동적 설득 과정으로 보았는데, 이를 간단히 그림으로 나타내면 〈그림 1-1〉과 같다.

당시는 아직 신문·잡지 등 대중매체가 없었기 때문에 아리스토텔레스는 주로 구두(口頭)커뮤니케이션을 중심으로 설득 원리를 설명했다. 그

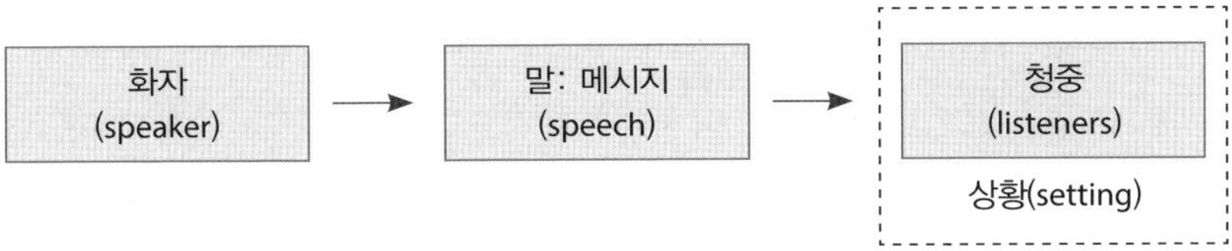

그림 1-1 아리스토텔레스의 설득커뮤니케이션 과정 모형

러나 그의 수사학 체계와 이론들을 보면 현대 커뮤니케이션학에서 설득 커뮤니케이션 이론과 비교해도 손색이 없는데, 그중에서 메시지의 작성과 전달 방법만 간단히 소개해 보면 다음과 같다.

3) 수사학에 관한 아리스토텔레스의 이론체계

아리스토텔레스가 그의 『수사학』 제3권에서 제시한 메시지의 작성과 전달 방법에 관한 수사학의 이론체계를 보면, 청중을 설득하기 위한 화자의 주요 기능들로서 다음 다섯 가지를 들었다. 첫째는 설득 방법의 발견과 창안(invention), 둘째는 메시지 내용들의 선택과 배열(disposition), 셋째는 메시지 내용들의 언어화(言語化)와 수식(style), 넷째는 메시지 내용들의 기억(memory), 다섯째는 메시지의 표출과 전달(delivery)이 그것이다. 그러면서 이와 같은 화자의 다섯 가지 주요 기능들을 중심으로 그에 관한 수사학 이론들을 전개하였다.

(1) 청중에 대한 설득 방법의 발견과 창안

설득 방법의 발견과 창안이란 화자가 자신의 주장을 입증해서 청중을 설득할 수 있는 방법의 발견과 창안을 말하는데, 이는 화자의 첫 번째 기능이자 가장 중요한 업무라면서 아리스토텔레스는 청중의 설득 방법으로 크게 다음 두 가지를 들었다. 즉 하나는 비기술적 방법(non-artistic method)으로, 이는 어떤 증거물이나 법조문 등을 있는 그대로 제시함으로써 화자의 주장을 입증해서 청중을 설득하는 방법이다. 또 하나는 기술적 방법(artistic method)으로, 이에는 다시 세 가지, 즉 ① 청중의 이성에 호소하면서 논리적으로 설득하는 이성적 방법(logos: rational appeal), ② 청중의 감정에 호소하여 설득하는 감성적 방법(pathos: emotional appeal), ③ 화자의 인격을 통하여 청중을 설득하는 인격적 방법(ethos: ethical appeal)이 있다 (Aristotle, 1954, 1356al).

이러한 기술적 설득 방법들은 인간이 이성적이면서도 감성적 동물이라는 것을 전제로 한 것이었는데, 아리스토텔레스의 『수사학』 제2권을 보면 청중을 설득하려면 그들의 심리부터 알아야 한다면서, 인간의 이성·감성·도덕성 등의 심리를 청중의 연령·빈부·사회적 지위 등의 속성에 따라 자세히 분석해 놓았다. 따라서 이를 볼 때, 아리스토텔레스는 이미 2,500년 전에 인간의 본성은 이성적(logical)이면서도 감성적(emotional)이라고 보면서 이러한 인간의 설득 방법으로 위와 같은 세 가지를 들었는데, 이는 놀랄 만한 것이었다.

위와 같이 설득 방법에는 여러 가지가 있는데, 그중에서 화자가 자신의 주장을 입증해서 청중을 설득할 수 있는 방법을 일단 발견 또는 창안하면, 다음으로는 입증할 문제를 구체적으로 분석하면서 쟁점(issue)들을 발견해 그에 대한 논증 방법을 강구해야 된다고 했다. 그러면서 화자가 어떤 정치적·사회적 문제에 대한 쟁점을 찾아 그것을 논증할 때는, 마치 의사가 환자를 진단대에 눕혀 놓고 ① 병(ill)이 들었는가, ② 만약 병이 들었다면 그 병인(cause)은 무엇인가, ③ 그러면 어떤 처방(cure)을 해야 하는가, ④ 만약 어떠어떠한 처방을 한다면 그 처방의 장단점(cost)은 무엇인가라고 진단하고 처방하듯이, 우선 문제점을 지적하고 그 원인을 분석하여 문제점의 해결 방법을 제시하면서 그 장단점을 비교·제시해야 한다고 했는데, 이러한 논증 방법을 '스타시스 체계'(Stasis system)라고 불렀다.

(2) 청중에게 전달할 메시지 내용들의 선택과 배열

메시지 내용들의 선택과 배열이란, 앞서 첫 번째 단계에서 발견 또는 창안한 설득 방법에 필요한 여러 가지 메시지 자료들을 선정하고 조직·배열하는 것을 말하는데, 이에는 메시지 자료의 윤색(潤色: coloring)·확대·축소·강조·배분(proportioning) 등의 방법까지 포함된다고 했다. 이러한 메시지 자료들의 선택과 배열상의 유의 조건으로 아리스토텔레스는 설득의 구체적 목적·유형·상황과, 청중의 연령·구성·분위기 등 및 화자 자신의 연령·명성·성품 등을 들었다. 그러면서 이런 조건들을 감안하여 메시지 자료들을 선정·배열하되, 메시지는 크게 ① 서론(exordium), ② 해설(narration), ③ 논증(proof), ④ 결론(peroration)으로 나눠 조직·배열해야 한다면서 다음과 같이 설명했다.

우선 서론의 목적은 청중으로 하여금 화자에게 호의(benevolum)를 갖고, 그의 말에 주목(attentum)하게 해서, 메시지의 수용태도(docilem)를 높이는 데 있다면서, 이런 목적의 서론에는 두 가지가 있다고 했다. 즉 단도직입적 서론(principium)과 완곡적 서론(insinuatio)이 그것인데, 단도직입적 서론은 청중이 화자에게 호의적일 경우는 좋으나, 그렇지 않은 경우는 완곡적 서론이 좋다고 설명했다.

다음으로 해설 부분에서는 논증코자 하는 명제(논제, proposition)를 제시하면서 그에 관하여 간단히 설명해야 된다고 했다. 그다음 논증은 메시지 내용 중 가장 핵심 부분으로, 이에서는 화자 자신의 명제를 입증(confirmation)하는 한편, 그에 대한 다른 주장이나 의견을 반박(refutation)해야 하는데, 이러한 논증 방법에는 실례(example) 등의 제시를 통한 귀납적 방법과, 삼단논법(syllogism)·약식삼단논법(enthymeme) 등을 통한 연역적 방법이 있다고 했다. 그러면서 어떤 명제를 실례를 들어 논증할 때는 "언제·어디서·누가·무엇을·왜·어떻게 했다"는 식으로 구체적으로 서술해야 한다는 '토포이 체계'(Topoi system)를 제시했는데, 이것이 그 뒤 보편화되어 오늘날 '육하원칙'(六何原則)으로 불리면서 널리 사용하고 있다.

끝으로 결론에서는 앞부분에서 말한 메시지 내용들을 간단히 요약·

정리해야 한다고 했다.

이상과 같이 아리스토텔레스가 제시한 메시지의 조직 · 배열 방법, 즉 서론 · 해설 · 논증 · 결론 식의 방법은 오늘날까지 각종 연설문이나 논설 등의 작성에서 널리 사용되고 있다.

(3) 메시지 내용들의 언어화와 수식

메시지 내용들의 언어화(言語化)와 수식이란, 앞서 선정 · 조직 · 배열한 메시지 내용들을 청중에게 전달하기 위해 그것들을 언어로 표현하는 동시에 수식하는 것을 말하는데, 이는 화자가 청중을 설득하려면 메시지 내용들을 언어로 명확하게 표현하고 수식도 해야 하기 때문이다. 그러면서 아리스토텔레스는 메시지의 수식 방법으로 특히 문체(style)에 관한 여러 가지 이론들을 제시하면서, 문체의 기본 요건(virtues)으로는 정확성(correctness) · 명확성(clearness) · 적합성(appropriateness) · 유려성(ornateness)을 들었다. 화자가 그의 메시지를 청중에게 명확하고 효과적으로 전달하려면, 우선 문체가 정확하고 명확하며 그 쓰임새에 적합해야 하기 때문이었다.

또한 청중을 설득하기 위해서는 문체도 유려해야 한다면서, 유려한 문체의 주요 요건으로서 문장의 율동성(rhythmical sentence movement)과 비유법(figures)을 들었다. 그러면서 특히 비유법을 자세히 설명했는데, 직유법(直喩法) · 은유법(隱喩法) · 의인법(擬人法) · 환유법(換喩法) · 제유법(提喩法) · 과장법(誇張法) · 곡언법(曲言法) · 반어법(反語法) 등 여러 가지 비유법의 종류와 그 기능을 구체적 실례를 들어 설명했다.

그러나 유려한 문체가 항상 좋은 것은 아니며, 문체는 주어진 상황이나 청중의 속성을 고려하여 결정해야 된다면서, 문체의 여러 종류, 예컨대 강건체(剛健體) · 건조체(乾燥體) · 장엄체(莊嚴體) · 보통체(普通體) 등의 특성과 용례(用例)를 자세히 제시했다. 그러면서 문체론에 관한 이론들도 체계화해 놓았다.

(4) 메시지 내용의 기억

메시지 내용의 기억이란 앞서 언급한 세 단계를 거쳐 작성한 메시지의 내용을 암기하는 것을 말하는데, 이에 관해서도 아리스토텔레스는 여러 가지 이론들을 제시했다. 예컨대, 메시지 내용의 기억 방법으로 연상법(聯想法) 등을 자세히 설명해 놓았는데, 대중매체가 없던 당시는 주로 연설 등을 통하여 청중을 설득하려면 화자가 메시지 내용을 잘 기억했다가 그것을 청중에게 전달해야 하기 때문이었다.

(5) 메시지의 표출과 전달

메시지의 표출과 전달(delivery)이란 화자가 그의 메시지를 음성이나 동작(action) 등을 통하여 청중에게 효과적으로 전달하는 것을 말하는데, 아리스토텔레스의 『수사학』을 보면 이러한 메시지의 표출과 전달 방법에 관한 이론들도 자세히 제시해 놓았다. 즉 음성을 통한 메시지 전달 방법에서는 음성과 발음 등에 관하여, 동작을 통한 메시지 전달 방법에서는 제스추어 · 얼굴표정 · 몸의 움직임(movement) 등에 관한 여러 가지 원리와 이론들을 소개해 놓았다.

이와 같이 아리스토텔레스가 그의 『수사학』에서 체계화해 놓은 여러 가지 수사학 이론들과 그 체계는 그 뒤 로마 시대와 중세기 · 르네상스기를 거쳐 18세기에 이르기까지 소위 '고전수사학'(classical rhetoric)의 근간을 이루어 왔다. 하지만 로마제국 시대부터 민주주의가 쇠퇴하자 수사학이 더 이상 민주주의 수단으로서의 설득 방법에 관한 학문이 아니라, 단순히 청소년들에게 말하기와 글쓰기 방법의 교육 수단으로 변질되었다가, 중세기에는 수사학이 가톨릭교의 포교 수단으로 전락하기도 했다. 그러나 문예부흥 이후 수사학이 다시 본래 모습을 되찾기도 했다.

2. 로마 시대와 중세기에서 수사학의 발달과 쇠퇴

그리스의 아테네에서 민주정치가 시행되면서 시민들 상호 간의 대화와 설득 수단으로서 꽃을 피웠던 수사학은, 기원전 338년 아테네가 마케도니아(Macedonia) 제국의 지배 아래로 들어가게 되면서 된서리를 맞게 되었다(Fritz, 1922, p. 32). 독재의 마케도니아 제국에서는 명령만 있을 뿐, 시민들 간의 대화나 상호 설득을 통한 민주활동은 엄금했기 때문이었다. 그러자 수사학은 민주주의라는 온상을 찾아 이탈리아 반도의 로마공화국으로 자리를 옮기게 되었는데, 당시 로마에서는 '공화제'(res publica)라는 민주정치를 실시하면서 그 수단으로 수사학이 요구되었다.

1) 로마공화국에서 수사학 연구와 교육의 발전

로마공화국은 그리스의 아테네로부터 수사학을 도입, 이를 민주시민 양성을 위한 핵심교과로 시민들에게 가르치고 연구하면서 아테네에서처럼 수사학의 주제를 설득에 두었지만, 이성적 방법을 통하여 자유시민들을 계도하는 데에 주목적이 있었다. 즉 시민들로 하여금 정의와 불의를 판단케 하고, 각종 법안을 통과시키거나 또는 부결케 하며, 선(善)을 찬양하고 악(惡)을 규탄토록 시민을 계도하는 것을 수사학의 기본 기능으로 삼으면서, 이러한 기능의 수행을 위한 수사학을 연구 · 교육했다.

하지만 현실적 태도를 지녔던 로마인들은 아테네의 수사학을 그대로 모방하지 않고, 그것을 실용적이고 교육적 학문으로 발전시키면서 더욱 체계화하고 다듬어 새로운 수사학 이론체계를 확립시켰다. 그 결과 수사학에 관한 연구와 교육이 크게 발전하면서 훌륭한 정치가와 민주시민들이 많이 나왔는데(Thonssen and Baird, 1948, p. 77), 그중에서 대표적 인물로는 정치인이자 웅변가(orator)였던 카이사르(Julius Caesar, B.C. 100~44), 키케로(Marcus Tullius Cicero, B.C. 106~43), 브루투스(Marcus Junius Brutus, B.C. 85~23) 등을 꼽을 수 있다.

로마공화국 시대에는 또한 수사학에 관한 저서들도 많이 나왔는데, 그중에서 대표적인 것으로는 작자 미상의 『레토리카 애드 헤렌니움』(*Rhetorica ad Herennium*, B.C. 82)과, 로마공화국 중기와 말기의 정치가로 유명했던 키케로가 지은 『디 인벤티오네』(*De Inventione*, B.C. 86), 『디 오라토레』(*De Oratore*, B.C. 55), 『오라토』(*Orator*, B.C. 46), 『토피카』(*Topica*, B.C. 44) 및 호레이스(Horace, 로마원명은 Quintus Horatius Flaccus, B.C. 65~8)가 지은 『아르스 레토리카』(*Ars Rhetorica*) 등을 꼽을 수 있다. 이들 중에서 키케로는 수사학의 기능을 세 가지, 즉 설득적·교육적·오락적 기능으로 분류해 놓음으로써 현대에서도 이처럼 커뮤니케이션의 기능을 셋으로 나누는 전례를 만들었다(Corbett, 1965, p. 542). 한편 호레이스는 『아르스 레토리카』에서 수사학을 시(詩)·산문 등 문학에도 적용할 수 있도록 발전시켰다.

2) 로마제국과 중세에서 수사학의 변질과 쇠퇴

로마공화국에서 크게 발전했던 수사학은 키케로 이후 쇠퇴하기 시작했다. 기원전 27년 옥타비아누스(Octavianus)가 공화정을 무너뜨리고 제정(帝政)을 실시하면서 국사(國事)에 관한 시민들의 여론을 억압하며 선거제도도 없애고 그 대신 일방적 명령만 내리게 되자, 이러한 독재사회에서는 민주주의 수단인 상호 설득과 합의 방법에 관한 수사학은 더 이상 설 자리가 없었기 때문이다. 그리하여 수사학은 본래의 기능을 상실하고 청소년들에게 말하기와 글쓰기 방법을 가르치기 위한 교과로 전락하면서 겨우 학교 안에서만 존재하게 되었다.

로마제국 시대인 기원후 95년경 퀸틸리안(Marcus Fabius Quintilian, A.D. 35~96)이 저술한 『인스티투티오 오라토리아』(*Institutio Oratoria*)라는 책을 보면, 고전수사학에서 가장 중시했던 영역인 '설득 방법의 발견과 창안'(invention) 등에 관한 것은 경시하고, 그 대신 문체와 수식 방법 등만 주로 다루었다. 그 결과 수사학은 그리스의 아테네와 로마공화국에서처럼 민주주의를 위한 실용적 학문이 아니라, 학문을 위한 학문 또는 학생들에게 글쓰기 훈련을 시키기 위한 교과목으로 변질되고 말았다.

그 뒤 '암흑시대'로 일컬어지는 중세기로 접어들자 수사학은 또다시 변질되어 가톨릭교의 포교 수단으로 전락했다. 가톨릭이 교세를 굳히기까지는 이단(異端)과의 많은 투쟁에서 이겨야만 했는데, 그 과정에서 가톨릭은 수사학을 이용하여 교리를 갈파하며 포교운동을 전개했다. 그러면서 이러한 목적을 위한 수사학 이론을 체계화해 놓았다. 그에 관한 대표적 저서로는 성(聖) 아우구스티누스(St. Augustinus, A.D. 354~430)가 지은 『드 독트리나 크리스티아나』(*De Doctrina Christiana*, A.D. 426년경)를 들 수 있는데, 이 책은 가톨릭의 교세 확장에 크게 이바지했다. 그리하여 일단 교세가 확립되자, 이번에는 수사학을 교황이나 주교들에게 아부하는 편지를 쓸 때 그 문장을 수식하기 위한 것으로 전용함으로써 이른바 '아르스 딕타미니스'(Ars Dictaminis)라는 이름의, 서신(書信)에 관한 수사학이 유행하기도 했다.

학교에서 수사학을 가르치기는 했지만, 이는 단순히 작문연습(scholastic exercise)을 위한 것으로서, 고전수사학에서 가장 중요시했던 설득 방법의 발견과 창안에 관한 영역은 다루지 않거나, 이를 수사학에서 떼어내서 논리학에 소속시키기도 하면서 문체와 수식 등에 관한 영역만이 수사학의 연구와 교육 대상이 되었다. 그 결과 수사학은 제2의 궤변기(詭辯期, the second sophistic period)로 추락하게 되었는데, 이러한 현상은 중세 말기까지 계속되었다. 그러다가 16세기 초부터 종교개혁운동이 일어나고 그 뒤를 이어 문예부흥(Renaissance)이 시작되면서 수사학도 다시 본래의 고전수사학으로 돌이키려는 경향이 나타났다. 그렇다면 그 주요 원인은 무엇이었는가?

3. 문예부흥 시대의 도래와 수사학의 부흥·발달

이와 같이 다시 본래의 고전수사학으로 되돌아가려는 경향이 나타난 가장 중요한 이유는, 16세기 초부터 종교개혁에 이어 문예부흥운동이 일어나면서 고대 그리스의 인간중심 문명(man-made culture)에 관한 관심이 다시 고조되었기 때문이다. 그러면서 언론자유도 서서히 소생하고 민주주의에 대한 시민들의 인식도 점차 높아가면서 고대 그리스의 아테네와 로마공화국에서처럼 수사학의 필요성이 요구되었다. 그러자 서양에서 가장 먼저 의회정치가 시작된 영국에서부터 수사학에 관한 연구와 교육이 부흥하게 되었다.

1) 영국에서 수사학의 부흥과 다양한 이론의 발달

영국에서 수사학의 부흥에 특히 중요한 역할을 한 인물로는 네덜란드 출신의 에라스뮈스(Erasmus, 1466~1536)를 들 수 있다. 그는 영국의 고전 문법학교(Grammar School)의 교육체계를 수립해 주면서, 고대 아테네와 로마 공화국 시대에서 그랬던 것처럼 민주시민의 양성을 위하여 수사학을 논리학 · 문법과 더불어 3대 필수교과(trivium)로 가르치게 했다. 그러면서 자신이 직접 『디 라티오네』(*De Ratione*, 1512)와 『디 코피아』(*De Copia*, 1512)라는 수사학 책을 써서 고전 문법학교 교과서로 사용케 하자, 수사학에 관한 연구와 교육이 다시 영국에서 각광받기 시작했다. 그러나 당시 영국에서의 수사학 연구 · 교육 실태를 보면, 키케로학파(Ciceronian School), 문체론학파(Stylistic School), 형식주의학파(Formulary School), 라무스학파(Ramistic School), 베이컨학파(Baconian School) 등 여러 유파로 나누어져 다양한 입장에서 수사학을 연구 · 교육했다(Howell, 1954, pp. 4-5).

키케로학파란 고대 아테네의 아리스토텔레스와 로마공화국 시대 키케로의 고전수사학을 계승한 학파로, 고대 그리스와 로마공화국에서 수사학처럼 정치적 · 실용적 입장에서 주로 설득 방법을 연구 · 교육했다. 문체론학파는 수사학을 문학적 입장에서 연구하고 가르쳤는데, 아마도 이 학파의 수사학이 문학 연구자들에 의해 우리나라에도 소개되어 'rhetoric'을 '수사학'이라고 번역함으로써 이를 문체론으로 오해하게 만든 것 같다.

형식주의학파는 수사학을 교육 수단으로 보면서 주로 과거의 훌륭한 글과 연설문 등을 분석하고 모방하는 데 중점을 두었다. 그리고 프랑스 출신의 라무스(Petrus Ramus, 1515~1572)를 중심으로 한 라무스학파는 수사학을 대화법(dialectics) 또는 논리학적 입장에서 연구하면서 특히 논증법에 중점을 두었다. 한편 베이컨(Francis Bacon, 1561~1626)을 중심으로 한 베이컨학파는 키케로학파와 마찬가지로 설득 방법의 연구에 중점을 두었으나, 과거의 전통적 고전수사학 체계에서 탈피, 이를 과학적 · 심리학적 측면에서 연구했다.

이와 같은 여러 학파들 중에서 가장 괄목할 만한 학파로는 베이컨학파를 들 수 있겠는데, 이 학파의 중심인물이었던 베이컨은 『학문의 발달』(*The Advancement of Learning*, 1605)이라는 저서에서 수사학의 연구대상인 설득이란 "인간의 의지(will)를 좀 더 잘 움직이게 하기 위하여 이성(reason)을 상상(imagination)에 적응시키는 것"이라면서 심리학적 접근 방법을 통해 설득의 원리를 연구해 보고자 했다. 그리하여 18세기 중반부터 자연주의 내지 경험주의를 바탕으로 한 계몽주의 사조(思潮)의 새로운 근대적 수사학의 출현과 발전에 크게 이바지했다.

2) 계몽주의 사조와 근대적 수사학의 출현 및 발전

16세기에 영국에서 다시 부흥하기 시작한 수사학에 대한 관심과 연구는 17~19세기에 이르러 계몽주의 사조(Enlightenment Movement)[1]의 대두로 더욱 발전하면서 새로운 근대적 수사학이 출현하게 되었다. 그러면서 영국뿐 아니라 프랑스와 미국 등에서도 수사학에 관한 연구가 활발히 이루어지게 되었다.

(1) 17~19세기 영국에서 근대적 수사학의 대두

17~19세기 영국에서의 수사학 연구를 살펴보면, 전통적 수사학 이론에 대한 수정이 나타났는데, 이는 17세기 벽두부터 서양세계에서 지성적 생동감과 이성주의 학풍(rationalism)이 감돌기 시작하면서 수사학도

1 당시까지 교회가 대표한 구사상(舊思想)의 권위와 특권을 타파하고 그 대신 인간의 이성(理性)을 존중하여 인간적 · 합리적 사유(思惟)의 자유를 제창하면서 이성의 계몽을 통하여 인간생활의 진보 · 개선 및 행복의 증진이 가능하다고 믿어 사회 전반에 걸쳐 새로운 질서를 건설하고자 한 사조로서 프랑스혁명의 준비 역할을 했다.

새로운 경험주의적 연구 방법을 도입하여 전통적 수사학 이론에 수정을 가하게 되었기 때문이다. 이러한 수정을 주도한 대표적 학자로는 로크(John Locke), 흄(David Hume), 하틀리(David Hartley), 프리스틀리(Joseph Priestley), 리드(Thomas Reid) 등을 들 수 있는데, 이들은 종래의 사념적(思念的) 학문태도를 비판하면서 수사학에 관한 새로운 심리·철학적 이론(psychological-philosophical theories)을 제시했다. 한편 이를 바탕으로 캠벨(George Campbell), 블레어(Hugh Blair), 와틀리(Richard Whately) 등은 전통적 고전수사학의 이론체계를 수정하여 새로운 근대적 수사학의 이론체계를 정립해 놓았다.

하지만 이들은 고전수사학 체계를 전면적으로 수정한 것은 아니었고, 다만 연구 영역을 확대한 동시에 연구 방법만 달리했을 뿐이었다. 즉 과거의 고전수사학이 대중을 주대상으로 연설 등을 통한 설득에 주안점을 두었던 것에 반하여, 근대적 수사학은 대화(對話)라는 일상적 커뮤니케이션 현상까지를 연구·교육 대상에 포함시키는 동시에 설득보다는 '이해'(理解, understanding)라는 커뮤니케이션의 기능에 주안점을 두었다. 때문에 이를 '근대 고전주의 수사학'(the modern classical rhetoric)이라고 불렀다.

그러나 이 시기에 모든 수사학 연구가 근대 고전주의 입장에서 행하여진 것은 아니었는데, 홈스(John Holmes) 등은 고전수사학의 전통을 그대로 고수했다. 그런가 하면 1750년대부터는 언어적 표출에 주안점을 두는 소위 '엘러큐셔너리 사조'(Elocutionary Movement)가 메이슨(John Mason) 등에 의해 일어나기 시작했다. 그리하여 홈스 등을 주축으로 한 고전수사학과 와틀리를 주축으로 한 근대 고전주의 수사학, 메이슨에 의해 시작된 엘러큐셔너리 수사학이 병존하면서 각기 서로 다른 입장에서 수사학을 연구·발전시켜 나갔다.

(2) 프랑스에서 수사학의 연구 실태

프랑스에서도 수사학 연구와 교육이 활발히 이루어졌으나, 시기적으로는 영국보다 조금 뒤부터였다. 하지만 프랑스의 수사학이 오히려 영국에 커다란 영향을 미쳤다고도 볼 수 있는데, 프랑스의 부알로(Boileau), 라팽(Raphin), 르 보쉬(Le Bossu) 등이 영국의 수사학 발전에 큰 영향을 주었기 때문이다. 그러나 이들보다 17~18세기 프랑스의 대표적 수사학자들로는 라미(Berbard Lami), 페늘롱(Fénelon), 뷔퐁(Buffon) 등을 들 수 있다.

라미는 아리스토텔레스의 수사학 이론을 바탕으로 했으나, 수사학을 설득에만 국한시키지 않았으며 언어현상과 언어표현 방법에 대한 이론적 문제를 중시했다. 그가 1675년 파리에서 출판했던 『라트 드 팔레』(*L'Art de Parler*, 통칭 Port Royal Rhetoric)라는 수사학 책은 영국·독일·이탈리아 등지에서도 번역·발간해서 널리 읽혔다. 한편 페늘롱은 설득에 관한 수사학을 사회생활의 주요 수단으로 보면서, 설득이란 "어떠한 제안(proposition)을 수용자에게 확신(convince)시키는 것"이라고 정의했다. 그러면서 이러한 설득에 관한 지식과 방법을 찾는 데에 수사학의 목적이 있다고 주장했다. 그러나 수사학의 도덕적 측면도 강조했는데, 페늘롱은 28세의 나이에 벌써 『웅변술에 관한 대화』(*Dialogue on Eloquence*)라는 책을 썼으며, "한림원에 보내는 편지"(Letter to the Academy)라는 논문은 그의 사후에 출판되었다. 뷔퐁은 수사학을 인간의 심성(心性)을 계발하는 학문이라고 말하면서, 심성이 훌륭한 사람이 글이나 말도 잘한다고 설파했다. 그러면서 "문체(文體)란 곧 필자 자신이다"라는 유명한 명언을 남기기도 하였다.

프랑스에서는 이와 같이 17~18세기에는 대체로 고전수사학적 입장에서 수사학을 연구했다. 그러나 19세기에 접어들면서 영국에서처럼 '엘러큐셔너리 사조'도 크게 대두되기 시작했다. 이러한 사조의 대표적 프랑스 학자로는 델사르트(François Delsarte, 1811~1871)를 들 수 있는데, 그는 『웅변의 체계』(*System of Oratory*)라는 책을 써서 메시지 전달 수단으로서의 음성과 동작에 관한 이론체계를 세워 놓았다.

4. 미국에서도 수사학 연구·교육과 스피치학으로 발전

18세기부터는 신대륙 미국에서도 수사학이 각광받기 시작하여 그에 관한 연구와 교육이 크게 발전했다. 그 주요 요인으로는 첫째, 1775년부터 1783년까지 8년간에 걸친 미국 독립전쟁 당시 정치연설이 신문·팸플릿과 함께 독립투쟁을 고취하는 데 큰 위력을 발휘한 것을 들 수 있다. 그리고 둘째 요인으로는 미국이 영국으로부터 독립한 후에도 연설이 민주주의 수단으로 중요한 역할을 수행하게 된 것을 들 수 있다. 그러자 연설의 중요성과 필요성에 관한 사회적·학문적 관심이 높아지면서, 그에 따라 연설·토론·토의 등을 통한 효과적 커뮤니케이션 방법에 관한 학문인 수사학이 크게 발달하게 되었던 것이다.

1) 유럽에서 수사학의 도입과 대학에서 연구·교육 시작

미국은 18세기부터 유럽에서 수사학을 수입하며 연구·교육하기 시작했는데, 가장 먼저 수입해서 널리 읽힌 책은 앞서 언급한 프랑스 수사학자 라미의 『라트 드 팔레』(*L'Art de Parler*)였다. 그 뒤 영국 수사학자 브라이트랜드(Brightland)의 『영어의 문법』(*A Grammar of the English Tongue*), 로슨(Lawson)의 『웅변에 관한 강의』(*Lectures Concerning Oratory*), 스털링(Stirling)의 『수사학의 체계』(*Systems of Rhetoric*) 등이 들어왔다. 그러면서 고전수사학과 문체론적 수사학이 주류를 이루다가, 18세기 말에는 엘러큐셔너리(elocutionary) 수사학도 도입해서 러시(Rush), 포터(Porter), 바버(Barber) 등이 발전시킴으로써 세 가지 입장의 수사학이 병존했다.[2]

이처럼 18세기부터 연구·교육하기 시작한 미국의 수사학은 1775년 시작된 독립전쟁을 계기로 더욱 크게 발전하게 되었는데, 앞서 말했듯이 미국의 독립전쟁 당시 정치연설이 신문·팸플릿과 함께 미국인들의 독립투쟁을 고취하는 데 커다란 위력을 발휘했기 때문이다. 또한 미국이 영국으로부터 독립한 뒤에도 연설·토론 등이 민주주의 수단으로 중요한 역할을 담당하게 되자, 수사학과 연설·토론·토의 등의 중요성과 필요성에 관한 사회적·학문적 관심이 점차 높아지게 되었다. 그러자 1862년 해밀턴대학(Hamilton College)이 처음으로 '웅변과 수사학과'(Department of Elocution and Rhetoric)를 설치했는데(Smith, 1954, p. 457), 미국의 대학들에서 학과(學科, department) 구분이 생기기 시작한 것이 1860년대부터였음을 감안할 때, 당시 미국에서 연설·토론·토의 등의 커뮤니케이션에 관한 학문인 수사학을 얼마나 중요시했는지를 엿볼 수 있다.

해밀턴대학에 이어 1892년 미시간대학이 '웅변과 연설학과'(Department of Elocution and Oratory)를 신설했으며, 1894년에는 오하이오 웨슬리

2 하지만 19세기로 접어들면서부터 소위 문학적 수사학(belletristic rhetoric)도 크게 대두했다. 그리하여 1806년 하버드대학에 보일스톤 석좌교수(Bolyston Professorship of Rhetoric)까지 설치되어 아담스(John Q. Adams)를 초대 석좌교수로 선임했으며, 그 뒤 매킨(Joseph McKean)이 대를 이어 문학적 수사학을 크게 발전시켰으나, 채닝(Channing)이 제3대 석좌교수가 되면서 수사학을 문학의 일부로 변질시켰다. 또 한편에서는 아리스토텔레스의 고전수사학 이론을 캠블과 와틀리 등이 발전시킨 근대 고전주의 수사학이 크게 발전하며 프린스턴대학, 앤도버 아카데미(Andover Academy), 예일대학, 하버드대학, 암허스트대학 등을 중심으로 꽃을 피우게 되었다. 그러면서 연구범위를 설득에 관한 연구에서 점차 인간들 간의 모든 커뮤니케이션 현상에 관한 연구로 확대하면서, 이를 경험주의적 연구 방법을 통하여 분석·연구했다.

안대학(Ohio Wesleyan College)이, 1895년에는 서던캘리포니아대학(College of Southern California)이 각각 '연설학부'(School of Oratory)를 설치해서 연설과 수사학 등에 관한 연구와 교육을 본격적으로 시작했다(Smith, 1954, p. 457). 이 밖에도 여러 대학들이 '웅변과 연설학과' 또는 '연설학부'를 설치해서 연설·토론·토의 등의 방법을 가르쳤으며, 아직 독립된 연설학과나 연설학부 등을 설치하지 않은 대학들은 영어영문학과에서 연설·토론·토의 등의 방법을 교육했다.

한편 1900년경부터는 '웅변과 연설학과'나 '연설학부'에서도 대학원 교육을 시작해서, 1902년 아이오와대학(Iowa College)에서 처음 석사를 배출했고, 1909년부터 오하이오 웨슬리안대학도 석사학위를 수여하기 시작했다(Knower, 1945, p. 11). 이렇게 하여 연설과 수사학에 관한 교육과 연구가 미국에서 하나의 독립학문 분야로 자리 잡게 되었다.

2) 대학에 연설과 수사학과 등의 설치와 스피치학으로의 정립

1910년대 이전까지는 주로 연설·토론·토의 등의 실제 방법에 관한 기능(技能) 위주의 교육과 연구에 머물러 왔다. 그러다가 이에 대한 내부적 반성이 일어나면서, 1914년 17명의 연설과 수사학 관계 교육자들이 시카고에서 모여 전국대중연설교사협회(National Association of Academic Teachers of Public Speaking, 현 National Communication Association의 전신)를 결성하고, 종래의 '웅변과 연설학과'니 또는 '연설학부'니 하는 학과 명칭들을 '스피치학과'(Department of Speech)로 통일하는 동시에, 그 이전까지는 주로 연설·토론·토의 등의 방법에 관한 기능 위주의 교육과 연구에 머물러 왔던 종래의 스피치학을, 앞으로는 모든 구두커뮤니케이션(oral or spoken communication) 현상 전반에 관한 과학적 학문으로 발전시키기로 결정했다. 이때부터 스피치학에서는 연설·대화·토의·토론·회의·방송 등 모든 구두커뮤니케이션 현상을 연구·교육하면서, 1915년부터는 「쿼털리 저널 오브 퍼블릭 스피킹」(*Quarterly Journal of Public Speaking*)이라는 학술지[3]도 발간하면서 스피치학을 발전시켜 나갔다.

1920년대에 라디오가 출현하자 이에 관한 연구와 교육도 스피치학에서 먼저 시작되었다. 그리하여 미국에서는 방송을 주로 스피치학과에서 연구·교육하게 되었으며, 그 뒤 별도의 방송학과를 설치하는 대학들이 늘어났지만 거의 모두가 스피치학부에 소속되었다. 또한 연극도 스피치학의 연구·교육 대상으로 삼는 한편, 언어와 청각장애에 관한 스피치 병리학(speech pathology)도 연구하고 가르치기 시작했다.

이처럼 스피치학 교육과 연구 영역이 점차 확대되자, 당시 스피치학 교육자들의 학회였던 전국대중연설교육학회의 명칭을 1923년 전국스피치교사협회(National Association of Teachers of Speech, 이하 NATS로 약칭)로 바꾸었는데, 당시 회원수는 910명이나 되었다. 1934년 NATS는 또 하나의 연구학술지 「스피치 모노그랩스」(*Speech Monographs*, 현 *Communication Monographs*)를 창간했는데, 당시 NATS의 회원수는 2,000명으로 크게 증가했다.

3 이 학술지의 제호는 1917년에 *Quarterly Journal of Speech Education*으로 개제했다가, 1928년에는 'Education'이라는 단어를 삭제해 *Quarterly Journal of Speech*로 되었다.

신문 · 잡지에 관한 연구 · 교육의 시작과 신문학의 성립

앞에서 살펴본 바와 같이 고대 그리스 시대부터 유럽에서 2,500년간이나 연구· 교육되어 왔던 '수사학'은 18세기에 미국으로 건너와 20세기 초 '스피치학'(Speech)이라는 학문으로 발전하였다. 한편 17세기부터는 신문· 잡지 등에 관한 연구와 교육도 시작되었다. 그러나 이때부터 서양에서 신문· 잡지 등이 처음 출현했기 때문은 아니었는데, '잡지'는 17세기 중반부터 출현했으나,[4] '신문'은 고대 로마공화국 시대인 기원전 59년경부터 등장했다.[5]

그러면 우선 서양에서 신문과 잡지가 언제부터 어떻게 생성 · 발전되어 왔는지부터 간단히 살펴본 다음, 이러한 신문· 잡지 등을 학문적 연구와 교육 대상으로 삼는 신문학(journalism)은 언제부터 어떻게 시작되어 어떻게 발전했는지에 관하여 알아보기로 하겠다.

1. 서양에서 신문의 기원과 초기의 각종 신문들

모든 사물의 기원이 그렇듯이, 서양에서 신문의 기원에 관해서도 여러 학설들이 있다. 이는 무엇보다도 신문의 개념과 요건을 어떻게 규정하느냐에 따라 그 기원이 달라질 수 있기 때문이다. 일부 신문역사학자들은 기

4 세계 최초의 잡지는 1655년 프랑스에서 처음 발간한 「주르날 데 사방」(*Journal des Savants*)으로 알려져 있다. 그러나 이를 비롯하여 17세기 중반부터 프랑스에서 나오기 시작한 잡지들은 서적상(書籍商)들이 책을 팔기 위한 수단으로 발간한 것으로서, 오늘날의 도서목록집(catalogs) 내지 서평집(書評集)에 지나지 않았다(Wolseley, 1972, p. 24).

5 동양에서는 중국에서 기원전 86~6년 사이에 「저보」(邸報)라는 문자신문이 처음 출현했다.

원전 5세기경 고대 로마에서 가톨릭 사제(司祭)가 매년 그해에 일어났던 일 중에서 많은 사람의 관심거리가 될 만한 주요 사건들의 목록을 흰 빛깔의 진흙판에 문자로 새겨 교회 앞에 게시했던 소위 「로마사제연보」(羅馬司祭年報)를 서양 최초의 신문현상으로 보고 있다. 그런가 하면 또 어떤 학자는 로마공화정 시대에 유행한 서한신문(newsletter)을 최초의 신문현상으로 간주하고 있다. 그러나 일반적으로는 로마공화정 시대에 나온 2종의 관보(官報)인 「악타 세나투스」(*Acta Senatus*)와 「악타 디우르나」(*Acta Diurna*)를 서양 최초의 신문으로 보고 있다.

1) 서양 최초의 신문 「악타 세나투스」와 「악타 디우르나」의 출현

이들 신문의 기원에 관해서도 크게 두 가지 학설이 있다. 첫째는 로마공화국 말기의 집정관 카이사르(Caesar, 흔히 '시저'라고 부름)가 기원전 60년 평민파의 크라수스(Marcus L. Crassus), 폼페이우스(Magnus Pompeius)와 결탁하여 정권을 잡고 소위 제2차 삼두정치를 실시하면서 정치적 도구이자 일종의 관보로서 그 이듬해인 기원전 59년부터 발행하기 시작했다는 학설로, 이런 학설을 주장하는 학자들로는 메릴(Merrill, 1959), 지파드(Giffard, 1975-1976), 팬드(Fand, 1997) 등을 들 수 있다. 그러나 두 번째 학설에 의하면, 「악타 세나투스」와 「악타 디우르나」는 카이사르가 기원전 59년 처음 발행한 것이 아니라, 「악타 세나투스」는 기원전 449년부터 원로원에서 기록해 왔던 의사록(議事錄)의 내용을 기원전 59년부터 공개한 것이었으며, 「악타 디우르나」는 기원전 131년경부터 귀족들 사이에 유행했던 사적(私的) 통보제도(通報制度)를 카이사르가 원만한 국정운영과 효과적 통치를 위하여 기원전 59년에 체계적이고 공식적인 관보로 만든 것이라고 하는데, 이런 학설의 대표적 주창자로는 독일신문학의 선구자 뷔허

(Bücher, 1893)를 들 수 있다. 그러면 「악타 세나투스」와 「악타 디우르나」는 어떤 형태의 신문현상이었는가?

(1) 「악타 세나투스」와 「악타 디우르나」의 기원과 여러 형태

「악타 세나투스」와 「악타 디우르나」의 형태는 크게 세 가지 형태로 나누어 볼 수 있다. 첫째 형태는 원로원과 평민회 의사록을 비롯한 각종 소식 등을 문자로 석고판 등에 새겨서 로마광장(Forum of Rome)을 비롯한 로마 시내 주요 공공장소의 게시판에 걸어놓고 그것을 시민들이 읽어 보도록 한 게시판 형태의 신문으로, 이것이 오리지널 형태였다.[6] 그러나 이러한 게시판 형태의 「악타 세나투스」와 「악타 디우르나」는 지방에 거주하는 사람들은 직접 읽어 볼 수 없었다. 그러자 지방에 머물고 있던 로마의 귀족과 장군 등이 고용한 로마 주재의 전속(專屬) 통보원들이[7] 로마 시내에 걸어놓은 게시판 형태의 「악타 세나투스」와 「악타 디우르나」의 내용을 파피루스에 필사해서 지방에 머물고 있는 주인에게 편지로 통보하게 됨으로써 파피루스판 형태의 「악타 세나투스」와 「악타 디우르나」도 나오게 되었는데, 이것이 두 번째 형태의 「악타 세나투스」와 「악타 디우르나」였다.

이와 같은 두 번째 형태의 필사신문이 점차 상류사회에서 유행하자, 귀족과 장군 등의 개인적 통보원과는 별도로 직업적 통보원들도 등장해

6 이러한 게시판 형태의 「악타 세나투스」와 「악타 디우르나」는 며칠 동안 걸어 놓아다가 떼어서 다른 공공문서들과 함께 원로원에 보관해서 역사적 자료로 사용하게 했다고 한다.

7 이들은 지방의 대농장에 머물고 있던 귀족들이나 공무상 지방에 머물고 있던 장군 · 고급관리 등이 원로원과 평민원의 의결사항, 국가정세, 군대동정 등을 알기 위하여 수도(首都) 로마에 주재시키면서 중요한 뉴스들을 수집해서 편지로 통보토록 한 개인적 통보원(일종의 통신원)들을 말한다.

로마 시내에 걸어 놓은 「악타 세나투스」와 「악타 디우르나」의 내용을 파피루스에 필사해서 로마 이외의 지역 사람들에게 팔게 되었다. 그리하여 일종의 상업적 형태의 필사본 「악타 세나투스」와 「악타 디우르나」가 등장하게 되었다고 지파드(Giffard, 1975-76, p. 107)는 주장한다. 그러면서 당시 직업적 통보원들은 게시판 형태의 관보인 「악타 세나투스」와 「악타 디우르나」의 내용을 그대로 필사만 해서 독자들에게 판 것이 아니라, 거리나 시장 등에서 수집한 가십 따위의 소식들도 추가해 독자들에게 전달했다고 한다.

따라서 만약 이와 같은 지파드의 주장이 맞는다면 「악타 세나투스」와 「악타 디우르나」에는 세 가지 형태의 버전(version)이 있었다고 볼 수 있다. 첫째 버전은 로마 정부가 원로원과 평민회 의사록을 비롯한 각종 소식 등을 문자로 석고판 등에 새겨서 로마 시내 주요 지점의 게시판에 걸어놓은 게시판 형태의 오리지널 버전이었고, 둘째 버전은 지방에 머물고 있는 귀족·장군·총독·고급관리 등이 고용한 로마 시내 주재 통보원들이 게시판 형태의 오리지널 「악타 세나투스」와 「악타 디우르나」의 내용을 파피루스에 필사해 그 주인에게 보낸 서한신문(newsletter) 형태의 버전이었다. 그리고 세 번째 버전은 직업적 통보원들이 게시판 형태의 「악타 세나투스」와 「악타 디우르나」의 내용을 파피루스에 필사하고, 또한 거기에 흥밋거리의 소식들도 추가해 일반 독자들에게 돈을 받고 판매한 필사신문(handwritten newssheets) 형태의 버전이었는데, 만약 이런 버전이 실제로 존재했다면 이는 서양 최초의 상업적 신문이자 민간신문이라고 볼 수 있다. 그러면 이들 신문은 언제까지 존재했는가?

(2) 「악타 세나투스」와 「악타 디우르나」의 존속 기간

정확히는 알 수 없으나, 「악타 세나투스」는 로마공화국 말기인 기원전 59년부터 약 30~40년 동안 발행하다가 로마제국의 첫 번째 황제 아우구스투스(Augustus)의 통치기간(B.C. 32~A.D. 14)에 발행이 중단된 것 같다. 왜냐하면 로마제국 시대의 역사학자 수에토니우스(Suetonius)가 지은 『카이사르의 생애』(*The Lives of Caesars*, *The Twelve Caesar*라고도 함)라는 책 중에서 아우구스투스 편(Augustus, 36)을 보면, "아우구스트스 황제가 악타(원로원의 의사록)는 계속해서 기록하도록 했지만[8] 그것의 발표는 금지했다"는 내용이 나오기 때문이다. 그러므로 「악타 세나투스」는 로마제국 시대 초기에 중지된 것이 거의 분명하다.

그러나 「악타 디우르나」는 로마제국 시대로 들어와서도 계속 발행되었다. 하지만 언제까지 발행되었는지 정확히 알 수 없는데, 스티븐스(Stephens, 1988, pp. 61-67)에 의하면 로마제국 시대 중기인 기원후 222년경까지 발행했다고 한다. 『히스토리아 아우구스투스』(*Historia Augusta*)라는 역사책을 보면 기원후 222년 조에 '악타'에 관한 언급이 나오기 때문이라는 것이다(Le Clerc, 1838, pp. 407-419).

하지만 「악타 디우르나」는 로마제국의 콘스탄티누스(Constantinus) 황제가 기원후 330년 수도를 비잔티움(Byzantium, 곧 Constantinople로 개칭)으로 옮길 때까지 372년 동안이나 발행했다(*Encyclopedia Britannica*)는 주장도 있다. 한편 뷔허(Bücher, 1893, p. 236)는, 「악타 디우르나」는 로마제국 시대 초기 아우구스투스 황제 시대에 금지되었으며, 「악타 디우르나」는 기원후 476년 서로마제국이 멸망할 때까지 존속되었다고 주장한다.

8 아우구스투스 황제의 후계자 티베리우스 시대(1세기)에도 원로원의 젊은 위원 한 사람을 선정해서 원로원의 의사록[악타]를 작성하여 황실기록보관소(imperial archives)와 공공도서관(public libraries)에 보존토록 했는데, 이 기록을 보기 위해서는 특별허가를 받아야 했다고 한다(Tacitus, 2010, v. 4).

참고자료 1-2

「악타 세나투스」와 「악타 디우르나」의 여러 가지 명칭

「악타 세나투스」라는 신문 이름에서 '악타'(Acta)는 '행위'(acts)나 그에 관한 '기록'(record)을 뜻했으며, '세나투스'(Senatus)는 '원로원(Senato)에 관한 것'이라는 뜻이었다고 한다. 따라서 「악타 세나투스」는 곧 원로원의 행위나 그에 관한 기록이라는 뜻이 되는데, 바로 이러한 뜻처럼 「악타 세나투스」는 실제로 원로원의 회의 절차와 결의사항 등을 주로 다루었다. 그러나 「악타 세나투스」를 일반시민들은 '코멘타리 세나투스'(Commentarii Senatus)라고 부르기도 했다고 한다.

한편 「악타 디우르나」라는 이름에서 '악타'는 위에서 말했듯이 '행위'나 그에 관한 '기록'을 뜻하고, '디우르나'(Diurna)는 '매일'(daily)이라는 뜻이다. 따라서 「악타 디우르나」는 곧 '사람들의 행위에 관한 매일매일의 기록 또는 보고'라는 말이 된다. 이러한 뜻의 「악타 디우르나」는 처음에는 평민회의 의결사항, 법률, 진행 중인 재판사건이나 그 결과를 다루다가, 나중에는 유명인들의 결혼·사망 등을 비롯한 로마인의 매일매일의 주요 행위들을 기록해서 게시판 형태로 로마 시민들에게 널리 알려 주었다고 한다. 때문에 이러한 「악타 디우르나」를 당시 로마 사람들은 '악타 디우르나 포풀리 로마니'(Acta Diurna Populi Romani) 또는 간단히 '악타 포풀리'(Acta Populi)라고도 불렀는데(Merrill, 1959, p. 31), 여기서 '포풀리'(populi)는 사람을 말하며, '로마니'(Romani)는 '로마의'라는 뜻이다.

'악타 포풀리'는 또 '악타 푸블리카'(Acta Publica)라고도 불렀다고 하는데, 여기서 '푸블리카'(publica)는 '대중' 또는 '공공'이라는 뜻이다. 따라서 '악타 푸블리카'는 '대중 또는 공공의 행동들의 보고'라는 뜻이 되는데, 당시 「악타 디우르나」는 점차 대중적 관심의 공공적 내용들을 많이 다루었기 때문이다. 이 밖에도 「악타 디우르나」는 '악타 포피디'(Acta Popidi), '악타 우르바나'(Acta Urbana) 등 여러 가지 이름으로 불렀으며, 간단히 '악타' 또는 '디우르나'라고 부르기도 했다고 한다(Giffard, 1975-76, pp. 107-108).

2) 「악타」 이후 각종 전근대적 신문의 출현과 진화

「악타 세나투스」와 「악타 디우르나」가 언제까지 존속했느냐에 관해서는 여러 학설이 있으나, 「악타 세나투스」는 로마제국 시대 초기인 아우구스투스 황제 때(B.C. 32~A.D. 14) 발행이 중단된 것이 거의 분명하다. 그러나 「악타 디우르나」는 476년경까지 존속했다고 추정되는데, 기원후 395년 로마제국이 동로마제국과 서로마제국으로 양분되고 476년 서로마제국이 멸망한 뒤 서양사회는 이른바 '암흑시대'로 일컬어지는 중세기(the Middle Age)로 들어가면서 모든 언론자유가 사라졌기 때문이다.

(1) 중세 초기 문자신문의 소멸과 구두신문 현상의 부활

「악타 디우르나」가 사라지자, 뉴스에 굶주리게 된 일반 백성들은 다시 고대에서 사용했던 구두적(口頭的) 뉴스 전파 수단들, 예컨대 방랑시인(放浪詩人), 방물장수[行商], 구걸승(求乞僧), 떠돌이 광대, 역체(驛遞)종사원 등의 입을 통해 사사로운 뉴스들을 얻으며 자신들의 뉴스 추구 욕구를 달랬다. 그리하여 중세기에는 문자신문 대신에 다시 방물장수와 구걸승의 구전(口傳), 떠돌이 광대의 구연(口演), 역체종사원 등이 뉴스 전파 기능을 대행

(代行)해 주었다.

이들 중 특히 방랑시인 또는 음유시인(吟遊詩人)들은 각 마을을 돌아다니면서 비파에 곁들인 시가(詩歌)를 통하여 세상의 여러 가지 새로운 소식들을 마을 사람들에게 알려 주자, 뉴스에 굶주렸던 많은 백성들이 크게 환영했다고 한다. 이들의 뉴스 전달은 중세기 말기까지 유행하면서 독일에서는 13세기에 정치적 음송시(吟誦詩)로 발전했으며, 프랑스와 이탈리아에서는 11~13세기에 걸쳐 크게 유행했다.

한편 영국에서도 일찍부터 민요(ballad) 형식을 빌린 방랑시인들의 뉴스 전달 방법이 크게 유행하기 시작하여 16세기까지 계속되었는데, 이를 포드와 에머리(Ford and Emery, 1954, p. 13)는 '민요 저널리즘'(ballad journalism)이라고 부르고 있다. 이러한 민요 저널리즘을 포함하여 떠돌이 광대, 역체종사원 등에 의한 뉴스 전달이나 그 뉴스들을 모두 합쳐 구두신문(口頭新聞) 또는 담화신문(談話新聞)이라고 부르는데, 떠돌이 광대들의 구연 내용 중에는 정치에 대한 풍자와 비판도 많이 섞여 있어 정치평론의 기능도 대행해 주었다고 한다.

(2) 식자층 중심의 서한신문의 등장과 유행

이와 같이 중세기의 일반 백성들은 다시 '구두신문'이나 '담화신문'을 통해서 뉴스를 알았다. 그러나 상류층이나 식자층(識者層)에서는 주로 서신(書信)을 통하여 각종 정보나 뉴스들을 서로 주고받았는데, 중세기로 들어와 봉건제도가 확립되면서 유럽 각지의 질서가 잡히고 또한 가톨릭 세력이 강대해지자 정치와 종교상의 권력자들, 즉 황제 · 교황 · 제후들은 각자의 이해관계를 도모하기 위한 좀 더 조직적인 정보나 뉴스 전달 방식의 필요성을 절실히 느끼게 되었다. 그러자 교황을 비롯한 가톨릭교 지도자들이 중세기 초기부터 서신을 이용하여 가톨릭교 관련 사항들을 서로 전달했으며, 황제와 제후들도 서신을 통한 통치 커뮤니케이션 방법을 사용하기 시작했다.

이렇게 되자 그 밖의 권력층과 사제(司祭) 등도 서신을 이용하여 각종 정보를 주고받았다. 중세기 중기부터는 새로 부상하기 시작한 신흥 상인과 식자층 시민들 사이에서도 서신을 통하여 각종 정보와 뉴스를 주고받기 시작했다. 그러면서 서신이 문자신문의 기능을 대행해 주면서 일종의 신문으로 발전해서 유행하게 되었는데, 이를 언론사학자들은 '서한신문'(書翰新聞, letter of news)이라고 부른다.

서한신문은 특히 십자군전쟁(Crusade, 1096~1270)을 계기로 더욱 유행하게 되었다. 11세기 말 기독교도가 회교도를 정벌하기 위한 십자군전쟁을 일으키자, 유럽 각지 상인들은 군수물자의 보급을 위하여 군수품 송달의 거점이었던 베니스(Venezia)에 모여들어 국내외 각지에 지점을 설치하고 군수품 통상을 벌이게 되면서, 특히 십자군전쟁의 전황(戰況)에 관한 뉴스와 정보들을 알 필요성을 느끼게 되었다. 그러자 베니스 상인들은 이스라엘 지점에 나가 있는 상인들에게 본국으로 보내는 상용(商用) 편지 말미에 추신(追伸) 형식으로 전황에 관한 뉴스를 곁들여 보내도록 했는데, 이를 '노벨라'(Novela, 즉 news)라고 불렀다. 초기의 노벨라는 사신(私信) 형태를 벗어나지 못하다가, 14세기에 이르러 공적(公的) 성격을 띠면서 이를 '아비시'(Avvisi)라고 불렀는데, 이러한 공적 서한신문을 독일의 역사학자 보데(Bode, 1909)는 서양신문의 기원으로 잡고 있다(임근수, 1970, p. 45에서 인용).

(3) 서한신문의 필사신문으로의 발전과 대중매체로 부상

그러나 '아비시'를 비롯한 서한신문들은 일반대중에게는 그리 중요한 역할은 하지 못했다. 당시 대부분의 사람들은 문자를 해득할 수 없었을 뿐 아니라 서한신문을 구해 보기도 어려웠기 때문이다. 그러나 뉴스에 굶주린 일반대중 중에서도 서한신문을 얻어 보려는 사람들이 많아지게 되자, 서한신문의 주요 내용들을 발췌·필사해서 수요자들에게 판매하는 직업적 통보업자들이 나오게 되면서 서한신문은 드디어 필사신문(筆寫新聞, handwritten newspaper)을 낳게 되었다. 하지만 초기의 필사신문들은 서한신문과 비슷하여 구별하기 어려웠다.

그러나 필사신문의 수요가 증가하면서 그 형태와 내용이 계속 발전하여 중세 후기에는 신문 형태의 면모를 갖추게 되었는데, 이러한 필사신문이 언제, 어디서 나타났는지는 정확히 알 수는 없다. 하지만 보아벵(Boivin, 1949)에 의하면, 필사신문이 처음 나타난 것은 13세기 영국에서였으며, 그 뒤 1449년에는 필사신문을 발행하는 곳들이 이미 하나의 훌륭한 기업으로 성장했다고 한다(임근수, 1970, p. 52에서 인용). 그러나 영국에서 필사신문이 크게 유행한 것은 16세기 말기부터였는데, 그중 가장 대표적인 것은 「뉴스레터」(*News-Letter*)로, 이는 주로 런던 뉴스와 궁정소식들을 필사해서 각지의 영주들에게 송달해 준 것이었다.

프랑스에서도 1409년에 「주르날 당 부르주아 드 파리」(*Journal dans bourgeois de Paris*)라는 필사신문이 처음 등장해서 시중(市中) 잡보를 비롯하여 스캔들, 이야깃거리, 일기 등을 소개했다. 하지만 이러한 필사신문이 유행한 것은 16세기였는데, 당시의 대표적 필사신문 「누벨 아 라 멩」(*Nouvelles à la Main*)은 처음에는 파리 지역의 예약자들에게만 매주 그들이 요구하는 뉴스의 쪽수에 따라 일정한 대금을 받고 제공했다. 그러나 뒤에는 일부 외국에까지 보급했는데, 정부의 비밀주의를 여러 차례 공격하고 비판도 감행함으로써 정부로부터 심한 탄압을 받기도 했으나, 18세기 말엽까지 발행하면서 그 명성이 유럽 각지에 널리 알려졌다.

유럽에서 대규모로 공개적으로 보급 판매하기 시작한 필사신문은 이탈리아 베니스에서 1536년부터 발행한 「가제트」(*Gazette or Gazetta*)였는데, 이 필사신문은 내용과 형식 등에서 가장 근대적 신문에 가까웠다고 뷔허(Bücher, 1893, pp. 242-243)는 주장하고 있다. 이러한 「가제트」도 처음에는 각 곳에서 들어오는 서한신문의 내용 중에서 중요한 것만 추려서 회람보(回覽報)와 같은 형태로 발행했으며, 독자대상도 시민대중이 아니라 주로 베니스의 거상(巨商)·명문 등 상류계층에만 국한했다. 하지만 그 뒤 근대적 성격의 신문으로 발전했으며, 「가제트」라는 제호도 '신문'의 대명사가 되다시피 했는데, 일설에 의하면 「가제트」라는 제호는 당시 베니스 거리에서 신문을 팔던 사람들의 시끄러운 소리를 까마귀 소리('gazza' 또는 'gazzera')에 비유한 데서 비롯되었다고 한다.

독일에서는 16세기 후반부터 필사신문들이 나오기 시작했는데, 독일의 신문역사학자 데스터(Karl d'Ester)에 의하면 크라셀(Jeremias Krasser)이라는 사람이 1573년 아우크스부르크(Augsburg)에 보도사무소를 설치하고 처음으로 필사신문을 복제하여 예약자에게 판매했다고 한다(임근수, 1970, p. 54에서 인용). 그러자 이를 모방한 여러 필사신문들이 나타났는데, 그중 가장 유명했던 것은 아우크스부르크의 대무역상 겸 금융업자였던 푸거(Fugger) 일가(一家)에서 발행한 「푸거 차이퉁겐」(*Fugger Zeitungen*)으로, 이 필사신문의 뉴스 출처는 매우 광범하여 유럽 각지는 물론 근동·중국·미국에서 보내온 것도 있었다고 한다. 또한 내용도 정치사건을 비롯하여 농산물 수확량·물가시세·무역상품·상보(商報)·신간소개·연극안내 등과, 광고에 가까운 것까지 실었다고 한다. 따라서 「푸거 차이퉁겐」은 근대신문과 비슷했던 것 같다.

3) 근대적 인쇄신문의 등장과 발전

이와 같이 서양에서는 13세기경부터 영국·프랑스·독일 등 여러 나라에서 필사신문들이 나타나기 시작하여 뉴스의 전달매체로서 중요한 역할을 했다. 그러다가 1445년 독일의 요하네스 구텐베르크(Johannes Gutenberg)가 금속활자인쇄술을 발명하고, 13세기부터는 중국의 제지술(製紙術)이 유럽에 전파되어 종이가 대량으로 생산되자, 15세기 말경부터 인쇄업자들이 당시에 유행한 필사신문 중에서 흥미 있는 뉴스를 간추리는 한편, 행상(行商)·학자·여행자 등으로부터 이야깃거리도 수집하여 이들을 한 장짜리 종이에 인쇄해서 팔기 시작함으로써 마침내 인쇄신문이 출현하게 되었다.

(1) 부정기 인쇄신문의 등장과 발행의 정기화

서양에서 인쇄신문의 효시는 15세기 말 독일에서 나온 「플루크 블라트」(*Flug-Blatt*)로 알려졌는데, 이 신문이 나오자 일반대중들은 이를 '노이에 차이퉁'(Neue Zeitung, 새 신문)이라고 부르며 크게 환영했다. 그러나 이 인쇄신문은 부정기적(不定期的)으로 발행했으며, 신문의 크기는 대개 4절에서 8절지 정도였고, 기사의 문체는 운문형식이었다. 이 신문을 비롯하여 초기의 인쇄신문들은 모두가 한 장짜리인 데다가 앞면에만 기사를 인쇄하고 뒷면은 백지로 남겨 놓았는데, 이는 독자들이 신문을 보고 추가할 내용이나 새로운 뉴스가 있으면 그것을 뒷면 백지에 써서 다른 사람들에게 회람시키기 위해서였다.

이와 같은 인쇄신문들이 금속활자인쇄술을 처음 발명한 독일에서 먼저 출현해서 인기를 끌자, 이를 모방해서 유럽의 다른 나라들도 15세기 말 또는 16세기 초부터 인쇄신문들을 발행하기 시작했다. 즉 영국에서는 「뉴스시트」(*News-Sheet*)와 「뉴스북스」(*News-Books*), 이탈리아에서는 「레라치오네」(*Relatione*), 프랑스에서는 「누벨」(*Nouvelle*)과 「디스쿠르」(*Discours*), 네덜란드에서는 「더치 뉴스시트」(*Dutch News-Sheet*) 등의 인쇄신문들이 나타났는데, 이들은 모두 독일의 「플루크 블라트」를 모방한 것이었다. 그러나 이러한 초기의 인쇄신문들은 모두가 부정기적으로 발행했다.

그러다가 16세기로 들어서면서 인쇄술이 더욱 개량되고 동서교류가 빈번해지면서 뉴스 수요가 증가하자, 인쇄업자들은 정기적으로 신문을 발행하기 시작했다. 하지만 대개는 월간·순간·주간 등으로 냈는데, 최초의 정기발행 신문은 1536년 이탈리아 베니스(Venezia)에서 처음 나왔다. 1566년부터는 독일에서도 정기신문이 나타나기 시작했는데, 최초의 본격적 주간 인쇄신문은 「레라치온」(*Relation*)이었다. 이어서 1631년에는 네덜란드에서 「쿠란트」(*Courant*)라는 주간신문이 나타났고, 1662년 영국에서도 「위클리 뉴스」(*Weekly News*)라는 주간신문이 등장했다.

(2) 일간신문의 출현과 근대적 신문의 성립

17세기 말부터는 주간신문들이 일간신문(日刊新聞)으로 전환하기 시작했는데, 그간에 우편제도가 발달해 이를 통하여 신문을 매일 독자들에게 발송하는 것이 가능해졌기 때문이다. 세계 최초의 일간신문은 독일의 라이프치히(Leipzig)에서 나온 「라이프치거 차이퉁」(*Leipziger Zeitung*)으로 알려졌는데, 이 신문은 본래 주간신문으로 오랫동안 발간해 오다가 일간신문으로 전환한 것이었다. 그러나 이러한 일간신문들과는 달리 영국에서는 1665년 영국 최초의 일간신문인 「가제트 옥스퍼드」(*Gazzete Oxford*)를 창간해서 매일 정기적으로 발행했는데, 이 신문은 뒤에 「옥스퍼드 가제트」(*Oxford Gazzete*)로 제호를 고쳤다.[9]

18세기로 들어서자 유럽 각국에서 일간신문들이 속속 나타나 1702년

3월 11일 영국 런던에서는 엘리자베스 말레(Elizabeth Mallet)가 「데일리 쿠란트」(*Daily Courant*)라는 일간신문을 또 창간했다. 1777년 1월 1일에는 프랑스 파리에서도 「주르날 드 파리」(*Journal de Paris*)라는 일간신문이 등장했다. 한편 1783년 5월 30일 미국 필라델피아에서 「펜실베이니아 이브닝 포스트 앤드 데일리 애드버타이저」(*The Pennsylvania Evening Post and Daily Advertiser*)라는 미국 최초의 일간신문이 나타났는데, 이는 예전부터 발행해 온 주간신문 「펜실베이니아 이브닝 포스트」를 일간신문으로 전환한 것이었다.

이와 같이 18세기 초부터 유럽과 미국에서 일간신문들이 대거 등장하고 신문발행 사업도 근대화함으로써 오늘날의 신문과 비슷한 근대신문의 시대가 열리게 되었다. 이에 중요한 영향을 미친 요인으로는 우선 금속활자인쇄술의 발명과 제지술의 보급을 들 수 있다. 또한 우편제도의 발달도 근대신문의 성립에 중요한 영향을 미쳤는데, 우편제도가 발달함에 따라 신문의 정기적 보급이 가능하고, 쉽고 빨라지면서 신문의 정기적 발행이 가능하게 되었기 때문이다.

이 밖에도 여러 가지 요인들이 근대신문의 성립에 중요한 영향을 미쳤다. 예컨대, 십자군전쟁 이후 서양 중세사회의 몰락과 문예부흥, 종교개혁, 시민사회의 대두, 계몽사상과 민권 개념의 대두, 근대국가의 성립, 자본주의와 세계무역경제의 형성 등도 근대신문의 성립에 중요한 요인

9 이 신문이 나온 당시에는 아직 '신문'(newspaper)이라는 단어가 없어서 '가제트'(gazette 또는 gazetta)라고 불렀는데, 이는 1536년 이탈리아 베니스에서 등장한 필사신문인 「가제트」를 길거리에서 판매한 사람들의 소리가 마치 까마귀가 'gazza', 'gazzera'라고 우는 소리와 비슷했기 때문이라고 하나 그 진위는 알 수 없다. 그러나 이때부터 '가제트'라는 말이 신문의 대명사가 되어 왔다. 그 뒤 헨리 머디맨(Henry Muddiman)이 「옥스퍼드 가제트」의 편집인이 된 후 '가제트'와 같은 정기간행물을 '뉴스페이퍼'라고 부름으로써 이 말이 오늘날까지 쓰이게 되었다.

으로 작용했다. 그리하여 당시 서양사회를 휩쓴 자유와 평등 사상은 여론의 형성과 계도를 위한 주요 매체로서의 신문의 근대화를 촉진했다. 또한 자본주의 사상은 경제적 · 문화적 매체로서의 근대신문을 성립시켜, 근대신문들은 자본주의 경제체제를 밑바탕으로 삼으면서 각종 뉴스들을 수집 · 복제 · 배포하여 대중의 정신적 욕구를 만족시켜 주고 그 대가로서 이윤을 추구하게 되었다.

이처럼 여러 요인들이 근대신문의 성립에 영향을 미쳤는데, 그 주요 요인으로 베르너 좀바르트(Werner Sombart)는 여섯 가지, 즉 ① 인쇄술의 발명, ② 우편제도의 발달, ③ 기업적 보도전달 중개자의 출현, ④ 중세 봉건사회의 붕괴, ⑤ 인간관계의 공간적 분포, ⑥ 시민사회의 대두와 그에 따른 독서층의 확대를 들고 있다(임근수, 1970, p. 68에서 재인용).

4) 잡지의 기원과 서양에서 근대적 잡지의 발달

앞에서는 우선 서양에서 신문의 기원과 발달 과정을 간단히 살펴보았는데, 그러면 신문학의 또 하나의 주요 연구대상인 잡지는 언제부터 나타나서 어떻게 발전되어 왔는가? 이에 관해서도 간단히 살펴보면, 세계 최초의 잡지로는 1655년 프랑스에서 처음 나온 「주르날 데 사방」(*Journal des Savants*)을 들고 있다. 그러나 이를 비롯하여 17세기 중반부터 프랑스에서 나오기 시작한 잡지들은 서적상(書籍商)들이 책을 팔기 위한 수단으로써 발간한 것으로, 오늘날의 도서목록집(catalogs)이나 서평집(書評集)에 지나지 않았다(Wolseley, 1972, p. 24).

하지만 이러한 초기 형태의 잡지에 17세기 후반부터 시사적(時事的) 내용의 수필을 비롯한 여러 가지 내용들을 추가하면서 점차 근대적 잡지로 발전하게 되었는데, 이는 17세기 후반부터 출현한 근대적 인쇄신문들의 영향을 받았기 때문이다.

18세기 초부터는 근대적 형태의 잡지들이 출현하여 대중의 인기를 끌었는데, 그중에서 최초의 근대잡지로는 1704년 영국 런던에서 나온 「더 리뷰」(*The Review*)를 꼽을 수 있다. 이 잡지는 소설 『로빈슨 크루소』(*Robinson Crusoe*)의 작가인 대니얼 디포(Daniel Defoe)가 발간했는데, 그 성격은 당시의 신문과 오늘날의 잡지의 중간 형태였으며, 분량은 겨우 4쪽이었다. 이 잡지는 처음에는 한 주에 3회 발행하다가, 나중에는 2주에 한 번씩 9년 동안이나 계속 발간했다. 처음에는 국내외 주요 정치 사건들에 관한 논평만 싣다가 나중에는 문예 · 도덕 · 예절란도 신설하여 다양한 내용을 다루었는데, 이들 기사는 디포가 손수 쓰고 또한 편집도 직접 했다고 한다(Gamble and Gamble, 1989, p. 128).

디포의 「더 리뷰」가 나오자 다른 사람들도 이와 비슷한 잡지들을 발간하기 시작했다. 그중에서 대표적인 것들로는 1709년 리처드 스틸(Richard Steele)이 창간한 「태틀러」(*Tatler*)와 조셉 애디슨(Joseph Addison)이 창간한 「스펙테이터」(*Spectator*)라는 문예잡지를 들 수 있는데, 이들은 대중의 큰 호응을 받으면서 독자들의 취향과 도덕은 물론 정치에까지 큰 영향을 미쳤다. 그러자 이들 잡지를 모방한 많은 잡지들이 나타나는데, 그중에서 주요 잡지로는 「가디언」(*Guardian*), 「잉글리시맨」(*Englishman*), 「타운 토크」(*Town Talk*), 「티 테이블」(*Tea Table*), 「칫-챗」(*Chit-chat*), 「클럽 스트리트 저널」(*Club Street Journal*) 등을 들 수 있다.

하지만 당시까지만 해도 이들 간행물에 대한 보편적 명칭이 없었는데, 1731년 에드워드 케이브(Edward Cave, 일명 Sylvanus Urban)가 창간한 「젠틀맨스 매거진」(*Gentleman's Magazine*)이라는 잡지가 유명해지자 그 제호에서 '매거진'(magazine)이라는[10] 용어가 잡지의 대명사로 보편화하게 되었다. 그리하여 「젠틀맨스 매거진」과 비슷한 성격의 간행물을 모두 '매거진', 즉 우리말로 '잡지'라고 부르게 되었는데, 「젠틀맨스 매거진」은 잡지의 효시는 아니었지만 소설 · 시(詩) · 수필 · 전기(傳記) · 음악과 그 밖의 여러 가지 피처(feature) 기사들을 실었다. 또한 삽화도 곁들였으며 다른 출판물에 실린 것들의 내용을 요약해서 싣기도 함으로써 잡지를 신문과 구별되게 만들었다.

그 뒤 유럽에서는 물론 세계 여러 나라에서도 잡지가 나와서 대중들의 인기를 끌게 됨으로써, 잡지가 중요한 매스미디어의 하나로서 학문적 연구와 교육 대상이 되었다.

10 샌드맨, 러빈과 사크스맨(Sandman, Rubin and Sachsman, 1972, p. 258)에 의하면, magazine'이라는 영어 단어는 창고(倉庫, storehouse)라는 말에서 유래한 것으로서, 잡지는 마치 창고와 같이 여러 가지 다양한 내용, 예컨대 시(詩) · 수필 · 비평 · 이야깃거리 등을 게재했기 때문이라고 한다. 그러나 히버트, 언구레이트와 본(Hiebert, Ungurait and Bohn, 1985, p. 324)에 의하면, 'magazine'이라는 영어 단어는 본래 '상점'(商店)을 뜻하는 프랑스어 '매거싱'(magasin)에서 유래한 것으로, 프랑스에서 처음 출현한 초기의 잡지들은 서적상(書籍商)들이 자신들이 보유하고 있는 서적의 목록을 고객들에게 소개하기 위해 발간한 일종의 도서목록집에서 비롯되었기 때문이라고 한다. 그러므로 프랑스에서는 잡지를 '매거싱'이라는 말 이외에 '무지엉'(museums) 또는 '레포지토리'(repositories) 등으로 부르기도 했다고 한다. 한편 영어의 'magazine'을 우리나라에서 '잡지'라고 부르게 된 것은 중국과 일본에서 그렇게 부른 것을 그대로 받아들였기 때문인 것 같은데, 일본의 언론사학자들은 1867년 10일 야나가와 슌산(柳河春三)이 창간한 일본 최초의 민간잡지 「서양잡지」(西洋雜誌)에서 비롯되었다고 한다. 그러나 이에 앞서 1862년 6월 중국 상해(上海)에서 런던선교회 소속 선교사 존 맥고원(John Macgowan)이 「중외잡지」(中外雜誌)라는 중국어 잡지를 발행한 바 있으며, 이 잡지를 일본의 반쇼시라베쇼(蕃薯調所)에서 가져다가 번각(飜刻)해서 1862년에 「관판중외잡지」(官版中外雜誌)라는 이름으로 발행한 바 있다. 그러므로 야나가와 슌산이 영어의 'magazine'을 처음으로 '잡지'라고 번역했다는 일본 언론사학자들의 주장은 타당하다고 볼 수 없다.

2. 주요 국가들에서 신문·잡지 등에 관한 연구 시작

앞에서 살펴보았듯이 서양에서 '잡지'라는 커뮤니케이션 현상은 17세기 중반부터 시작되었으나, '신문'은 로마공화국 시대인 기원전 59년경부터 출현했다. 그러나 이들에 관한 연구와 교육이 시작된 것은 17세기부터였는데, 이때부터 근대적 인쇄신문과 함께 잡지·인쇄서적·팸플릿 등이 대량 출현하여 사회에 여러 가지 중요한 영향을 미치기 시작했고 그에 대한 사회적·정치적·학문적 관심도 대두했기 때문이다. 특히 이러한 관심을 촉진한 것은 언론에 대한 정부의 탄압이었는데, 각종 근대적 신문·잡지·팸플릿 등이 쏟아져 나오면서 사회에 여러 가지 영향을 미치고 또한 집권자들의 비위를 건드리자, 서양의 각국 정부가 이를 탄압하기 시작했다. 그러자 언론과 정부 간의 갈등이 야기되면서 신문·잡지·팸플릿 등 새로운 인쇄매체에 대한 국민들의 사회적·정치적·학문적 관심이 더욱 고조되면서 그에 관한 학술적 논문들이 나오기 시작했다.

1) 영국에서 언론자유에 관한 최초의 학술적 논문 출현

서양에서 신문·잡지·팸플릿 등 언론매체에 관한 최초의 논문으로는 1644년 영국의 존 밀턴(John Milton, 1608~1674)이 발표한 「아레오파지티카」(*Areopagitica*)를 들 수 있는데, 이 논문이 나오게 된 것도 바로 언론에 대한 정부의 탄압에서 비롯되었다. 그러면 이 논문은 도대체 어떻게 해서 나오게 되었으며, 그 주요 내용은 무엇인가?

(1) 1644년 밀턴이 언론자유 관계 최초 논문 「아레오파지티카」 발표

17세기 초부터 영국에서도 신문·잡지·팸플릿 등이 대거 등장하여 사회에 여러 가지 영향을 미치면서 집권자들의 비위를 건드리게 되자, 1632년 영국의 민사법원인 성법원(星法院, Star Chamber)은 각종 신문 · 잡지 · 팸플릿 등에 대한 검열제도를 강화하는 한편, 외국 뉴스의 게재를 금지했다. 그럼에도 불구하고 1643년 밀턴이 이혼(離婚)에 관한 논문인 「이혼론」(*The Doctrine and Discipline of Divorce*)을 써서 당국의 검열을 받지 않고 팸플릿으로 만들어 배포하자, 이것이 무검열(無檢閱) · 무인가(無認可) 출판물이라는 이유로 성법원이 배포를 금지했다. 그러자 이에 격분한 밀턴은 다음 해인 1644년 11월 발표한 「아레오파지티카」(*Areopagitica*)라는 논문을 통하여 출판물에 대한 검열제도의 불합리성을 지적하고 언론자유의 필요성을 주장하면서 출판물에 대한 검열조령(檢閱條令)의 폐지를 요구했는데(〈참고자료 1-3〉 참조), 이것이 서양에서 자유주의 언론이론(the libertarian theory of press)의 효시이자 언론에 관한 최초의 학술논문이었다.[11]

이와 같은 밀턴의 요구와 주장에도 불구하고 언론에 대한 영국 정부의 통제는 계속되었다. 특히 찰스 2세의 왕정복고 시대인 1662년에는 출판특허법이 공포되어 언론에 대한 탄압이 더욱 가혹해졌다. 이 출판특허법은 17년간의 시한부 법률이었기 때문에 1679년에 일단 폐지되었으나, 다음 해에 이와 유사한 언론법을 또 선포했으며, 제임스 2세는 이전의 특허법을 다시 부활시키기도 했다.

그러자 1859년 영국의 존 스튜어트 밀(John Stuart Mill, 1806~1873)은 「자유론」(*On Liberty*)이라는 제목의 팸플릿을 통해, "자유란 성숙된 개인이 다른 사람에게 해를 끼치지 않는 한, 그가 원하는 대로 생각하고 행동할

11 밀턴의 이 *Areopagitica*는 1788년 프랑스의 리케티(H. G. Riquetti)가 프랑스어로 번역하여 출판했고, 또한 1851년에는 독일에서도 쾌펠(Richard Koeppel)이 독일어로 번역 · 출판해서 서양에서 언론자유를 쟁취하는 데 큰 역할을 했다.

참고자료 1-3

언론자유에 관한 최초의 학술논문 「아레오파지티카」

언론의 자유에 관한 최초의 논문으로 알려진 「아레오파지티카」는 『실낙원』(*Paradise Lost*)의 작가로 유명한 영국 시인(詩人) 존 밀턴(John Milton)이 쓴 것이다. 밀턴은 1608년 12월 9일 런던에서 부유한 공증인(公證人)의 아들로 태어났다. 학문과 문학에 재능이 많았던 밀턴은 케임브리지대학을 졸업한 뒤, 아버지의 별장에서 은둔하면서 학문과 문학적 역량을 쌓았다. 그러다가 서른네 살 때인 1642년 5월 메리 파월(Mary Powell)과 결혼했는데, 그녀는 왕당파(王黨派) 지주의 딸로서 밀턴보다 일곱 살이나 어렸으며, 고등교육을 받지 않은 무사태평한 성격의 여자였다. 까닭에 학구적이고 조용한 남편인 밀턴과의 결혼생활이 처음부터 순조롭지 못하게 되자, 신부는 결혼 후 얼마 되지 않아 친정으로 가서 돌아오기를 거부했다.

밀턴은 파월과 이혼하고 싶었으나, 당시 영국에서는 교회법에 따라 이혼을 금지했다. 따라서 이혼할 수 없게 된 밀턴은 이혼금지의 불합리성을 지적하면서, "부부간에 애정이 없는 경우는 이혼이 필수불가결하므로 이혼을 허가하는 것이 인간의 복리에 맞고 또한 하나님의 섭리에도 맞는다"는 요지의 「이혼론」(*Doctrine and Discipline of Divorce*)이라는 제목의 글을 써서 1643년 8월 팸플릿 형태로 출판했다. 그러자 이것이 검열과 허가를 받지 않은 출판물이라는 이유로 배포가 금지되었는데, 당시 영국의 성법원(星法院, Star Chamber)은 모든 출판물은 반드시 사전에 검열과 허가를 받도록 강제했기 때문이다.

밀턴의 「이혼론」이 검열과 허가를 받지 않은 출판물이라고 해서 문제가 되자, 이에 격분한 밀턴은 '출판물에 대한 검열과 허가제'를 비판하면서 언론출판 자유를 요구하는 논문을 써서 1644년 11월 25일 팸플릿 형태로 출판했다. 바로 이것이 「아레오파지티카」인데, 그 초판 표지를 보면 제목은 "Areopagitica: A Speech of Mr. John Milton For the Liberty of Unlicenc'd Printing, To the Parliament of England"이며, 그 아래 "London, Printed in the Year, 1644"라고 발행지와 발행연도만 기재되어 있다. 따라서 발행인은 누구였는지 정확히 알 수 없으나, 밀턴의 「이혼론」을 인쇄했던 매슈 사이먼스(Mathew Simons)였거나 또는 당시 무인가 인쇄물들을 많이 출판했던 어거스틴 메슈(Angustine Mathew)였던 것으로 추측된다.

팸플릿 제목을 왜 'Areopagitica'(라틴어로 '대법관'이라는 뜻)라고 붙였는지는 알 수 없으나, "무검열 출판의 자유를 위해 영국 의회에 보내는 존 밀턴의 연설문"이라는 부제목을 볼 때 밀턴이 이 팸플릿를 출판한 것은 "모든 출판물은 반드시 사전에 검열과 허가를 받은 뒤 출판"하도록 한 영국 정부에 항의하면서, '출판물에 대한 검열과 허가제'를 폐지하고 언론출판 자유를 허용토록 하는 법적 조치를 취해 줄 것을 영국 의회에 요청하기 위해서였음을 알 수 있다.

이렇게 영국 의회에 요청하면서 밀턴은 그 이유로서 여러 가지를 들었다. 그러나 가장 핵심적인 것은 곧 "인간은 이성적 존재로서 정사(正邪)와 선악(善惡)을 구별할 수 있으므로, 무엇이든지 말하고 싶은 것을 자유롭게 말하도록 허용하면 자연히 진실되고 건전한 사상(思想)은 생존하고, 불건전하고 허위적인 것은 도태되므로, 국가는 국민에게 자신의 사상이나 의견을 자유롭게 표현하도록 허용하라"는 것이었다. 이러한 밀턴의 주장은 후세에 '사상의 자유공개시장과 자동조정'(the free market-place of ideas and self-righting) 이론으로 불리면서 자유주의 언론제도(the libertarian theory of press)의 기본 사상이 되어 오늘날 모든 민주주의 국가들이 자유주의 언론체제를 채택하게 만들었다.

수 있는 권리"라면서 언론과 표현의 자유를 주장하고 나섰다. "침묵을 지키는 것은 진리를 외면하고 옳지 않은 진리가 횡행하게 만드는 것이므로, 표현을 통해 올바른 진리를 옹호하지 않으면 일반국민은 진리 대신에 편견을 갖게 되며, 여론이 논쟁을 수반하지 않으면 그 기능을 상실하게 되므로, 이러한 결과들을 방지하려면 언론과 표현의 자유가 허용되어야 한다"는 이유 때문이었다. 이와 같은 언론자유에 대한 밀의 개념은 앞서 밀턴의 그것보다 진일보한 것이었는데, 밀턴은 정직하고 양식 있는 사람들 사이에서 자유로운 토론을 위한 이성적 언론자유만 주장했을 뿐이나, 밀은 언론의 자유를 국가와 사회의 안전을 위한 모든 국민들의 보편적 자유로 보면서 이를 모든 국민대중의 자유로 확대했기 때문이다. 그리하여 밀은 그 뒤 언론자유의 사상에 커다란 영향을 미쳤다.

(2) 언론 관계 최초 논문은 나왔지만 저널리즘 교육은 발전 못해

그러나 이와 같은 밀턴과 밀의 주장과 영향도 당시의 정치권력자들에게 언론자유를 허용토록 만들지는 못했다. 명예혁명 이후인 1695년 영국은 검열법을 정식으로 폐기는 했지만, 1712년 앤 여왕은 인지세법(印紙稅法)을 제정하여 언론에 대해 무거운 세금을 부과, 다시 언론을 통제했다. 그러나 광고에 대해서는 영국 정부가 과중한 인지세를 부과하지 않은 데다가, 무역의 증대로 인하여 신문광고의 양이 계속 늘어났다. 그러자 1730년 2월 「데일리 애드버타이저」(*Daily Advertiser*)의 창간을 시작으로 해서 광고를 주로 싣는 여러 개의 신문들이 나타나면서 영국 정부의 탄압 속에서도 신문이 발전하게 되었다. 1785년에는 「데일리 유니버설 레지스터」(*Daily Universal Register*)라는 신문도 창간했다. 이 신문이 바로 오늘날까지 230여 년 동안 세계적으로 명성을 떨치고 있는 「더 타임스」(*The Times*)인데, 「더 타임스」로 제호를 바꾼 것은 창간 3년 뒤인 1788년이었다.

영국은 앞에서 언급했듯이 언론에 관한 최초의 논문인 밀턴의 「아레오파지티카」가 나온 나라였고, 세계의 언론자유 사상에 큰 영향을 미친 밀의 「자유론」(*On Liberty*)도 역시 영국에서 나왔다. 그러나 이러한 영국에서 신문·잡지 등 저널리즘 전반에 관한 연구와 교육은 제대로 발전하지 못했는데, 영국에서는 전통적으로 각 신문사나 잡지사가 자체적으로 직업현장에서 언론인들을 양성했기 때문이다. 그러다가 1889년 국립저널리스트협회(National Association of Journalists)에서 저널리스트 양성 프로그램을 시작했으나, 지망자들의 참여 범위는 극히 제한적이었다. 그 뒤 1920년에야 막스 펨버턴 경(Sir Max Pemberton)이 런던저널리즘스쿨(London School of Journalism)을 설립하여 저널리스트 교육이 본격적으로 시작되었다.

한편 런던대학교(University of London)의 킹스대학(King's College)에서도 1922년부터 2년제 저널리즘 교육을 시작해서 1939년 제2차 세계대전이 시작될 때까지 계속되었다. 그 뒤 1945년 제2차 세계대전이 끝난 뒤, 영국도 미국의 저널리즘 교육제도를 받아들여 저널리스트를 양성하는 한편, 저널리즘에 관한 연구도 본격적으로 이루어졌다.

2) 독일에서 신문에 관한 연구의 시작과 발전

독일에서는 일찍이 17세기부터 신문·잡지 등의 언론매체에 관한 교육과 연구가 시작되었는데, 언론자유에서부터 비롯된 영국과는 달리 순수한 학문적 목적에서 시작했다. 즉 17세기 초부터 「레라치온」(*Relation*, 1609년 창간)을 비롯하여 정기성(定期性)을 띤 여러 가지 근대적 인쇄신문과 잡지들이 출현하자, 그 기원·기능·본질 등에 관한 학문적 관심에서 신문과 잡지에 관한 교육과 연구가 시작되었다. 그리하여 17세기 말 할레대학(Universität Halle)의 철학과 역사학 교수 요한 루데비히(Johann Peter von Ludewig)가 최초로 신문의 기원·기능·본질 등에 관해서 가르쳤으며, 1707년에는 "오늘날의 역사에 대한 입문학(入門學)은 날마다 도착하는 신문에서부터"라는 논문에서 "신문은 그날그날의 역사적 기록이며, 또한 여러 나라 국민대중 상호간에 이해를 증진시키는 중요한 수단"라고 주장했다(곽복산, 1971, p. 35).

(1) 17세기 말부터 신문의 본질 등에 관한 연구 시작

그 뒤 독일의 다른 대학에서도 신문의 기원과 본질과 기능 등에 관한 문제가 토론의 주요 주제와 교육 대상이 되었다. 또한 귀족학교(Ritter-Akademien)에서도 신문과 잡지에 관한 학문적 연구가 이루어졌고, 1690년 신학(神學) 분야에서 신문에 관한 첫 번째 박사학위논문이 나오기도 했다. 한편 라이프치히대학(Universität Leipzig)에서는 레헨베르크(Adams Rechenberg) 교수가 신문에 관한 강좌를 개설해 학생들에게 가르쳤는데, 이 강좌를 수강한 포이서(Tobias Peucer)는 신문에 관한 최초의 학위논문을 쓰기도 했다. 그런가 하면 프리치(Ahasver Fritsch), 바이제(Christian Weise), 카스퍼(Kasper von Stieler) 등은 신문·잡지에 관한 책들을 출판했는데, 카스퍼는 그의 저서에서 신문의 본질적 특성으로서 공시성(公示性)·현실성 및 보편성을 들었다고 한다.

독일에서 신문·잡지에 대한 학문적 관심은 18세기에도 계속되어, 법률가·정치학자·역사가·철학자 등도 신문·잡지에 관한 여러 가지 연구 논문들을 발표했다. 그러나 18세기부터 언론에 대한 탄압이 강화되면서 신문·잡지에 관한 연구도 수난을 겪게 되었는데, 프리드리히 1세는 신문의 불온세력화를 두려워한 나머지 가혹한 신문정책을 펼치면서 정치평론을 엄금하기도 했다. 그 뒤 프리드리히 2세는 한때 신문검열제도를 폐지하고 절대자유를 인정하기도 했으나, 1740년 실레시아 전쟁이 발생하자 다시 검열제도를 부활시켰다. 그럼에도 불구하고 「베르리너 아벤트블레터」(*Berliner Abendblätter*), 「라이니셰 메르쿠르」(*Rheinische Merkur*) 등의 신문이 창간되어, 당시 유럽에서 팽배하던 자유주의 사상을 주장하며 절대주의를 강렬히 비판하기도 했다. 하지만 곧 정부의 탄압으로 금지되었으며, 그 뒤 프로이센의 비스마르크(Otto von Bismark) 재상도 1862년 신문조령을 발표, 반정부 신문들을 탄압했다. 그러자 잡지와 팸플릿이 신문을 대신하여 정치평론을 하게 되면서 잡지와 서적의 발달을 촉진했다.

이처럼 정부의 탄압에도 불구하고 신문·잡지·팸플릿 등이 발달하면서 정치평론에 앞장서자, 이들의 중요성에 대한 국민들의 인식이 높아지면서 대학에서 신문·잡지 등을 역사학·정치학·국민경제학 등의 부전공(副專攻) 교과로 가르치게 되었다. 그러면서 19세기부터 신문·잡지 등에 관한 여러 저서들이 나왔는데, 그중 대표적인 것들로는 뢰플러(Franz A. Löffler)가 1808년 출판한 『신문의 입법에 대하여』(*Über die Gesetzgebung der Presse*), 프루츠(Robert E. Prutz)가 1845년 발간한 『독일 저널리즘의 역사』(*Geschichte des deutschen Journalismus*), 크니스(Karl Knies)가 1857년 출판한 『교통수단으로서의 전신』(*Der Telegraph als Verkehrsmittel*), 1875년 셰플레(Albert E. Schäffle)가 펴낸 『사회단체의 건립과 생활』(*Bau und Leben des socialen Körpers*) 등을 꼽을 수 있다.[12]

12 뢰플러는 그의 책에서 "신문보도가 현존 의견의 몇 갑절인지 아닌지[反映理論], 또는 각자 의견의 창시자이고 담당자인지[機關理論]"의 문제를 과학적으로 해결해 보려고 했고, 크니스는 그의 저서에서 신문과 독자 상호 간의 영향을 지적하며 신문을 정신적 교통수단이라고 정의했다. 그리고 셰플레는 그의 책에서 인간공동체 성원들 간 사고전달의 연결기관으로서 신문의 기능을 제시했다(이해창, 1973, p. 39).

(2) 각 대학에서 신문연구소의 창설과 신문학의 성립

독일에서는 일찍이 17세기부터 신문·잡지 등에 관한 여러 가지 연구를 계속해 오다가 마침내 1916년 라이프치히대학이 '차이퉁스쿤데연구소'(Institut für Zeitungskunde)를 창설해서 신문·잡지·팸플릿·전신(電信) 등에 관한 연구와 교육을 '차이퉁스쿤데'(Zeitungskunde) 또는 '차이퉁스비센샤프트'(Zeitungswissenschaft),[13] 즉 우리말로 신문학(新聞學)이라는 학문으로 성립·발전시켰다. 연구소 명칭은 우리말로 '신문학연구소'였지만, 라이프치히대학 신문학연구소는 실제로는 미국의 저널리즘학과나 학부와 마찬가지였는데, 독일의 대학 연구소에서는 연구만 하는 것이 아니라 학생들을 교육하고 학위도 수여하기 때문이었다.

라이프치히대학 신문학연구소는 뷔허(Karl Bücher) 주도로 창설했는데, 그는 「프랑크푸르터 차이퉁」(*Frankfurter Zeitung*)이라는 신문의 편집자 출신으로 본래는 경제학 교수였으나 라이프치히대학 신문학연구소장에 취임한 이후로는 신문학의 수립에 모든 정렬을 기울였다. 그러면서 1922년에는 『신문의 기원』(*Die Anfänge des Zeitungswesens*)을, 1926년에는 『신문학 전집』(*Handbuch der Zeitungswissenschaft*)이라는 저서를 발간해서 독일신문학의 기초를 세웠다. 한편 뷔허는 예거(Jaeger), 쉐네(Shone) 등을 위시한 많은 제자들을 배출하여 그의 학문을 잇게 해서 독일신문학의 비조(鼻祖)로 추앙받게 되었다.

1919년에는 뮌스터대학(Universität Münster)도 신문학연구소(Institut für Zeitungswissenschaft)를 설립했는데, 이 연구소는 이 대학에서 신문학 강좌를 설치해서 담당해 오던 역사학자 마이스터(Aloys Meister)가 창설

13 이들 단어에서 'Zeitung'은 '신문'을 말하며, '-wissenschaft'와 '-kunde'는 '학문'을 뜻한다.

했다. 마이스터는 신문에 관한 연구가 그 자체에 관한 연구에만 필요한 것이 아니라 국민의 정치교육을 위해서도 필요하다고 주장했다. 또 그는 제1차 세계대전 직후 신문에 대한 과학적 원리의 수립과 책임 있는 저널리스트의 양성이 절실히 요청된다고 논문을 통해 제창했다. 이러한 마이스터에 뒤이어, 1934년부터는 도비파트(Emil Dovifat)가 뮌스터대학 신문학연구소를 이끌어 가면서 독일의 신문학을 '공시학'(公示學, Publizistikwissenschaft)으로 확대 · 발전시키는 데 앞장섰다.

1924년 뮌헨대학(Universität München)도 신문연구소를 창설했는데, 창설자는 데스터(Karl d'Ester, 1881~1960)였다. 그는 1915년 미국 미주리대학교 저널리즘학부 초대 학부장 윌리엄스(Walter Williams)와 일본의 오노(小野秀雄) 등과 함께 세계언론회의(Press Congress of the World)를 창립하여 신문학의 국제교류에도 앞장섰다. 데스터는 신문학에 관한 과학적 원리의 수립과 책임 있는 언론인의 양성을 위하여 뮌헨대학에 신문연구소를 설립하고, 독일 최초의 신문학 정교수가 되었다.

이와 같이 독일의 여러 대학들이 신문연구소를 설치해서 신문에 관한 연구와 교육을 활발히 하자, 뮌헨대학 신문연구소장 데스터는 신문학에 관한 연구결과의 공동발표장으로 「차이퉁스비센샤프트」(*Zeitungswissenschaft*, 신문학)라는 학술지를 발간하는 등, 독일신문학의 정립과 발전에 크게 이바지했다. 그는 뮌헨대학 신문연구소에서 30년 동안이나 신문학 수립을 위하여 진력하다가 1960년 79세로 별세했는데, 데스터는 도비파트 교수와 함께 독일의 '차이퉁학 시대'를 이룩한 선구자였다.

한편 베를린대학에서는 뢰겔레(Otto Roegele, 1883~1924)와 몰(Martin Mohr, 1867~1927)이 신문학 강좌를 담당해 왔으며, 다른 여러 대학들도 신문연구소를 설립하거나 또는 신문학 강좌를 개설했다. 그리하여 신문학 연구와 교육이 본격화되면서 미국의 신문학과 함께 양대 산맥을 이루었는데, 당시 독일에서는 신문의 본질 등에 관한 이론을 중시한 데 반하여, 미국에서는 취재·기사작성·편집 등의 실무를 중시했다. 따라서 독일신문학은 '이론신문학'(理論新聞學), 미국신문학은 '실천신문학'(實踐新聞學)이라고 부르기도 했다. 1928년 8월 독일의 쾰른(Köln)에서 세계언론회의(Press Congress of the World)가 열렸을 때, 당시 38세로 막 독일신문연구소장에 취임했던 도비파트가 개회사를 통하여 신문학의 대상을 규정짓고 신문학을 이론과 실제학 두 가지로 구분했다.

(3) 신문학이 공시학으로 확대·발전

독일의 신문학(Zeitungswissenschaft)도 1920년대 말까지는 미국의 신문학과 마찬가지로 연구·교육 대상 영역을 주로 신문·잡지에만 국한해 왔다. 그러나 1930년대 초 라디오·영화 등 새로운 전파매체가 출현하여 대중의 각광을 받게 되자, 1934년 도비파트는 "일반적인 공시적 학문과 그 연구를 위한 신문지식의 확대"라는 논문을 통하여 "신문학의 영역을 신문·잡지에만 국한할 것이 아니라, 라디오·영화·음반을 물론 연설·대화 등의 모든 공시적 현상(Aussage)으로 확대해야 한다"고 주장하고 나섰는데(Dovifat, 1934, pp. 12-20), 이는 곧 과거의 전통적 신문학을 푸블리치스틱학(Publizistikwissenshcaft), 즉 공시학(公示學)으로 확대·발전시키자는 것이었다.[14]

14 도비파트는 1890년 독일 아헨의 변방도시 모레스네(Moresnet, 현재는 벨기에 영토)에서 태어났으나, 쾰른에서 성장하면서 뮌헨과 라이프치히대학에서 역사학과 경제학을 공부했다. 그는 라이프치히대학 신문학연구소장 뷔허를 만나 신문학을 공부해서 1918년 박사학위(학위논문 "1840년대 작센공화국의 여론")를 받은 뒤 언론계에 종사하면서 독일제국신문협회, 기자협회 등에 참여했다. 그러다가 1924년 베를린 훔볼트대학에 설립한 독일신문학연구소 조수가 되면서 학계에 들어와 『독일신문사』와 『미국신문사』를 출판했다. 그는 1928년 독일신문학연구소장에 취임하면서 교수가 되었고, 1931년에는 『신문론』

이와 같은 도비파트의 주장은 그의 제자 트라우프(Hans Traub)와 뮌스터(Hans A. Münster)가 계승하면서 독일 종래의 신문학은 점차 공시학으로 확대·발전하기 시작했다. 하지만 독일신문학을 공시학으로 재정립해 놓은 것은 제2차 세계대전 이후 하게만(Walter Hagemann)이었는데, 그는 1947년 『공시학의 대요』(*Grundzüge der Publizistik*)라는 저서에서 공시학을 "현실적 의식 내용의 공개적 표시에 대한 학문"이라고 정의하면서 (Hagemann, 1947, p. 37) 그 이론체계를 정립시켜 놓았다. 특히 그는 공시학의 기원을 고대 그리스 시대부터 연구해 온 수사학에 둠으로써 공시학을 종횡(통시적 및 공시적)으로 확대·발전시켜 놓았는데, 그 이전에도 도비파트가 수사학을 공시학의 선례적 학문으로 삼을 것을 주장한 바 있다. 그러나 고대 그리스 시대의 수사학 연구에서부터 시작해서 신문·잡지에 관한 뷔허 등의 신문학적 연구를 거쳐, 그 뒤 라디오·영화에 관한 뮌스터 등의 연구에 이르기까지의 모든 공시현상에 관한 연구결과들을 종합·정리해서 이를 '공시학'이라는 이름의 학문으로 정립해 놓은 것은 하게만이었다. 그는 공시학이란 "신문·잡지·서적뿐 아니라, 방송·영화·음반 등은 물론, 연설·대화 등에 관한 것에 이르기까지의 모든 현실적 의식 내용의 공개적 표시(Aussage)에 관한 학문"이라고 정의했다.

이러한 독일의 공시학은 그 뒤 미국의 커뮤니케이션학과 그 연구입장에 약간의 차이가 있으나, 본질이나 연구대상은 거의 마찬가지였다. 따라서 독일의 공시학은 미국 등지의 현대적 커뮤니케이션학에 대한 독일식 명칭이라고 말할 수도 있다. 그러나 1930년대를 전후해서 독일의 전통적 신문학이 공시학으로 확대·발전하는 과정에서 그 대상의

(*Zeitungslehre*)이라는 상·하 두 권의 저서를 냈는데, 이 책은 그 뒤 신문학이 공시학으로 변천할 때까지 신문학에 관한 고전적 교과서가 되었다.

설정과 방법론 등의 문제를 둘러싸고 전통적 신문학파와 공시학파가 서로 입장을 달리하면서, 학과나 연구소 명칭도 일부 대학은 계속 '신문학'(Zeitungswissenschaft)이라는 명칭을 사용했는가 하면, 어떤 대학은 '공시학'(Publizistikwissenschaft)으로 바꿈으로써 혼선을 빚기도 했다(곽복산, 1971, p. 38). 이는 미국에서 전통적 신문학(journalism)이 제2차 세계대전 이후 '매스커뮤니케이션학'으로 확대·발전하면서 한동안 전통적 신문학파와 매스커뮤니케이션학파로 양립되어 혼선을 빚은 것과 같은데, 이에 관해서는 뒤에서 살펴보기로 한다.

3) 프랑스에서 1899년 저널리즘 고등교육기관 설립

프랑스에서는 1631년 「가제트 드 프랑스」(*Gazette de France*)를 시작으로 근대적 신문들이 나타나게 되었지만, 이에 관한 연구와 교육은 영국이나 독일보다 뒤늦은 19세기 말에야 시작되었다. 그 이유의 하나로는 절대왕정의 탄압으로 말미암아 신문·잡지가 제대로 발전하지 못했던 점을 들 수 있는데, 1789년 프랑스 대혁명이 일어나기 전까지는 프랑스 전국에 겨우 20여 개의 신문·잡지와 100여 명의 신문인들만 존재해 왔을 뿐(Eaman, 2009, p. 145)이었다.

하지만 1789년 7월 14일 도시민과 농민들이 프랑스 대혁명을 일으키자, 각종 정치적 신문·잡지·팸플릿 등이 쏟아져 나와 1793년까지 4년 동안에만도 그 종수가 무려 1,000여 개에 달하게 되었다. 그러나 1799년 나폴레옹 보나파르트(Napoleon Banaparte)가 쿠데타를 일으켜 공화정 총재정부를 무너뜨리고 통령정부를 수립한 뒤, 정치적 신문·잡지들을 모두 폐간시키고 말았다.

(1) 1899년 저널리즘 전공 그랑제콜의 설립과 그 경위

그 뒤에도 프랑스는 70여 년 동안이나 정치체제가 다시 제국체제와 군주제 등으로 뒤바뀌며 혼란을 거듭하자 신문·잡지 등도 제대로 발전할 수 없었다. 그러다가 1875년 제3공화정이 수립된 이후 1881년 7월 '신문의 자유에 관한 법률'이 공포된 뒤에야 신문·잡지가 급속히 발전하게 되었다. 그러면서 신문·잡지 등에 관한 관심이 높아지다가, 1894년 발생한 '드레퓌스 사건'(L'affaire Dreyfus)을 계기로 언론의 중요성과 책임 등에 관한 프랑스 국민들의 관심이 고조됐다(〈참고자료 1-4〉 참조). 그러자 딕 메이(Dick May) 등을 비롯한 프랑스 지성인들이 1899년 세계 최초의 저널리즘 고등교육기관으로 알려진 '파리고등저널리즘학교'(L'Ecole Supérieure de Jounalisme de Paris, 영어로는 Superior School of Journalism of Paris)라는 그랑제콜(Grandes Écoles)[15]을 설립하여 신문·잡지·출판 등에 관한 고등교육을 실시하기 시작했다(Goulet, 2009).

이 그랑제콜은 위에서 말했듯이 메이를 위시한 19세기 말 프랑스의 지성인들이 설립했는데, 메이는 프랑스 식민지였던 알제리의 수도 알제(Alger)의 유대교 랍비의 딸로 본명은 잔 베유(Jeanne Weil)이고 '딕 메이'(Dick May)는 필명이었다. 메이는 테오필루스 펑크-브렌타노(Theophilus Funck-Brentano, 당시 자유정치대학 교수), 피에르 뒤 마루상(Pierre du Maroussem, 당시 파리 소르본대학 법학교수)과 함께 사회과학의 새로운 분야와 경제학의 새로운 사조(思潮)를 연구·교육하면서 각 분야 실무자들을 교수로 초빙

15 프랑스의 고등교육기관은 크게 세 가지 유형, 즉 ① 일반대학(universitiés), ② 그랑제콜(grandes écoles), ③ 기타 기관으로 나눌 수 있는데, 이들 중 그랑제콜은, 예컨대 고급기능인·문학자·예술인·전문경영자 등의 전문인들을 양성하기 위한 고등교육기관으로, 일반대학과는 달리 특정 학생을 자체적으로 선발할 수 있는 권한을 갖고 있으며, 교육기간은 대체로 5년이나 그중 2년은 교양과정이었다.

참고자료 1-4

드레퓌스 사건의 전말

1894년 9월 어느 날, 프랑스 육군 정보국 요원이 프랑스 주재 독일대사관 우편함에서 한 장의 편지를 습득했다. 수취인은 독일대사관 무관 슈바르츠코펜(Max von Schwarzkophen) 대령이고 발신인은 'D'로만 표시되어 있었는데, 그 편지 속에는 프랑스 육군의 군사기밀 사항에 관한 명세서가 들어 있었다. 프랑스 육군 정보국은 그 편지를 보낸 스파이를 조사하다가 당시 프랑스 육군 포병 대위였던 유태인 알프레드 드레퓌스(Alfred Dreyfus)를 범인으로 지목했다. 그 편지에 들어 있는 명세서의 필적이 드레퓌스의 것과 비슷한 데다가, 편지 끝에 적어 놓은 스파이 암호가 'D'였다는 이유에서였다.

이런 사실을 언론에 알리자, 그간에 공공연하게 반유태주의를 표방하던 가톨릭계 대표적 신문 「라 리브르 파롤」(*La Libre Parole*)이 1894년 11월 19일 "대역죄, 유대인 장교 체포"라는 제목으로 이를 크게 보도했다. 그러자 가톨릭계 다른 신문들도 이 사건을 연일 대서특필하며 "유대인은 프랑스의 적이다"라며 반유대주의를 조장했다.

이렇게 해서 독일 스파이로 몰린 드레퓌스는 군사재판에 회부되어 1894년 12월 반역죄로 무기징역형을 선고받고 강제 전역된 뒤, 아프리카의 프랑스령 '악마섬'(Île du Diable)에 있는 육군교도소에 수감되었다. 그로부터 2년 뒤인 1896년, 프랑스 육군 정보국에 새로 부임한 피카르(George Picard) 중령이 드레퓌스에 관한 문건을 다시 들추어보다가, 2년 전 프랑스 주재 독일대사관에서 습득한 명세서의 필적이 헝가리 태생의 프랑스 육군 소령 에스테라지(Ferdinand W. Esterhazy)의 것과 똑같다는 사실을 발견하고 그를 신문한 결과, 그가 진범이었다. 피카르 중령이 이를 상부에 보고하면서 드레퓌스 사건의 재심을 요청했으나, 상부에서 묵살

하고 오히려 피카르 중령을 멀리 아프리카 식민지로 파견했다.

이런 사실이 세간에 알려지자, 군부세력·군국주의자·가톨릭주의자 등과 이들을 대변하는 신문들은 "드레퓌스가 진범이므로 재심할 필요가 없다"고 반대하고 나선 반면, 양심적 지식인·법률가·공화주의자·진보적 정치인 등과 이들을 대변하는 신문들은 재심을 요구하고 나섰다. 그리하여 프랑스 국민들과 언론은 드레퓌스 사건의 재심반대파(Anti-Dreyfusards)와 재심요구파(Dreyfusards)로 갈라져 프랑스 사회는 온통 분열과 갈등의 늪 속에 빠져 버렸다.

이러한 가운데 1898년 1월 13일 소규모 신문인 「로로르」(*L'Aurore*)에 당시 프랑스 대통령 펠릭스 포르(Félix Faure)에게 보내는 "나는 고발한다!"(J'accuse!)라는 제목의 공개편지 한 장이 실렸다. 이는 당시 프랑스의 대문호 에밀 졸라(Emile F. Zola)가 쓴 것으로, 아무런 근거 없이 드레퓌스를 유죄로 몰아간 군사법정을 고발하면서 그에 대한 재심을 강력하게 요구한 것이었다. 그러자 프랑스 군부는 졸라가 "군법회의를 중상모략했다"는 이유로 1년간의 징역형을 선고했다.

이렇게 되자 드레퓌스 사건이 세계적 이슈가 되면서 각국에서 프랑스 군부를 비난하고 졸라를 옹호하는 여론이 들끓었고, 이에 고등법원이 군사법원에 재심을 지시했다. 1899년 6월 3일 재심재판이 열리고 증인으로 나온 프랑스 군부 관계자들이 계속 드레퓌스가 범인이라고 위증하자, 군사법원은 그가 유죄임을 인정하되 정상을 참작해서 10년형으로 감형한다고 선고했다. 이에 프랑스뿐 아니라 전 세계에서 다시 비난과 항의가 빗발치자, 프랑스 대통령은 1899년 9월 19일 드레퓌스를 특별사면해서 석방했다. 그러나 복권은 시키지 않았다가, 드레퓌스 지지자들의 끈질긴 요구에 따라 1906년 마침내 무죄가 선고되어 육군에 복직했다. 그리하여 12년 동안 프랑스 사회와 언론을 휩쓸었던 '드레퓌스 사건'이 일단락되면서 온 세상에 여러 가지 교훈을 남겨 주었다.

해 학생들을 가르치도록 함으로써 학생들이 교과서에서 배울 수 없는 산 지식과 기능을 배울 수 있는 대중대학(université populaire)을 설립하기로 합의하고 1895년 자유사회과학대학(Collège Libre des Sciences Sociales)을 파리에 설립·운영했다. 그러다가 이 대학을 1899년 세 개의 그랑제콜로 나누었는데, 그중의 하나가 바로 '파리고등저널리즘학교'였다.

이렇게 해서 1899년 파리고등저널리즘학교가 출현하게 되었는데, 메이가 처음 설립을 구상한 것은 1896년부터였다고 한다. 그해부터 프랑스에서는 '드레퓌스 사건'에 연루된 유대인 출신의 포병 대위 알프레드 드레퓌스(Alfred Dreyfus)의 재심(再審) 문제를 둘러싸고 온 국민과 언론이 재심반대파와 재심요구파로 갈라져 서로 격론을 벌이면서 프랑스 사회를 온통 분열과 갈등으로 몰아넣자, 이를 본 메이는 언론의 올바른 기능과 책임 등에 깊은 관심을 갖게 되었다. 그리하여 메이와 그의 동료들은 저널리즘에 관한 수준 높은 연구와 교육을 통해 사회를 개선하고 언론 또한 개선하기 위하여 저널리즘 전공의 그랑제콜을 설립하고자, 1899년 자유사회과학대학을 세 개의 그랑제콜로 나누어 개편하면서 그중의 하나로서 '파리고등저널리즘학교'를 설립했다.

이 학교를 설립하게 된 데에는 1879년부터 프랑스에서 전개되고 있던 민중대학운동(movement de université populaire)도 또 하나의 계기가 되었다. 민중대학운동이란 1878년부터 시작되어 1914까지 진행된 대학 개혁 운동의 하나로서, 주로 정치지도자나 변호사·교사·의사 등을 교육·양성해 왔던 전통적 대학제도를 개혁해서 기술인·경영인·상업인 등의 전문직업인들을 양성하는 동시에, 대학 운영과 학생의 선발 등에 자치권 내지 자율권을 주자는 운동이었다. 따라서 이러한 운동에 따라 상업·경영·기술 등에 관한 교육을 전문적으로 실시하는 그랑제콜들이 많이 생기게 되면서 저널리즘을 전문적으로 실시하는 파리고등저널리즘학교도 설립하게 된 것이었다.

(2) 파리고등저널리즘학교와 그 외 에콜에서의 저널리즘 교육

1899년 설립된 파리고등저널리즘학교에 대해 빈상 구레(Vincent Goulet, 2009)를 비롯한 프랑스의 저널리즘학자들은 "세계 최초의 저널리즘 전공 고등교육기관"이라고 주장하고 있다. 그러면서 1908년 설립한 미국의 미주리대학 저널리즘학부(School of Journalism)를 세계 최초의 저널리즘고등교육기관으로 보는 것은 잘못이라고 말한다. 그러나 미주리대학 저널리즘학부(4년제)는 저널리즘에 관한 실무교육을 강조하면서 처음부터 저널리즘 전공 문학사(Bachelor of Arts in Journalism) 학위를 수여했다. 반면 파리고등저널리즘학교는 한 해에 몇 명씩의 엘리트 학생들만 뽑아 이들이 졸업 후 저널리즘 분야뿐 아니라 정치·경제·행정 분야에도 종사하도록 정치와 경제 등에 관한 폭넓은 지식을 길러주는 데 주목적을 두었다. 때문에 설립 후 1910년까지는 저널리즘 관련 전공 학위를 별도로 수여하지 않았다. 그러면서 저널리즘 이외에 역사학·정치학·경제학·사회학·경영학 등도 폭넓게 가르쳤는데, 역사학은 세이고보(Charles Seigobos), 경제학은 지드(Charles Gide), 사회학은 사회학 창시자의 한 사람인 뒤르켐(Émile Durkheim)이 가르쳤다(http://en.Wikipedia.org/wiki/Ecole).

이들 이외에 파리고등저널리즘학교 설립 초기의 교수들은 대부분이 앞서 말한 드레퓌스 사건 당시 그의 재심을 요구한 소위 '드레퓌자르'(Dreyfusard)들이었는데, 그중 대표적 인물로는 문필가 프랑스(Anatole France), 페기(Charles Peguy), 롤랑(Romain Rolland) 등과, 작곡가 포레(Gabriel Fauré), 드뷔시(Claude Debussy), 라벨(Maurice Ravel), 그리고 정치인 푸앵카레(Raymond Poincaré), 데샤넬(Paul Deschanel), 밀레랑(Alexandre Millerand), 두메르(Paul Doumer), 두메르그(Gaston Doumergue), 슈만(Maurice Schumann) 등

을 꼽을 수 있다. 이들이 포진했던 파리고등저널리즘학교는 앞서 말했듯이 한 해에 엘리트 학생들만 몇 명씩 뽑아 가르치면서 1910년까지는 학위를 수여하지 않다가, 1911년부터 정식으로 학위를 수여하다가 1924년 문을 닫았다.

같은 해인 1924년에 가톨릭 재단에서 또 하나의 저널리즘 그랑제콜인 '릴르고등저널리즘학교'(l'Ecole Supérieure de Jounalisme de Lille)를 설립했는데, 이 학교는 3년제였으나 2년 동안은 기초교육을 진행했고 저널리즘 전공교육은 1년 동안만 실시했다. 이때부터 프랑스에서도 저널리즘학을 하나의 학문으로 고등교육기관에서 연구·교육하기 시작했으나, 이는 매우 한정적이었으며 언론인들은 고등교육기관이 아니라 주로 직업 현장에서 훈련시켰다. 그러다가 제2차 세계대전 중에 쇠퇴했던 프랑스 언론을 재건하고 또한 새로운 언론이 필요로 하는 품격 있는 언론인을 양성하기 위하여 레지스탕스 출신들이 1946년 파리에 저널리스트 양성센터(Le Centre de Formation des Journalistes)를 설립해 신문·방송·통신 등 미디어별 전문적 실무전문 교육을 실시했는데, 이 센터는 수학기간이 2년, 교육수준은 그랑제콜 수준이었다.

1946년부터는 프랑스통신사(Agence France-Presse, AFP)도 일종의 국립 저널리즘학교 같은 역할을 하면서 기자가 되려는 젊은이들에게 교육기회를 제공했으나, 그 기회는 1960년대 이전까지는 매우 제한적이었다. 그러다가 1960년대부터 프랑스의 대학에서도 공식적인 저널리즘학과와 연구소 등을 설립하여 미국식의 저널리즘 교육과 커뮤니케이션 교육을 체계적으로 실시함으로써 유럽에서 모범적 국가가 되었다. 현재 프랑스에는 각 대학에서 저널리즘 관련 학위를 제공하는 커뮤니케이션학과에 소속된 다양한 교육과정 이외에 5개의 사립 저널리즘 학교와, 대학 소속이나 독립적으로 운영되는 5개의 공립 저널리즘 학교가 있다.

4) 미국에서도 신문·잡지 등 저널리즘 연구·교육 시작

19세기 말부터 신대륙 미국에서도 신문·잡지 등에 관한 학문적 관심이 대두하기 시작했는데, 미국에서 신문이 처음 등장한 것은 1690년 9월 25일이었다. 즉 이날 해리스(Benjamin Haris)가 미국 최초의 신문인 「퍼블릭 오커렌스」(*Publick Occurrences*)를 보스턴에서 창간했다. 그러나 이 신문은 사전허가를 받지 않았다는 이유로 제1호만 내고 폐간당한 뒤 14년 동안이나 미국에는 신문이 존재하지 않았다. 그러다가 1704년 4월 24일 「보스턴 뉴스레터」(*Boston News-Letter*)라는 주간신문의 창간에 이어 여러 개의 주간신문들이 창간되었고, 1741년 필라델피아에서 「제너럴 매거진」(*General Magazine*)이라는 미국 최초의 잡지도 나왔다. 하지만 미국에서 일간신문이 처음 등장한 것은 독립(1776년) 후인 1783년 5월 30일 본래는 주간지였던 「펜실베이니아 이브닝 포스트」(*Pennsylvania Evening Post*)가 일간(日刊)으로 전환하면서부터였다.

(1) 워싱턴대학에서 처음으로 인쇄와 저널리즘 전공과정 설치

그 뒤 여러 개의 일간신문이 나오면서 신문이 보편화되자,[16] 1869년 버지니아 주의 워싱턴대학(현 Washington and Lee University의 전신)의 로버트 리(Robert E. Lee) 학장이 신문에 관한 교육의 필요성을 처음으로 제기했다(Lee, 1918). 남북전쟁 당시 남군(南軍)의 총사령관이었던 리 장군은 전쟁이 끝난 뒤인 1865년 워싱턴대학 학장으로 취임한 뒤, 전쟁이 아니라 평화를 위해서 남부 젊은이들을 어떻게 교육시킬 것인가를 고민하고 있었다.

16 이에 관한 자세한 것은 차배근, 『미국신문발달사』(서울: 서울대학교출판문화원, 2014) 참조.

그러면서 당시 남부가 당면하고 있던 여러 가지 문제들을 해결하는 데 신문이 커다란 역할을 할 수 있다는 확신을 갖게 되었다. 이는 남북전쟁 당시 신문과 팸플릿 등의 인쇄매체가 대중연설, 목사들의 설교와 함께 미국인들에게 독립투쟁을 고취하는 데 커다란 위력을 발휘한 것을 리 장군이 직접 체험했기 때문인 것 같다. 그리하여 그는 1869년 3월 30일 워싱턴대학 이사회에 다음과 같은 제안서를 제출했다(Lee, 1918, p. 3에서 인용).

> 본인은 본 대학 교수들이 제청해 온 몇 가지 제안들을 귀(貴) 이사회에서 심의해 줄 것을 요청하는 바입니다. … 첫째로, 인쇄와 저널리즘 분야를 일생 동안 전문직업 분야로 선택하고자 하는 학생 중 50명을 선발하여 이들에게 장학금을 지급코자 합니다. … 이 제안은 교수회의에서 충분히 검토한 뒤, 모든 교수로부터 만장일치의 동의를 얻은 것이라는 점을 추가로 말씀 드립니다. … 위와 같은 제안들을 정히 제출합니다.

이와 같은 리 학장의 제안서를 접수한 워싱턴대학 이사회는 제안을 수락하면서 그 조건으로 50명 이내의 인쇄 및 신문저널리즘 전공학생들에게 수업료를 포함한 등록금 전액을 면제해 주는 대신, 이들에게 대학 인쇄소나 그 밖의 관계 부서에서 1일 1시간씩 실습봉사를 하도록 했다. 그러면서 이들 장학생의 실습을 위해서 대학출판소를 설치할 것도 이사회에서 의결했다. 그리하여 워싱턴대학에서 미국 최초로 인쇄 및 신문저널리즘 전공교육을 실시하게 되었다.

그러나 이러한 교육은 2~3년 동안 계속하다가 중단되었다고 윌리엄스(Williams, 1929, p. 5)가 밝혔는데, 그 이유는 정확히 알 수 없으나 아마도 당시는 인쇄와 저널리즘 분야 종사자들의 사회적 지위가 매우 낮아 대학생들이 이 분야의 전공을 기피했기 때문인 것 같다.

(2) 다른 대학에서도 저널리즘 관계 교과목 신설

이렇게 해서 워싱턴대학의 리 학장이 처음 시도했던 대학에서의 저널리즘 교육은 성공을 거두지 못했다. 그러나 미국에서 신문·잡지 등이 점점 발달하여 사회적으로 중요한 영향을 미치면서 인쇄와 저널리즘 분야 종사자들의 사회적 지위도 높아지자, 캔자스주립대학이 1873년 인쇄 분야에 관한 강좌를 설치했다(Emery, Ault and Agee, 1960, p. 408). 한편 미주리대학은 1878년부터 영어 과목의 일부로 신문기사작성론을 가르치고, 1879년에는 신문의 역사에 관한 과목도 설치했다.

그간에 신문에 관한 전문서적들도 나오기 시작하여, 1865년 다나(C. A. Dana)가 미국 최초의 신문 관계 교재인 『신문제작술』(*The Art of Newspaper Making*)을 출판했다. 그 뒤를 이어 1872년 핸드슨(Prederic Handson)은 『미국의 저널리즘: 1860~1872』(*Journalism in the United States from 1860 to 1872*)라는 역사책을 냈고, 1870년 매버릭(A. Maverick)은 「뉴욕타임스」의 발행인 헨리 레이먼드(Henry Raymond)에 관한 연구서를 출판했다.

1890년에는 미국의 신문왕 퓰리처(Joseph Pulitzer)가 하버드대학에 저널리즘학부를 설치해 줄 것을 건의, 이를 받아들이면 100만 달러를 내놓겠다고 제의했다. 퓰리처가 이러한 제의를 한 것은, 당시 저널리즘계에 종사하거나 또는 저널리스트를 희망하는 사람들에게 역사·법률·문학·철학·윤리도덕 등에 관한 대학교육을 실시함으로써 전문직 저널리스트로서의 업무를 올바로 수행할 수 있도록 만들자는 목적에서였다. 그러나 퓰리처의 건의는 당시 하버드대학 학장 엘리어트(Charles W. Eliot)에 의해 거절당했는데(Stuckey, 1966, p. 5), 당시만 해도 보수적인 대학에서 실무적 성격의 저널리즘을 새로운 학문분야로 받아들일 의향이 없었기 때문이다. 그러자 퓰리처는 1892년 컬럼비아대학에도 똑같은 제의를 했으나, 당시 컬럼비아대학 학장과 이사회가 역시 거절했다.

하지만 하버드대학이나 컬럼비아대학과는 달리, 대학에서 저널리즘 교육의 필요성을 인식한 펜실베이니아대학 와튼비즈니스학부(Wharton Business School, University of Pennsylvania)는 1893년 저널리즘 강좌를 개설했는데, 이 강좌는 「시카코 트리뷴」(*Chicago Tribune*)지 경제부장 출신인 조셉 존슨(Joseph F. Jonson)이 담당했다. 그러나 그가 뉴욕대학 비즈니스학부장이 되어 와튼비즈니스학부를 떠남으로써 이 학부에서의 저널리즘 교육은 흐지부지되고 말았다.

앞서 1892년 컬럼비아대학에 저널리즘학부를 설치해 줄 것을 건의했다가 거절당한 퓰리처는 대학에 저널리즘학부 설치계획안을, 보수적인 대학 사회에서도 받아들일 수 있도록 약 10년 동안 가다듬고 수정하여 1903년 다시 컬럼비아대학에 제출했다. 새로 취임한 컬럼비아대학 학장 버틀러(Nicholas Butler)는 퓰리처의 건의안에 호감을 표시하면서도, 대학에 저널리즘학부를 설치하는 것은 아직 시기상조라는 이유로 다시 거절했다. 그러자 퓰리처는 1904년 5월 「노스 아메리칸 리뷰」(*North American Reviw*)라는 주간 잡지에 "저널리즘대학"이라는 제목의 글을 발표하여 저널리즘 교육의 필요성을 역설했는데, 이 글은 많은 저널리스트와 교육자들의 주목을 끌면서 대학에서 저널리즘 교육의 필요성이 적극적으로 제기되었다. 그러면서 1904년 일리노이대학에서 스콧(Frank W. Scott) 교수의 주도 아래 4년제 저널리즘 전공과정을 미국 최초로 설치하여 학생들에게 저널리즘을 교육했다. 그러자 1905년 위스콘신대학도 신문학 강좌를 신설했으며(Hyde, 1968, p. vii), 그 뒤를 이어 다른 대학들도 속속 저널리즘 관계 과목들을 설치했는데, 이들 과목은 주로 영문학과나 비즈니스학부에 설치되었다.

그러다가 마침내 1908년 미주리대학이 미국 최초로 4년제 저널리즘 학부(School of Journalism)를 창설함으로써,[17] 신문·잡지 등에 관한 학문인

'저널리즘학', 즉 우리말로 '신문학'(新聞學)이 미국 대학 사회에서 하나의 독립 학문으로 인정받게 되었다.

3. 미국에서 저널리즘학의 성립과 발전

앞서 살펴보았듯이 17세기부터 영국·프랑스·독일·미국 등지를 중심으로 시작된 신문·잡지 등에 관한 연구와 교육은 20세기에 들어와 더욱 발전하여, 영국과 미국에서는 '저널리즘학'(journalism), 프랑스에서는 '주르날리슴학'(journalisme), 독일에서는 '차이퉁스학'(Zeitungswissenschaft)이라는 명칭의 학문으로 성립하여(〈참고자료 1-5〉 참조) 하나의 독립학문으로 인정받게 되었다. 그러자 유럽 주요 국가들과 미국뿐 아니라 그 밖의 여러 나라에서도 신문학을 연구·교육하면서 신문학이 크게 발전했다. 그중에서도 신문학이 가장 발달하면서 우리나라를 비롯한 세계 여러 나라의 신문학 연구와 교육을 선도한 나라는 역시 미국이었다. 그러면 이러한 미국을 중심으로 신문학, 즉 저널리즘학의 성립과 발전 과정을 좀 더 자세히 살펴보기로 한다.

17 그러나 앞서 말했듯이 빈상 구레(Goulet, 2009)를 비롯한 프랑스의 저널리즘학자들은 세계 최초의 저널리즘 전공 고등교육기관은 1899년 딕 메이(Dick May) 등이 프랑스 파리에 설립한 '파리고등저널리즘학교'(L'Ecole Supérieure de Jounalisme de Paris)라고 주장하고 있다.

참고자료 1-5

'신문학'과 'Journalism', 'Zeitungswissenschaft'

'신문학'(新聞學)을 미국에서는 '저널리즘'(journalism)이라고 부르고, 독일에선 '차이퉁스비센샤프트'(Zeitungswissenschaft)라고 한다. 그러면 이 말들은 어디서 유래한 것인가? 'Journalism'이라는 영어 단어는 신문·잡지·일기(日記)·일지(日誌) 등을 지칭하는 'journal'에서 유래했으며, 이 말은 '낮', '날'(日) 등을 의미하는 프랑스말 'jour'에서 온 것이다. 'Journal'은 본래 '날'(day), '낮 동안', '하루의 일'[日課] 등을 의미하는 앵글로 프랑스어(Anglo-French)인 'jurnal'과 고대 프랑스어 'jornel'에서 나왔으며, 'jurnal'과 'jornel'은 중세 라틴어 'diurnalis'에서 유래했다.

한편 'journalism'이라는 영어 단어에서 어미(語尾)인 '-ism'은 행위·주의(主義)·학설(學說)·제도 등을 의미한다. 그러므로 'journalism'의 뜻을 어원적(語源的)으로 풀이해 보면, 신문·잡지·일기(日記)·일지(日誌) 등을 만들어서 배포하는 행위나, 또는 이러한 행위에 관한 학설이라고 말할 수 있다. 따라서 뉴스를 취재·편집해서 신문이나 잡지 등을 만들어 배포하는 일이나 행위, 또한 이러한 행위에 관한 학문을 다 같이 'journalism'이라고 부르게 되었다.

언제부터 이렇게 부르기 시작했는지는 정확히 알 수 없으나, 'journal'이라는 단어는 이미 17세기부터 프랑스에서 사용한 것 같은데, 1655년 프랑스에서 발간한 세계 최초의 잡지 제호가 「주르날 데 사방」(*Journal des Savants*)이기 때문이다. 하지만 온라인 어원 사전을 보면 1781년부터 프랑스에서 'journalisme'라는 단어를 처음 사용했으며, 이를 1821년 영어권에서 받아들여 'journalism'라고 고쳐서 사용하기 시작했다고 한다 (http://www.etymonline.com/index.php?term).

한편 저널리즘을 이탈리아에서는 'giornalismo', 포르투갈에서는 'jornalismo', 네덜란드에서는 'journalistiek'이라고 부른다. 독일에서는 'journalismus'라고 부르고 이에 관한 학문은 '차이퉁스비센샤프트' 또는 '차이퉁스쿤데'(Zeitungskunde)라고 하는데, 이들 말에서 'Zeitung'은 신문을 말하며, '-wissenschaft'와 '-kunde'는 학문을 말한다.

미국의 '저널리즘'이나 독일의 '차이퉁스비센샤프트' 또는 '차이퉁스쿤데'를 우리나라와 중국·일본에서는 '신문학'이라고 부른다. 하지만 중국에서 '신문'(新聞)이란 신문지(新聞紙)가 아니라 뉴스(news)를 말하며, '신문지'는 '파오'[報] 또는 '파오디'[報紙]라고 한다. 따라서 중국에서 한때는 신문학을 '파오쉐'[報學]라고 부르기도 했으나, 신문학이 신문지에 관한 학문이 아니라 뉴스의 취재·보도·배포 등에 관한 학문이기 때문에 '신문학'이라고 부르게 되었다. 그러다가 종래의 신문학이 중국에서도 매스커뮤니케이션학과 커뮤니케이션학으로 확대·발전하자, 매스커뮤니케이션학은 '대중전파학'(大衆傳播學), 커뮤니케이션학은 그냥 '전파학'(傳播學)이라고 부르게 되었다.

1) 미국 최초로 미주리대학 저널리즘학부의 설치와 그 목적

미주리대학이 4년제 저널리즘학부를 미국 최초로 창설한 것은 1908년 9월 14일이었다. 그러나 그에 앞서 미주리대학은 일찍이 1878년부터 영어 교과목의 하나로 신문기사작성론을 가르쳤으며, 1879년에는 저널리즘 역사에 관한 과목도 설치했고, 1886년부터는 매년 저널리즘에 관한 에세이 콘테스트(essay contest)도 개최하는 등 저널리즘 교육에 많은 관심을 갖고 있었다.

(1) 미주리대학에 저널리즘학부 창설 요청 쇄도

미주리대학에서 1878년 처음으로 저널리즘을 가르친 사람은 맥아날리 2세(David R. McAnally, Jr.)였다. 그는 감리교 목사로서 세인트루이스의 「크리스천 애드버케이트」(*Christian Advocate*)라는 신문의 편집인이었던 아버지의 영향을 받아 세인트루이스의 「글로브 – 디모크랫」(*Globe – Democrat*)지와 여러 개의 종교간행물의 기고가(寄稿家)로서 여러 해 동안 일했다. 그러다가 1877년 미주리대학 영문학과 교수로 취임, 처음에는 정치경제학(Political Economy) 과목을 가르치면서 그가 오랫동안 많은 관심을 가져왔던 신문기사와 각종 보고서의 작성 방법도 곁들여 가르쳤다. 그러다가 1878년 '저널리즘 역사'(History of Journalism)라는 과목을 신설해서 저널리즘을 본격적으로 가르치기 시작했는데, 1879~1880학년도 미주리대학 카탈로그(catalog)에 실려 있는 이 과목의 개요(course description)을 보면, "일간신문의 생성·발전 과정에 관한 과목으로 「스펙테이터」(*Spectator*), 「런던 타임스」(*London Times*), 「뉴욕헤럴드」(*New York Herald*) 등을 중심으로 살펴본다"라고 적혀 있다.

이러한 개요의 '저널리즘 역사' 과목은 1879년부터 1885년까지 계속해서 교수되다가 폐강되었는데, 이 과목을 담당해 온 맥아날리가 교수직을 사임하고 세인트루이스의 「글로브-디모크랫」지 논설위원으로 자리를 옮겼기 때문이다. 그러나 미주리대학은 그간의 맥아날리 교수의 공로를 기리기 위해 1886년 '맥아날리 상'(McAnally Award)을 제정, 매년 저널리즘에 관한 에세이 콘테스트를 개최하여 에세이를 가장 잘 쓴 학생에게 시상을 해왔다.

이처럼 미주리대학이 일찍부터 저널리즘 과목을 개설하고 에세이 콘테스트도 개최하는 등 저널리즘 교육에 많은 관심을 갖자, 1879년경부터 미주리대학에 저널리즘학부를 설치해 달라는 건의와 요청이 언론계와 사회 각계로부터 들어왔다. 당시 미국에서는 소위 '페니 페이퍼'(penny paper)라는 염가(廉價)의 대중신문들이 유행하면서 사회적 책임감과 전문성을 지닌 언론인 양성을 위한 신문학 교육의 필요성을 절감했기 때문이었다. 그러자 특히 미주리대학에 저널리즘 과목이나 학부를 설치해 달라는 요청이 많이 들어오게 된 것이다.

하지만 주립대학인 미주리대학이 저널리즘학부를 신설하려면, 우선 미주리 주 의회(議會)의 인준을 받아야 하고 재정문제도 해결해야 하는 등 여러 가지 선결과제가 많았다. 그리하여 1890년경부터 저널리즘학부 설치 문제가 거론되기 시작했으나, 8년 뒤인 1898년 2월에야 대학운영위원회에서 "법학부 · 의학부 · 기타 전문학부와 동등한 지위의 4년제 저널리즘학부를 새로 설치한다"고 의결하게 되었다. 그러나 또다시 여러 가지 사정으로 저널리즘학부의 신설이 연기되다가, 1908년 2월에야 주의회(州議會)에서 예산이 배정되었다. 그러자 같은 해 6월 1일 초대 학부장으로 윌리엄스(Walter Williams) 교수를 임명하고, 9월 14일 마침내 미주리대학 내의 아카데믹홀(Academic Hall, 현 Jesse Hall)에서 저널리즘학부의 문을 정식으로 열었다.[18]

(2) 미주리대학에서 세계 최초로 4년제 저널리즘학부 창설

미주리대학 저널리즘학부의 창설 목적은 "언론계의 요구에 부응, 높은 이상(理想)과 특별한 전문지식 및 기능(技能)을 갖추고 언론계를 이끌어 나갈 유능한 인재들을 양성하며, 또한 저널리즘에 관한 전반적 교육을 통

18 미주리대학 저널리즘학부의 창설 과정에 관한 자세한 것은 차배근, 「미국에서의 신문학교육의 성립 · 발전고: 미주리대학 신문학부의 설립을 중심으로」, 『신문연구소학보』 제19집 (서울대학교 신문연구소, 1982), pp. 31-70 참조.

하여 저널리즘 연구자와 교육자를 양성함으로써 미주리 주에 봉사"하는 데 있었다. 따라서 이러한 목적에 따라 저널리즘학부의 교육 목적도 설정하고 교과과정도 편성했는데, 1908년 여름 출판한 미주리대학 편람에 소개되어 있는 저널리즘학부와 그 교육 목적을 보면 다음과 같다.

> 하나의 전문직(profession)으로서의 저널리즘은 해마다 더 많은 저널리스트를 요청하고 있다. 그러나 그 수요에 비해 유능하고 잘 훈련된 저널리스트의 공급은 부족한 실정이다. 사회에 봉사할 수 있는 기회도 저널리즘은 다른 전문직에 비해 더 많은데, 대중은 점점 더 많은 정보와 지침(guidance)을 얻기 위하여 신문·잡지에 더 많이 의존하기 때문이다. 저널리즘계 종사자들의 급료도 근래에 와서 점점 더 증가하고 있다. 유능한 저널리스트들은 신문사 입사 직후부터 충분한 수입이 보장되며, 능력과 교육 정도에 따라 더 많은 급료가 지급되고 있다. 그래서 현재 유능한 저널리스트들 중에는 대통령보다 더 많은 급료를 받는 사람들도 적지 않다. 또한 저널리즘의 매력성·권위성·창의성·유용성, 그리고 저널리즘이 이 세계에서 현재 차지하고 있는 위치는, 자아를 최대한으로 구현시키려는 젊은이들로부터 각광을 받고 있다. 도시와 지방의 일간 및 주간 신문사, 그리고 월간 잡지사들은 젊고 유능한 기자·편집자·기고가·특파원·집필가·발행인·광고문안 작성자 및 그 밖에 저널리즘계에서 일할 수많은 인재들을 원하고 있다. 바로 이와 같은 저널리즘계의 요청에 부응하기 위하여, 높은 이상과 특별한 전문지식 및 기능(技能)을 갖추고 앞으로 저널리즘계를 이끌어 나갈 유능한 인재들을 양성하자는 것이 곧 미주리대학 저널리즘학부의 설립 목적이자 교육 목표이다(Williams, 1929, p. 25에서 인용).

바로 이와 같은 교육 목적 내지 목표의 달성을 위하여 미주리대학 저널리즘학부는 학생들에게 폭넓은 전인교육(全人教育)을 실시하면서, 학생들로 하여금 반드시 인문·사회과학 분야의 기본과목들을 수강토록 했다. 한편 저널리즘 전공과목들에서도 실무적인 것과 함께 저널리즘의 원리와 이론 등 아카데믹한 측면도 강조해서 교육했다. 다시 말해서, 미주리대학 저널리즘학부는 창설 당시부터 그 목표를 높은 이상(理想)과 윤리의식의 함양에 두면서, 이를 실제로 신문을 통해 실천할 수 있도록 신문제작 등의 실무교육도 강조했다. 이렇게 한 것은, 당시 미국의 신문인들이 대체로 학력이 낮고 저널리즘의 원리·본질·기능 등에 관한 지식과 의식이 부족해서 신문을 제작·발행하면서도 무엇 때문에 하는지 잘 모르고 있었기 때문이었다.

미주리대학이 저널리즘학부를 신설해서 저널리즘의 실무와 함께 그 원리·이론 등을 교육하자, 이에 대하여 부정적 견해를 피력하는 현직 신문인들도 적지 않았다. 특히 사건 현장에서만 잔뼈가 굵은 저널리스트들 중에는 "유능한 저널리스트는 만들어지는 것이 아니라 태어나는 것"이라고 말하면서, "저널리스트를 위한 최선의 학교와 선생은 바로 사건 현장이요 또한 경험이지 대학의 저널리즘학부가 아니다"라는 그릇된 고정관념에 사로잡혀 있는 사람들도 적지 않았다. 그러자 미주리대학 저널리즘학부장 윌리엄스는 1908년 5월 열린 미주리주신문협회 회의석상에서, "미주리대학 저널리즘학부는 오로지 저널리스트의 양성만을 목적으로 하지 않는다. 우리 학부는 저널리즘 전반에 관한 폭넓은 교육을 통하여 '저널리즘'이라는 전문직(profession)의 권위를 높이고, 부정과 부패에 대항하여 국가사회에 봉사하려는 젊은 저널리스트 지망자들에게 필요한 지식·기능(技能)·도구 등을 제공한다"고 밝혔다.

(3) 미주리대학 저널리즘학부의 교육내용

미주리대학 저널리즘학부는 앞에서 살펴본 창설 목적과 교육 목표에 따라 교과과정도 편성했다. 그러나 창설 당시에는 우선 전공과목으로 모두 9개 과목만 개설해서 가르쳤는데, ① 저널리즘 역사와 원리, ② 신문제작론, ③ 신문경영론, ④ 신문발행론, ⑤ 신문관계법, ⑥ 뉴스취재론, ⑦ 잡지와 대중저널리즘, ⑧ 통신원론, ⑨ 편집제작도구론이 그것이었다. 이들에 1909년 광고론을 추가하고 또 해마다 새로운 교과목을 신설하여, 1928~1929학년도에는 전공과목 수가 모두 57개로 늘어났다(표 1-1 참조). 그러면서 이들을 8개 전공분야, 즉 ① 저널리즘 역사와 원리, ② 논설, ③ 뉴스 취재와 편집, ④ 광고, ⑤ 삽화와 도안, ⑥ 농업저널리즘, ⑦ 특수저널리즘, ⑧ 저널리즘교육으로 나누었다. 그리하여 이들 8개 전공분야 중에서 학생들이 전공하고 싶은 분야를 자유롭게 선택, 집중적으로 공부하게 해서 저널리즘 각 분야의 전문인재를 양성했는데, 이들 각 분야의 교과목들을 보면 오늘날과 비교해도 크게 손색이 거의 없으며, 연구방법론에 관한 과목도 들어 있다.

한편 교수진을 보면, 창설 초기에는 학부장인 윌리엄스 교수가 개론격인 '저널리즘의 원리와 역사'를 담당했으며, 조교수 벤트(Silas Bent)는 저널리즘의 이론과 실제에 관한 과목을, 그리고 그 밖의 저널리즘 과목들은 전임강사 로스(Charles G. Ross)가 주로 가르쳤다. 그러나 교양과 인접과목들은 다른 학부나 학과 교수들이 가르쳤는데, 예컨대 영어영문학은 알렌(Edward A. Allen) 교수가, 언론관계법은 로슨(John D. Lawson) 교수가, 정치학과 공법(公法)은 로엡(Isdior Loeb) 교수가, 사회학은 엘우드(Charles A. Ellwood) 교수가, 역사학은 트렌홈(Norman M. Trenholme) 교수가, 미국역사는 빌(Jonas Viles) 교수가, 경제학은 와일드만(Murray S. Wildman) 교수가, 응용미술(illustrative art)은 앤케니(John S. Ankenny) 조교수가 가르쳤다.

표 1-1 미주리대학 저널리즘학부 교과과정 일람표(1928~1929학년도)

전공분야(8개)	전공분야별 교과목
1. History and Principles of Journalism	① History and Principles of Journalism, ② Comparative Journalism
2. The Editorial: Policy and Writing	① Newspaper Administration, ② The Editorial
3. News Gathering and Editing	① The News, ② Reporting I, II, III, ③ Newspaper Making, ④ News Desk Method, ⑤ Special Correspondence, ⑥ Copy Reading I, II, III, ⑦ Copy–desk Method
4. Advertising	① Principles of Advertising, ② Advertising Writing, ③ Advertising Salesmanship I, II, ④ Advertising Service and Promotion, ⑤ Advertising and Distribution, ⑥ Advertising Campaigns, ⑦ Retail Store Advertising, ⑧ Direct Mail Advertising, ⑨ Advertising Problems, ⑩ Advertising Plans and Procedure, ⑪ Advertising Layout, ⑫ The Psychology of Advertising, ⑬ Senior Seminary in Advertising, ⑭ Advertising Seminary, ⑮ Research in Advertising
5. Illustration	① Newspaper Illustration I, II, ② Principles of Photo–Engraving, ③ Advertisement Illustrations, ④ Practical Illustrating for Advertisement
6. Agricultural Journalism	① The Agricultural Press, ② Newspaper Publishing, ③ Principles of Rural Journalism, ④ Country Newspaper Production
7. Special Works	① Feature Writing, ② The Special Article, ③ Newspaper and Magazine Departments, ④ Literary and Dramatic Reviewing, ⑤ Religious Journalism, ⑥ Research in Journalism, ⑦ International News Communications, ⑧ Law of the Press, ⑨ Trade and Technical Journalism, ⑩ Principles of Typography
8. Journalism for Teachers	① The School Newspaper and Annual, ② Advertising Promotion in School Publications

자료: 저자 작성.

미주리대학 저널리즘학부는 강의에서 가르치고 배운 저널리즘 지식과 이론 등을 곧바로 응용할 수 있도록 실습교육도 중요시했는데, 저널리즘 교육에서 최대의 교육 효과를 얻을 수 있는 방법은 학생들로 하여금 실제로 기사를 쓰고 편집도 하면서 신문이나 잡지를 만들어 보게 하는 경험적 방법이라는 것이 곧 저널리즘학부장 윌리엄스의 굳은 신념이었기 때문이다. 따라서 미주리대학 저널리즘학부는 창설과 거의 동시에 실습지로 「더 유니버시티 미주리언」(*The University Missourian*)이라는 신문을 창간했는데, 이는 단순한 저널리즘학부 실습지 또는 대학신문이 아니라 미주리대학 소재지인 컬럼비아(Columbia) 지역신문으로서, 이 지역의 뉴스를 다루고 이 지역 주민들에게 널리 배포했다.

2) 다른 대학들도 다투어 저널리즘 학부·학과 등 설치

이와 같이 1908년 미주리대학이 미국 최초로 저널리즘학부를 창설하여 저널리즘을 교육·연구하면서 미국뿐 아니라 전 세계 저널리즘계와 저널리스트 지망생들로부터 큰 환영을 받게 되자, 미국의 다른 대학들도 다투어 저널리즘학부(School of Journalism) 또는 저널리즘학과(Department of Journalism)를 설치하기 시작했다. 그리하여 1912년까지 5년 동안에만도 모두 9개 대학이 저널리즘학부 또는 저널리즘학과를 설치했다.[19]

(1) 각 대학의 저널리즘 학부 및 학과의 설치와 양적 성장

1912년 컬럼비아대학도 조셉 퓰리처가 기증한 200만 달러를 받아 저널리즘학부를 설치했는데, 앞서 말했듯이 1892년과 1903년 두 차례에 걸쳐 퓰리처가 컬럼비아대학에 저널리즘학부의 설치를 건의했으나 시기상조

19 이들 9개 대학 중 저널리즘학과(Department of Journalism)를 창설한 대학은 University of Oregon, Notre Dame University, University of Kansas, University of Washington, University of Wisconsin, Iowa State College, Kansas State Agricultural College였으며, 저널리즘학부(School of Journalism)을 신설한 대학은 Marquette University와 Columbia University였다.

라는 이유로 거절했다. 그러나 퓰리처가 1911년 10월 29일 사망하기 전에 유언을 통해 컬럼비아대학에 200만 달러를 기증하자 이를 받아들여 1912년 저널리즘학부를 설치했는데, 당시 미국에서는 이미 30여 개 대학에서 저널리즘을 가르치고 있었으며, 이들 대학 중 32개 대학의 저널리즘 전공 교수들이 모여 1912년 미국저널리즘교사협회도 결성했다.

1913년에도 또 한 개 대학이 저널리즘학부를 신설했으며, 1914년에는 4개 대학, 1915년에 또 4개 대학이 저널리즘 학부 또는 학과를 설치했다. 그러나 1916년에는 무슨 이유 때문인지는 모르겠으나 저널리즘 학과나 학부를 신설한 대학은 없었지만, 저널리즘 과목을 설치한 대학은 12개나 되었다. 한편 저널리즘을 전공하려는 학생들도 매년 증가했는데, 1916년 2월 현재 비교적 규모가 큰 10개 대학의 저널리즘 학과와 학부 재학생들의 현황을 보면, 미주리대학이 236명, 워싱턴대학이 226명, 아이오아주립대학이 199명, 위스콘신대학이 178명, 캔자스대학이 157명, 컬럼비아대학이 151명, 미시간대학이 142명, 오리건대학이 130명, 오하이오주립대학이 104명으로 나타나 있다.

1917년에는 무려 5개 대학이, 1918년에는 2개 대학이 저널리즘 학부나 학과를 설치해서 전국의 저널리즘 학부와 학과는 모두 26개로 늘어났으며, 저널리즘 학부나 학과를 설치하지 않은 65개 대학들도 한두 개의 저널리즘 과목을 설치해서, 결과적으로 총 91개 대학에서 저널리즘을 가르쳤다(Lee, 1918, p. 20).[20] 1919년에도 2개 대학이 저널리즘 학부나 학과를

20 United States Bureau of Education의 제임스 멜빈 리(James Melvin Lee)가 1918년 발표한 미국 전국대학의 저널리즘 교육실태 조사보고서를 보면, 1918년 모두 91개 대학에서 저널리즘 과목을 가르쳤는데, 이들 중 26개 대학에서는 독립된 저널리즘 학부나 학과에서 가르쳤으며, 65개 대학에서는 저널리즘에 관해 한두 과목을 설치해서 가르치고 있었다. 한편 당시 저널리즘을 가르치던 91개 대학을 유형별로 보면, 주립대학이 31개, 주립

설치했으며, 이 외에도 38개 대학에서 저널리즘 과목을 한두 개씩 새로 설치함으로써 결과적으로 1910년대 말에는 총 131개 대학에서 저널리즘을 가르치게 되었다.

1920년대에도 26개 대학에서 저널리즘 학부나 학과를 설치함으로써 1920년대 말에는 전국의 저널리즘 학부와 학과의 수가 54개로 증가했다. 또한 무려 111개 대학들이 교양과목으로 저널리즘 관계 과목을 새로 설치함으로써 모두 230개 대학에서 저널리즘을 전공과목 또는 교양과목으로 가르치게 되었다(Emery, Ault and Agee, 1960, p. 25). 그 결과 당시 미국의 주요 대학교에서는 모두 저널리즘을 가르치게 되면서 저널리즘이 새롭고 중요한 학문분야로 부상하게 되었다.

저널리즘 학부나 학과는 신문(현)업계에서도 큰 환영을 받았는데, 페니 페이퍼(penny paper)의 선구자 그릴리(Horcae Greeley)가 말했듯이 "저널리즘 학부와 학과 졸업생들이 신문계 일선에 나가서 잉크를 먹으면서 또는 편집 데스크에서 열심히 일하면서 유능한 저널리스트로 인정받게 되면서 대학의 저널리즘 학부나 학과에 대한 미국 신문업계의 인식이 높아졌기" 때문이다. 그러자 신문업계에서는 대학의 저널리즘 학부나 학과에서 "기자나 편집자 이외에 신문경영·광고·사진 및 기타 전문분야의 전문인들도 양성해 달라"고 요청했다.

(2) 저널리즘 관련 학회와 단체의 결성 및 학회지 발간

이와 같이 미국 대학들에서 저널리즘에 관한 교육이 크게 발전하자, 대학에서 저널리즘을 가르치는 교수들은 서로 학술적 지식과 정보를 교환하

전문대학이 17개, 사립대학이 41개였다(Jame Melvin Lee, "Instruction in Journalism in Institutions of Higher Education." *U.S. Bulletin*, No. 21, 1918).

면서 저널리즘 교육을 더욱 발전시키기 위하여 1912년 11월 30일 미국저널리즘교사협회(American Association of Teachers of Journalism, AATJ)를 결성했다. 이것이 현재 미국에서 가장 대표적인 저널리즘과 매스커뮤니케이션 관계 학회인 '저널리즘과 매스커뮤니케이션 교육학회'(Association for Education in Journalism and Mass Communication, AEJMC)의 전신이다.

미국저널리즘교사협회는 1912년 11월 30일 18명의 저널리즘 교육자들(당시 미국 전체의 저널리즘 교수는 모두 31명이었다고 함)이 시카고에 모여 결성했는데, 그 목적은 저널리즘 교육의 내용, 방법, 발전방향 등에 관한 정보와 의견 등을 교환하기 위해서였다. 이러한 미국저널리즘교사협회는 당시 위스콘신대학 저널리즘 교수 블레이어(Willard G. Bleyer)의 주도로 결성했는데, 초대 회장으로 선출된 블레이어의 제안에 따라 매년 연구발표회를 개최하면서 저널리즘 연구와 교육을 발전시켰다.

1924년 미국저널리즘교사협회는 미국저널리즘학부 · 학과협회(American Association of Schools and Departments of Journalism, AASDJ)와 공동으로 세계 최초의 저널리즘 관계 학술지 「저널리즘 블리틴」(*Journalism Bulletin*)을 창간하여 매년 4회(호) 발행하기 시작했다. 미국저널리즘학부 · 학과협회는 1917년 미국의 저널리즘 학부와 학과 대표자들이 저널리즘 교육의 방향과 교과과정 등을 협의하고 그에 관한 정보를 교환하기 위하여 결성한 협의체로서, 결성 당시는 모두 8개 저널리즘 학부와 학과만 참여했으나, 그 뒤 1960년에는 50개로 증가했다.

미국저널리즘학부 · 학과협회와 미국저널리즘교사협회의 공동학술지 「저널리즘 블리틴」의 초대 편집인(Editor)은 머피(Lawrence Murphy)였는데, 그는 노스다코다대학교(University of North Dakoda) 저널리즘 교수였다. 미국저널리즘교사협회가 「저널리즘 블리틴」을 내게 되자, 그 발간 비용을 충당하기 위하여 회원들의 연회비를 종전의 1달러에서 3달러로 올려 그

중 2달러를 발간비로 사용했다. 매년 4회 계간(季刊)으로 발행한 「저널리즘 블리틴」은 1928년 제호를 「저널리즘 쿼털리」(*Journalism Quarterly*)로 바꾸었는데, 이것이 현재 미국의 '저널리즘과 매스커뮤니케이션 교육학회'(AEJMC)가 발행하는 대표적 학술지 「저널리즘 앤드 매스커뮤니케이션 쿼털리」(*Journalism & Mass Communication Quarterly*)의 전신이다.[21]

한편 미국저널리즘학부 · 학과협회는 산학협동을 통하여 저널리즘 교육을 더욱 개선하기 위하여 1929년 미국 내 여러 언론단체들과 함께 산학협동기구인 전국저널리즘전문교육이사회(National Council on Professional Education for Journalism, NCPEJ)를 결성했는데,[22] 이 이사회는 각 대학의 저널리즘 학부나 학과의 교육 실태, 교과과정, 교수진 등을 객관적으로 조사해서 일정한 수준에 도달한 학부나 학과는 인증(accredit)해 주었다. 그리고 대학에서 새로운 저널리즘 학부나 학과를 신설하거나 기존의 저널리즘 학부나 학과가 새로운 전공분야를 추가할 때, 이를 심사해서 인증해 주는 임무도 맡았다. 또한 인증해준 각 대학의 저널리즘 학과나 학부를 6년마다 순회, 방문하면서 교육 실태를 조사 · 평가하여 교육이 제대로 이

21 미국저널리즘교사협회(AATJ)가 1950년 그 명칭을 저널리즘교육학회(Association for Education in Journalism, AEJ)로 고쳤다가 1982년 다시 저널리즘과 매스커뮤니케이션 교육학회(AEJMC)로 개칭하자, 종래의 *Journalism Quarterly*의 제호도 *Journalism & Mass Communication Quarterly*로 바뀌어 현재의 학술지 제호가 되었다.

22 결성 당시는 저널리즘학계 대표 5명과 언론계 대표 5명, 즉 American Society of Newspaper, American Newspaper Association, National Newspaper Association, Southern Newspaper Association, Inland Daily Press Association 대표로 구성되었다. 그러나 그 뒤 National Association of Radio-Television Broadcasters, 현 National Association of Broadcasters, Magazine Publishers Association도 정회원으로 가입하고, 또 Public Relations Society of America, International Newspaper Advertising Executives, International Association of Business Communicators, National Conference of Editorial Writers, National Press Photographers, Radio-Television News Directors Association, Associated Press Managing Editors Association, Southern Press Foundation 등도 가입함으로써 언론계 대표의 수가 15명으로 늘어났다.

루어지지 않을 경우에는 인증을 취소했다. 한편 저널리즘 전공학생들에 대한 각 언론기관에서의 현장실습훈련을 후원하고, 저널리즘 교육의 저변확대를 위하여 고등학생들에게 저널리즘학을 홍보하는 업무도 맡았다.

3) 1930~1940년대 저널리즘 교육의 주요 동태

앞에서 살펴본 바와 같이 1908년 미주리대학 저널리즘학부 창설 이래 미국의 주요 대학들이 저널리즘을 가르치고 연구하면서 저널리즘학은 새로운 주요 학문의 하나로서 장족의 발전을 이루었다. 그러나 1920년대까지의 저널리즘 교육은 저널리스트의 양성에 주목적을 둔 실무 중심의 직업교육적 성격을 띠어 왔다. 그러자 이러한 저널리즘 교육이 점차 비판을 받게 되었는데, 그 첫째 이유는 저널리즘 전공학생들이 대학에서 폭넓은 교육을 받을 수 있는 기회를 박탈한다는 것이었다. 그리고 둘째 이유는, 1938년 시카고대학 총장 허친스(Robert M. Hutchins)가 지적한 바와 같이 점차 거대해지고 복잡해지며 급속하게 변화하는 현대사회에서 저널리스트에게 더 필요한 것은 신문이나 잡지 등의 제작에 필요한 단순한 기술이나 기능이 아니라, 중요한 공공사건들(public affairs)을 정확하게 분석해서 독자들에게 해설해 줄 수 있는 폭넓은 지식과 판단력이기 때문이라는 것이었다. 그러자 1930년대로 들어서면서 저널리즘 교육자들 사이에서 "저널리즘도 인문사회과학의 하나로 교육·연구해야 한다"는 인식들이 싹트면서 실무교육은 점차 감소한 반면, 저널리즘의 사회적·윤리적·문화적 측면에 관한 교과목들이 늘어났다.

(1) 1930년대부터 저널리즘학의 질적 발전과 석·박사학위 수여

이와 같은 저널리즘 교육과 연구의 새로운 동향에 중요한 영향을 미친 대표적 인물의 하나로 위스콘신대학교 저널리즘학부장이자[23] 미국저널리즘교사협회(AATJ, 현 AEJMC의 전신) 초대 회장을 역임한 블레이어(Willard G. Bleyer, 1873~1935)를 들 수 있는데, 그는 실무적 직업교육의 성격을 지녔던 저널리즘 교육을 인문사회과학의 하나로 정립시키는 데 앞장서면서 사회과학 관계 과목들, 특히 새로운 매스커뮤니케이션 분야 과목들을 대폭 늘렸다. 블레이어는 1935년 서거했지만 그의 제자 부시(Clinton Bush) 역시 스탠퍼드대학의 저널리즘 교육 프로그램을 주도하면서 종래의 저널리즘학을 사회과학으로 전환시켰다. 그러자 다른 대학 저널리즘 학부나 학과에서도 신문제작 등에 관한 실무 교과들보다는 저널리즘 역사, 저널리즘의 원리, 저널리즘 윤리 등에 관한 교과목들을 중시하면서 신문·잡지 등의 저널리즘을 사회적 제도 내지 기관(social institution)의 하나로, 또는 시사문제에 관한 해설자나 여론형성의 주도자로서 연구·교육하게 되었다.

이렇게 해서 1930년대부터 저널리즘이 대학에서 새로운 인문사회과학의 한 분야로 중요한 자리를 차지하자, 대학원 교육도 시작하여 석사와 박사학위를 수여하게 되었다. 박사학위는 1934년 미주리대학교 저널리즘 학부가 처음 수여했는데, 학위 명칭은 '저널리즘 박사'(Doctor of Journalism)였다. 그러자 컬럼비아대학교 저널리즘 학부도 저널리즘 박사학위를 수여하기 시작했다. 그러나 위스콘신대학교가 '저널리즘 전공 철학박사'(Ph. D. in Journalism) 학위를 수여하자, 이를 따라 거의 모든 대학들이 '저널리즘 전공 철학박사' 학위를 수여하게 되었다.

23 위스콘신대학교는 1912년 저널리즘학과(Deparrtment of Journalism)를 창설했다가 이를 1927년 저널리즘학부(School of Journalism)로 확대했는데, 이를 주도한 인물은 언론인 출신의 블레이어(Willard G. Bleyer)였다.

1940년대에는 특히 저널리즘 대학원 교육이 급속도로 발전했는데, 이는 저널리즘을 미국의 거의 모든 대학들에서 가르치게 되자 그만큼 교수 요원들이 더 필요하였고, 또한 언론계 종사자들도 대학원 교육의 필요성을 인식하게 되었기 때문이다. 그 결과 1945년까지 미국 전체 저널리즘이나 매스커뮤니케이션 교수들 중에서 박사학위 소지자가 25명에 불과했던 것이, 1945~1954년에는 117명으로 늘어났고, 1955년 말에는 200명에 달하게 되었다. 그런데 1944년까지는 모든 대학에서 '저널리즘 전공 철학박사'나 '저널리즘 박사' 학위를 수여했으나, 1944년부터 아이오와주립대학교가 '매스커뮤니케이션 전공 철학박사'(Ph. D. in Mass Communication) 학위를 수여했다. 그러자 일리노이대학교, 스탠퍼드대학교, 위스콘신대학교, 시러큐스대학교, 미시간대학교 등도 매스커뮤니케이션 또는 커뮤니케이션 전공 철학박사 학위를 수여하기 시작했는데, 이는 종래의 저널리즘학이 그 연구·교육 영역을 신문·잡지뿐 아니라 방송·영화 등 모든 매스커뮤니케이션 현상으로 확대해서 매스커뮤니케이션학으로 발전했기 때문이다. 하지만 일부 대학은 종전대로 '저널리즘 전공 철학박사' 학위나 '저널리즘 박사' 학위를 수여했는데, 그야 어떻든 1945년 이후 박사학위를 받은 교수들은 대학과 대학원에서 신문뿐 아니라 모든 매스커뮤니케이션 현상을 사회과학적 입장에서 공부하고 연구한 사람들이었기 때문에, 자연히 종래의 저널리즘학도 점차 사회과학적 입장의 매스커뮤니케이션학으로 변모 및 발전하게 되었다.

1940년대 후반에는 대학에서 저널리즘을 전공한 학생들의 수도 크게 증가했는데, 이는 1945년 8월 15일 제2차 세계대전이 끝나자 그간에 전쟁터에 나가 있던 젊은이들이 다시 대학으로 돌아왔기 때문이다. 또한 전쟁이 끝나자 미국 정부가 군인 수를 대폭 감소하면서 군인재조정법(Servicemen's Readjustment Act, 속칭 GI Bill of Rights)에 따라 제대군인들이 주택을 사고 사업체와 농장을 경영하며 교육을 받을 수 있도록 융자를 해주자, 많은 제대군인들이 대학에 입학해서 공부를 하게 되었다. 그러자 자연히 대학에서 저널리즘을 전공한 학생들의 수도 대폭 증가해서, 1938년에는 전국의 저널리즘 전공학생 수가 6,000명이었던 것이 1948년에는 16,000명으로 3배 증가했다(Eaman, 2009, p. 136). 이렇게 되자 자연히 저널리즘 학부나 학과를 신설하는 대학들도 늘어나서, 1950년에는 전국의 저널리즘 학부나 학과 수가 100여 개에 달하게 되었다.

(2) 저널리즘 교육 관계 단체들의 통합과 정비

저널리즘 학부나 학과의 수가 크게 증가하자 저널리즘 교육행정가들은 1944년 미국저널리즘학부교육행정가협회(American Society of Journalism School Administrators, ASJSA)를 창설했다. 이 협회는 표면적으로는 저널리즘 교육의 여러 가지 행정 문제들에 관한 정보교환을 목적으로 조직되었으나, 실제로는 앞서 말한 전국저널리즘전문교육이사회(NCPEJ)의 독주(獨走)를 막기 위해서였다. 그리하여 미국저널리즘학부교육행정가협회는 미국 내 4년제 저널리즘 학부와 학과 중 인증된 학부나 학과의 대표자로만 구성되어, 저널리즘 교육행정에 관한 정보·아이디어 등의 교환과 실행에 중점을 두면서 그에 관한 조사활동도 벌였다. 그러면서 「라운드 테이블」(*Roundtable*)이라는 기관지를 발행해 오다가 「블리틴」(*Bulletin*)으로 개제하면서 6개월마다 발간했다.

한편 전국저널리즘전문교육이사회(NCPEJ)는 1945년 미국저널리즘교육이사회(American Council on Education for Journalism, ACEJ)로 개칭하고, 그 주요 기능의 하나인 저널리즘 교육의 감독과 인증제도(accredit system)[24]를 더욱 강화했다. 제2차 세계대전 때 미국 신문들이 찬사와 함께 비판도 많이 받게 되자, 이사회는 1946년 신문의 자유에 관한 위원회(Commission on Freedom of the Press)라는 특별위원회를 설치하여 신문을 비롯한 모든 매스미디어의 새로운 방향에 관해 연구토록 하였고, 그 결과 위원회는 언론의 사회책임이론(the social responsibility of press)을 제시했다. 그러자 미국 저널리즘학계서도 언론인의 책임감, 윤리의식, 자질 등의 고양을 위한 여러 가지 노력을 하였고, 미국저널리즘교육이사회(ACEG)는 저널리즘 학부·학과의 인증제도를 강화했다. 그리하여 1948년에는 38개 저널리즘 학부와 학과들을 인증해 주었으며, 1949년에는 다시 5개 학부와 학과를 인증해 주었다. 그 뒤에도 계속 인증을 해주면서 저널리즘 교육의 질을 높이도록 했다.

이와 같이 미국 저널리즘학계는 여러 단체들을 결성하여 저널리즘 교육과 연구를 이끌어 왔다. 하지만 각 단체들 간의 협동이 잘 이루어지지 않는다는 논란이 일게 되자, 미국저널리즘교사협회(AATJ)는 여러 단체들을 통합 또는 정비하기 위하여 1949년 새 정관을 채택하고, 1950년 학회 명칭을 미국저널리즘교육학회(Association for Education in Journalism, AEJ)로 바꾸었다. 그러나 회원의 자격은 종전과 마찬가지로 대학과 중등학교 등에서 저널리즘을 연구·교육하는 사람으로 제한함으로써 학회의 순수성을 지키고자 하면서, 학회 명칭에도 '교육'이라는 두 글자를 계속 넣었다. 미국저널리즘교육학회(AEJ)는 1951년 미국저널리즘학부와 학과협회(AASDJ), 미국저널리즘학부교육행정가협회(ASJSA)를 그 산하 협동

24 이는 앞서 말했듯이 각 대학의 저널리즘 학부와 학과의 교육실태, 교과과정, 교수진 등을 개관적으로 조사해서 일정한 수준에 도달한 학부나 학과는 인증해 주는 제도를 말한다. 또한 대학에서 새로운 저널리즘 학부·학과를 신설하거나 기존의 저널리즘 학부·학과가 새로운 전공분야를 추가하려고 할 때도 이를 심사해서 인증해 주었다. 이러한 인증을 미국저널리즘교육이사회(ACEJ)가 해 주고 있는데, 이사회는 일단 인증해 준 각 대학의 저널리즘 학과·학부를 6년마다 순회, 방문하면서 그 교육실태를 조사·평가해 교육이 제대로 이루어지지 않은 경우에는 공인을 취소했다.

기구로 끌어들였다. 또한 미국저널리즘교육이사회(ACEJ)도 재편했는데, 종래는 ACEJ가 저널리즘학계 대표 5명과 각종 언론단체 대표 15명으로 구성했으나, 이를 고쳐 AEJ에서 2명(뒤에 3명이 됨), AASDJ와 ASJSA에서 각각 2명의 대표를 뽑아 이사회를 구성하는 동시에 AEJ의 봉사기구로 만들면서 명칭을 '저널리즘 교육에 관한 인증이사회'(Accrediting Council on Education in Journalism, ACEJ)로 고쳤다.

4) 「저널리즘 쿼털리」를 통해 본 저널리즘 연구의 주요 동향

앞에서 1930~1940년대 미국 저널리즘 교육의 주요 동향을 간단히 살펴보았는데, 그러면 이 시기에 저널리즘 연구의 동향은 어떠했는가? 저널리즘 연구도 교육과 마찬가지로 실무 문제에 관한 인문주의적 연구에서부터 저널리즘의 사회적·윤리적·문화적 기능과 효과 등에 관한 사회과학적 연구로 변모·발전하게 되었다. 또한 연구 영역도 신문·잡지 등 인쇄매체에 관한 것에서 라디오·영화 등에 관한 것까지로 확대해 나갔는데, 이는 1930년대에 라디오가 등장하고 영화도 대중화되자 이러한 것들도 저널리즘학의 주요 연구대상이 되었기 때문이다.

이와 같은 저널리즘 연구의 변천 동향은 미국에서 가장 대표적인 저널리즘 학술지로서 미국저널리즘교육학회(AEJ)에서 발행하는 「저널리즘 쿼털리」(*Journalism Quarterly*)에 게재된 연구논문들을 통해서 엿볼 수 있는데, 미네소타대학교 저널리즘학부 교수 닉슨(Raymond Nixon)이 이 학술지 창간호(1924)부터 제40호(1963)에[25] 게재된 총 1,517편의 논문들의 주제(분

25 참고로 1924년 창간 이후 1963년까지 *Journalism Quarterly*의 편집자들은 머피(Lawrence W. Murphy, 1924~1929), 모트(Frank Luther Mott, 1930~1934), 케이시(Ralph D.

표 1-2 *Journalism Quarterly*에 나타난 저널리즘 연구 동향(1924~1963년)

논문 주제(분야)	1924~1929	1930~1934	1935~1939	1940~1944	1945~1949	1950~1954	1955~1959	1960~1963	합계(건수)
광고	1	4	4	3	7	4	11	13	47
수용자 · 독자 분석	0	5	3	6	15	22	24	14	89
커뮤니케이션 이론	0	0	0	0	1	1	4	17	23
커뮤니케이터 분석	1	1	3	1	0	6	8	6	26
지역사회 매체	2	5	3	3	4	8	4	12	41
내용 분석	2	3	6	5	7	6	11	10	50
미디어 경영	4	8	3	7	12	21	18	19	91
편집과 논설	8	4	5	7	8	10	13	14	69
신문학 교육	70	33	35	32	49	47	72	39	376
효과 분석	0	0	0	2	3	5	17	22	49
윤리와 비평	8	11	7	6	8	8	4	8	60
언론자유와 검열	6	6	16	23	17	17	21	17	123
역사(인물연구 포함)	12	15	25	24	28	29	39	54	226
국제커뮤니케이션	7	25	59	31	28	51	59	58	318
커뮤니케이션 법규	8	3	8	15	11	12	7	9	73
잡지	3	1	1	6	16	5	13	16	61
연구방법론	0	1	2	7	2	8	8	12	40
사진저널리즘	0	0	0	4	12	4	6	7	33
신문제작	0	5	7	4	7	13	18	8	62
여론과 선전	2	1	7	10	4	12	5	7	48
PR	0	0	1	1	1	4	5	2	14
라디오와 TV	0	0	5	8	19	23	28	11	94
독이성(讀易性)	0	0	0	2	4	3	9	3	21
보도·뉴스·기사작성	8	3	7	6	9	9	13	25	80
활자와 지면구성	1	0	2	2	8	5	2	2	22
전쟁과 언론	2	2	7	22	7	5	3	2	50
수량적 연구(건수)	12	15	12	33	59	85	131	99	446
비수량적 연구(건수)	192	75	117	126	136	139	132	154	1,071
전체 페이지 수(쪽수)	932	2,154	2,216	2,022	2,378	2,700	2,748	2,466	17,616

자료: Raymond Nixon(1964), p. 6.

야)와 연구방법을 시기별(편집자별)로 분석해 본 결과 〈표 1-2〉와 같이 나타났다고 하였다(Nixon, 1964, p. 6). 그는 이를 토대로 1924년에서 1963년

Casey, 1935~1944), 닉슨(Raymond B. Nixon, 1945~1963)이었다.

까지 40년간 미국에서 저널리즘 연구의 동향을 다음과 같이 크게 3개의 기(期)로 나누어 설명했다.

첫째, 1930년대 이전은 기술적 연구기(記述的 研究期, the period of description)로서, 이 시기에는 주로 신문·잡지의 실태나 기사 작성·편집 등 신문·잡지 등의 제작에 관한 인문주의적(humanistic)이고 비수량적(non-quantitative)인 연구들이 대부분이었다.

둘째, 1930년에서 1945년까지의 시기는 계수적·상관관계적 연구기(the era of counting and correlating)라고 할 수 있는데, 1930년대부터 미국의 저널리즘학이 사회과학으로서의 성격을 띠게 되면서 수량적 연구(quantitative research)들이 나타나기 시작했다. 그러나 당시의 수량적 연구는 독자의 교육 정도·생활 정도·연령·성별 등과 신문구독 행동 간의 상관관계 등을 기술적 기초통계 방법을 사용하여 고찰해 보는 정도였다.

셋째, 1945년 이후 1963년경까지의 시기는 이론 형성기(the stages of theory building)라고 할 수 있는데, 이 시기에 나타난 연구 동향의 특징으로는 특히 수량적 연구의 양적 증가와 비수량적 연구들의 질적 개선을 들 수 있다. 왜냐하면 1945년 제2차 세계대전 이후 종래의 저널리즘학이 매스커뮤니케이션학으로 확대·발전하면서, 예컨대 매스커뮤니케이션 효과분석·사진저널리즘·광고와 PR·라디오와 텔레비전·독이성(讀易性: readability) 등에 관한 사회과학적·수량적 연구들이 증가했기 때문이다.

이와 같은 닉슨의 분석과는 별도로 슈람(Wilbur Schramm)도 「저널리즘 쿼털리」에 게재된 논문들을 중심으로 미국 저널리즘학의 연구 동향을 분석·발표한 바 있다. 그러나 그는 1937~1956년간 20년 동안의 동향만 분석했는데(Schramm, 1957, pp. 91-107), 그 분석 결과에서 우선 신문사(新聞史), 언론인의 전기(傳記) 등에 관한 인문주의적 논문들을 보면 1937~1941년간에는 33%였던 것이 1942~1946년간에는 24%로, 1951~

1956년간에는 19%로 감소 현상이 나타났다. 반면 사회과학적 또는 행동과학적 입장의 수량적 연구는 크게 증가해서, 1937~1941년간에는 불과 10%에 지나지 않았던 것이 1942~1946년간에는 19%로, 1947~1951년간에는 38%로, 1952~1956년간에는 무려 48%로 늘어났다. 따라서 이러한 분석 결과들을 토대로 1937~1956년간 20년 동안의 미국 저널리즘 연구의 동향을 요약하면, ① 비수량적 연구에서 수량적 연구로, ② 인문주의적 방법(humanistic method)의 연구에서 행동과학적 방법(behavioral science method)의 연구로, ③ 위대한 언론인에 관한 연구에서 커뮤니케이션 과정과 구조, 효과 등에 관한 연구로, ④ 지역 내적 연구에서 세계적 연구로 변천해 왔다고 슈람은 결론지었다.

이처럼 저널리즘 연구가 변화·발전하면서 종래의 저널리즘학이 1950년대부터 새로운 매스커뮤니케이션학으로, 그리고 1960년대에는 다시 커뮤니케이션학으로 발전하게 되었다. 그 이유에는 여러 가지가 있으나, 가장 큰 이유의 하나로는 정치학·사회학·심리학 등의 사회과학 분야에서의 커뮤니케이션 현상에 관한 연구로부터 커다란 자극과 영향을 받았기 때문이라고 할 수 있다. 그렇다면 정치학·사회학·심리학 등에서는 왜 커뮤니케이션 현상을 연구했으며, 그것이 저널리즘학에 어떤 영향을 미쳐 종래의 '저널리즘학'을 '매스커뮤니케이션학', 그리고 다시 '커뮤니케이션학'으로 변화·발전시켰는가?

신문학에서 커뮤니케이션학으로 확대 · 발전

커뮤니케이션학이란, 그 명칭이 말해 주듯이 인간사회에서 중요한 역할을 하는 모든 종류의 커뮤니케이션 현상을 고유의 연구 · 교육 대상으로 하는 학문으로, 그 전신(前身)은 앞서 살펴본 저널리즘학(신문학)과 스피치학이었다. 그러나 1950년대까지 저널리즘학은 많은 종류의 커뮤니케이션 현상들 중 주로 신문 · 잡지 등 인쇄 커뮤니케이션에 관련된 실무적인 문제들을 인문학적 입장에서 연구 · 교육해 왔다. 한편 스피치학에서는 연설 · 토론 · 토의 · 방송 등 주로 구두커뮤니케이션 현상만 수사학적(修辭學的) 내지 실용적 입장에서 연구 · 교육해 왔다. 그러는 동안 오히려 사회학 · 정치학 · 심리학 등의 분야에서 각종 커뮤니케이션 현상들을 사회과학적 방법들을 통하여 연구하면서 여러 가지 '커뮤니케이션 이론'들을 정립해 나갔다. 그러자 1950년대부터 전통적 저널리즘학계와 스피치학계 내부에서 학문적 반성과 함께 변혁이 일어나면서 종래의 저널리즘학과 스피치학이 통합하여, 1960년대 와서는 인간사회의 모든 커뮤니케이션 현상을 과학적 방법을 통하여 연구하는 현대적 커뮤니케이션학으로 발전하게 되었다.

1. 다른 학문분야에서의 커뮤니케이션 연구

물론 이와 같은 학문적 변혁이 일어난 것은 저널리즘과 스피치 학자들의 자각과 노력 때문이었다. 하지만 또 한편으로는 정치학 · 사회학 · 심리학 등의 학문분야에서 커뮤니케이션 현상에 관한 사회과학적 연구들의 영향과 자극도 크게 받았기 때문이다. 그렇다면 정치학 · 사회학 · 심리학 등에서는 왜 커뮤니케이션 현상을 연구하게 되었는가? 그 이유는, 커뮤니케이션 현상이 인류사회에서 여러 가지 중요한 기능을 수행하면서 정치 · 사회 · 문화 · 심리 · 언어 등과 밀접한 관계를 갖고 있기 때문이다. 따라서 커뮤니케이션에 관한 연구는 모든 학문이 반드시 거쳐 가거나 또는 거쳐야 하는 '학문의 십자로' 또는 '학문의 오아시스'라고 슈람(Schramm)이 비유했듯이, 사회학 · 정치학 · 심리학 · 사회심리학 · 인류학 · 언어학 · 철학 · 문학 · 역사학 · 도서관학 · 수학 · 공학 등 많은 다른 학문분야에서도 커뮤니케이션 현상을 연구해 왔다.

1) 사회학 분야에서 커뮤니케이션 연구와 대표적 연구자들

상징적 상호작용 이론(symbolic interactionism)을 커뮤니케이션 이론의 하나로 본다면, 다른 학문분야에서 커뮤니케이션 현상에 관한 연구는 20세기 초 사회학 분야에서 시작되었다고 볼 수 있다. 그러나 사회학에서 인간들 간의 '상징적 상호작용', 즉 언어 · 그림 · 제스추어 등의 상징기호(symbol)들을 통한 커뮤니케이션 현상을 연구하게 된 것은, 그 현상 자체에 관한 학문적 관심에서가 아니라, 그 현상을 통하여 인간사회(human society)의 본질 · 특성 · 구조 등을 이해하고 설명하기 위해서였다. 따라서 사회학자들이 처음 연구하기 시작한 상징적 상호작용 이론은 엄밀히 말해서 커뮤니케이션 이론이 아니라, 사회이론(social theory)의 하나였다.

(1) 상징적 상호작용에 관한 쿨리와 미드 등 시카고학파의 연구

상징적 상호작용 이론이란, 간단히 요약하면 "인간사회는 그 성원들 간의 상징적 상호작용을 통하여 형성 · 유지 · 변화 · 발전되므로, 이에 관한 분석을 통하여 인간사회의 본질 · 특성 · 구조 등을 이해하고 설명할 수 있다"는 하나의 사회이론 내지 이론적 접근방법(theoretical approach)이라고 말할 수 있다. 이와 같은 요지의 상징적 상호작용 이론은 흔히 '시카고학파'(Chicago School)라고 부르는 미국의 쿨리(Charles H. Cooley), 미드(George H. Mead), 듀이(John Dewey) 등이 제창했다.[26]

상징적 상호작용 이론에 관한 아이디어를 처음 제시한 것은 미시간 대학교 사회학 교수였던 쿨리였는데, 그는 1902년 발간한 『인간의 본성과 사회적 질서』(*Human Nature and the Social Order*)라는 저서에서 사회를 하나의 유기적 생물체(organism)로 보면서, 이러한 사회에서 그 성원들 간의 체계적 상호작용과 사회화 과정의 중요성을 강조했다. 왜냐하면 사회성원들 간의 유기적 관계를 수립·유지·발전시키는 수단이 곧 상호작용이므로, 이러한 상호작용이 없다면 사회가 존립할 수 없기 때문이라는 것이었다. 이와 같은 사회성원들 간 상호작용의 일상적 형태들에 대한 관찰을 통하여 인간사회를 설명하려는 데에서 상징적 상호작용 이론이 비롯되었다. 그 뒤 쿨리는 자신의 상호작용 이론을 계속 발전시켜 나갔는데, 1909년 발간한 『사회적 조직: 더 큰 마음에 관한 연구』(*Social Organization*:

26 이들 쿨리, 미드, 듀이 등을 흔히 '시카고학파'라고 부르나, 이들 중 미드만 University of Chicago 교수였다. 미드는 1887년 하버드대학에 입학, 철학과 심리학을 전공하여 1888년 문학사(B. A.) 학위를 받은 뒤, 독일 Leipzig University에 유학해서 분트(Wilhelm Wundt)에게서 심리학을 배웠다. 그러나 박사학위는 받지 못하고 미국으로 돌아와서 1891년 University of Michigan에서 가르치기 시작했는데, 이 대학에서 그는 쿨리와 듀이를 만나서 서로 학문에 많은 영향을 주고받기 시작했다. 1894년 University of Chicago가 설립되자, 미드는 듀이와 함께 이 대학으로 자리를 옮겨 1931년 사망할 때까지 재직했는데, 그는 철학과 교수였으나 사회학자, 특히 사회심리학자로 더 잘 알려졌다. 한편 쿨리는 1894년 University of Michigan에서 박사학위를 취득한 후, 이 대학 사회학과 교수로 재직하면서 1905년 American Sociological Association을 창립했으며, 1907년에는 사회학 정교수(full professor)가 되어 University of Michigan에서만 가르치다가 1929년 별세했다. 반면 듀이는 여러 대학을 전전했는데, 1884년부터 University of Michigan 철학 교수로 재직하였고, 1894년 University of Chicago로 옮겨 주로 논리학을 연구·교육하다가, 대학 당국과의 마찰로 1904년 사직하고 Columbia University 철학과 교수로 자리를 옮겼다.

A Study of the Larger Mind)라는 저서를 보면, '상징적 상호작용'을 '커뮤니케이션'이라고 부르면서 이는 곧 "인간사회를 유지·발전시키는 메커니즘"(mechanism)으로 인간사회에서 가장 핵심적 요소라고 주장했다.

한편 시카고대학교 철학과 교수였으나 사회학자로 더 잘 알려진 미드도 1922년 발표한 "유의적 상징기호의 행동적 계정"(A Behavioristic Account of the Significant Symbol)을 비롯한 여러 논문을 통하여 인간의 사회적 행동에서 상징적 상호작용의 기능과 그 중요성을 강조했다. 그러나 상징적 상호작용에 관한 미드의 학문적 견해가 가장 잘 나타나 있는 책은 그가 별세(1931년)하고 3년 뒤 1934년에 나온 『정신과 자아와 사회』(*Mind, Self and Society*)라는 책이었다.[27] 이 책의 제목은 곧 미드가 주장한 상징적 상호작용 이론의 세 가지 핵심개념(key concept)을 설명한 것이었는데, 미드에 의하면 사회성원들은 상징기호들을 사용하여 상호작용을 하면서 주변 세계와 다른 사회성원에 대한 의미와 자기 자신에 대한 자아의식을 형성하고, 그에 따라 다른 사회성원들과 '이상적 사회'(an ideal society)를 이룩해 나간다는 것이었다. 따라서 책의 이름에서 첫째로 정신(mind)은 사회성원 개인들이 그들의 주변 세계에 대한 의미를 창조하기 위하여

27 이 책은 미드가 직접 쓴 책이 아니라 그의 사후에 제자 머피(Arthur E. Murphy)가 편집한 것인데, 미드는 생전에 수많은 논문들은 발표했으나 단독 저서는 한 권도 내지 않았다. 미드가 별세하자 그에게서 사회심리학을 공부한 제자들이 미드의 강의노트, 미드와의 대화록 등을 수집해 4권의 책으로 출판했는데, 그중의 하나가 바로 머피가 편집한 『정신과 자아와 사회』(*Mind, Self and Society*)이다. 그리고 나머지 세 책은 Charles W. Morris 편, *The Philosophy of the Present*(1932년 출판), Charles W. Morris 편, *Movements of Thought in the Nineteenth Century*(1936년 출판), Merritt H. Moore 편, *The Philosophy of the Act*(1938년 출판)인데, 이들 네 종의 책은 모두 시카고대학출판부(University of Chicago Press)에서 발행했다. 한편 미드가 발표한 논문들 중에서 중요한 25편의 논문들은 Andrew J. Reck이 수집·편집해서 1964년 *Selected Writings: George Herbert Mead*라는 이름의 책으로 발간(Bobbs-Merrill, The Liberal Arts Press)했다.

언어·그림 등의 상징기호들을 사용할 수 있는 개인의 능력을 대변하는 것이었고, 둘째로 자아(self)는 사회성원들이 상호작용을 하면서 다른 성원들로부터 어떤 평가나 대우 등을 받고 있는지를 지각해서 자신에 대한 자아의식을 형성하는 것을 의미하며, 셋째로 사회(society)는 이러한 모든 상호작용이 일어나는 곳을 말한 것이었다.

(2) 상징적 상호작용에 관한 그 외 여러 학자의 연구와 이론 정립

이와 같이 쿨리와 미드에 의해 상징적 상호작용 이론이 대두되었으나, 이 이론의 창시자를 미국의 철학자이자 심리학자 겸 교육자였던 듀이로 잘못 알고 있는 사람들도 없지 않는데, 이는 듀이도 상징적 상호작용 이론의 발전에 중요한 영향을 미쳤기 때문이다. 듀이는 1890년대에 미시간대학교 재직 당시 같은 대학 교수였던 미드와 쿨리를 만나 학문적으로 교류하면서 많은 영향을 주고받았다. 그러면서 상징적 상호작용 이론에 학문적 관심을 갖게 되었는데, 1927년 발간한 『공중과 그 문제들』(*The Public and Its Problems*)이라는 저서에서 "저널리즘에 관하여"(On Journalism)라는 글을 보면, 인류는 미드가 말한 '이상적 사회'(ideal society)보다 수준이 높은 '위대한 공동체'(great community)를 창조해야 한다면서, 이러한 공동체는 그 성원들 간의 '자유롭고 충분한 상호커뮤니케이션'(free and full intercommunication)만을 통해 이룩될 수 있다고 주장했다(Dewey, 1927, p. 211). 그러면서 듀이는 '상징적 상호작용 이론'을 '상호커뮤니케이션 이론'(intercommunication theory)으로 발전시켰다.

듀이 이외에도 많은 학자들이 상징적 상호작용 이론을 연구·발전시켰는데, 그중에는 프랑스의 사회학자이자 철학자 뒤르켐(Émile Durkheim)과 독일의 사회학자이자 철학자 지멜(Georg Simmel) 등도 포함되어 있다.[28] 이처럼 유럽 학자들도 상징적 상호작용 이론의 발전에 기여했지만, 이 이론을 체계화해서 '상징적 상호작용 이론'이라는 공식 명칭을 붙여 놓은 인물은 미드의 제자 블루머(Herbert Blumer)였다. 그가 정립해 놓은 상징적 상호작용 이론의 이론적 근거와 체계, 연구방법 등은 1969년 발간한 『상징적 상호작용 이론: 그 시각과 방법』(*Symbolic Interactionism: Perspective and Method*)에 자세히 소개되어 있는데, 상징적 상호작용 이론은 사회학과 사회심리학은 물론이고 커뮤니케이션학을 비롯한 여러 학문, 예컨대 인류학·범죄학·여성학·기호학·문학 등의 연구에도 적지 않은 영향을 미쳤다. 상징적 상호작용 이론은 또한 미국 사회를 순수한 민주주의 사회로 발전시키는 데도 중요한 역할을 했다.

(3) 라디오의 사회적 영향에 관한 라자스펠드 등의 연구

1920년대부터 미국에서 라디오가 등장하여 사회에 커다란 영향을 미치자, 사회학자들은 이에 관해서도 연구하기 시작했다. 그중에서 대표적 사회학자로는 라자스펠드(Paul Lazarsfeld)를 들 수 있는데, 그는 라디오가 등장하여 사회에 여러 가지로 중요한 영향을 미치기 시작하자, 1930년대 중엽 프린스턴대학교에 라디오연구센터(Office of Radio Research Center)를 설립하여 라디오의 사회적 영향에 관한 연구를 시작했다. 그러다가 1937년 컬럼비아대학교 응용사회과학연구소(Bureau of Applied Social Research) 소장으로 취임했는데, 이 연구소는 1936년 록펠러재단의 재정지원을 받아 라디오의 사회적 영향에 관한 연구를 목적으로 설립된 것이었다. 이러한 연구소의 소장이 된 라자스펠드는 캔트릴(Hadley Cantril), 스탠턴(Frank

28 이들의 상징적 상호작용 이론에 관한 저서로는 Émile Durkheim, *The Elementary Forms of Religious Life*(London: George Allen & Unwin, 1915)와, Georg Simmel, *The Sociology of George Simmel*(New York: The Free Press of Glencoe, 1950) 등이 있다.

M. Stanton) 등과 함께 라디오의 사회적 영향에 관한 연구를 위하여 라디오 청취자 조사를 실시했는데, 그 이전에도 상업적 목적의 청취자 조사는 없지 않았으나, 학문적 목적의 청취자 조사는 라자스펠드 등의 조사가 처음이었다.

라자스펠드는 또한 베럴슨(Bernard Berelson), 카츠(Elihu Katz) 등과 함께 매스미디어의 효과 등에 관한 조사·연구도 실시했다. 그 결과들은 단행본 서적으로 발표했는데, 그중 대표적인 것으로는 『대통령 선거에서 국민의 선택』(*The People's Choice: How the Voter Makes up His Mind in a Presidential Election*, 1948), 『매스커뮤니케이션 유통 과정에서 개인적 영향』(*Personal Influence: The Part played in the Flow of Mass Communication*, 1955), 『국민들의 텔레비전 시청』(*The People Look at Television*, 1963), 『어린이의 생활에서 텔레비전』(*Television in the Lives of Our Children*, 1963) 등을 들 수 있다.

이들 중 『대통령 선거에서 국민의 선택』은 라자스펠드가 베럴슨, 고뎃(Hazel Gaudet)과 함께 1940년 미국 대통령 선거운동 기간에 오하이오 주 이리 군(Erie County) 유권자들을 대상으로 라디오와 인쇄매체가 유권자들의 여론과 투표 행위에 미치는 영향을 서베이 방법(survey method)을 사용해서 조사·연구한 결과 보고서였는데, 이 책에서 라자스펠드 등은 매스커뮤니케이션의 2단계 유통이론(the two-step flow theory of mass communication)을[29] 제시하기도 했다. 그다음 『매스커뮤니케이션의 유통 과정에서 개인적 영향』은 라자스펠드가 카츠와 함께 매스커뮤니케이션의

29 매스미디어로부터의 정보(情報)나 영향은 일단 의견지도자(opinion leader)를 거쳐 다시 수용자 대중에게로 전달된다는 가정(假定)의 이론을 말한다. 이 이론을 처음 제시한 『대통령 선거에서 국민의 선택』에서는 "아이디어는 종종 라디오와 인쇄물로부터 의견지도자에게로 흐르고, 그것이 다시 덜 능동적인 계층의 대중집단으로 흐른다"(Lazarsfeld, Berelson and Gaudet, 1948, p. 151)고 말했다.

2단계 유통이론에서 핵심이 되는 의견지도자(opinion leader)의 존재와 그 역할을 일리노이 주 데카터(Decatur) 시를 대상으로 조사해서 검증해본 결과 보고서이다.

라자스펠드는 이와 같은 여러 연구들을 통해 커뮤니케이션 연구에 크게 기여함으로써 커뮤니케이션 이론 연구의 4비조(鼻祖, forerunners) 중 하나가 되었다. 베럴슨과 카츠 등도 커뮤니케이션 이론 연구에 크게 기여했는데, 베럴슨은 본래 도서관학자로서 1940년 웨이플스(Douglas Waples) 등과 함께 『인쇄 미디어가 개인에게 미치는 효과』(*What Reading Does to People*)를 연구해 발표하면서 커뮤니케이션 연구에 관심을 갖게 되었다. 그는 라자스펠드와 함께 앞서 언급한 『대통령 선거에서 국민의 선택』에 관한 연구에도 참여했고, 1952년에는 라자스펠드, 맥피(William McPhee)와 함께 뉴욕 주 엘미라(Elmira) 지역을 대상으로 대통령 선거에서 매스미디어 등의 커뮤니케이션이 유권자들의 투표행위에 미치는 영향을 연구해 발표했다. 또한 베럴슨은 내용분석 방법(content analysis method)을 체계화(Berelson, 1952)해서 커뮤니케이션 연구방법의 발전에도 크게 공헌했다.

한편 카츠는 라자스펠드와 함께 매스커뮤니케이션의 2단계 유통이론에서 핵심이 되는 의견지도자의 존재와 역할을 일리노이 주 데카터 시에서 조사·검증해 그 결과를 『매스커뮤니케이션 유통 과정에서 개인적 영향』이라는 책으로 발표했다. 1959년에는 '매스미디어의 이용과 충족 이론'(the theory of uses and gratification)을 제창하여 매스커뮤니케이션 효과 이론의 발전에도 공헌했다. 그러나 유대인이었던 카츠는 그 뒤 이스라엘로 건너가 히브리대학(Hebrew University)에서 커뮤니케이션 연구를 계속하며 특히 유럽에 자신의 '매스미디어의 이용과 충족 이론'을 전파시키는 데 중요한 역할을 했다.

(4) 그 외 사회학자들의 커뮤니케이션 연구

1920년대부터 라디오가 등장해서 사회에 영향을 미치자, 앞서 살펴본 라자스펠드와 그의 동료들 이외에도 여러 사회학자들이 이에 관하여 연구했다. 예컨대, 헤르조그(Herzog, 1944)는 라디오 연속극의 청취 동기들(motives)을 조사·분석해서, 라디오 연속극의 주요 기능으로 ① 정서적 해방감(emotional release) 제공, ② 소원적(所願的) 사고(wishful thinking)의 기회 제공, ③ 행동양태(pattern of behavior)의 규범 제시를 밝혀냈다. 한편 켄들(Patricia Kendall)은 라자스펠드와 공동으로 라디오 청취자들의 청취행동을 체계적으로 연구해 그 결과를 단행본으로 발표했다(Lazarsfeld and Kendall, 1948).

그런가 하면 사회이론가(social theorist)로 더 잘 알려진 머턴(Robert K. Merton)도 제2차 세계대전 당시 케이트 스미스(Kate Smith)가 라디오를 통해 벌였던 마라톤식 전쟁공채 판매운동(war bond drive)의 성공요인, 즉 소구방법(訴求方法, appeal)들을 분석해 그 결과를 1946년 『대중설득』(*Mass Persuasion*)이라는 저서를 통해 발표했는데, 이 책은 아직도 커뮤니케이션 연구 분야에서 고전(古典)의 하나로 평가받고 있다.

이 밖에도 머턴은 지역사회 내에서 대인 커뮤니케이션의 영향과 행동을 연구했고(Merton, 1949), 또한 동료들과 함께 심층면접 방법(focused interview)을 개발(Merton, Fiske and Kendall, 1956)해서 연구방법의 발전에도 이바지했다.

1940년대에 텔레비전이 등장하자 사회학자들은 이에 관한 연구도 시작하면서 보가트(Bogart, 1956), 마이어손(Meyersohn, 1957) 등은 그 연구 방향을 제시했다. 쿠르트 랭과 글래디스 랭(Kurt Lang and Gladys Lang)은 1952년 미국 민주당 전당대회에 관한 TV 방송의 보도양상을 비교·분석해서 1959년 발표했다. 또한 위니크(Charles Winick)는 TV 방송에 대한 외적 통제가 그 내용에 미치는 영향을 연구해서 1959년 단행본으로 발표함으로써 TV에 관한 연구에 이바지했다.

이 밖에도 사회학자를 포함한 많은 사회과학자들이 커뮤니케이션에 관한 다양한 연구를 했다. 예컨대, 로언솔(Leo Lowenthal)은 대중잡지의 양태를 연구했고(Lowenthal, 1944), 클래퍼(Joseph Klapper)와 글록(Charles Glock)은 '신문재판'(newspaper trial)에 관하여 연구했다(Klapper and Glock, 1949). 클래퍼는 1960년 『매스커뮤니케이션 효과론』(*The Effects of Mass Communication*)을 출판해서 매스커뮤니케이션 효과에 관한 이론의 정립에 중요한 영향을 끼쳤다. 또한 하이만(Herbert Hyman)과 시츨리(Paul B. Sheatsley)는 홍보 캠페인의 실패 원인을 분석했고(Hyman and Sheatsley, 1947), 스타(Shirley Starr)와 휴스(Helen Hughes)는 신시내티 시민들을 대상으로 UN에 대한 홍보 캠페인 효과를 조사·분석하여 라자스펠드가 제시했던 매스커뮤니케이션의 2단계 유통이론을 다시 확인했다(Starr and Hughes, 1950, pp. 389-400).

한편 드플레르(Melvin DeFleur), 라르센(Otto Larsen), 도드(Stewart Dodd) 등은 매스미디어로부터의 뉴스·정보 등이 어떻게 확산되는지를 연구해서 정보확산 이론(information diffusion theory)의 발전에 기여했다. 또한 인켈스(Alex Inkeles)는 소련 사회에서 커뮤니케이션 제도와 여론의 관계를 연구했고, 파크(Robert Park), 런드버그(George Lundberg) 등은 사회조직으로서 신문사(新聞社)의 메커니즘을 밝혀보고자 했으며, 브리드(Warren Breed)는 게이트키퍼(gatekeeper)로서의 신문사 편집자들의 역할을 연구해서 커뮤니케이션학의 발전에 크게 이바지하게 되었다.

2) 정치학 분야에서 커뮤니케이션 연구와 그 대표적 연구자들

정치학 분야에서도 1920년대부터 선전(propaganda)에 관한 연구들을 시작으로 커뮤니케이션 현상에 관한 많은 연구들이 이루어졌다. 1920년대에 정치학자들이 선전에 학문적 관심을 갖게 된 것은 특히 제1차 세계대전에서 발휘한 정치적·군사적 선전의 위력 때문이었다. 이렇게 해서 시작한 선전에 관한 연구는 그 뒤 여론(public opinion)에 관한 연구로 발전하고, 또한 국가 간 커뮤니케이션에 관한 연구로도 발전하게 되었다.

(1) 선전에 관한 라스웰 등의 연구와 그 실태

선전에 관한 연구를 시작한 대표적 정치학자로는 시카고대학교 정치학 교수였던 라스웰(Harold D. Lasswell)을 들 수 있는데, 그는 1920년대 초반 시카고대학교 대학원에서 정치학을 공부할 때 정치·군사 선전 등에 학문적 관심을 갖게 되었다. 그리하여 제1차 세계대전 당시 독일·오스트리아·이탈리아 등의 '동맹국'들과, 영국·프랑스·러시아·미국·일본 등의 소위 '연합국'들 간의 선전 전략과 기법 등을 분석·연구해서 1926년 박사학위를 받았는데, 논문 제목은 "세계대전에서 선전전략"(Propaganda Technique in the World War)이었다. 이 논문은 우수 논문으로 평가되어 라스웰에게 두 가지 영예를 가져다주었는데, 하나는 모교에서 겨우 25세인 그를 1927년 정치학과 조교수로 채용한 것이었으며, 다른 하나는 그의 박사학위 논문을 시카고대학교출판부에서 1927년 단행본으로 출판해 준 것이었다. 이렇게 하여 선전에 관한 초기의 대표적 연구서의 하나인 『세계대전에서 선전 전략』이 1927년에 나오게 되었는데, 이 책을 보면 라스웰은 "선전(propaganda)이란 넓은 의미로는 표상(表象, representation)들의 조작을 통하여 인간의 행동에 영향을 미치는 기술"이라고 정의할 수 있다면서, 이러한 선전에서 표상은 음성 · 문자 · 그림 · 음악 등 여러 가지 다양한 형태를 띨 수 있다고 설명했다(Lasswell, 1927, pp. 521-527).

1939년 라스웰은 선전에 관한 또 하나의 연구서인 『세계혁명의 선전: 시카고에서의 사례연구』(*World Revolutionary Propaganda: A Chicago Study*)를 블루멘스톡(Dorothy Blumenstock)과 공저로 뉴욕의 크노프출판사(A. A. Knopf)에서 출판했다. 이 책은 1917년 10월 러시아 공산주의자들이 일으킨 볼셰비키 혁명의 성공에 자극을 받은 미국 시카고 지역 공산주의자들이 자신들도 볼셰비키 혁명을 일으키기 위하여 1929~1934년 사이에 벌였던 혁명적 선전선동 활동의 내용 · 기법(technique) · 수단(channel) · 영향(influences) 등을 자세히 분석한 사례연구(case study)였다.

이처럼 선전에 관한 연구를 하다 커뮤니케이션 현상에 관심을 갖게 된 라스웰은 1948년에 "사회에서 커뮤니케이션의 구조와 기능"(The Structure and Function of Communication in Society)이라는 논문을 통하여 "커뮤니케이션이란 누가(who)가 무엇(what)을 누구(to whom)에게 어떤 매체(in which channel)를 통하여 말을 해서 어떤 효과(with what effects)를 얻느냐 하는 과정"(Lasswell, 1948, p. 37)이라고 정의하면서, 이러한 커뮤니케이션 과정에 따라 커뮤니케이션 현상을 연구할 것을 제안했다. 그리하여 그 뒤 커뮤니케이션 연구자들이 커뮤니케이션 현상을 Who(Source, S) → What(Message, M) → Channel(C) → Whom(Reciever, R) → Effects(E)라는 커뮤니케이션 과정 모형에 따라 정보원(Source), 메시지(Message), 채널(Channel), 수용자(Reciever), 효과(Effects) 등으로 나누어 이들을 각각 분석 · 연구하도록 만들어 주기도 했다.

라스웰은 또한 제2차 세계대전 때 독일과 미국 · 영국 등이 사용했던 선전 전략과 내용 등도 분석하여 1949년 『정치의 언어』(*The Language of Politics*)라는 책으로 발표했다. 이 저서에서는 특히 선전 내용에 대한 체계적·수량적 분석 방법으로서 내용분석 방법(content analysis method)을 개발하여 제시함으로써 커뮤니케이션 연구방법의 발전에도 크게 공헌했다.[30] 그리하여 라스웰은 앞서 말했듯이 라자스펠드(Paul Lazarsfeld), 레빈(Kurt Lewin), 호블랜드(Carl Hovland)와 함께 커뮤니케이션 이론 연구의 4비조(鼻祖, forerunners) 중 한 사람으로 추앙받게 되었다.

선전에 관한 연구는 정치학자뿐 아니라 사회학자, 심리학자들도 했는데, 사회학자 중 선전 연구에 중요한 역할을 한 인물의 하나로는 캔트릴(Hadley Cantril)을 들 수 있다. 캔트릴은 부유한 기업인인 필렌(Edward A. Filene)의 재정지원을 받아 1937년 선전분석연구소(Institute of Propaganda Analysis)를 설립해 선전기법 등을 연구했다. 당시 독일에서 히틀러(Hitler)와 그의 선전상 괴벨스(Joseph Göbbles)의 선전선동이 큰 성공을 거두고 있는 데다가, 미국에서도 천주교 신부(神父) 코글린(Charles E. Coughlin)이 전국에 47개 네트워크를 가진 라디오 방송을 통해 무려 3천만 명에 달하는 청취자들에게 파시스트 철학을 전파해서 사회적 우려를 낳고 있었기 때문이다. 그러자 캔트릴은 데일(Edgar Dale)과 둡(Leonard Doob) 등과 함께 코글린 신부의 연설내용을 분석하면서 그의 선전기법을 연구했는데, 그 결과를 리 부부(Alfred M. Lee and Elizabeth B. Lee)가 편집해서 1939년 『선전의 예술』(*The Fine Art of Revolutionary Propaganda*)이라는 책으로 출판했다. 이 책에서 캔트릴과 그의 동료들은 선전의 주요 기법으로 일곱 가지를 들면서[31] 그 실례를 자세히 소개했는데, 이들은 뒤에 선전에 관한 저서나

30 이 내용분석 방법은 그 뒤 베럴슨(Bernard Berelson) 등에 의해 더욱 발전되어 커뮤니케이션 연구에서 널리 사용하게 되었으며, 베럴슨은 1952년 *Content Analysis in Communication Research*(New York: The Free Press of Glencoe)를 발간했다.

31 일곱 가지 기법은 name calling, glittering generality, transfer, testimonial, plain folks, card stocking, band wagon이다.

논문 등에서 많이 인용되었다.

(2) 여론에 관한 연구와 그 실태

정치학과 사회학 등에서는 선전과 함께 여론·선거 캠페인·언론과 정부와의 관계 등에 관해서도 많은 연구를 했다. 여론에 관한 대표적 연구자로는 정치평론가이자 유명한 칼럼리스트였던 리프만(Walter Lippmann)을 들 수 있는데, 그는 1922년 『여론』(*Public Opinion*), 1925년 『유령대중』(*The Phantom Public*) 등을 출판하여 여론 연구에 크게 공헌했다. 또한 리프만은 여론뿐 아니라 매스커뮤니케이션의 기능과 효과에 관한 연구에도 중요한 영향을 미쳤는데, 그의 저서 『여론』에서 제시한 "밖의 세계와 우리들 머릿속의 상"(the world outside and pictures in our heads)이라는 개념, 즉 우리가 알고 있는 바깥 세계는 현실(reality)이 아니라, 그 현실에 대하여 매스미디어 등이 비쳐 주는 결과로서 우리 머릿속에 형성된 허상(虛像)에 불과하다는 주장은, 특히 현대 사회에서 매스미디어가 여론의 형성이나 현실 인식 등에 얼마나 중요한 영향을 미치고 있는지를 밝혀 주었다.[32]

한편 트루먼(David Truman), 카터(Douglas Carter), 고스넬(Harold F. Gosnell), 바우어(Raymond A. Bauer), 솔라 풀(I. de Sola Pool), 덱스터(Lews A. Dexter) 등도 여론과 커뮤니케이션의 관계에 대해 연구했다. 또한 니모(Dan Nimmo)는 『뉴스원과 뉴스 채널』(*News Sources and News Channels: A Study in Political Communication*)이라는 저서를 통하여 정치커뮤니케이션 연구에 크게 기여했다.

32 리프만이 제시한 이 개념은 그 뒤 1972년 맥콤스와 쇼(Maxwell McCombs and Donald Shaw)가 제시한 매스미디어의 의제설정 기능 이론(the theory of agenda-setting function)의 이론적 바탕이 되었다.

여론에 관한 연구들은 또한 여론조사와 그 방법의 발전을 촉진하기도 했다. 미국에서 여론조사는 일찍이 1924년 '스트로 폴'(Straw Poll)이라는 이름으로 「해리스버그 펜실베이니언」(*Harrisburg Pennsylvanian*) 신문사가 처음 실시했으며, 그 후 「리터러리 다이제스트」(*Literary Digest*) 잡지사 등이 주축이 되어 1935년대까지 크게 성행했다. 그러나 현대적이고 과학적 방법의 여론조사는 1935년 로퍼(Elmo Roper)와 체링턴(Paul Cherrington)의 감독 아래 「포천」(*Fortune*) 잡지사가 실시한 여론조사에서 비롯되었다(Wallace, 1959, pp. 311-315). 같은 해 10월에는 갤럽(George Gallup)이 미국여론연구소(American Institute of Public Opinion, AIPO)를 설립하여 본격적인 여론조사를 실시했다. 그러자 캔트릴(Hadley Cantril)과 차일즈(Harwood Childs)도 여론조사연구소(Office of Public Opinion Research)를, 로빈손(Clande Robinson)은 로빈손여론조사소(Clande Robinson Polls, Inc.)를 각각 설립해서 여론조사 대행사업을 벌였다.

이렇게 해서 여론조사가 유행하자 체계적이고 과학적인 여론조사 방법에 관한 연구가 프린스턴대학을 중심으로 활발하게 이루어졌으며, 여론조사 관계 연구자들은 1937년 미국여론연구연합회(American Association for Public Opinion Research)를 결성하고 학술지 「퍼블릭 오피니언 쿼털리」(*Public Opinion Quarterly*)를 발간하면서 여론과 그 조사방법에 관한 연구 발전에 앞장섰다.

한편 1941년 덴버대학교는 전국여론조사연구센터(National Opinion Research Center)를 설립, 필드(Harry H. Field)를 중심으로 여론과 그 조사방법 등을 본격적으로 연구했다. 그러나 덴버대학교 전국여론조사연구센터는 1946년 미시간대학교로 옮겨져 리커트(Rensis Likert)의 주관 아래 여론에 관한 조사·연구를 계속했는데, 리커트는 현재도 사회과학 분야에서 널리 사용하는 측정 척도의 하나인 '리커트 척도'(Likert scale)를 1932년 개발한 인물이다. 그러나 그는 정치학자가 아니라 심리학자였다.

(3) 국제정치와 커뮤니케이션 관계에 관한 연구

정치학자들은 또한 국제관계(international relations)에서 커뮤니케이션의 역할 등을 연구함으로써 국제커뮤니케이션 연구에도 적지 않은 공헌을 했다. 이 연구에 크게 공헌한 정치학자로는 도이치(Karl Deutsch), 라인버거(Paul Linebarger), 스미스와 스미스(Bruce Smith and Chitra Smith), 데이비슨(Phillips Davison) 등을 들 수 있다.

도이치는 민족주의(nationalism)와 사회적 커뮤니케이션의 관계에 관한 책을, 라인버거는 국가 간 심리전에 관한 책을, 스미스는 국제커뮤니케이션에 관한 책을, 데이비슨은 국제정치커뮤니케이션에 관한 책을 각각 출판하여 국제커뮤니케이션(international communication)에 관한 연구 발전에 기여했다.

또한 파이(Lucian Pye) 등의 정치학자들은 국가발전에 미치는 커뮤니케이션 영향 등을 연구하여 '발전커뮤니케이션'(developmental communication)이라는 연구분야의 개척자가 되었는데, 발전커뮤니케이션 연구는 한때 우리나라를 비롯한 개발도상 국가들에서 크게 유행했다. 한편 히로(Alfred Hero)는 세계평화재단(World Peace Foundation)의 지원 아래 국제문제와 커뮤니케이션의 관계에 대한 여러 연구 결과들을 발표해서[33] 이 분야의 발전에 크게 공헌했다.

정치학 분야에서 이와 같이 커뮤니케이션에 관한 연구들을 하게 된

33 발표 논문은 다음과 같다. ① Americans in World Affairs, ② Non-Governmental Influence in Foreign Policy Making, ③ Mass Media and World Affairs, ④ Voluntary Organizations in World Affairs Communication, ⑤ Opinion Leaders in American Communities (Boston).

것은, 정치와 커뮤니케이션은 불가분의 관계를 갖고 있기 때문이다. 라스웰은 1963년 『정치학의 장래』(*The Future of Political Science*)에서 "과거의 정치학이 토마스 무어(Thomas Moor)의 『유토피아』(*Utopia*)에서처럼 정치적 목표들의 제시(goal specification)에 있었다면, 현대 정치학은 라자스펠드(Paul Lazarsfeld)의 『국민의 선택』(*The People's Choice*)에서와 같이 정치적 목표들을 정당화(goal justification)하는 데 있다"고 주장하면서(Lasswell, 1963, p. 5), 정치적 목표의 정당화 수단으로서 커뮤니케이션의 중요성을 역설했다. 따라서 현대 정치학에서는 커뮤니케이션을 연구하지 않으면 안 된다는 것이었다.

앞서 살펴보았듯이, 정치학 분야에서도 일찍부터 선전과 여론, 정치와 커뮤니케이션의 관계 등을 연구해 오면서 미국의 전통적 저널리즘학과 스피치학에 커다란 자극과 영향을 주었다. 그 결과 실무 문제들에 중점을 두면서 이를 실용적 입장에서 연구해 오고 있던 종래의 저널리즘학과 스피치학이 새로운 사회과학적 입장의 현대적 커뮤니케이션학으로 발전하도록 만들었다. 정치학 분야에서 커뮤니케이션에 관한 연구들은 오늘날 현대적 커뮤니케이션학에서 특히 설득커뮤니케이션, 정치커뮤니케이션, 국제커뮤니케이션 등의 연구 및 발전에 중요한 공헌을 했다.

3) 심리학 분야에서 커뮤니케이션 연구와 대표적 연구자들

심리학 분야에서도 일찍부터 커뮤니케이션에 관한 여러 가지 연구들이 이루어져 커뮤니케이션학의 발전에 크게 공헌했다. 그러나 거시적 입장(macro approach)에서 주로 매스커뮤니케이션의 정치적·사회적 기능과 영향 등을 연구한 정치학이나 사회학 분야와는 달리, 심리학에서는 미시적 입장(micro approach)에서 주로 수용자 개인의 커뮤니케이션 행동 등을 연

구했다.[34]

(1) 라디오와 영화의 영향에 관한 심리학적 연구의 시작

심리학 분야에서 커뮤니케이션에 대해 처음 관심을 갖게 된 것은, 사회학 분야에서와 마찬가지로 1920년대부터 라디오·영화 등 새로운 미디어가 등장하여 사회와 청취자들에 여러 가지 순기능적(順機能的)·역기능적(逆機能的) 영향을 미치게 되었기 때문이다. 따라서 초기에는 라디오와 영화의 영향에 관한 연구들이 많았는데, 그중에서 대표적 연구서의 하나로는 1935년 알포트(Gordon Allport)와 캔트릴(Hadley Cantril)이 출판한 『라디오 심리학』(*The Psychology of Raido*)을 꼽을 수 있다. 또 하나의 대표적 연구서로는 캔트릴, 고뎃(Hazel Gaudet), 헤르조그(Herta Herzog)의 공저 『화성으로부터의 침입』(*The Invasion from Mars*)을 들 수 있는데, 이 책은 1938년 10월 30일 저녁 8시부터 50분간 미국 CBS에서 방송한 '우주전쟁'(The War of the Worlds)이라는 방송 드라마가 청취자들의 심리적 공황(panic)을 야기하자, 심리학자인 캔트릴과 고뎃이 사회학자 헤르조그와 함께 그 원인을 분석하여 1940년 단행본으로 발표한 것이었다.

영화의 영향에 관한 연구서로는 영화가 청소년들의 태도에 미치는 여러 가지 영향들을 실험을 통해 연구해서 1933년 발표한 피터슨(Ruth Peterson)과 서스톤(Louis Thurstone)의 『영화와 어린이들의 사회적 태도』

34 심리학 분야에서의 커뮤니케이션 연구들은 크게 실험심리학적 및 사회심리학적 입장의 연구로 나눠 볼 수 있는데, 베럴슨에 의하면 실험심리학적 입장의 대표적 연구자로는 예일대학의 호블랜드학파(Hovland School)를 들 수 있으며, 사회심리학적 입장의 대표적 연구자로는 미시간대학의 레빈(Kurt Lewin)을 들 수 있다고 한다(Berelson, 1959, pp. 1-15). 그러나 심리학계에서 커뮤니케이션 연구들을 보면, 실제로는 매우 복잡한 양상을 띠면서 여러 학파의 심리학자들에 의해 진행되어 왔다.

(*Motion Pictures and the Social Attitudes of Children*)를 들 수 있다. 또한 다이싱거와 러크믹(W. Dysinger and Christian Ruckmick)은 영화의 여러 장면에 대한 어린이들의 정서적 반응을 실험을 통해 연구해서 그 결과를 1933년 『영화의 상황에 대한 어린이들의 감정적 반응』(*The Emotional Responses of Children to the Motion Pictures Situations*)이라는 책으로 발표했다. 이처럼 심리학계에서 커뮤니케이션에 관한 초기 연구들에는 라디오와 영화의 영향에 관한 것들이 많았다.

하지만 그 뒤 여론·선전·유언비어(rumor) 등도 연구하기 시작했는데, 앞서 언급한 알포트는 포스트맨(Leo Postman)과 함께 유언비어의 생성·전파 과정을 사회심리학적 측면에서 분석함으로써(Allport and Postman, 1945) 커뮤니케이션 과정에 관한 이론 형성에 기여했다. 또한 레빈(Kurt Lewin)은 집단성원들 간의 커뮤니케이션 행동을, 호블랜드(Carl Hovland)는 설득커뮤니케이션을 연구했는데, 이들 두 사람도 앞서 언급한 정치학자 라스웰, 사회학자 라자스펠드와 함께 커뮤니케이션 이론 연구의 4비조로 불리게 되었다.

(2) 레빈과 레빈학파의 집단커뮤니케이션 연구

레빈은 본래 스위스의 비엔나대학 심리학 교수였으나, 1920년대에 미국으로 건너와 1930년대에는 아이오와대학교에서 교편을 잡다가 1940년대 초 메사추세츠대학교로 옮겨 실험심리학을 가르쳤다. 그러다가 제2차 세계대전이 발발하자 미군(美軍)에 연구원으로 동원되어 각종 집단 내에서 의사결정 과정, 지도자의 지도력(leadership), 집단의 규범(norms) 등이 개인의 행동에 미치는 영향 등을 연구하면서 커뮤니케이션에 관심을 갖게 되었다. 그리하여 종전 후에는 미시간대학교로 가서 집단역학연구소(集團力學研究所, Research Center for Group Dynamics)를 이끌어 가면서 심리학의 장

이론(場理論, field theory)을 커뮤니케이션 현상에 도입하여 집단커뮤니케이션(group communication)에 관한 이론의 정립에 크게 기여했다.

이러한 레빈 밑에는 젊고 유능한 학자들, 예컨대 바베라스(Alex Bavelas), 카트라이트(Dorwin Cartwright), 페스팅거(Leon Festinger) 등이 모여들어 레빈과 함께 집단역학이라는 새로운 분야를 개척하면서 집단 내에서 커뮤니케이션의 형태와 네트워크(networks) 등을 연구, 이에 관한 이론들을 정립했다. 따라서 이들을 '집단역학파' 또는 '레빈학파'라고 불렀는데, 바베라스는 특히 소집단(small group) 내에서 그 성원들 간의 행동과 커뮤니케이션 패턴과의 관계를 연구했고(Bavelas, 1950, pp. 725-730), 카트라이트는 집단성원의 기존 태도와 관심 등이 커뮤니케이션에 미치는 영향을 연구해서(Cartwright, 1949) 집단커뮤니케이션 이론의 정립에 공헌했다. 페스팅거는 인지부조화설(認知不調和說, the theory of cognitive dissonance)을 제시하여 인간이 왜 자신의 태도를 바꾸게 되는지 그 원리를 밝힘으로써(Festinger, 1957) 커뮤니케이션을 통한 태도변용의 연구에 새로운 전기를 마련해 주었다.

레빈학파는 아니었지만 뉴컴(Theodore Newcomb)도 레빈과 같은 입장에서 집단의 규범, 집단성원의 역할, 집단의 구조 등이 커뮤니케이션에 미치는 영향을 연구해서 집단커뮤니케이션에 관한 이론 정립에 크게 이바지했다. 또한 레빈학파의 영향을 받은 하이더(Fritz Heider)는 페스팅거에 앞서 인간의 태도 변용에 관한 인지균형 이론의 효시인 인지평형설(認知平衡說, the balance theory)을 제창했다. 즉 개인(수용자)이 커뮤니케이션을 통하여 자신의 태도를 변용하게 되는 것은, 커뮤니케이터와 그의 주장(메시지) 간의 인지적 평형상태를 유지하기 위해서라는 학설을 처음 제창했다(Heider, 1946, 1958). 이러한 하이더의 인지평형설은 그 후 페더(H. T. Feather)가 더욱 발전시켜(Feather, 1964, 1971) 커뮤니케이션을 통한 인간의 태도변용의 원리를 규명하는 데 크게 기여했다.

(3) 호블랜드와 호블랜드학파의 설득커뮤니케이션 연구

레빈과 함께 또한 커뮤니케이션 연구에 크게 기여한 심리학자로는 예일대학교 실험심리학 교수 호블랜드(Carl Hovland)를 꼽을 수 있다. 그는 제2차 세계대전이 발발하자 레빈과 마찬가지로 전쟁에 동원되어 미 육군의 정보·교육단연구부(Research Branch of Information and Education Division)에서 미군 병사들에 대한 정훈(政訓) 교육방법을 연구하게 되었다. 그러면서 특히 설득커뮤니케이션에 관심을 갖게 된 그는 세계대전이 끝나자 예일대학교로 복귀한 뒤, '커뮤니케이션과 태도변용 연구 프로그램'(Yale Communication and Attitude Change Program)을 만들어 젊고 유능한 학자들과 함께 본격적으로 커뮤니케이션을 연구했다.

호블랜드는 우선 그가 제2차 세계대전 중에 미 육군 정보·교육단연구부에서 실시했던, 영화를 이용한 미군 병사들의 정훈 교육방법에 관한 여러 가지 실험연구 결과들을 종합해서 1949년 『매스커뮤니케이션에 관한 실험연구』(*Experiments on Mass Communication*)라는 단행본으로 발표했다(Hovland, Lumsdaine and Sheffield, 1949). 이어서 그는 제자들과 함께 설득커뮤니케이션에 관한 여러 가지 이론과 연구들을 종합하고 그 연구체계를 세워 이를 1953년 『커뮤니케이션과 설득』(*Communication and Persuasion*)이라는 책으로 출판했다(Hovland, Janis and Kelley, 1953). 또한 설득커뮤니케이션에 관한 여러 가지 실험연구들을 실시, 그 결과들을 『설득에서 메시지 주장들의 제시(提示) 순서의 효과』(*The Order of Presentation in Persuasion*, Hovland, 1957), 『수용자들의 성격과 피설득 성향』(*Personality and Persuasion*, Hovland and Janis, 1959), 『태도의 조직과 변용』(*Attitude Organization and Change*, Hovland and Rosenberg, 1960), 『사회적 판단: 커뮤니케이션과 태도변용에서 유사성과 상반성의 효과』(*Social Judgement: Assimilation and Contrast Effects in Communication and Attitude Change*, Sherif and Hovland, 1961) 등의 연구서로 발표했다.

이 밖에도 호블랜드는 제자들과 함께 여러 실험연구 논문들을 각종 학술지에 발표(Hovland and Weiss, 1951; Kelley, 1958; Kelley and Volkart, 1952 등)하면서, 특히 설득커뮤니케이션 이론의 정립에 크게 공헌했다. 때문에 호블랜드도 앞서 언급한 정치학자 라스웰, 사회학자 라자스펠드, 심리학자 레빈과 함께 커뮤니케이션 이론 연구의 4비조로 부르게 되었다.

호블랜드와 그의 제자들은 '호블랜드학파' 또는 '예일커뮤니케이션학파'(Yale Communication School)라고 불렸다. 또한 '새로운 과학적 수사학파'(New Scientific Rhetoric School)라고 부르기도 했는데, 호블랜드학파는 고대 그리스의 아리스토텔스의 고전수사학(Classical Rhetoric)에서 제시한 여러 가지 설득이론들을 실험을 통하여 검증해서 그것들을 현대적 설득커뮤니케이션 이론으로 발전시켰기 때문이다(Maccoby, 1970, p. 27).

호블랜드학파의 대표적 인물들로는 제니스(Irving Janis), 켈리(Harold Kelley), 와이스(Walter Weiss), 럼스데인(Arthur Lumsdaine), 둡(Leonard Doob), 셰리프(Muzafer Sherif) 등을 들 수 있다. 호블랜드학파는 아니지만 호블랜드의 영향을 받아 설득커뮤니케이션 연구에 중요한 역할을 한 심리학자들도 적지 않은데, 그중에서 대표적 인물로는 로젠버그(Rosenberg, 1956, 1960), 맥과이어(McGuire, 1960a, 1960b, 1962), 브렘(Brehm, 1956), 피시바흐(Janis and Fishbach, 1953), 코헨(Cohen, 1964), 아벨손(Abelson, 1959) 등을 들 수 있다.

(4) 그 외 여러 심리학자들의 커뮤니케이션 연구

호블랜드나 레빈에 못지않게 커뮤니케이션 연구에 크게 공헌한 심리학자로는 오스굿(Charles Osgood)을 들 수 있다. 그는 처음에는 언어의 의미에 관심을 갖고 이를 연구하다가 커뮤니케이션 연구로 전향, 일리노이대학교에 커뮤니케이션연구소(Institute of Communication Research)를 설립하여 언어심리학적 입장에서 커뮤니케이션을 연구했다. 그러면서 수시(George Suci), 탄넨바움(Percy Tannenbaum)과 함께 의미분별 척도(意味分別尺度, semantic differentials)를 개발(Osgood, Suci and Tannenbaum, 1957)하여 각종 사물에 대한 개인의 감정적(내연적) 의미와 태도의 측정을 가능토록 했다. 또한 오스굿은 탄넨바움과 함께 인지일치설(認知一致說, the congruity theory)이라는 태도변용 이론도 제시(Osgood and Tannenbaum, 1955)하여 설득커뮤니케이션 연구에 중요한 공헌을 했는데, 탄넨바움은 오스굿의 제자로서 위스콘신대학교 심리학과 교수로 봉직하면서 매스커뮤니케이션연구소(Mass Communication Research Center) 소장도 역임했다.

오스굿과 탄네바움 이외에 브라운(Roger Brown)도 언어심리학적 입장에서 커뮤니케이션을 연구, 『언어와 사물』(*Words and Things*, 1958)이라는 저서를 비롯하여 많은 연구논문을 발표하면서 이 방면의 연구에 큰 역할을 했다. 또한 임상심리학자 루시(Jurgen Ruesch)와 베이트슨(G. Bateson)은 비언어적 커뮤니케이션(non-verbal communication) 연구(Ruesch and Bateson, 1951; Ruesch and Kees, 1969)에 공헌했으며, 미어루(J. A. Meerloo, 1952, 1964)는 대인커뮤니케이션 연구에 이바지했다.

텔레비전이 출현하자 이에 학문적 관심을 갖게 된 심리학자 중 영국의 힘멜바이트(Hilde Himmelweit), 오펜하임(A. N. Oppenheim), 밴스(Pamela Vance) 등은 텔레비전이 어린이에게 미치는 영향을 연구해서 그 결과를 1958년 『텔레비전과 어린이』(*Television and the Child*)라는 단행본으로 출판했다(Himmelweit, Oppenheim and Vance, 1958). 또한 미국 스탠퍼드대학교 심리학 교수 맥코비(Eleanor Maccoby)도 텔레비전이 어린이에게 미치는 영향을 연구해서, 부모로부터 따뜻한 대우를 받지 못해 좌절감에 빠져 있는 어린이가 그렇지 않은 어린이보다 텔레비전을 많이 시청하는 반면, 좌절감을 느끼지 않는 어린이들은 텔레비전을 멀리하는 경향을 발견(Maccoby, 1954)함으로써 사회에 충격을 안겨주기도 했다. 한편 베일린(Lotte Bailyn)은 초등학교 5~6학년생 600명을 대상으로 미디어 접촉습관(media habits)을 연구해서(Bailyn, 1959) 이 방면의 연구에 공헌했다.

한편 아도르노(Adorno, 1944)와 아른하임(Arnheim, 1954)은 TV가 대중문화에 미치는 영향에 관한 연구를 통하여, 그리고 카츠(Katz, 1947), 뉴컴(Newcomb, 1943), 리커트(Likert, 1954) 등은 커뮤니케이션 메시지나 기호에 대한 수용자들의 지각문제(perceptual problems)에 관한 연구를 통하여 커뮤니케이션 이론의 발전에 공헌했다. 또한 마이클과 맥코비(Michael and Maccoby, 1953), 맥코비와 맥코비(Maccoby and Maccoby, 1961)는 학습이론을 커뮤니케이션에 적용, 커뮤니케이션 이론의 체계화에 기여했으며, 하틀리·하틀리와 하트(Hartely & Hartley and Hart, 1952), 위베(Wiebe, 1951-52)는 개인의 태도 형성과 커뮤니케이션의 관계를 연구, 커뮤니케이션 연구에 공헌했다.

4) 기타 여러 학문분야에서 커뮤니케이션 연구

앞에서 살펴본 사회학·정치학·심리학 이외에 언어학·문화인류학·경제학·공학·수학·철학·일반의미론·문학·역사학·도서관학 등의 분야에서도 많은 학자들이 커뮤니케이션에 관심을 갖고 여러 가지 문제들을 연구했다. 그리하여 커뮤니케이션 이론의 발전, 나아가서는 현대 커뮤니케이션학의 정립에 적지 않은 공헌을 했다.

(1) 수학과 공학 분야에서 커뮤니케이션 연구

수학과 공학 분야에서 커뮤니케이션을 연구한 대표적인 학자들로는 섀넌(Claude Shannon), 위버(Warren Weaver), 위너(Norbert Wiener), 체리(Colin Cherry) 등을 들 수 있는데, 이들은 주로 라디오·전화·TV 등 전파커뮤니케이션(electronic communication) 수단을 연구하면서 이 방면의 커뮤니케이션 이론 발전에 공헌했다. 이들의 연구는 전파커뮤니케이션에 관한 공학적 이론(theory of telecommunication engineering)에 머물지 않고, 그 연구를 인간커뮤니케이션 현상에 적용함으로써 커뮤니케이션학 정립에 크게 이바지했다.

위버는 공학적 커뮤니케이션 체계(system)의 모형을 인간커뮤니케이션에 적용하여 그 과정을 분석(Weaver, 1949)함으로써 1950년대에는 커뮤니케이션 모형에 관한 연구가 유행하게 되었다. 한편 섀넌은 위버와 함께 수학적 커뮤니케이션 이론(mathematical theory of communication), 즉 정보이론(information theory)을 제시해서(Shannon, 1949) 오늘날과 같은 컴퓨터 혁명의 문을 열어주었다. 이들의 정보이론은 인간들 간의 커뮤니케이션 연구의 발전에도 크게 공헌하여 인간커뮤니케이션 연구에서도 '채널'(channel), '네트워크'(network), '정보'(information), '코딩'(coding), '잡음'(noise), '리던던시'(redundancy), '엔트로피'(entropy) 등의 개념들을 널리 사용하게 되었다. 그리고 위너(Wiener, 1948)가 그의 저서 『사이버네틱스: 동물과 기계에서 제어와 커뮤니케이션』(*Cybernetics: Or the Control and Communication in the Animal and the Machine*)에서 제시한 '피드백'(feedback) 등의 개념도 인간커뮤니케이션에 적용되어 커뮤니케이션을 순환적 과정으로 파악하게 만들었다.

체리 역시 수학적 커뮤니케이션 이론을 인간커뮤니케이션에 적용시키는 데 크게 공헌했다(Cherry, 1957). 그리하여 매스커뮤니케이션 학자 슈람도 이와 같은 공학자들의 정보이론을 적용해서 매스커뮤니케이션 이론을 정립해 보려고 시도하였다(Schramm, 1955).

(2) 언어학·문화인류학·철학 등에서 커뮤니케이션 연구

언어학 분야에서도 커뮤니케이션에 관한 문제들을 많이 연구했는데, 언어학은 특히 커뮤니케이션과 밀접한 관계를 갖고 있기 때문이다. 언어학자 중에서 커뮤니케이션 문제를 연구한 대표적 인물로는 캐롤(John Carroll)을 들 수 있는데, 그는 인간이 언어라는 기호를 사용해 어떻게 커뮤니케이션 하느냐에 많은 관심을 갖고 이를 연구하면서 커뮤니케이션 모형을 제시(Carroll, 1955)하여 커뮤니케이션 연구에 공헌했다.

문화인류학자 중에서도 커뮤니케이션 문제에 관심을 갖고 이를 연구해 온 학자들이 적지 않다. 특히 언어인류학(ethnolinguistics or linguistic anthropology) 분야의 사피어(Sapir, 1931), 보아스(Boas, 1940), 워프(Whorf, 1941) 등은 문화가 인간들 간의 커뮤니케이션 행위에 미치는 영향 등을 규명함으로써 문화적 커뮤니케이션(cultural communication) 또는 문화 간 커뮤니케이션(intercultural communication)에 관한 연구에 크게 이바지했다. 또한 사피어와 홀 등은 문화에 따른 비언어적 커뮤니케이션 행위를 연구(Sapir, 1963; Hall, 1959, 1964)해서 이 분야에 크게 공헌했다.

철학자 중에서도 커뮤니케이션 연구에 이바지한 학자들이 적지 않은데, 그중 대표적 인물로는 특히 언어철학 분야의 올스턴(Alston, 1964), 오이어(Ayer, 1936), 블랙(Black, 1962), 카납(Carnap, 1937), 러셀(Russel, 1940), 퍼스(Peirce, 1931-35) 등을 들 수 있다. 한편 본래는 철학의 인식론(epistemology)에서 출발한 일반의미론(general semantics) 연구자인 하야카와(Hayakawa, 1964), 어빙 리(Irving Lee, 1941), 체이스(Chase, 1938) 등도 커뮤니케이션 연구에 중요한 역할을 했다.

(3) 문학 · 역사학 · 문헌정보학 · 경영학 등에서 커뮤니케이션 연구

문학 · 역사학 · 문헌정보학 · 경영학 등에서도 커뮤니케이션을 연구했는데, 문학 분야에서 대표적 연구자로는 스퍼전(Spurgeon, 1936), 블로트너(Blotner, 1955), 아일러(Eyler, 1952) 등을 들 수 있다. 그리고 역사학 분야에서 대표적 커뮤니케이션 연구자로는 버크(Burke, 1937), 이니스(Innis, 1950, 1951), 맥클루언(Mcluhan, 1969) 등을 들 수 있다. 이들 중 이니스는 1950년 출판한 『제국과 커뮤니케이션』(*Empire and Communication*)에서 "커뮤니케이션 기술의 혁신은 사회변화의 가장 중요한 요인"이라고 주장하면서, 인류 역사를 커뮤니케이션 기술의 혁신 과정으로 서술했다. 맥클루언도 커뮤니케이션의 혁신이 인류 역사의 발전에서 중대한 역할을 한다면서, 그에 따라 인류 역사를 ① 문자(文字) 이전 시대, ② 구텐베르크(Gutenberg) 시대, ③ 전파 시대로 구분해서 서술했다(Mcluhan, 1969).

문헌정보학 분야에서 대표적 커뮤니케이션 연구자로는 앞서 언급한 베럴슨(Berelson, 1952)을 들 수 있는데, 그는 본래 도서관학자였으나 커뮤니케이션 연구로 전향하여 중요한 공헌을 했다. 그러나 그는 1959년 "커뮤니케이션 연구의 현황"(The State of Communication Research)이라는 글을 통하여 "이제 커뮤니케이션 연구분야는 시들어 가고 있다"(Bereleson, 1959, p. 5)고 하였는데, 이를 카츠(Katz, 1959)가 반박하면서 매스미디어의 '이용과 충족 이론'(the theory of uses and gratifications)을 제시하게 되었다.

경영학에서는 주로 광고 · PR · 마케팅 · 조직커뮤니케이션 등의 연구에 크게 공헌했다. 광고와 PR은 대중설득(mass persuasion) 수단이므로 커뮤니케이션학에서도 많이 연구되었지만(Maloney, 1964) 경영학에서도 연구해야 하기 때문이었다. 경영학에서는 또한 개인판매(personal selling)와 판매촉진(sales promotion) 등도 많이 연구했는데, 이들과 광고를 합쳐 오늘날에는 마케팅 커뮤니케이션(marketing communication)이라고 부르고 있다.

경영학에서는 또한 조직 커뮤니케이션(organizational communication)도 연구하여 이의 발전에 이바지했다. 경영학에서 이에 대해 관심을 갖게 된 것은 1920년대 스피치 연구가로 유명했던 카네기(Dale Carnegie)가 회사 내에서 원활한 커뮤니케이션의 중요성을 강조한 데서 비롯되었다(Sanborn, 1964, p. 5). 그 후 하버드대학교 경영대학원에서 웨스턴 전기회사(Western Electric Company)를 대상으로 실시했던 소위 호손 연구(Hawthorne Studies)에 다시 자극을 받아 조직커뮤니케이션 연구가 더욱 활발히 이루어졌다. 그러나 이에 관한 본격적 연구가 이루어진 것은 1940년대에 바나드(Barnard, 1938), 헤론(Heron, 1942), 피고스(Pigors, 1949) 등에 의해서였다. 그 뒤 1952년 와이트(Whyte)의 『누가 듣고 있는가?』(*Is Anybody Listening?*)라는 저서에 다시 자극 받아 조직커뮤니케이션을 경영학자와 커뮤니케이션 학자들(Janis, 1942; Peter, 1950; Redfield, 1958; Dover, 1959; Merrihue, 1960; Schutte and Steinberg, 1960; Scholz, 1962; Marting, Finley and Ward, 1963)이 중요 분야로 발전시켰다.

2. 저널리즘학계의 반성과 매스컴학으로 확대 · 발전

앞에서 살펴보았듯이, 미국에서 커뮤니케이션 연구는 저널리즘학과 스피치학 이외에 정치학 · 사회학 · 심리학 등에서도 활발히 이루어지면서 과학적 커뮤니케이션 이론들을 정립해 나갔다. 그러자 그간에 주로 신문기사의 작성 · 편집 · 인쇄 등에 관련된 실무적 · 기능적(技能的) 문제들에 중점을 두면서 이를 인문주의적 입장에서 연구 · 교육해 왔던 저널리즘학계 내부에서 학문적 반성이 일어났다. 그러면서 저널리즘학도 그 연구 · 교육 대상을 신문 · 잡지뿐 아니라 모든 매스커뮤니케이션 현상으로 확대하는 동시에, 이를 사회과학적 입장에서 연구해야 한다는 움직임이 1945년 제2차 세계대전이 끝난 이후부터 나타나기 시작했다. 이러한 움직임은 또한 그간에 주로 말하기 · 듣기 · 토의 · 토론 등에 관한 실무적 · 기능적 문제들에 중점을 두어 왔던 스피치학계에서도 일어났다. 이렇게 하여 종래의 저널리즘학은 매스커뮤니케이션학으로, 스피치학은 스피치커뮤니케이션으로 변모 및 발전하게 되었다.

1) 저널리즘학을 매스컴학으로 확대 전환

미국 저널리즘학계에서 이와 같은 변혁을 주도한 것은 선도적이고 개혁적인 저널리즘 교수들이었는데, 그중 대표적 인물로는 부시(Clinton Bush), 닉슨(Raymond B. Nixon), 슈람(Wilbur Schramm), 웨슬리(Bruce H. Westley), 탄넨바움(Percy Tannenbaum) 등을 꼽을 수 있다. 그러나 이들 중 슈람에 관해서는 조금 뒤에 살펴보기로 하고, 그 밖의 선도적 교수들의 노력부터 간단히 살펴보면 다음과 같다.

(1) 저널리즘학의 매스컴학으로 전환에 앞장선 선도자들

부시(Clinton Bush)는 일찍부터 저널리즘학을 인문사회과학의 하나로 발전시키자고 주장했던 미국저널리즘교육학회(American Association in Journalism, AEJ) 초대 학회장 블레이어(Willard G. Bleyer, 위스콘신대학 교수)의 제자였는데, 블레이어가 1935년 별세하자 그의 뜻을 받들어 부시도 스탠퍼드대학교 저널리즘 교육 프로그램을 개혁해서 사회과학으로 전환시키는 데 앞장섰다.

한편 미네소타대학교 저널리즘학부 교수였던 닉슨은[35] 미국저널리즘교육학회 발행의 세계적 저널리즘 학술지 「저널리즘 쿼털리」(*Journalism*

Quarterly)의 편집인(편집위원장)으로 1945~1963년간 무려 18년 동안이나 활동하면서 종래의 저널리즘을 매스커뮤니케이션학으로 확대·발전시키는 동시에, 사회과학의 하나로 전환시키는 데 앞장섰다. 그러서면서 본래는 "저널리즘 연구에 공헌"(Devoted to Research in Journalism)으로 되어 있던 「저널리즘 쿼털리」의 부제(副題)를 1952년 "저널리즘과 매스커뮤니케이션 연구에 공헌"으로 바꿨다.

이와 같은 닉슨의 노력의 결과, 1950년대 이전에는 「저널리즘 쿼털리」에 실린 연구논문 대부분이 신문·잡지 등의 제작이나 언론인의 전기(傳記) 등에 관한 인문주의적 논문들이었으나, 1950년부터는 신문·잡지뿐 아니라 라디오·영화 등 매스커뮤니케이션 전반에 관한 사회과학적 연구논문들이 크게 증가하기 시작했다. 그 실례의 하나로서, 커뮤니케이션 이론에 관한 실증적 연구논문들의 개수를 보면, 1924년 창간 이후 1944년까지는 총 7천여 건의 논문들 중 한 편도 없었으나, 1945년부터 실증적 연구논문들이 나타나기 시작하여 1960~1963년에는 무려 17편이나 실렸다(Nixon, 1964, p. 6).

이는 곧 종래의 저널리즘학이 1945년 제2차 세계대전이 끝난 이후부터는 사회과학적 입장의 매스커뮤니케이션학으로 확대·발전하기 시작했음을 보여 준 것이었는데, 이렇게 된 데에는 물론 닉슨과 같은 선도자들의 노력과 영향도 컸다. 그러나 또 한편으로, 앞서 말했듯이 정치

35 1903년 플로리다 주 Oak에서 출생하여 1925년 Emory University(Atlanta, GA)에서 B. A., 1934년 University of Wisconsin에서 M. A., 1934년 University of Minnesota에서 Ph. D. 학위를 받았다. Emory University 졸업 이듬해인 1926년 같은 대학의 Division of Journalism의 전임강사로 취임한 이후 조교수·부교수를 거쳐 정교수로 승진했다. 1952년 University of Minnesota의 School of Journalism 교수로 자리를 옮겨 1971년까지 재직하다가, 은퇴 후 1997년 12월 15일 서거했다.

학·사회학·심리학 등 사회과학 분야에서 커뮤니케이션 현상에 관한 연구로부터 저널리즘 학자들이 많은 자극과 영향을 받았기 때문이다. 이와 같이 종래의 저널리즘학이 매스커뮤니케이션학으로 확대·발전하자, 닉슨은 1959년 UNESCO의 국제매스커뮤니케이션연구학회(International Association of Mass Communication Research) 회장으로 당선되어 매스커뮤니케이션학의 학문적 지위 확립에 더욱 앞장섰다.

그런가 하면 위스콘신대학교 교수 웨슬리(Bruce H. Westley)는 매스미디어 수용자들의 정보추구 행위를 실증적 방법을 통해, 그리고 같은 대학의 배로우(Lionel Barrow)는 태도변용 이론을 도입(Westley and Barrow, 1959)해 매스커뮤니케이션 효과를 연구함으로써 전통적 신문학을 새로운 행동과학적 매스커뮤니케이션학으로 발전시키는 데 큰 역할을 했다.[36]

한편 탄넨바움(Percy Tannenbaum)은 위스콘신대학교 매스커뮤니케이션연구소(Mass Communication Research Center) 소장으로 부임하여 매스커뮤니케이션 현상뿐 아니라 두 사람 또는 세 사람 간의 대인(對人)커뮤니케이션을 연구하고, 또한 커뮤니케이션을 통한 수용자들의 태도변용에 관한 이론도 제시(Tannenbaum, 1955; Osgood and Tannenbaum, 1955)함으로써, 전통적 저널리즘학의 연구 영역을 모든 커뮤니케이션 현상에 관한 것으로 확대하는 동시에 과학적인 커뮤니케이션학으로 발전시켰다. 그러자 위스콘신대학교 저널리즘학과(Department of Journalism)는 학과 명칭을 '저널리즘과 매스커뮤니케이션학과'(Dept. of Journalism and Mass Communication)로 고쳤으며, 그 뒤를 따라 미네소타대학교, 미시간주립대학교 등도 저널리즘학과의 명칭 뒤에 '매스커뮤니케이션'이라는 단어를 추가했다.

36 웨슬리는 뒤에 University of Kentucky로 자리를 옮겨 College of Communicaion의 Director of School of Journalism and Telecommunication이 되었다.

(2) 슈람도 저널리즘학을 매스커뮤니케이션학으로 확대 전환 선도

이와 같은 여러 명의 선각자들과 함께 종래의 저널리즘학을 매스커뮤니케이션학으로 확대·발전시키는 데 중요한 역할을 한 사람은 윌버 슈람(Wilbur Schramm)이었다. 그는 1935년부터 아이오와대학교(University of Iowa) 영문학과 교수로 근무하다가 1941년 12일 미국이 제2차 세계대전에 참전하자 전쟁정보국(Office of War Information) 연구요원으로 참여해 선전(宣傳)에 관한 연구를 하면서 '선전'이라는 설득커뮤니케이션 현상에 학문적 관심을 갖게 되었다. 그러면서 새로운 사회과학적·행동과학적 연구방법을 배우게 된 슈람은 1943년 대학으로 복귀하면서 아이오와대학교 저널리즘학부 학부장이 되었다.[37]

1947년 슈람은 일리노이대학교(University of Illinois at Urbana-Champaign) 커뮤니케이션연구소(Institute of Communications Research) 소장(director)으로 자리를 옮겨 커뮤니케이션에 관한 연구를 하고 학생들을 가르치면서, 종래의 저널리즘학을 매스커뮤니케이션 내지 커뮤니케이션학으로 발전시키는 데 앞장섰다. 그러면서 이 분야의 입문교재로서 1949년 『매스커뮤

37 슈람은 1907년 8월 5일 오하이오 주 마리타의 독일 이민자 가정에서 출생했다. 1925년 Marietta College에 입학, 역사학과 정치학을 전공하면서 지역신문인 「마리타 데일리 헤럴드」(*The Marietta Daily Herald*)의 기자와 편집자로 일했다. 1929년 우수한 성적(summa cum laude)으로 대학을 졸업한 슈람은 Harvard University에 진학하여 미국역사 석사과정을 이수하면서 「보스턴 헤럴드」(*The Boston Herald*)의 신문기자로도 활약했다. 그러다가 1930년 아이오와대학교(University of Iowa)로 전학했는데, 이는 어렸을 때부터 말을 더듬던 슈람의 말더듬증을 치료해 주던 의사가 아이오와 시티(Iowa City)로 이사가자 그를 따라간 것이었다. 1932년 아이오와대학교에서 미국문학 박사학위(Ph. D. in American Literature)를 받은 슈람은 다시 2년 동안 박사후과정(postdoctoral course)을 밟으며 심리학과 사회학을 연구했다. 1935년 아이오와대학교 영문학과 조교수로 채용된 슈람은 학생들을 가르치면서 작가지망생들이 문학계 데뷔에 필요한 작품을 발표할 공간을 제공해 주기 위하여 「아메리칸 프리페이스」(*American Prefaces*)라는 문학잡지를 창간, 이곳에 그가 쓴 소설을 실었는데, 그중 하나인 "윈드왜건 스미스"(Windwagon Smith)라는 제목의 허풍쟁이 소설은 1942년 '오 헨리 문학상(O. Henry Prize)'을 수상하였다.

니케이션』(*Mass Communications*)을 편집, 발간했다.

1955년 스탠퍼드대학교(Stanford University)로 옮겨간 슈람은 이 대학에 커뮤니케이션연구소(Institute for Communication Research)를 창설해서 이끌어 나갔다. 그러면서 매스커뮤니케이션과 커뮤니케이션에 관한 여러 종의 서적을 발간해 학계에 널리 소개했다. 즉 1954년에는 『매스커뮤니케이션의 과정과 효과』(*The Process and Effects of Mass Communication*), 1960년에는 『매스커뮤니케이션』(*Mass Communications*), 1963년에는 『커뮤니케이션 과학』(*The Science of Communication*)을 출판, 전통적 저널리즘학을 매스커뮤니케이션학 내지 커뮤니케이션학으로 발전시켜 놓았다. 또한 그는 스탠퍼드대학교 저널리즘학과 명칭도 커뮤니케이션학과로 바꾸어 놓았고, 미국 대학들 중 처음으로 매스커뮤니케이션 전공 박사과정도 신설했다. 그 뒤에도 슈람은 1973년까지 무려 18년 동안 스탠퍼드대학교 커뮤니케이션연구소 소장을 역임하면서 매스커뮤니케이션학을 다시 커뮤니케이션학으로 확대·발전시키며, 이 분야의 책만도 모두 30여 종(편저 포함)이나 발간했다.[38]

한편 1960년대부터는 대학의 저널리즘 학과나 학부에서 매스커뮤니케이션을 전공한 신진 학자들이 학계를 주도하기 시작하면서, 종래의 저널리즘학을 매스커뮤니케이션학 내지 커뮤니케이션학으로 발전시켜 나갔다. 이에 앞장섰던 대표적 학자로는 미시간주립대학교의 도이치만(Paul Deutschman), 로드아일랜드대학교의 메링(Reuben Mehling), 워싱턴대학교의 에델스타인(Alex Edelstein), 일리노이대학교의 거브너(George Gerbner)와

38 슈람은 1973년 스탠퍼드대학교에서 은퇴한 뒤, 1975년까지 2년 동안 하와이대학교 동서문화센터(East-West Center) 커뮤니케이션연구소(Communication Institute) 소장을 역임하였다. 그 후 호놀룰루에 정착해서 여생을 보내다가, 1987년 12월 27일 80세를 일기로 자택에서 별세했다.

스미드(Dallas Smythe) 등을 들 수 있는데, 이들은 특히 종래의 저널리즘학을 매스커뮤니케이션학으로 발전시키는 데 중요한 역할을 했다.

2) 미국저널리즘교육학회도 매스커뮤니케이션 포괄 학회로 확대

이와 같은 선도자들의 노력으로 1950년대에 종래의 저널리즘학이 매스커뮤니케이션학으로 변모·발전하자, 미국저널리즘교육학회(AEJ)도 산하에 4개 연구분과를 설치했다. 즉 저널리즘 역사분과(Journalism History division), 저널리즘법과 제도분과(Journalism Law and Institution division), 국제커뮤니케이션 분과(International Communication division), 커뮤니케이션 이론과 연구방법 분과(Communication Theory and Methodology division)를 설치했는데, 이들 중 뒤의 2개 분과는 종래의 저널리즘학이 어떤 성격의 학문으로 변모했는지를 잘 나타내 준다.

그 뒤에도 저널리즘의 연구·교육 대상 영역이 계속 확대되자, 미국저널리즘교육학회(AEJ)는 1965년도 정기총회에서 저널리즘학의 연구 영역을 매스커뮤니케이션 내지 커뮤니케이션 현상 전반에 관한 것으로 확대하기로 결정했다. 그리고 종전의 4개 연구분과에 새로 7개 분과, 즉 그래픽아츠 연구분과(Graphic Arts division), 신문 연구분과(Newspaper division), 잡지 연구분과(Magazine division), 방송저널리즘 연구분과(Raido-Television Journalism division), 광고 연구분과(Advertising division), PR 연구분과(Public Relation division), 저널리즘 중등교육분과(Secondary Education division)를 추가해서[39] 신문·잡지·방송·광고·PR·그래픽아츠 등 다양한 커뮤니케이

39 이들 연구분과 중 'Graphic Arts division'은 뒤에 'Visual Communication division'으로, 'Secondary Education division'은 'Scholastic Journalism division'으로 명칭을 바꿨다.

션 현상을 연구해 나갔다.

이처럼 미국저널리즘교육학회(AEJ)가 연구분과들을 매스커뮤니케이션 내지 커뮤니케이션 현상 전반에 관한 것으로 확대하자, 이를 '저널리즘교육학회'라는 명칭이 제대로 대표하지 못한다는 비판의 소리들이 나오기 시작했다. 그러나 전통을 중시하는 일부 저널리즘 학자들의 반대에 부딪쳐 학회 명칭을 변경하지 못하다가, 1982년 '저널리즘교육학회'라는 명칭 뒤에 '매스커뮤니케이션'이라는 단어를 추가하여 '미국저널리즘과 매스커뮤니케이션 교육학회'(Association for Education in Journalism and Mass Communication, 약칭 AEJMC)로 고치게 되었다. 그러자 학회지들의 명칭에도 '매스커뮤니케이션'이라는 단어를 추가해서, 종전의 「저널리즘 쿼털리」(*Journalism Quarterly*, 1924년 창간, 계간)는 「저널리즘 앤드 매스커뮤니케이션 쿼털리」(*Journalism and Mass Communication Quarterly*)로, 「저널리즘 에듀케이터」(*The Journalism Educator*, 1944년 창간, 계간)는 「저널리즘 앤드 매스커뮤니케이션 에듀케이터」(*The Journalism and Mass Communication Educator*)로, 「저널리즘 모노그랩스」(*Journalism Monographs*, 1966년 창간, 계간)는 「저널리즘과 매스커뮤니케이션 모노그랩스」(*Journalism and Mass Communication Monographs*)로 개제했다.

3. 스피치학도 스피치커뮤니케이션학으로 재정립

미국에서 저널리즘학과 함께 현대 커뮤니케이션학의 또 하나의 전신이었던 스피치학도 저널리즘학과 비슷한 과정을 거쳐 1950년대에 스피치커뮤니케이션학(speech communication)이라는 사회과학의 하나로 변모·발전하였다. 그 후 1960년대에 매스커뮤니케이션학과 합쳐지면서 오늘날의 커뮤니케이션학으로 발전하게 되었다.

1) 1950년대부터 시작된 스피치학계에서의 새로운 변혁들

앞서 살펴보았듯이 미국에서는 커뮤니케이션 현상에 관한 학문으로 일찍이 19세기 후반부터 스피치학이 출현하여 연설·토의·토론·대화 등 구두커뮤니케이션 현상을 연구·교육해 왔다. 반면 20세기 초 생성된 저널리즘학에서는 신문·잡지 등 인쇄커뮤니케이션 현상을 연구·교육하면서 커뮤니케이션 현상에 관한 또 하나의 학문인 스피치학과 공존해 왔다. 그러면서 스피치학에서도 1950년대 이전에는 연설·토의·토론 등에 관련된 실무적·기능적 문제들에 중점을 두면서 이러한 문제들을 인문주의적 입장에서 연구·교육해 왔다.

하지만 사회학·정치학·심리학 등 다른 학문에서 커뮤니케이션 현상을 과학적 방법을 통해 연구하여 그에 관한 이론들을 정립하는 것을 보자, 스피치학계에서도 1950년대 초부터 그 연구영역과 연구방법 등에 관한 내부적 반성이 일어나면서 스피치학의 연구영역을 모든 스피치커뮤니케이션 현상으로 확대함과 동시에, 이를 과학적 방법을 통해 연구하자는 움직임이 나타나기 시작했다.

이러한 움직임 중 몇 가지 예를 들어보면, 1950년대 이전의 스피치학에서는 고대 그리스의 아리스토텔레스와 로마공화국 시대의 키케로 등 고전수사학의 전통을 계승하면서, 이를 주로 인문학적 입장에서 연구하고 가르쳐 왔다. 그러나 앞서 말했듯이 실험심리학자 호블랜드(Carl I. Hovland) 등이 고전수사학의 여러 이론들을 실험을 통해 검증하여 현대적 설득커뮤니케이션 이론으로 발전시키자, 이에 자극을 받은 스피치학자들도 1950년대부터 설득커뮤니케이션 현상들을 정치학·심리학적 방법 등을 통하여 연구하기 시작했다. 또한 설득커뮤니케이션 수단의 주요 형태의 하나인 선전(宣傳)에 관해서도 앞서 말한 정치학자 라스웰(Harold Lasswell)의 내용분석 방법을 도입하여 체계적으로 연구하기 시작했다.

그동안 스피치학에서 연구·교육해 왔던 토론·토의·회의 방법 등에 관한 것도 레빈(Kurt Lewin)의 집단역학적 입장에서 연구하기 시작하여, 이를 1950년대부터 '소집단 커뮤니케이션'(small group communication)이라는 연구분야로 발전시키기 시작했다. 그리하여 토론·토의·회의집단 등 소집단 내에서 커뮤니케이션의 형태, 네트워크, 지도자의 지도력 등이 집단커뮤니케이션에 어떠한 영향을 미치는가 하는 문제 등을 연구하여 그에 관한 이론들을 정립해 나가기 시작했다.

또한 경영학 분야에서 주로 연구해 왔던 조직이론들도 도입하여 이를 조직커뮤니케이션(organizational communication)으로 발전시켜 나갔다. 그리고 회사·정부기관·학교 등 각종 조직체와 그 성원·고객·지역사회 간의 원활한 커뮤니케이션을 위한 PR에 관한 연구도 시작했다.

한편 라디오와 텔레비전 등 방송에 관한 연구·교육도 종래에는 실무 문제들을 위주로 다루어 왔으나, 1950년대부터는 사회학·심리학 등의 분야에서 연구 입장과 방법 등을 도입하여 방송의 기능(機能), 청취자의 속성, 방송의 효과 등을 연구하기 시작했다.

2) 스피치커뮤니케이션학을 다시 커뮤니케이션학으로 확대

이와 같이 1950년대부터 스피치학계에서도 연구영역과 연구방법 등에 관한 내부적 반성과 함께 여러 가지 새로운 변혁들이 일어나면서, 스피치학의 연구·교육 대상을 대화·연설·토의·토론·회의·방송·연극·언어병리교정학 등 모든 구두커뮤니케이션 현상으로 확대했다. 동시에 이들 현상을 여러 가지 사회과학적 연구방법들을 사용해서 연구하기 시작했다. 그러자 종래의 스피치학이 스피치커뮤니케이션학으로 발전하게 되었고, 1960년대로 넘어오면서 여러 대학들이 스피치학과의 명칭을 '스피치커뮤니케이션학과' 또는 '커뮤니케이션학과' 등으로 바꾸기 시작했다.

한편 젊은 스피치학자들 사이에서는 종래의 스피치학을 아예 커뮤니케이션학으로 확대·발전시키자는 움직임이 나타나기 시작했다. 이러한 움직임에 앞장 선 젊고 유능한 학자 중 대표적 인물로는 버로(Berlo, 1955, 1956, 1957, 1960), 클레벤저(Clevenger, 1963), 샤이델(Scheidel, 1963), 바우어스(Bowers, 1963), 프랜드슨(Frandsen, 1963), 앤더슨(Andersen, 1972), 밀러(Miller, 1963), 매크로스키(McCroskey, 1965), 베팅하우스(Bettinghaus, 1969) 등을 들 수 있다. 이들은 이미 1950년에 기존의 미국스피치학회와는 별도로 전국커뮤니케이션연구학회(National Society for the Study of Communication, NSSC)를 결성하고, 이듬해부터 「저널 오브 커뮤니케이션」(*Journal of Communication*)이라는 학술지를 발간하면서 스피치학을 커뮤니케이션학으로 확대·발전시키는 데 앞장섰다. 이들이 1950년 창설했던 전국커뮤니케이션연구학회(NSSC)가 곧 오늘날 세계 최대의 커뮤니케이션 관련 학회인 국제커뮤니케이션학회(International Communication Association, ICA)의 전신이다.

미시간주립대학교 스피치학 교수였던 버로(David Berlo)는 『커뮤니케이션 과정론』(*The Process of Communication*, 1960)이라는 저서와 여러 논문들(Berlo, 1955, 1956, 1957)을 통하여 스피치학을 새로운 커뮤니케이션학으로 확대·발전시키는 데 앞장섰다. 그러면서 1960년대 초 미시간주립대학교 스피치학과의 명칭을 '커뮤니케이션학과'로 바꾸었다. 그러자 일리노이·스텐퍼드·위스콘신·시러큐스·오하이오·미시간주립대학 등도 스피치학과 명칭을 '스피치커뮤니케이션학과' 또는 '커뮤니케이션학과'로 바꾸었다. 그러면서 연구·교육 영역을 국제커뮤니케이션, 문화 간 커뮤니케이션 현상까지 확대하면서, 1962년에는 「국제와 문화 간 커뮤니케이션」(*Journal of Interantional and Intercultural Communication*)이라는 학술지도 창간했다.

이와 같이 종래의 스피치학의 연구·교육 영역이 점차 여러 커뮤니케이션 현상으로 확대되자, 1970년 미국스피치학회는 스피치커뮤니케이션학회(Speech Communication Association)로 그 명칭을 바꾸고, 이 학회에서 발행하던 학술지 「스피치 모노그랩스」(*Speech Monographs*, 1934년 창간)는 「커뮤니케이션 모노그랩스」(*Communication Monographs*)로, 「스피치 에듀케이션」(*Speech Education*, 1952년 창간)은 「커뮤니케이션 에듀케이션」(*Communication Education*)으로 그 명칭을 바꾸었다. 한편 1973년에는 「저널 오브 어플라이드 커뮤니케이션 리서치」(*Journal of Applied Communication Research*)라는 학술지도 창간했다.

4. 컴학으로 매스컴학과 스피치컴학 통합·발전

앞에서 살펴보았듯이 1950년대부터 종래의 저널리즘학과 스피치학이 각각 그 연구영역을 모든 커뮤니케이션 현상에 관한 것으로 확대하는 동시에 이들을 사회과학적 입장에서 연구하기 시작하면서, 저널리즘학은 매스커뮤니케이션학으로, 스피치학은 스피치커뮤니케이션학으로 확대·발전하게 되었다. 그러다가 이들 두 학문분야가 서로 겹치게 되면서 1960년대부터 커뮤니케이션학으로 통합해서 발전해 나가게 되었다. 저널리즘학은 그 연구·교육 영역을 신문·잡지 등에서부터 모든 매스커뮤니케이션 현상에 관한 것으로, 또다시 모든 커뮤니케이션 현상으로 넓혀 나갔으며, 스피치커뮤니케이션학도 처음에는 연설·토의·토론·방송 등 주로 구두커뮤니케이션 현상만 연구·교육하다가 그 영역을 모든 커뮤니케이션 현상으로 확대하자, 자연히 저널리즘학과 스피치커뮤니케이션학이 서로 겹치게 되었기 때문이다.

1) 커뮤니케이션 관련 학과의 통합과 학과 명칭의 변경

이와 같이 저널리즘학과 스피치커뮤니케이션학이 서로 통합해서 '커뮤니케이션학'이라는 새로운 명칭의 학문으로 발전해 나갔다. 그러자 그에 맞추어 1960년대부터 미국의 일부 대학들은 기존의 저널리즘학과나 스피치커뮤니케이션학과 명칭을 '커뮤니케이션학과'로 개칭하거나, 또는 그전까지 서로 분리되어 있던 저널리즘학과와 스피치커뮤니케이션학과를 통합하여 커뮤니케이션학부(School of Communication) 또는 커뮤니케이션대학(College of Communication)으로 만들기 시작했다. 그리고 그 아래 커뮤니케이션학과·저널리즘학과·방송학과·광고학과·PR학과 등 여러 전공학과를 두었다.

이렇게 하기 시작한 것은 진보적 성향의 미국 중서부 지역 대학들에서부터였는데, 미시간대학교는 일찍이 1958년 저널리즘학부와 스피치학부를 통합해서 '커뮤니케이션 문리대학'(College of Communication Arts and Sciences)을 창설하고 그 아래 저널리즘학부(School of Journalism), 커뮤니케이션학과(Department of Communication), 청각·음성과학과(Department of Audiology and Speech Sciences), 텔레커뮤니케이션학과(Department of Telecommunication), 광고학과(Department of Advertising)를 설치했다.

1960년대로 들어서자 일리노이대학교도 종래의 저널리즘학과·스피치학과·방송학과 등을 통합하여 커뮤니케이션대학(College of Communication)으로 만들었다. 반면 스탠퍼드대학교, 아이오와대학교, 퍼듀대학교 등은 저널리즘학부 명칭을 커뮤니케이션학과로 고쳤고, 펜실베이니아대학교와 서던캘리포니아대학교는 애넌버그 재단(Annenberg Foundation)의 재정지원을 받아 각각 애넌버그커뮤니케이션학부(Annenberg School of Communication)를 신설했다. 그러나 과거의 전통 때문에 일부 대학들에서는 종전과 마찬가지로 저널리즘학부, 저널리즘학과 또는 스피치커뮤니케이션학부, 스피치커뮤니케이션학과 등의 명칭을 그대로 사용한 곳도 적지 않았다.

2) 텍사스대를 통해 본 커뮤니케이션 관련 학과의 통합·발전 과정

앞에서 살펴본 바와 같이, 18세기 말과 19세기 초 미국에서 각각 성립해 발전해온 스피치학과 저널리즘학이 1960년대 와서 통합하여 현대적 커뮤니케이션학으로 변모·발전하게 되자, 그에 따라 학과·학부 또는 대학 명칭들도 여러 번 바뀌게 되었다. 그 실례의 하나로 오스틴 소재 텍사스대학교(The University of Texas)의 무디커뮤니케이션대학(Moody College of Communication)의 경우를 보면, 미국에서 커뮤니케이션학이 어떻게 발전해서 오늘에 이르게 되었는지 그 과정을 엿볼 수 있다.

현재 텍사스대학교의 무디커뮤니케이션대학은 1개 학부와 4개 학과로 구성된 커뮤니케이션 전문대학이다. 그러나 이 대학의 역사는 1899년 개설했던 '웅변'(oratory)이라는 과목에서부터 시작되었다. 셔터(Edwin Shurter) 교수가 강의한 이 과목이 큰 인기를 끌자, 텍사스대학교는 같은 해 대중연설학과(Department of Public Speaking)를 설치해서 연설·토의·토론 방법 등과 수사학을 가르치기 시작했다. 한편 1908년 미주리대학교가 저널리즘학부를 신설한 이후 각 대학에서 저널리즘학부를 설치하자, 텍사스대학교도 1914년 저널리즘학부(School of Journalism)를 설치하고 종래의 대중연설학과는 1915년 스피치학과(Department of Speech)로 변경·확대하였다.

1920년 8월 20일 미국 최초의 방송국인 WWJ 라디오방송국이 디트로이트에서 개국한 데 이어, 같은 해 11월 2일 피츠버그의 KDKA 라디오방송국도 정규방송을 시작하여 11월 4일 제29대 미국 대통령선거 결과를 신속하게 보도하자, 라디오방송이 새로운 매체로서 각광을 받게 되었다. 그러자 텍사스대학교는 1921년 교내에 실험 라디오방송국을 설치하고 이를 스피치학과 실습교육시설로 활용하면서 학생들에게 아나운스 멘트, 라디오 프로그램의 편성과 제작 등에 관한 교육을 시작했으며, 1939년에는 방송전공 학위과정을 별도로 개설했다.

1941년 스피치학과는 '말하기와 듣기 클리닉'(Speech and Hearing Clinic)을 설치하여 음성과 청각장애자들의 치료방법도 연구·교육하기 시작했다. 또한 텍사스대학교는 1958년 KUT-FM이라는 FM라디오공영방송국을 설치, 오스틴시뿐 아니라 텍사스주 중부와 서부 지역을 대상으로 보도와 교양 프로그램 방송을 시작하면서, 이 방송국을 스피치학과 방송전공 학생들의 실습장으로 활용했다.

1960년대부터 미국에서 종래의 저널리즘학과 스피치학이 통합해 '커뮤니케이션학'으로 확대·발전하게 되자, 1965년 텍사스대학교도 종래의 저널리즘학부와 스피치학과를 통합하는 한편, 라디오-텔레비전-영화학과(Department of Radio-Television-Film)를 신설한 뒤, 이들 1개 학부와 2개 학과를 합쳐 커뮤니케이션학부(School of Communication)로 만들었다. 그리고 1968년부터 3개 빌딩으로 구성된 커뮤니케이션 콤플렉스(communication complex)를 신축하기 시작해서 1974년 완성한 뒤, 이 콤플렉스로 3개 학과, 즉 저널리즘학과, 스피치커뮤니케이션학과, 라디오-텔레비전-영화학과가 이전했는데, 그간에 종래의 저널리즘학부는 저널리즘학과로, 스피치학과는 스피치커뮤니케이션학과로 명칭을 바꿨다. 한편

1974년에는 저널리즘학과 내 전공분야의 하나였던 광고전공 과정을 광고학과(Department of Advertising)로 승격시켰다. 이렇게 하여 커뮤니케이션학부는 모두 4개 학과로 이루어지게 되었으며, 1979년에는 커뮤니케이션대학(College of Communication)으로 승격되었다.

1998년 커뮤니케이션대학은 스피치커뮤니케이션학과 내 전공분야의 하나였던 음성과 청각장애에 관한 전공분야를 '커뮤니케이션 과학과 장애학과'(Department of Communication Sciences and Disorders)로 승격시킴으로써, 커뮤니케이션대학은 모두 5개 학과로 구성되었다. 그러나 2000년 11월 저널리즘학과 명칭을 다시 저널리즘학부(School of Journalism)로 바꿈으로써, 커뮤니케이션대학은 1개 학부와 4개 학과로 이루어지게 되었다. 이러한 커뮤니케이션대학은 2013년 11월 7일 그 명칭을 '무디커뮤니케이션대학'(Moody College of Communication)으로 바꿨는데, 이는 무디 재단(Moody Foundation)이 커뮤니케이션 연구와 교육의 발전을 위하여 텍사스대학교에 5천만 달러를 기증하자 이를 기리기 위해서였다.

위에서 텍사스대학교 무디커뮤니케이션대학의 발전 과정을 간단히 살펴보았는데, 이는 곧 미국에서 커뮤니케이션학이 어떻게 발전해서 오늘에 이르게 되었는지를 보여 주는 것으로서, 미국 대부분의 다른 대학교들도 이와 거의 비슷했다. 그러나 과거의 전통 때문에 일부 대학들은 종전과 마찬가지로 '저널리즘학부'나 '저널리즘학과' 또는 '스피치커뮤니케이션학부'나 '스피치커뮤니케이션학과'라는 명칭을 아직도 사용하기도 한다. 또한 다양한 커뮤니케이션학 분야 중에서 어떤 분야의 교육과 연구에 중점을 두느냐에 따라 각 대학의 커뮤니케이션 관련 대학, 학부 또는 학과의 명칭도 각각 다르다. 그렇다면 현재 미국에서 커뮤니케이션 교육의 실태는 어떠한가?

5. 커뮤니케이션 교육의 실태와 현황

우선 미국에서 커뮤니케이션 교육을 실시하고 있는 대학의 실태부터 간단히 살펴보면, 2001년 피터슨위원회 조사보고서(Peterson's 4 Years Colleges, Princeton, New Jersey, 2001)에 의하면 1999년 현재 미국과 캐나다의 4년제 대학교만도 모두 1,848개가 있었는데, 이들 대학교에 설치된 저널리즘과 커뮤니케이션 관련 대학·학부·학과 등의 총수는 무려 1,687개에 달했다.[40] 그러나 이 수치에는 캐나다 대학들이 포함되어 있고 또한 그동안 변화도 있어 현재 미국의 커뮤니케이션 관련 대학·학부·학과 등의 수를 정확히 알 수 없으나 최소한 1,500개는 되는 것으로 추정된다. 그러면 이들을 단위별로 크게 세 유형, 즉 커뮤니케이션 관련 대학·학부·학과로 나누어 그 실태를 살펴보기로 한다.

40 그러나 미국 ACEJMC(Accredited Council on Education in Journalism and Mass Communication)의 자료를 보면, 2002년 현재 미국 내 대학에 설치된 저널리즘과 매스커뮤니케이션 관련 학부와 학과 수는 696개인데, 그중에서 ACEJMC가 인증한 학부와 학과 수는 103개 대학교에 104개로 나타나 있다(http://www.ku.edu/~acejmc/). 그리고 2015년 현재 미국의 대학교에 설치되어 있는 저널리즘과 매스커뮤니케이션 전공 대학원 과정(graduate program)을 보면, 모두 490개 대학교에 석사과정(master program) 412개, 박사과정(doctorate program) 90개, 자격증 취득과정(certificate program) 92개이다. 학생 수는 1938년에는 미국 전체 저널리즘 전공 학생수가 6,000명이었던 것이, 1948년에는 16,000명으로 3배 증가했다가 1950년대에는 다소 감소했다. 1960년대 중반부터 다시 학생수가 증가하여 1970년에는 33,000명, 1979년에는 71,000명이 되었는데, 이는 베이비붐 시대에 인구가 크게 증가했기 때문이기도 하지만, 그보다는 1960~1970년대에 언론계에서 탐사와 뉴저널리즘(investigative and new journalism)이 인기를 끌자 학생들이 저널리즘 분야로 몰려왔기 때문이라고 볼 수 있다. 그 뒤에도 학생수가 계속 증가해서 2000년에는 미국 전체 저널리즘과 커뮤니케이션 관련 전공학생의 수가 150,000명에 달하는데, 그 중 4분의 1 정도는 언론계로, 나머지는 광고, PR 및 기타 커뮤니케이션 분야로 진출하고 있다(Eaman, 2009, p. 136).

1) 커뮤니케이션 관련 독립대학의 실태와 명칭

커뮤니케이션 관련 대학(college)이란 종합대학교(university) 내의 여러 하부 대학 중에서 커뮤니케이션을 연구·교육하는 대학으로, 예컨대 커뮤니케이션학과, 저널리즘학부, 방송학과, 광고·PR학과 등으로 구성된 대학을 말한다. 이와 같은 대학이 생기게 된 것은, 커뮤니케이션학이 발달하면서 한 대학교 내에 여러 개의 관련 학과나 학부들이 생기게 되자 이들을 통합해서 커뮤니케이션에 관한 별도의 독립대학을 만들었기 때문이다. 미국의 주요 대학교, 특히 중서부, 서부와 남부의 종합대학교 중에는 커뮤니케이션 전공 독립대학들이 설치되어 있는 곳이 많다. 그러나 그 명칭은 매우 다양한데, 이는 각 대학의 전통이나 성격, 교육목표 또는 교과과정 등이 서로 다른 데서 기인한 것이다.

(1) 주요 커뮤니케이션 대학의 실례와 현황

여러 명칭의 커뮤니케이션 전공 대학들 중에서 가장 많은 명칭은 '커뮤니케이션대학'(College of Communication)인데, 이런 명칭을 사용하는 주요 대학교로는 앞서 살펴본 텍사스대학교를 비롯하여 마켓대학교, 보스턴대학교, 아칸소주립대학교, 오하이오대학교, 워싱턴주립대학교, 일리노이대학교(at Urbana-Champaign), 캘리포니아주립대학교(at Fullerton), 펜실베이니아주립대학교 등을 들 수 있다.

이들 중 오하이오대학교는 커뮤니케이션대학 안에 5개 학부, 즉 ① E. W. 스크립츠저널리즘학부(E. W. Scripts School of Journalism),[41] ② 대인커

41 이 학부의 역사를 간단히 소개하면, 1923년 영문학과에 저널리즘 과목을 처음 개설했으며, 1924년 Department of Journalism을 설치했고, 이를 1936년 School of Journalism

뮤니케이션학부(School of Interpersonal Communication), ③ 텔레커뮤니케이션학부(School of Telecommunication), ④ 시각커뮤니케이션학부(School of Visual Communication), ⑤ 커뮤니케이션시스템관리학부(School of Communication Systems Management)가 설치되어 있다. 한편 일리노이대학교(at Urbana-Champaign) 커뮤니케이션대학은 모두 6개 학과(department), 즉 ① 저널리즘학과(Dept. of Journalism), ② 광고학과(Dept. of Advertising), ③ 커뮤니케이션스학과(Dept. of Communications), ④ 농업커뮤니케이션학과(Dept. of Agricultural Communication), ⑤ 스피치커뮤니케이션학과(Dept. of Speech Communication), ⑥ 스피치와 히어링학과(Dept. of Speech and Hearing)로 구성되어 있다.

캘리포니아주립대학교(at Fullerton)는 1988년 설치했던 커뮤니케이션학부(School of Communication)를 1999년 커뮤니케이션대학으로 승격시켰는데, 그 안에는 3개 학과, 즉 ① 커뮤니케이션학과(Dept. of Communications: 저널리즘·광고·오락·관광 등 교육), ② 휴먼커뮤니케이션 스터디스학과(Dept. of Human Communication Studies: 논증·설득·문화 간-대인 간 커뮤니케이션·조직커뮤니케이션 등 교육), ③ 라디오·TV·영화학과(Dept. of Radio-TV-Film)가 있다.

이 밖에 보스턴대학교 커뮤니케이션대학은 저널리즘학과, 매스커뮤니케이션·광고·PR학과 및 영화·TV학과로 구성되어 있으며, 펜실베이

으로 확대했다. 1938년 방송전공 과정을 추가하고, 1941년 4개 전공분야로 나누었다가, 1947년 Radio Journalism, Photo-Journalism, Public Relations를 추가해 7개 전공분야가 되었다. 1968년 이들을 모두 합쳐 College of Communication을 설치하면서 School of Journalism에서 라디오·TV 전공분야를 School of Telecommunication으로 독립시켰다. 한편 School of Journalism은 1982년 Script Howard Foundation에서 150만 달러를 지원받으면서 학부 명칭을 현재의 E. W. Scripts School of Journalism으로 바꾸었다.

니아주립대학교 커뮤니케이션대학은 광고·PR학과, 영화-비디오·매스미디어 스터디스학과(Dept. of Film-Video and Media Studies), 저널리즘학과, 텔레커뮤니케이션학과로 구성되어 있다. 그러나 마켓대학교(at Wisconsin) 커뮤니케이션대학은 학과로 나누지 않고 4개 전공분야, 즉 광고전공, 방송과 전자미디어 전공, 저널리즘 전공 및 PR전공을 두고 있다.

(2) 그 외 여러 명칭의 커뮤니케이션 관련 대학의 실례와 현황

이와 같은 커뮤니케이션대학과 다른 명칭의 대학들도 적지 않은데, 예컨대 미시간주립대학교는 '커뮤니케이션 예술과 과학 대학'(College of Communication Arts and Sciences)이라고 부르면서 그 안에 1개 학부와 4개 학과, 즉 ① 저널리즘학부, ② 커뮤니케이션학과, ③ 청취·음성과학학과(Dept. of Audiology and Speech Sciences), ④ 텔레커뮤니케이션학과(Dept. of Telecommunication), ⑤ 광고학과를 두고 있다.

그런가 하면 앨라배마대학교는 커뮤니케이션 관련 4개 학과와 1개 학부, 즉 ① 저널리즘학과(1926년 개설), ② 커뮤니케이션 스터디스학과(Dept. of Communication Studies, 1932년 Speech학과로 시작), ③ 텔레커뮤니케이션과 영화학과(Dept. of Telecommunication and Film, 1946년 라디오학과로 개설, 1950년 라디오예술학과로 개칭, 1966년 방송과 영화학과로 개편했다가 1989년 현재 명칭으로 바꿈), ④ 광고와 PR학과(1947년 창설), ⑤ 도서관과 정보과학학과(School of Library and Information Studies, 1929년 설치)를 1977년에 모두 한데 묶어 '커뮤니케이션과 정보과학대학'(College of Communication & Information Sciences)이라고 부르고 있다. 이와 마찬가지로 테네시대학교도 '커뮤니케이션과 정보과학대학'이라고 부르고 있다.

한편 켄트주립대학교는 '커뮤니케이션과 정보대학'(College of Communication and Information)이라고 부르는데, 이 대학은 2001년 종전의 커뮤니케이션 스터디스학부(School of Communication Studies), 저널리즘·매스커뮤니케이션학부(School of Journalism and Mass Communication), 도서관과 정보과학학부(School of Library and Information Science)를 통합하는 동시에 시각커뮤니케이션과 디자인학부(School of Visual Communication Design)를 신설해서 만든 것이다.

그 명칭에 '저널리즘'이나 '매스커뮤니케이션' 또는 '미디어'라는 단어를 넣은 커뮤니케이션 관련 대학도 적지 않은데, 예컨대 메릴랜드대학교는 '저널리즘대학'(공식 명칭은 Philip Merrill College of Journalism)이라고 부른다. 한편 네브래스카대학교, 오클라호마대학교, 조지아대학교는 '저널리즘과 매스커뮤니케이션대학'(College of Journalism and Mass Communication)이라고 부른다.[42]

그러나 플로리다대학교는 커뮤니케이션 관련 4개 학과, 즉 저널리즘학과(1925년 설립), 텔레커뮤니케이션학과(1953년 설립), 광고학과, PR학과를 통합해서 1967년 하나의 대학으로 만들면서 '저널리즘과 커뮤니케이션대학'(College of Journalism and Communication)이라고 이름 붙였다. 이 밖에 미들테네시주립대학교는 '매스커뮤니케이션대학'(College of Mass Communication)이라고 이름 붙였으며, 일리노이대학교(at Urbana-Champaign)은 '미디어대학'(College of Media)이라고 부르고 있다.

42 오클라호마대학교의 '저널리즘과 매스커뮤니케이션대학'의 정식 명칭은 Gaylord College of Journalism and Mass Communication이며, 조지아대학교의 그것은 Henry W. Grady College of Journalism and Mass Communication이다.

2) 커뮤니케이션 관련 학부의 실태와 명칭

이와 같이 종합대학교 중에는 커뮤니케이션 관련 학부나 학과들을 한데 묶어 별도의 대학으로 만들어서 다양한 명칭 아래 운영하는 곳들도 많다. 그러나 대학(college)보다 규모가 조금 작은 학부(school), 예컨대 '커뮤니케이션학부'(School of Communication), '저널리즘학부'(School of Journalism) 등을 설치해서 커뮤니케이션 교육을 실시하는 종합대학교들이 더 많은 실정이다.

(1) 커뮤니케이션학부의 실례와 현황

이러한 학부들도 대학교에 따라 그 명칭이 다양하다. 예컨대, 노스웨스턴대학교는 '커뮤니케이션학부'라고 부르는데, 이 학부는 1878년 웅변학과(Department of Elocution)로 시작해서 1891년 웅변학부(School of Oratory)로 확장했으며, 1921년 스피치학부(School of Speech)로 개칭했다가 2002년 9월에 현재의 커뮤니케이션학부가 되었다. 이 학부에는 5개 학과가 소속되어 있는데, ① 커뮤니케이션과학과 장애학과(Dept. of Communication Sciences and Disorders), ② 커뮤니케이션 스터디스학과(Dept. of Communication Studies), ③ 공연 스터디스학과(Dept. of Performance Studies), ④ 라디오·TV·영화학과(Dept. of Radio·TV·Film), ⑤ 연극학과(Dept. of Theatre)가 그것이다.

오하이오주립대학교도 '커뮤니케이션학부'라고 부르면서 그 아래 커뮤니케이션학과와 저널리즘학과를 두고 있다. 서던캘리포니아대학교는 대학 규모의 애넌버그 커뮤니케이션학부(Annenberg School for Communication)를 설치하고 그 아래 저널리즘학부와 커뮤니케이션학부를 두고 있는데, 저널리즘학부에는 학사과정의 경우 방송저널리즘 전공, 인쇄저널리즘 전공, PR 전공을 두고 있다.

이 밖에 센추럴플로리다대학교, 마이애미대학교 등도 커뮤니케이션 학부를 설치해서 커뮤니케이션 교육을 실시하고 있다. 그러나 이들 대학교는 커뮤니케이션학부 아래에 학과를 설치하지 않고 전공분야만 나누어 각 분야별로 집중교육을 실시하는데, 센추럴플로리다대학교 니콜슨커뮤니케이션학부(Nicholson School of Communication)는 전공분야를 광고·PR, 휴먼커뮤니케이션(Human Communication), 저널리즘, 라디오·TV 전공으로 나누고 있다. 한편 마이애미대학교 커뮤니케이션학부는 전공분야를 저널리즘, 방송저널리즘, 포토저널리즘(photo-journalism), 광고·PR 전공으로 나누고 있다.

(2) 저널리즘학부의 실례와 현황

위에서 살펴보았듯이 일부 대학교에서는 커뮤니케이션학부 안에 저널리즘학과를 설치했지만, 저널리즘학부를 별도로 설치한 대학교들도 적지 않은데, 일반적으로 '학부'라고 하면 '학과'보다 규모가 큰 것을 말한다. 하지만 1940년대 이전에는 저널리즘을 가르치는 대학 교육기구를 통상적으로 '저널리즘 스쿨'이라고 불렀는데, 당시는 실무적 학문, 예컨대 법학·경영학·저널리즘학·의학 등의 교육기구는 '대학'이나 '학과'라는 명칭 대신 '학부'라는 이름을 붙여왔기 때문이다.

그러나 현재는 그렇지 않고 저널리즘학과보다 큰 것을 저널리즘학부라고 부르지만, 1908년 미국에서 최초로 설립한 미주리대학교 저널리즘학부는 아직도 '저널리즘학부'라고 부르면서 그 아래 3개 학과, 즉 광고학과, 방송뉴스학과(Dept. of Broadcasting News), 에디토리얼학과(Dept. of Editorial)를 두고 있다. 하지만 석사과정의 경우는 광고 전공, 방송뉴스 전공, 디자인 전공, 편집 전공, 환경보도 전공, 국제컴 전공, 잡지디자인 전공, 잡지편집 전공, 미디어경영 전공, 뉴미디어 전공, 뉴미디어와 사회 전공, 사진저널리즘 전공, 공공정책저널리즘 전공, 보도문장 전공으로 나누어 교육하고 있으며, 박사과정은 매스컴이론 전공, 매스컴역사 전공, 정치커뮤니케이션 전공으로 나누고 있다.

노스웨스턴대학교, 서던일리노이대학교(at Carbondale) 등도 저널리즘학부를 설치해서 저널리즘과 함께 그 밖의 커뮤니케이션 관련 교육도 실시하고 있다. 그러나 인디애나대학교는 저널리즘학부와 별도로 커뮤니케이션과 문화학과(Dept. of Communication and Culture)를 설치해서 저널리즘에 관한 것은 저널리즘학부에서, 그 밖의 커뮤니케이션에 관한 것은 커뮤니케이션과 문화학과에서 교육하고 있다.

(3) '저널리즘과 커뮤니케이션학부' 등의 실례와 현황

인디애나대학교처럼 저널리즘과 그 밖의 커뮤니케이션을 나누어 교육하는 대학교도 있지만, 이들을 합쳐 '저널리즘과 커뮤니케이션학부'(School of Journalism and Communication)로 만들어서 모든 커뮤니케이션 현상에 관한 교육을 실시하는 대학교들도 많다. 이러한 대학교의 하나로는 오리건대학교를 들 수 있는데, 이 대학교는 '저널리즘과 커뮤니케이션학부'를 설치하고 그 아래 6개 학과, 즉 ① 광고학과, ② 커뮤니케이션 스터디스학과(Dept. of Communication Studies), ③ 전자미디어학과(Dept. of Electronic Media), ④ 잡지저널리즘학과, ⑤ 뉴스-에디토리얼학과(Dept. of News-Editorial), ⑥ PR학과를 두어 커뮤니케이션 전반에 관한 교육을 실시하고 있다.

오하이오주립대학교와 위스콘신대학교 등도 역시 '저널리즘과 커뮤니케이션학부'를 설치해서 커뮤니케이션 전반에 관한 교육을 실시하고 있다. 이들 중 위스콘신대학교의 '저널리즘과 커뮤니케이션학부'는 본래

1912년 설립한 '저널리즘학과'에서 비롯되었다. 그러나 1927년 저널리즘학부로 확대 · 개편했으며, 1970년 라디오 분야를 전공분야에 새로 추가하면서 학부 명칭을 '저널리즘과 커뮤니케이션학부'(School of Journalism and Communication)로 개칭하는 동시에, 이 학부를 인문 · 과학대학(College of Letters and Sciences)에 소속시켰다.

위스콘신대학교는 '저널리즘과 커뮤니케이션학부'와는 별도로 농업생명과학대학(College of Agricultural & Life Sciences) 내에 '생명과학커뮤니케이션학과'(Dept. of Life Science Communication)도 설치해서 농업저널리즘 전공 학사(Bachelor of Agricultural Journalism), 생명과학커뮤케이션 전공 석사(Master of Life Science Communication), 가족 · 소비자커뮤니케이션 전공 석사(Master of Family and Consumer Communication)를 배출하고 있다.

한편 '저널리즘과 매스커뮤니케이션'이라는 명칭의 학부를 설치해 교육하는 대학교들도 적지 않은데, 그 예로는 노스캐롤라이나대학교, 드레이크대학교(in Indiana), 미네소타대학교(at Twin City), 산호세대학교, 아메리칸대학교(at Washington, D. C.), 아이오와주립대학교, 애리조나주립대학교,[43] 콜로라도대학교, 플로리다국제대학교 등을 들 수 있다. 이들 중 노스캐롤라이나대학교의 '저널리즘과 매스커뮤니케이션학부'는 그 아래 광고 전공, 전자커뮤니케이션 전공, 뉴스논평 전공, PR 전공, 영상커뮤니케이션 전공 과정을 두고 있다. 그리고 아메리칸대학교의 저널리즘과 매스커뮤니케이션학부에는 저널리즘 전공, 저널리즘과 공공문제(Journalism and Public Affairs) 전공, 공공커뮤니케이션(Public Communication) 전공 등이 있다. 그런가 하면 미네소타대학교의 경우 명칭은 '저널리즘과 매스커뮤니

43 이 대학교의 '저널리즘과 매스커뮤니케이션학부'의 정식 명칭은 Walter Cronkite School of Journalism and Mass Communication이다.

케이션학부'이지만, 그 안에 '커뮤니케이션학과'도 설치되어 있다.

(4) 그 외 여러 명칭의 커뮤니케이션 관련 학부의 실례와 현황

이와 같은 대학교들과는 달리 오클라호마주립대학교, 웨스턴켄터키대학교 등은 커뮤니케이션 관련 학부 명칭을 '저널리즘과 방송학부'(School of Journalism and Broadcasting)라고 명명했으며, 켄터키대학교는 '저널리즘과 텔레커뮤니케이션학부'(School of Journalism and Telecommunication)라고 이름 붙였다. 그런가 하면 사우스플로리다대학교에서는 학부 명칭이 '매스커뮤니케이션학부'(School of Mass Communication)이며, 그 안에 4개 전공분야(학사과정의 경우), 즉 광고 · 저널리즘 · PR · 텔레커뮤니케이션 전공을 두고 있다.

이 밖에 빌라노바대학교 등의 경우는 학부 명칭이 '커뮤니케이션과 출판학부'(School of Communication & Publishing)이며, 그 아래 5개 전공분야, 즉 ① 커뮤니케이션 스터디스(Communication Studies), ② 대인커뮤니케이션(Interpersonal Communication), ③ 저널리즘과 매스미디어, ④ 출판, ⑤ 테크니컬 커뮤니케이션(Technical Communication) 전공을 두고 있다.

한편 시러큐스대학교는 '뉴하우스공공커뮤니케이션스학부'(S. I. Newhouse School of Public Communications)라는 명칭 아래, 학사과정에는 광고, 방송과 디지털저널리즘, 그래픽디자인, 잡지, 신문과 온라인(online) 저널리즘, 사진, TV · 라디오 · 영화 등의 전공과정을 설치하여 각 분야별로 집중교육을 실시하고 있다. 그리고 석사과정에는 광고, 오디오아츠(audio arts), 방송과 디지털저널리즘, 커뮤니케이션경영(communications management), 전산저널리즘(computational journalism), 다큐멘터리 영화와 역사, 신문 · 잡지 · 온라인 저널리즘, 미디어와 교육, 미디어 스터디스(media studies), 뉴미디어 경영, 사진, 공공외교(public diplomacy), PR, TV · 라디오 ·

영화 등의 전공과정을 두고 있으며, 박사과정에는 매스커뮤니케이션 전공분야만 설치하고 있다.

3) 커뮤니케이션 관련 학과의 실태와 명칭

앞에서 살펴보았듯이 미국의 주요 종합대학교 중에는 커뮤니케이션 관련 별도 대학이나 학부를 만들어 커뮤니케이션에 관한 교육을 실시하는 곳이 많다. 그러나 하나 또는 두서너 개 학과만 설치해 커뮤니케이션을 가르치는 대학교도 적지 않은데, 이러한 커뮤니케이션 관련 학과들의 명칭도 매우 다양하다.

(1) 커뮤니케이션학과와 저널리즘학과의 실례와 현황

가장 많은 명칭의 학과는 역시 '커뮤니케이션학과'와 '저널리즘학과'인데, 이들 중 우선 '커뮤니케이션학과'라는 명칭을 사용하는 대학교에는 루이지애나대학교(at Lafayette)을 비롯하여 많은 대학교가 있다. 이들 대학교의 커뮤니케이션학과에서는 대부분 그 안에 여러 전공분야를 설치하고, 그중에서 학생들이 하나나 둘을 선택해서 집중적으로 공부하도록 하고 있다. 예컨대, 브리검대학교 커뮤니케이션학과는 광고와 마케팅커뮤니케이션 전공, 인쇄와 방송저널리즘 전공, PR 전공, 커뮤니케이션 전공을 두고 있다. 한편 스탠퍼드대학교 커뮤니케이션학과는 3개 트랙(track), 즉 커뮤니케이션 테크놀로지 전공, 커뮤니케이션과 공공문제 전공, 미디어실무 전공을 설치하고, 그중에서 학생들이 하나 또는 두 개 분야를 자유롭게 선택해서 공부하도록 하고 있다.

그런가 하면 이스트테네시주립대학교 커뮤니케이션학과는 전공분야를 크게 신문·방송·광고·PR 전공으로 나누고 있다. 그러나 어떤 대학교는 커뮤니케이션학과와는 별도로 저널리즘 학과나 학부, 또는 방송학과(Dept. of Broadcasting) 등도 설치해서 해당 분야에 관한 교육을 전문적으로 실시하기도 한다. 예컨대, 알래스카대학교(at Fairbanks)는 '커뮤니케이션학과'와는 별도로 '저널리즘과 방송학과'(Dept. of Journalism and Broadcasting)도 설치해서 이 학과에서는 신문·방송 저널리즘에 관한 실무교육을 담당하고, 커뮤니케이션학과에서는 커뮤니케이션 현상 전반에 관한 인문학적·사회과학적 입장의 교육을 실시하고 있다.

이처럼 한 대학교 내에 커뮤니케이션학과와 저널리즘학과 등을 별도로 설치해서 운영하는 대학교도 많으나, 저널리즘학과만 설치해서 커뮤니케이션 현상 전반에 관한 통합적 교육을 실시하는 대학교도 적지 않다. 따라서 대학에 따라 저널리즘학과의 성격도 다른데, '저널리즘학과'만 설치·운영하고 있는 주요 대학교로는 볼주립대학교, 샌프란시스코주립대학교, 아칸소대학교(at Fayettevile), 애리조나대학교, 이스턴일리노이대학교, 캘리포니아주립대학교(at Northridge and Chico), 하워드대학교(at Washington, D. C.) 등을 들 수 있다. 그러나 하워드대학교는 저널리즘학과 이외에 라디오·TV·영화학과(Dept. of Radio·TV·Film)도 별도로 설치해서 해당 분야에 대한 교육을 실시하고 있다.

(2) 기타 여러 명칭의 커뮤니케이션 관련 학과의 실례와 현황

이와 같이 커뮤니케이션 관련 학과의 명칭에는 '커뮤니케이션학과'와 '저널리즘학과'가 가장 많은데, 이들 두 가지 명칭을 합쳐 '커뮤니케이션과 저널리즘학과' 또는 '저널리즘과 커뮤니케이션학과'라고 이름 지은 대학교도 적지 않다. 그러나 뉴멕시코대학교, 오번대학교, 위스콘신대학교(at Eau Claire) 등은 '커뮤니케이션'이라는 단어를 앞세워 '커뮤니케이션과 저널리즘학과'라고 명명했고, 뉴멕시코주립대학교 등은 '저널리즘'이라는 단어를 앞세워 '저널리즘과 커뮤니케이션학과'라고 부르고 있다.

한편 학과 명칭을 '매스커뮤니케이션과 저널리즘학과' 또는 '저널리즘과 매스커뮤니케이션학과'라고 붙인 대학교도 적지 않다. 예컨대, 프레즈노(Fresno) 소재의 캘리포니아주립대학교 등에서는 '매스커뮤니케이션과 저널리즘학과'라고 부른다. 그러나 뉴욕대학교(뉴욕 시내 소재 사립대학), 머레이주립대학교(at Kentucky), 워싱턴 앤드 리 대학교 등은 '저널리즘과 매스커뮤니케이션학과'라고 이름 지었다. 그런가 하면 '저널리즘'이라는 단어를 빼고 '매스커뮤니케이션학과'라고 부르는 대학교도 없지 않은데, 이러한 대학교로는 그램블링주립대학교(Grambling State University in Louisiana), 루이지애나주립대학교 등을 들 수 있다.

이 밖에도 커뮤니케이션 관련 학과의 명칭은 대학교나 각 학과의 지향 방향, 교육 목표 등에 따라 매우 다양하다. 예컨대, 사우스다코다대학교는 '현대미디어와 저널리즘학과'(Dept. of Contemporary Media and Journalism), 알래스카대학교(at Anchorage)는 '저널리즘과 공공커뮤니케이션학과'(Dept. of Journalism and Public Communications), 웨스트플로리다대학교는 '커뮤니케이션아츠학과'(Dept. of Communication Arts), 햄턴대학교는 '매스미디어아츠학과'(Dept. of Mass Media Arts), 인디애나대학교는 '커뮤니케이션과 문화학과'(Dept. of Communication & Culture), 콜로라도주립대학교는 '저널리즘과 테크니컬 커뮤니케이션학과'(Dept. of Journalism and Technical Communication), 템플대학교는 '저널리즘 · PR · 광고학과'(Dept. of Journalism, Public Relations and Advertising)라고 부르고 있다.

한편 위스콘신대학교(at Madison)는 '농업커뮤니케이션학과'(Dept. of Agricultural Commuication)라고 부르나, 그 안에 광고 전공, 방송저널리즘 전공, 전자미디어(electronic media) 전공, 인쇄저널리즘 전공, PR 전공을 설치해서 실제로는 커뮤니케이션 전반에 관한 교육을 실시하고 있다. 그리고 존스홉킨스대학교는 '마케팅과 커뮤니케이션학과'(Dept. of Marketing and Communication)라고 부르는데, 이 학과는 블룸버그보건학부(Bloomberg School of Public Health) 안에 설치되어 있다.

앞에서 살펴보았듯이, 미국의 대학교에서는 다양한 명칭의 커뮤니케이션 관련 대학·학부·학과 등을 설치해서 커뮤니케이션 교육을 실시하고 있다. 하지만 커뮤니케이션 관련 대학이나 학부·학과 등을 설치하지 않고 커뮤니케이션에 관한 과목이나 전공과정(program 또는 division)만 설치해서 교육하는 대학교들도 많다. 예컨대, 아칸소대학교(at Little Rock)는 별도의 '저널리즘 프로그램'(Journalism Program)을, 플로리다 A&M대학교(Florida A&M University)는 '저널리즘 전공과정'(Division of Journalism)만 설치해서 커뮤니케이션 교육을 실시하고 있다.

이상에서 미국을 중심으로 커뮤니케이션학의 발전 과정과 현황을 살펴보았는데, 이는 다른 나라에서도 거의 비슷하다. 세계에서 커뮤니케이션학이 가장 발달한 국가는 역시 미국이며, 그래서 특히 제2차 세계대전 이후 대부분의 주요 국가들은 미국의 커뮤니케이션학을 모범으로 삼거나 도입해서 그 나름대로 발전시켰기 때문이다. 그렇다면 우리나라의 경우는 어떠했는가?

제2장

한국에서 신문에 관한 학문적 관심과 연구의 시작

앞서 제1장에서는 서양에서 커뮤니케이션학의 생성·발전 과정에 관하여 살펴보았다. 그러면 우리나라에서는 커뮤니케이션학에 관한 연구가 언제부터 시작되어 어떻게 발전해 왔는가? 우리나라에서 커뮤니케이션 현상에 관한 연구·교육의 발전 과정도 서양과 대체로 비슷했다. 그러나 서양처럼 예전부터 수사학 등에 관한 연구와 교육은 존재하지 않았으며, 신문학(新聞學, journalism)에 관한 연구도 1883년 근대신문의 출현 이후에야 비로소 시작되었다. 1905년부터 일제(日帝)의 통치를 받게 되면서 언론자유를 빼앗기자 신문학에 관한 연구와 교육도 제대로 이루어지지 못했다. 그러다가 1945년 광복 이후에야 신문 등 커뮤니케이션에 관한 연구와 교육이 본격적으로 이루어져, 오늘날에는 '커뮤니케이션학'이 주요 학문의 하나로 각광받고 있다.

근대신문의 출현과 그에 대한 학문적 관심의 대두

우리나라에도 일찍부터 조보(朝報)를 비롯한 여러 가지 전근대적 신문현상들이 존재했으나(차배근, 1980b; 박정규, 1982 참조), 이에 관한 학문적 연구는 찾아볼 수 없다. 조보 등 우리나라의 전근대적 신문현상은 불행하게도 근대신문으로 이행·발전하지 못하고, 19세기 말기부터 중국과 일본 등을 통하여 신문과 잡지 등 서양의 언론문물을 수용하여 1883년 10월 31일(양력) 우리나라 최초의 근대신문인 「한성순보」(漢城旬報)를 창간하게 되었다. 이후 이와 같은 근대적 대중매체인 신문에 관하여 신문인(新聞人)과 지식인들이 관심을 갖게 되면서 한국에서도 비로소 신문학(新聞學)에 관한 연구가 시작되었다고 볼 수 있다.

1. 근대신문에 대한 국민들의 관심의 시작

대부분의 우리 국민들은 「한성순보」가 나오자 비로소 '신문'이라는 것을 처음 알게 되면서 그에 관심을 갖게 되었다. 그러나 상류층 인사들 중에는 그 이전부터 이미 신문에 관하여 알고 있는 사람들도 없지 않았는데, 이는 1850년대부터 중국의 근대적 신문과 잡지들이 우리나라에 유입되었고, 또한 1876년 2월 27일 한일수호조약 이후 제1차 수신사로 일본에 갔다가 온 김기수(金綺秀)와, 그 뒤 1881년 신사유람단(紳士遊覽團)의 일원으로 일본을 시찰하고 돌아온 조준영(趙準永)과 엄세영(嚴世永) 등이 각각 귀국 보고서에서 일본의 근대적 신문을 소개했기 때문이다.

1) 일본 신문에 관한 제1차 수신사 김기수의 소개

제1차 일본 수신사 김기수는 사절단원 75명을 인솔하고 1876년 4월 4일 서울을 출발하여 부산포로 가서 29일 일본 기선(汽船) 고류마루(黃龍丸)를 타고 5월 7일 요코하마(橫浜)를 거쳐 도쿄(東京)에 도착했다. 그리고 20일 동안 일본에 체류하면서 일본의 개화된 문물제도, 예컨대 전신(電信)과 철도, 군함과 각종 무기를 비롯하여 군사·기계·학술·교육 등의 시설과 제도 등을 시찰하고 귀국해서 7월 21일 국왕 고종(高宗)을 알현하고 구두로 귀국보고를 올렸다. 그리고 나서 일본에서 보고들은 여러 가지 자세한 내용들을 책으로 써서 『일동기유』(日東記遊)라는 제목으로 출판했는데, 3권으로 된 이 책에서 김기수는 일본의 근대적 문물제도를 소개하면서 신문에 관해서도 간단하게 소개해 놓았다. 이는 제3권(卷三) '속상조'(俗尙條)의 '신문지'(新聞紙) 항에 실려 있는데, 한문으로 쓴 원문의 번역문을 소개해 보면 다음과 같다.[1]

번역문

[일본에는] 소위 신문지라는 것이 있어 날마다 활자로 인쇄하는데, 그것이 없는 곳이 없다. 공사(公私)의 소식과 거리의 담설(談說)을 입의 침이 마르기도 전에 사방에 전한다. 그것을 만드는 자도 일대 사업으로 간주하고, 기사에 실리는 자도 일대 영욕으로 여긴다. 또한 [신문의] 글자는 깨알 같아 정교함이 이를 데 없다. 대개 신문을 만드는 사람은 활동을 좋아하고 가만히

1 【원문】所謂新聞紙, 日築字榻印, 無處無之. 公私見聞, 街巷談說, 口津未乾, 飛傳四方. 爲之者看作事業, 當之者視以榮辱. 亦必字如荏細, 精工無比, 蓋其喜動而惡靜, 無事懆懆, 有事則跳, 所以見小事, 眉飛而肉舞, 十指爬搔, 不知癢在何處, 是其素性然也(국사편찬위원회 편, 1971, p. 66에서 인용).

있는 것을 싫어해서, 일이 없으면 초조해하고 일이 있으면 기뻐서 날뛴다. 그런 까닭에 작은 일을 보고도 눈썹을 치켜뜨고 몸을 흔들며, 열 손가락으로 긁어도 가려운 곳이 어디인지를 알지 못하니, 이는 그들의 본디 천성이라고 하겠다.

매우 간단하지만, 이것이 제1차 일본 수신사 김기수가 일본의 근대적 신문에 관하여 우리나라에 처음 소개한 글인데, 그 내용을 미루어 볼 때 그는 '신문'이라는 것을 일본에서 처음 보았던 것 같다. 그래서 신문을 매우 신기하게 생각한 것 같은데, 이러한 김기수가 귀국 당시 일본 신문의 실물을 우리나라에 가져와 다른 사람에게 보여 주기도 했는지는 알 수 없으나, 위와 같은 김기수의 글은 우리나라 사람들에게 '신문'이라는 근대적 언론문물의 존재를 처음 알리면서 그에 관심을 갖게 만드는 데 기여했다고 볼 수 있다.

2) 신사유람단원 조준영과 엄세영도 일본 신문을 간단히 소개

김기수에 이어 1881년 신사유람단('朝士日本視察團'이라고 부름)의 일원으로 일본을 시찰하고 돌아온 조준영과 엄세영도 각각 귀국 보고서 「일본견문사건」(日本見聞事件)에서 일본의 근대적 신문을 간단히 소개했다. 신사유람단이란 우리나라 조정이 일본의 새로운 문물제도를 시찰하기 위하여 1881년 4월 일본에 파견한 60명의 시찰단을 말하는데, 이들의 임무는 일본의 문명개화(文明開化)의 실태를 시찰하고 그에 관한 자세한 보고서를 작성하여 조정에 보고하는 것이었다.

이러한 목적의 신사유람단은 모두 12개 반(班)으로 나뉘어 시찰 분야를 분담했는데, 각 반은 조사(朝士) 1명, 수원(隨員) 2명, 통사(通士, 즉 통역) 1명, 하인(下人) 1명으로 편성하여 조사의 책임 아래 맡은 바 전문분야를 시찰했다. 12개 반의 신사유람단 중에서 조준영은 문부성(文部省) 시찰반의 조사이고, 엄세영은 사법성(司法省) 시찰반의 조사로서, 이들은 다른 일행과 함께 1881년 4월 10일 일본 상선을 타고 부산을 떠나, 4월 28일 일본 도쿄에 도착하여 약 3개월 동안 맡은 바 시찰업무를 수행했다. 그리고 7월 14일부터 몇 개 반으로 나누어 귀로에 올라, 부산을 거쳐 8월 말과 9월 초 사이에 서울로 귀경해서 시찰 결과에 관한 보고서를 「일본견문사건」(日本見聞事件)이라는 제목으로 작성해서 국왕 고종에게 복명(復命)했다.

이들 중 우선 일본 문부성 시찰반의 조사였던 조준영의 「일본견문사건」에 나오는 신문 관계 내용을 보면,[2] 다음과 같이 신문이란 무엇인지 간단히 정의한 다음, 그 내용과 기능 내지 목적을 간명하게 소개하면서 우리나라에서도 신문이 필요함을 은근히 주장했다.

번역문

신문지는 이름 그대로 안으로는 자기 나라의, 밖으로는 각국의 공적(公的) 또는 사적(私的)으로 보고들은 바를 기록하는 것이다. [이러한 신문은] 시·도·부·현(市都府縣) 간에 설치하여 인쇄·간행하는데, 여행자들의 왕래로부터 시작하여 물자의 교역, 수해와 가뭄 등의 재해, 사람들의 선악에 이르기까지 무릇 일동일정(一動一靜)을 광범하게 수색하고 널리 탐문하여 수집해 그것들을 인쇄·간행하여 거리에서 파는데, 날마다 항상 한 나라 안에서 일어나는 대소의 일들을 숨기거나 감추지 않아, 가난하고 천한 백성들을 거

2 조준영의 「일본견문사건」은 현재 서울대학교 규장각한국학연구원에 소장되어 있는데, 분류번호는 1311-4-1이다.

두는 데 족히 도움이 되게 하는 것이 곧 그 명백한 목적이다.

다음으로 일본 사법성 시찰반 조사였던 엄세영의 「일본견문사건」을 보면,[3] "[일본에서는] 원로원(元老院)을 두어 백성의 소리를 들으며, 신문지를 만들어 백성의 소리를 위로 상달(上達)케 하여, 점차 임금과 백성이 함께 다스리는 정치에 이르고 있으며, 조정과 백성 간의 논의도 이제는 한 곳으로 귀일하고 있다고 가히 말할 수 있다"고[4] 보고하면서 특히 신문의 정치적 기능을 강조했다.

이와 같이 한일수호조약 이후 수신사 또는 신사유람단의 일원으로 일본의 개명된 문물제도를 시찰하고 돌아온 우리나라 관리들이 당시 일본의 근대적 신문들의 실태·내용·기능 등을 소개하였다. 이러한 소개를 통하여 비록 일부 지식층에 국한되기는 했지만 우리나라 사람들도 근대적 신문의 존재와 그 필요성을 인식하기 시작했다고 추정된다. 그 결과, 우리나라에서도 1883년 박문국(博文局)을 설치하여 최초의 근대신문인 「한성순보」(漢城旬報)를 창간하기에 이르렀다고 볼 수 있다.

3 이 「일본견문사건」도 현재 서울대학교 규장각한국학연구원에 소장되어 있는데, 분류번호는 1311-4-4이다. 【원문】 新聞紙爲名者, 卽內而本邦, 外而各國, 公私見聞之所記也. 市都府縣之間, 設所鑄刊, 始行旅之往來, 物貨之交易, 以至水旱災異人事善惡, 凡所一動一靜, 廣搜博探, 蒐羅印出, 行賣於閭巷, 日以爲常一國之內大小之事, 無所隱諱, 足爲細民之戢之助云, 是白齊.

4 【원문】 置元老院, 而聽於民, 設新聞紙, 而達于上, 漸致君民, 共治之政, 朝野之論, 今可謂歸一矣. 이러한 내용의 공식보고서 이외에 엄세영은 또한 「일본견문록」(日本聞見錄), 「일본문견별단초」(日本聞見別單草), 「일본사법성시찰기」(日本司法省視察記) 등도 편찬했으며, 일본사법성에 대한 시찰을 담당했었기 때문인지는 알 수 없으나 귀국 후 경리통리기무아문사(經理統理機務衙門事)로서 율례사당상(律例司堂上)이 되었다.

3) 중국의 근대신문들도 유입, 그러나 그에 관한 소개는 없어

일본에 다녀온 우리나라 사절들이 그곳 신문에 관하여 소개하고 있을 당시, 중국의 근대신문들도 우리나라에 유입되어 많은 사람들이 회람했던 것 같다. 『승정원일기』(承政院日記) 고종 18년(1881, 辛巳) 3월 23일조를 보면, 당시 우리나라 조정의 개국정책에 반대했던 출신(出身) 홍시중(洪時中)이 상소하기를, "소위 중서문견(中西聞見)·만국공법(萬國公法)·공사(公史)·지구(地球)·영환(瀛環)·신보(申報)·흥아회잡사시속(興亞會雜事詩續)·금일초공업(今日抄工業)·육학(六學) 등의 서적들과 황준헌(黃遵憲)의 책략([朝鮮]策略) 등 허다한 문자(文字)들이 돌아다니니, 청컨대 이들을 일일이 색출하여 종로(鐘路)에서 불사르고 위정척사(衛正斥邪)의 뜻[義]을 펴소서"라고 했다는 내용 중에 그가 열거한 '신보'(申報)는 영국 상인(商人)들이 1872년 4월 30일 상해에서 창간했던 중국어 신문임에[5] 틀림없다. 따라서 이로 미루어 볼 때, 중국의 근대적 신문인 「신보」 등은 창간 직후부터 우리나라에 들어와서 돌아다니고 있었던 것 같다.

『고종실록』이나 『승정원일기』를 보면, 특히 1881년과 1882년부터 중국의 여러 근대적 잡지들과 신문에 관한 언급들이 나오기 시작하는데, 이는 1876년 한일수호조약 이후부터 개화반대파들이 개화에 관계된 중국의 서적과 신문·잡지들의 국내 유포를 비판했고, 반대로 개화파들은 그

5 어네스트 메이저(Ernest Major)를 비롯한 4명의 영국 상인들이 1872년 4월 30일 상해에서 창간한 신문으로, 중국 땅에서는 네 번째이자 상해에서는 두 번째의 근대적 중국어 신문이었다. 제4호까지는 격일간(隔日刊)으로 발행하다가 제5호부터는 일간(日刊, 단 일요일은 휴간)으로 발행했는데, 매일 8면을 발행했으며, 1879년부터는 일요일 판을 별도로 발행했다. 신문의 크기는 24×25cm로서 거의 정방형이었으며, 발행부수는 창간 초에는 600부였으나, 5년 만인 1876년에는 2,000부로 증가했는데, 이러한 「신보」는 신국(信局, 우체국)을 통하여 북경 및 각 성(省)에 널리 배포되었다.

것들을 옹호했기 때문이라고 생각된다. 하지만 중국의 근대적 신문과 잡지들이 우리나라에 유입되기 시작한 것은 그 이전인 1850년대부터였다고 추정되는데, 당시 청나라에서는 여러 가지 근대신문들을 발행했으며, 이들 신문을 우리나라 북경사절들이 들여왔기 때문이다. 그리하여 우리나라에 유입된 중국 서적들과 근대적 신문·잡지 등이 홍재홍이 그의 상소에서 말한 것처럼 "나라 안에 충만하고 소위 유명한 선비와 신기함을 좋아하는 무리들이 사서(邪書)의 내용 속에 빠져서 서로 좋다"(高宗實錄, 辛巳年, 1881년 8월 31일조, 음력 윤7월 6일)고 칭찬했다고 한다.

이와 같이 『고종실록』이나 『승정원일기』 등을 보면, 1881년과 1882년 당시 우리나라에서 유포되고 있던 중국의 각종 근대적 신문과 잡지들에 관한 여러 가지 언급들이 나온다. 그러나 이상하게도 그에 관한 소개나 설명, 즉 "신문이나 잡지란 무엇인가" 등에 관한 소개나 설명 등은 찾아보기 힘든데, 이는 아마도 당시 중국에서 나온 신문과 잡지들은 크기와 형태 등이 일반 서적과 거의 같아서 그것들이 서양에서 들어온 새로운 언론문물이라는 것을 인식하지 못했기 때문인 것 같다.

그 결과, 비록 우리나라 사람들의 일부가 중국의 신문과 잡지를 직접 접했음에도 불구하고, '신문'이나 '잡지'라는 근대적 언론문물이 존재한다는 사실은 오히려 일본의 신문과 잡지를 통해 알게 되었다고 볼 수 있는데, 1876년 2월 한일수호조약 이후 일본에 건너간 수신사나 유학생 등은 당시 일본의 근대적 신문에 관하여 비교적 상세하게 소개했기 때문이다. 그리하여 1883년 우리나라 최초의 근대신문 「한성순보」가 나오기 이전부터 '신문'이나 '잡지'란 도대체 어떤 것인지 우리나라 양반관료와 지식인들이 알게 되면서 그에 대해 관심을 갖게 되었다고 볼 수 있다.

2. 유길준의 "신문에 관한 해설문"

이와 같이 일찍부터 일본의 신문 실태를 소개한 우리나라 사람들이 적지 않았으나, 신문에 특별한 관심을 갖고 이를 연구해서 소개한 대표적 인물로는 유길준(兪吉濬)을 들 수 있다. 그는 1883년 한성판윤(漢城判尹) 박영효(朴泳孝)와 함께 「한성순보」의 창간을 준비하면서 그에 게재할 계획으로 "신문에 관한 해설문"을 썼는데, 이것이 우리나라에서 "최초로 이루어진 체계화한 [신문학에 관한] 이론적 연구"라고 임근수(1973, p. 8)는 높게 평가하면서, 이를 우리나라에서 신문학 내지 커뮤니케이션학에 관한 연구의 시원으로 잡고 있다.[6]

그러나 이러한 "신문에 관한 해설문"은 박영효가 1883년 4월 10일 갑자기 한성판윤직을 박탈당하고 「한성순보」의 발행소인 박문국(博文局)도 폐쇄되자, 유길준도 「한성순보」의 창간업무에서 손을 떼게 되어 햇빛을 보지 못했다. 다행히 이 글의 원고가 남아 있는데, 그렇다면 유길준은 "신문에 관한 해설문"을 어떻게 해서 쓰게 되었으며, 그 내용은 어떠한가?

6 임근수(서울대학교 신문학과 초대 학과장)는 우리나라에서 신문학 내지 커뮤니케이션학의 성립과 발전 과정을 처음으로 체계적으로 정리해서, 1973년 "한국신문학사(韓國新聞學史) 서설(序說)"이라는 제목으로 「신문학보」(현 「언론학보」)에 발표했다. 또 신문학 연구의 변천동향을 체계적으로 정리해서 "한국신문학의 성립과정과 그 연구현황의 계보적 고찰"이라는 제목으로 「저널리즘」 1976년 봄호에 발표했는데, 이 두 논문은 그 뒤 우리나라 신문학 내지 커뮤니케이션학 역사에 관한 모든 논문들의 근간이 되었다. 임근수의 이 두 논문은 희관(晞觀) 임근수박사화갑논기념논총 『한국신문학50년사』(서울: 정음사, 1977)와 차배근·이대룡·정진석·박정규 공편, 『한국신문학사』(서울: 정음사, 1977)에도 실려 있는데, 뒤의 책은 앞의 논총을 정음사가 무료로 출판해 주는 대신 그것을 다시 교과서로 출판한다는 약정에 따라 논총 간행위원들의 명의(공편)로 간행한 것이다.

1) "신문에 관한 해설문"의 작성 배경

유길준은 1856년 서울에서 태어났는데, 어려서부터 한학(漢學)을 공부하다가 1870년 개화사상가 박규수(朴珪壽)의 문하로 들어가 김옥균(金玉均)·박영효·서광범(徐光範)·김윤식(金允植) 등과 함께 실학과 개화사상을 배웠다. 그러다가 1881년 박규수의 권유로 신사유람단에 참여하여 일본 대장성(大藏省) 시찰반 조사(朝士) 어윤중(魚允中)의 수행원으로 일본에 건너가 일본의 재무제도를 시찰한 뒤, 민영익(閔泳翊)의 권유로 류정수(柳正秀)·윤치호(尹致昊)와 함께 일본에 남아서 유학하게 되었다.

그리하여 유길준은 우리나라 최초의 일본유학생 중 하나가 되었는데, 그는 일본 게이오의숙(慶應義塾, 1868년 설립, 현 게이오대학)에 입학해서 이 의숙의 설립자이자 일본의 대표적 개화학자인 후쿠자와 유키치(福澤諭吉)의 집에 유숙하면서 새로운 학문을 공부했다.[7] 그러다가 1년 6개월 뒤인 1883년 1월 학업을 중단하고 제3차 일본수신사 박영효 일행을 따라 귀국했는데, 그 이유는 정확히 알 수 없으나 아마도 일본에 간 박영효가 우리나라 최초의 근대신문인 「한성순보」의 창간을 기획하면서 유길준에게 그 책임을 맡아달라고 부탁했기 때문이었던 것 같다.

당시 박영효가 일본에 간 것은 임오군란(壬午軍亂)의 사후수습을 위해서였다.[8] 그리하여 박영효는 수행원 14명과 함께 일본에서 약 3개월 동

7 유길준의 자형(姊兄) 류정수도 게이오의숙에서 공부했는데, 그는 특히 정치와 경제학에 흥미를 갖고 있었다. 한편 윤치호는 동경의 도진사대학(同人社大學) 영어과(英語科)에 입학해서 주로 영어와 새로운 학문을 배웠다.

8 1882년(고종 19년, 壬午年) 6월 9일 우리나라 구식군대(舊式軍隊)가 난(亂)을 일으켜 일본공사관을 습격하여 방화하는 등 일본배척운동을 벌이자, 일본은 급히 군함 4척과 보병 약 1개 대대를 파견하여 우리 조정에 책임을 물었다. 그러자 이를 수습하기 위해 우리나라 조정은 동년 9월 박영효를 특명전권대사 겸 제3차 수신사로 일본에 파견했다.

안 머물면서 임오군란의 사후수습책을 일본 정부와 협의하는 한편, 명치일본(明治日本)의 발전상도 살펴보고 일본의 정계지도자들과 구미(歐美)의 각국 외교사절들과도 접촉해 국제정세를 파악하며 우리나라의 개화개명을 위한 여러 가지 방책들을 구상했다. 그러면서 개화개명을 위한 주요 수단의 하나로 우리나라도 근대신문을 창간하기로 결심했다.[9]

1883년 1월 일본에서 귀국한 박영효는 곧 고종(高宗)에게 귀국보고를 하면서 "개화 수단의 하나로서 우리나라도 신문을 발행할 것"을 주청했던 것 같다. 그리하여 귀국 한 달 만인 2월 6일 한성부(漢城府) 판윤(判尹)으로 임명됐으며, 2월 28일에는 고종으로부터 "한성부에서 신문을 발간하라"는 하교를 받았다. 그러자 박영효는 곧 한성부에 박문국(博文局)을 설치하고 신문 창간 준비를 유길준에게 맡겼는데, 그 이유는 정확히 알 수 없다.[10]

그러나 이광린(1974b, p. 62)에 의하면, "박영효가 일본에서 돌아올 때부터 임금이 허락만 하면 신문 간행의 모든 실무는 유길준에게 맡기고자 계획하고 있었던 것 같다"면서, 그 이유로 "신문 발간을 위하여 후쿠자와 유키치의 추천에 의해 박영효가 데리고 온 우시바 다쿠조(牛場卓造), 다카하시 마사노부(高橋正信), 이노우에 가쿠고로(井上角五郎) 등은 모두 게이오의숙 출신으로 후쿠자와의 집을 자주 출입한 자들이기 때문에 유길준과도 친숙한 사이였을 것이니, 이들과 접촉하는 데에서도 유길준이 실무를

9 이는 박영효가 귀국할 때 신문발간에 필요한 일본인들을 게이오의숙 설립자이자 일본 개화파 선구자 후쿠자와 유키치의 추천을 받아 게이오의숙 출신의 젊은이 3명, 즉 우시바 다쿠조, 다카하시 마사노부, 이노우에 가쿠고로를 데리고 귀국한 것을 보아도 알 수 있다.

10 유길준은, 고종이 "한성부에서 신문을 발간하라"는 하교를 내리기 전날인 2월 27일 통리교섭통상사무아문(統理交涉通商事務衙門)의 주사(主事)로 임명되었는데, 이것도 박영효가 유길준에게 신문발간 실무책임을 맡기기 위한 조치였던 것 같다.

맡을 적임자였을 것”이라는 점을 들고 있다.

이러한 이유 외에도 유길준이 후쿠자와의 집에 유숙하며 공부하고 있을 당시인 1882년 3월 후쿠자와가 「시사신보」(時事新報)라는 신문을 창간해 일본 사회에 큰 영향을 미치는 것을 보면서, 유길준은 자연히 「시사신보」에 많은 관심을 갖게 되어 신문의 기능(機能)·내용·편집·제작방법 등에 관한 많은 지식과 기능(技能)을 갖고 있었을 것으로 생각된다.

그 이유야 어떻든 간에 박영효로부터 「한성순보」의 창간 실무책임을 맡게 된 유길준은 박영효와 함께 창간 준비에 많은 정열을 쏟으면서 “한성부신문국장정”(漢城府新聞局章程), “창간사”, “신문에 관한 해설문” 등을 작성했는데, 이들은 「한성순보」 창간호에 게재할 계획이었다. 그러나 1883년 2월 6일 한성부 판윤에 임명되어 2월 28일부터 「한성순보」의 창간을 주도했던 박영효가 동년 4월 10일 갑자기 한성부 판윤직을 박탈당하고 4월 23일 광주유수 겸 수어사(廣州留守兼守禦使)로 좌천되면서[11] 박문국도 폐쇄되자, 유길준도 통리아문 주사직을 사임하면서 「한성순보」의 창간업무에서 완전히 손을 떼고 말았다.

2) “신문에 관한 해설문”의 주요 내용과 의의

이와 같이 유길준이 「한성순보」의 창간업무에서 손을 떼자, 그가 신문에

11 박영효가 이렇게 좌천된 주요 이유는, 그가 한성부 판윤에 임명되자 곧 박문국(博文局)·순경부(巡警部)·치도국(治道局) 등 3국(三局)을 설치하여 신문의 발간, 신식경찰제도의 도입, 도로정비사업, 유색복식(有色服飾)의 장려 등 과감한 개화시책을 펼쳤고, 이에 대하여 수구파의 민태호(閔台鎬)·김병시(金炳始) 등이 적극 반대하고 나섬으로써, 고종이 부득이 3국을 폐쇄토록 하고 박영효를 광주유수 겸 수어사로 좌천시켰던 것이다. 그러나 이에 불만을 품은 박영효가 사의를 표시하였으나, 고종이 이를 윤허하지 않아 박영효는 할 수 없이 광주유수 겸 수어사로 부임하게 되었다.

게재하려고 작성했던 “신문에 관한 해설문”은 불행하게도 햇빛을 보지 못하고 말았다. 그러나 다행히 그 원고가 현재 남아 있는데,[12] 그 전문(全文)을 소개하면 〈참고자료 2-1〉과 같다.[13] 이에서 보듯이 유길준은 “신문에 관한 해설문”을 한문(漢文)이 아니라 국한문(國漢文) 혼용체로 썼는데, 이는 일반 백성들도 읽을 수 있게 하기 위해서였던 같다. 이 글에서 유길준은 신문을 ‘신문공보’(新聞公報)라고 부르면서 우선 그에 대한 정의부터 내렸는데, 이를 보면 “대개 신문공보라 하는 것은 유지(有志)한 학자문인이 회사를 설립하고 신사신정(新事新情)을 탐색 기재하야 세간에 공고 공포하는 서장(書章)”이라고 규정했다.

이러한 정의에서 주목할 점은 곧 신문은 “유지한 학자문인이 회사를 설립”하여 발행한다는 것인데, 당시 유길준이 창간을 준비하던 「한성순보」는 정부기관의 일종인 한성부 박문국에서 발간하려는 일종의 관보(官報, official gazette)였음에도 불구하고, 신문을 “뜻있는 학자나 문인들이 회사를 설립하여 발행”하는 민간신문으로 간주했기 때문이다. 왜 이렇게 유길준이 신문의 본질을 민간신문으로 규정했는지는 정확히 알 수 없으나, 아마도 비록 그 자신은 관보의 창간을 준비하고 있었지만, 신문은 당시 선진 미국이나 유럽, 일본이나 중국에서처럼 민간인들이 신문사를 설립하여 자유롭게 발행하는 것을 원칙으로 생각했기 때문인 것 같다.

12 원본 원고는 진기홍(陳錤洪)이 소장한 「저사집역」(苧社輯譯, 여기서 ‘苧社’란 苧洞에 설치된 박문국을 말함)이라는 표지가 붙은 유길준의 자필 문서철에 들어 있다고 하는데, 그 영인본이 유길준전서편찬위원회 편, 『유길준전서』(俞吉濬全書) 제4권(서울: 일조각, 1971), pp. 19-21에 실려 있다.

13 원본에는 한자가 많고 또한 옛날 맞춤법을 사용했기 때문에 젊은층은 이해하기 어려운 점이 많다. 그래서 여기에 소개하면서 현대 독자들이 이해하기 쉽도록 본 저자(차배근)가 일부 한자는 한글로 바꾸고 맞춤법도 약간 현대식으로 고쳤다.

참고자료 2-1

유길준의 "신문에 관한 해설문"

대개 신문공보(新聞公報)라 하는 것은 유지(有志)한 학자문인이 회사를 설립하고 신사신정(新事新情)을 탐색 기재하야 세간(世間)에 공고 공포하는 서장(書章)이니 그 조건은 그 국가 조정의 평의(評議)며 관가(官家)의 명령이며 이원(吏員)의 진퇴며 외국의 형세며 학예일신(學藝日新)의 경황이며 상고교역(商賈交易)의 성쇠며 농작의 풍흉(豊凶)이며 물가의 고저며 민간의 고락과 사생존망이며 범백이사진담(凡百異事珍談) 등 인민의 이목을 일신케 할 사리(事理)를 축일기재(逐一記載)하야 자세 상명히 하니 혹 형상을 모화(模畵)하야 인물을 포폄(褒貶)하며 의견을 의부(擬附)하야 풍속을 기(譏)하고 또 시점(市店)을 개(開)하는 것은 신문에 등재하야 세인(世人)에게 광보하며 또 유실물 잇는 자며 습취물 잇는 자가 개(皆) 신문에 부탁하야 상보상구(相報相求)하기도 하며 연고(然故)로 방간(房間)에 칩거하되 천하사정과 민간태상을 명명상견(明明相見)하고 만리절역에 작객(作客)하야 향신(鄕信)을 부득(不得)하더라도 일도(一度) 신문을 대한즉 목중(目中)에 요연히 고향 정실(情實)을 접하니 문명국민이 신문공보 보기로 쾌락사를 삼는지라 대체 고금서적이 과다하나 그러하나 견문을 박대(博大)히 하며 사정에 통명(通明)하기는 신문공보를 독람(讀覽)함만 같지 못하니라.

각국 신문공보 중에 매일 출판하는 것도 잇으며 칠일(七日) 일회(一回) 출판하는 것도 잇으며 매월 혹(或) 격(隔)하야 일도(一度) 출판하는 것도 잇으니 태서제국(泰西諸國)은 불수거론(不須擧論)이어니와 해외거류지라도 반다시 출판하는 것도 잇으니 그 최성(最盛)하는 것은 영길리(英吉利, 영국) 륜돈(倫敦, 런던)과 아묵리가합중국(亞墨利加合衆國, 미국) 뉴약(紐約, 뉴욕)의 신문으로써 천하제일이라 하니 대개 륜돈(倫敦)의셔는 만국 신문을 집(集)하야 자국 신문에 공기동재(共記同載)하야 세계 중에 포고하니 차(此) 소위 륜돈신문(倫敦新聞)이라 신문의 보고는 속(速)함으로 제일 취의(趣意)로 삼으니 증기기관으로써 인쇄하야 반시간의 일만오천 매를 득(得)하고 출판하기를 종(終)한즉 증기차 증기선 등 급편(急便)으로 사방에 송달하니 그 신속한 사(事)가 세인의 이목(耳目)을 경준(驚駿)할 자가 유(有)하니 상시(嘗時) 륜돈의사원(倫敦議事院)에 종야(終夜) 대의론(大議論)이 잇셔 묘시(卯時)에 종(終)하얏더니 신문기자가 즉일(卽日) 지상(紙上)에 의사(議事)한 차사일(次事日)로 기재출판하야 국중(國中)에 포고하야 동일(同日) 신시(申時)에 삼백리 외(外) 부리수도루(富利壽度樓)에 달하니라 신문공보의 기설(記說)은 기국(其國)의 풍속을 유(由)하며 기인(其人)의 의견을 인(因)하야 편파 없지 아니하나 그러하나 정부의 허시(許施)을 수(受)하야 출판하나니 대체 그 의론을 공평히 하기로 주의(主意)을 삼아 국가의 정사(政事)를 시비(是非)하며 인물을 포폄하는 사(事).

『유길준전서』 제4권(서울: 일조각, 1971), pp. 19–21에서 전재

이처럼 유길준은 신문의 본질을 '민간신문'으로 규정한 다음, 신문의 주요 내용과 그 조건들을 자세히 열거한 뒤, 국민들의 "견문을 박대(博大)히 하며 사정에 통명(通明)하기는 신문공보를 독람(讀覽)함만 같지 못하니라" 하여 신문이 백성들의 견문을 넓혀 주는 문명개화 수단임을 강조했다. 그리고 끝으로는 영국과 미국을 중심으로 외국의 신문 사정을 간단히 소개하면서 그 속보성과 공평성 등을 언급했다.

이와 같이 유길준의 "신문에 관한 해설문"은 신문의 정의, 주요 내용, 기능(機能) 등에 관한 아주 간단한 약 800자 정도의 해설문으로서, 오늘날

의 기준으로 볼 때는 별것 아닐지 모르겠다. 하지만 '신문'이라는 것을 듣도 보지도 못한 사람들이 대부분이던 1883년 당시로는 매우 경이로운 내용이었고, 또한 간결하지만 신문에 관한 해설문으로 손색이 없었다. 따라서 이 해설문을 임근수는 앞서 말했듯이 "최초로 이루어진 체계화한 [신문학에 관한] 이론적 연구"(임근수, 1973, p. 8)라고 높게 평가했다. 하지만 이 해설문은 애석하게도 당시 우리나라 일반 백성들에게 신문의 본질과 기능 등을 알려 주지 못하고 말았는데, 이는 앞서 말했듯이 유길준이 「한성순보」의 창간업무에서 갑자기 손을 떼게 됨으로써 그의 "신문에 관한 해설문"을 「한성순보」에 싣지 못했기 때문이다.

3.「한성순보」의 출현과 그 영향

1883년 4월 박영효와 유길준이 「한성순보」의 창간작업에서 완전히 손을 떼자, 신문발간 업무는 한성부(漢城府)로부터 조정(朝廷)의 통리교섭통상사무아문(統理交涉通商事務衙門)으로[14] 이관되었다. 그 뒤 7월까지 「한성순보」의 창간작업이 어떻게 진행되었는지는 알 수 없으나, 동년 8월 통리교섭통상사무아문은 외국어교육기관(일종의 통역관원양성기관)인 동문학(同文學)을 설치하고, 그 산하기구의 하나로 박문국(博文局)도 설치했다.[15] 그리

14 청나라의 외교관계 전담 관서인 총리각국사무아문(總理各國事務衙門)을 모방하여 1882년(고종 19년) 11월 17일 설치한 통리아문(統理衙門)에다가 통상(通商) 사무도 취급토록 하면서 동년 12월 4일 통리교섭통상사무아문으로 고치는 동시에 그 조직기구도 확대해서 외교통상사무를 관장한 관서로서, 현재 외교통상부와 같은 부서였다.

15 「한성순보」 창간호(음력 1883. 10. 1, 양력 10. 31 발행) 20면에 실려 있는 '사고'(社告)를 보면, "[음력] 8월 20일 본국(本局)이 성상(聖上)의 유지(諭旨)를 받들어 특별히 국(局)을 설치해서 [음력] 10월 1일부터 순보(旬報)의 발행을 시작한다"(八月二十日 本局奉聖諭特

고 8월 17일 김인식(金寅植)을 박문국 주사(主事)로 임명하고, 9월 7일에는 장박(張博)·오용묵(吳容默)·김기준(金基駿)을 박문국 근무 사사(司事)로 임명해서 「한성순보」의 창간실무를 맡게 했다. 그러자 이들은 9월 20일(음력 8월 20일) 박문국 사무실을 한성부 저동(苧洞)에 열고 인쇄시설도 갖추면서 「한성순보」의 창간준비에 박차를 가했다.

1) 「한성순보」의 창간 목적과 주요 기능(機能) 및 내용

1883년 10월 31일(음력 10월 1일) 드디어 우리나라 최초의 근대신문인 「한성순보」 첫 호가 세상에 나왔는데, 판면 크기는 17×24cm 정도로 오늘날의 A4판과 비슷했으며, 기사들은 활자를 사용하여 비교적 깨끗하게 인쇄되어 있었다. 이러한 「한성순보」의 출현은 당시 우리나라 백성들에게 '신문'이라는 새로운 문물제도를 이해시키는 데 큰 역할을 했는데, 근대적 신문이 우리나라 역사상 처음으로 등장하자, 국민들도 그것을 직접 눈으로 보면서 '신문'이라는 언론문물의 존재와 그 내용·기능 등을 이해하게 되었기 때문이다.

그러나 「한성순보」의 모든 기사들은 순한문(純漢文)으로 썼기 때문에 한문을 모르는 일반 대중은 접할 수 없는 한계점이 있었다. 게다가 「한성순보」 창간호를 보면 신문에 관하여 소개하는 앞서 유길준의 "신문에 관

設一局 自十月初一日始發刊旬報也)고 기재되어 있다. 따라서 이를 볼 때 박문국은 1883년 음력 8월 20일, 양력으로는 9월 20일 설치했다고 볼 수 있다. 그러나 정진석(1990, p. 41)에 의하면 박문국이 창설된 것은 8월 17일이며, 그 사무실을 저동(苧洞)에 열고 실제 업무를 시작한 것이 9월 20일이라고 한다. 한편 박문국의 명칭도 「한성순보」 제1호(1883. 10. 31 발행)부터 제3호(1883. 11. 20)까지의 제호 아래에는 '통리아문박문국'(統理衙門博文局)이라고 표기해 놓았으나, 제4호(1883. 11. 30)부터는 그냥 '박문국'(博文局)으로 표기했다.

한 해설문"과 같은 기사는 찾아볼 수 없었으며, '순보서'(旬報序)라는 제목의 창간사에서 「한성순보」의 창간 동기 내지 목적만 간단히 밝혀 놓았다.

이러한 내용의 '순보서'를 한글로 번역하면 [참고자료 2-2]와 같은데, 이에서 보듯이 "문명의 발달에 따라 현재 세계 여러 나라들 간에 교류와 교역이 활발히 이루어지고 있는데, 이와 같은 사정을 세상의 최근 일에 관심이 있는 사람[時務者]이라면 반드시 알아야 하므로, 우리 조정(朝廷)에서도 박문국(博文局)을 설치하고 관리를 두어 외보(外報)를 폭넓게 번역하고 아울러 내사(內事)까지 기재하여 국중(國中)에 알리는 동시에 열국(列國)에까지 반포하여 문견(聞見)을 넓히고 여러 가지 의문점을 풀어 주고 상리(商利)에도 도움을 주고자 「한성순보」를 창간하게 되었다"고 그 목적을 밝혔다.[16] 그러면서 「한성순보」는 세상의 모든 문물제도와 인품(人品)의 선악, 물가 시세까지 사실대로 정확하게 실어 밝히겠는데, 그 사이사이에는 포폄권징(褒貶勸懲), 즉 권선징악(勸善懲惡)의 뜻도 들어 있다고 했다. 그러나 이러한 신문 내용들을 읽을 때 독자들은 "반드시 때와 형세를 살펴 무작정 남만 따르거나 자기 것만 고집하지 말고 취사(取捨)와 가부(可否)를 반드시 도(道)에 맞도록 하여 정도(正道)를 잃지 않은 뒤에야 거의 개국(開國)한 본래의 뜻에 맞을 것이다"라고 하면서 신문 내용들을 취사선택해서 올바로 받아들이라고 독자들에게 당부하는 것도 잊지 않았다.

16 「한성순보」의 창간 경위와 목적 등은 그 뒤 1886년 2월 창간한 「한성주보」(漢城周報) 창간호(1886. 1. 25 발행)의 창간사인 '주보서'(周報緖) 앞머리에서도 다음과 같이 간단히 설명했다. "삼가 생각하건대 우리 전하(殿下)께서는 천종(天縱)의 예지(叡智)와 굉달(宏達)하신 규모로써 많은 나라들과 국교(國交)를 통화(通和)하시고, 통리아문(統理衙門)에 명(命)하시어 박문국(博文局)을 설치하고 관리를 두어 내정(內政)을 기록하고 외보(外報)를 번역하여 국중(國中)에 반시(頒示)하는 동시, 온 천하에 두루 반포하게 하시니, 이는 안으로 백성을 교화(敎化)하고 밖으로 외모(外侮)를 막고 전쟁을 없앨 수 있는 일이다. 10일에 한 편씩을 펴냈으므로 한성순보(漢城旬報)라고 이름하였으니, '나를 아는 것이 적(敵)을 아는 것이다'라고 한 옛 사람의 말이 바로 이런 경우를 이름한 것이다. …"

참고자료 2-2

순보서(旬報序): 「한성순보」 창간사

우(禹)는 구정(九鼎)을 만들어 구주(九州)를 형상하였고 주관(周官)에는 국토를 구분하였으나 요복(要服)·황복(荒服) 이외는 조금도 언급하지 않은 것은, 산천(山川)이 막혔고 문물(文物)과 제도(制度)가 달라서 덕(德)이 베풀어지거나 힘이 이르지 않기 때문에 선왕(先王)들이 먼 곳까지 경략하는 데 마음을 쓰지 않은 것이다. 그러나 지금은 풍기(風氣)가 점차 열리고 지교(智巧)도 날로 발전하여 선박(船舶)이 전 세계를 누비고 전선(電線)이 서양까지 연락되었는 데다가 공법(公法)을 제정하여 국교를 수립하고 항만·포구를 축조하여 서로 교역하므로 남북극(南北極)·열대(熱帶)·한대(寒帶) 할 것 없이 이웃 나라와 다름없으며 사변(事變)과 물류(物流)가 온갖 형태로 나타나고 차복(車服)·기용(器用)에 있어서도 그 기교가 일만 가지이니, 세무(世務)에 마음을 둔 사람이라면 몰라서는 안 될 것이다.

그러므로 우리 조정(朝廷)에서도 박문국(博文局)을 설치하고 관리를 두어 외보(外報)를 폭넓게 번역하고 아울러 내사(內事)까지 기재하여 국중(國中)에 알리는 동시에 열국(列國)에까지 반포하기로 하고 이름을 『순보』(旬報)라 하여 문견(聞見)을 넓히고 여러 가지 의문점을 풀어주고 상리(商利)에도 도움을 주고자 하였으니, 중국·서양의 관보(官報)·신보(申報)를 우편으로 교신하는 것도 그런 뜻에서이다.

세계 속의 방위(方位)·진침(鎭侵)·정령(政令)·법도(法度)·부고(府庫)·기계(器械)·빈부(貧富)·기양(飢饟)에서부터 인품의 선악, 물가의 고저까지를 사실대로 정확하게 실어 밝게 알 수 있을 뿐 아니라 그 사이사이에 포폄권징(褒貶勸懲)의 뜻도 들어 있다. 그러나 독자들이 먼 것을 외면하고 가까운 것만 좋아한다면 휩쓸려 걷다가 자기 걸음걸이마저 잃어버리는 격(格)이 될 것이고, 새것에는 어둡고 옛것만 고집한다면 우물에 앉아서 제 것만 크다고 하는 격이 될 것이니, 반드시 때와 형세를 살펴 무작정 남만 따르거나 자기 것만 고집하지 말고 취사(取捨)와 가부(可否)를 반드시 도(道)에 맞도록 하여 정도(正道)를 잃지 않은 뒤에야 거의 개국(開國)한 본래의 뜻에 맞을 것이다.

관훈클럽신영연구기금, 「한성순보」 번역판에서 전재

한편 창간호의 마지막 면(面)인 20쪽을 보면 편집후기 성격의 사고(社告)가 실려 있는데, 참고로 그 내용도 살펴보면 "[음력] 8월 20일(양력 9월 20일) 본국(本局, 박문국을 말함)이 성상(聖上)의 유지(諭旨)를 받들어 특별히 국(局)을 설치해서 10월 1일(양력 10월 31일)부터 처음 순보(旬報)의 발행을 시작한다. 그러나 우리들은 평소에 재주가 없고 지식이 소루해서 우리나라 사무도 제대로 알지 못하는데 더구나 천하의 정세를 어찌 알겠는가. 오직 각국의 신문과 고금도서촬요집성(古今圖書撮要集成)에 의거하여 약간 엿볼 수 있을 뿐이다. 상(上)의 유지를 받든 이래 혹시라도 잘못될까 하여 이에 3조 항의 규칙을 다음과 같이 세워 미치지 못한 바를 보충하려 한다"며 3개 관(款, 조항)의 규칙을 열거했다.[17]

17 제1관 책[한성순보를 지칭] 가운데 기록된 바가 만약 뜻이 자세하지 않거나 그 이치가 미진한 점이 있으면 시무(時務) 제 선생(諸先生)은 잘못된 점을 지적해 주시기 바랍니다. 그러면 본국(本局)의 주인 등은 자세히 생각하여 밝게 변석(辨析, 시비를 따져 가림)해서 잘못된 점이 발견되면 반드시 순보에 등재하여 세상 사람들로 하여금 지난 잘못을 도습치 않도록 하겠습니다. 제2관 기술한 제반 조항이 천근(淺近)함을 면치 못하고, 또 지면이 한

2) 대중도 「한성순보」를 통해 신문의 주요 기능 등 인식

이와 같은 '순보서'(旬報序)와 사고(社告) 이외에 「한성순보」 창간호에는 신문의 본질·기능·종류 등을 소개 또는 해설한 기사는 찾아볼 수 없는데, 이는 창간호뿐 아니라 그 뒤 1884년 10월 9일 정간할 때까지 발간한 모두 36개 호(號)에도 마찬가지이다. 그러나 사보(私報)와 출판권에 관한 기사 등은 실은 바 있는데, 제5호(1883. 12. 9)를 보면 그 이전인 제4호까지는 보도기사들을 크게 '내국기사'(內國紀記)와 '각국근사'(各國近事)로 나누어 싣던 것을 제5호부터는 '내국기사'를 다시 '내국관보'(內國官報)와 '국내사보'(國內私報)로 나누어 게재하면서 그 이유를 '국내사보'란 첫머리(9쪽)에 다음과 같이 밝혀 놓았다.

> 신문의 규례(規例)는 중국이나 서양을 막론하고 관보(官報)가 있고 사보(私報)가 있어서 각각 독자성을 유지하며 서로 통섭(統攝)하지 않는다. 그러나 우리나라에는 아직 사보(私報)가 없어서 기록할 만한 기사들이 대부분 산실(散失)되고 있다. 그래서 이에 한두 가지 항간에서 보고 들은 중요한 일만을 다음에 기록하되, 한만(閑漫)하거나 쓸데없는 말로서 정치에 도움이 되지 않는 것은 일체 기록하지 않고 관보(官報)의 체재에 따르노니, 보는 사람들은 그리 알기 바란다.

정되어 자세히 기록하지 못하고 단지 긴요한 것만 취해서 동지들게 알립니다. 혹 독서하는 군자(君子)께서 그 전체를 알고자 하셔서 불치하문(不恥下問)하시면 반드시 아는 바를 다 동호인(同好人)에게 알리겠습니다. 제3관 혹 시사(時事)에 관심을 두어 꼭 구독하시고자 하면 서울에 계시는 분은 저동(苧洞)에 있는 박문국으로 오셔서 말씀하시고, 지방에 계시는 분은 서울로 연락하시면 본국에서는 힘껏 주선하되 부치는 송료는 본국에서 부담합니다.

이와 같은 기사에서 '관보'(官報)는 정부기관 등에서 발행하는 신문으로 곧 「한성순보」와 같은 것을 말한 반면, '사보'(私報)는 민간이 발행하는 민간신문을 지칭한 것 같은데, "서양과 중국 등지에서는 관보와 사보가 각자 독립성을 유지하면서 공존하나, 우리나라에는 아직까지 사보(즉 민간신문)가 없어서 이들이 주로 다룰 만한 기록들이 산실되고 있다"고 서술했기 때문이다. 따라서 「한성순보」는 비록 관보지만 사보, 즉 민간신문의 역할도 일부 대행하기 위하여 "항간(巷間, 길거리)에서 보고 들은 중요한 일도 게재하되, 한만(閑漫)하거나 쓸데없는 말로서 정치에 도움이 되지 않는 것은 일체 기록하지 않고 관보(官報)의 체재를 유지하겠으니 독자들 그리 알기 바란다"는 것이었다.

그러면서 「한성순보」 제5호부터 '내국기사'를 '내국관보'와 '국내사보'로 나누어 게재했다. 이들 중 '국내사보'란에 실린 기사들을 보면, "서울 근교에 도둑이 성행해서 조정에서 방범책을 마련했다"(제5호), "요즘 서울 성내에 화재가 빈번한데 중국 병정들이 진화에 힘썼으며 또 화재를 당한 사람들에게 구제품을 주었다"(제6호), "본 박문국에서 각국의 도량형(度量衡) 제도를 정하여 다음에 기록하니 시무가(時務家)들은 참고하기 바란다"(제8호) 등등의 기사들이 실려 있는데, 이러한 기사들은 당시 우리나라 사람들에게 민간신문의 존재를 이해하고 그 내용의 일부나마 맛보도록 하는 데 중요한 역할을 했다고 볼 수 있다.

다음으로 신문과 밀접한 관계가 있는 출판권에 관한 기사는 「한성순보」 제15호(1884. 3. 18 발행) '각국근사'란의 18쪽에 실었다. 그 내용을 보면, "구미(歐美) 각국에는 소위 출판권이라는 것이 있는데, 이는 총명하고 재능이 있는 인사들이 혹 저서를 내거나 외국서적을 번역하여 출판하면 정부에서 엄격한 규정을 정해서 다른 사람들이 모방하여 내지 못하게 하고, 또 그 사람들에게만 인출(印出)하여 판매함으로써 저서나 번역에 대한 이익을 얻게 하기 위한 것으로, 이러한 출판권의 기원이나 유래는 자세하지 않으나 서양 서적에 의하면 다음과 같다"면서 출판권의 유래와 그 실태를 각 주요 나라별로 소개했는데, 이러한 기사도 당시 우리나라에서는 생소했던 출판권을 이해시키는 데 일조를 했다고 볼 수 있다.

이와 같이 「한성순보」는 '순보서'(旬報序), 사고(社告), 사보(私報), 출판권 등 이외에, 신문의 본질·기능·종류 등을 소개 또는 해설하는 기사는 거의 싣지 않았으나, 우리나라 백성들에게 '신문'이라는 새로운 문물제도를 이해시키는 데 커다란 역할을 했다고 볼 수 있다. 「한성순보」라는 근대적 신문이 우리 역사상 처음으로 등장하자, 국민 대중들도 그것을 직접 눈으로 보면서 '신문'이라는 언론문물의 존재와 그 기능 등을 이해하면서 신문에 대하여 관심을 갖게 되었기 때문이다. 하지만 이처럼 중요한 역할을 해왔던 「한성순보」는 애석하게도 1884년 10월 9일 제36호를 발행한 뒤 정간해야만 했는데, 1884년 12월 4일 김옥균(金玉均)을 위시한 급진적 개화파가 갑신정변(甲申政變)을 일으켰다가 실패하자 수구파 군중이 박문국의 사옥(社屋)과 인쇄시설 등을 불태워 버렸기 때문이다.

4. 유길준, 『서유견문』에서 또 신문론 전개

「한성순보」가 창간 1년 만에 정간하자, 그 뒤 우리나라는 2년여 동안 신문이 없는 시대로 다시 돌아갔다. 그러나 신문에 관한 국민들의 관심이 사라졌던 것은 아니었는데, 신문이 아예 없을 때에는 그 필요성을 몰랐으나, 신문이 일단 발행되다가 없어지자 그 필요성을 더욱 절실히 느끼게 되었기 때문이다. 그런데다가 유길준(俞吉濬)이 1895년 출판한 『서유견문』(西遊見聞) 제17편의 '신문지(新聞紙)' 항에서 또 신문에 관한 이론을 전개함으로써 신문에 관한 지식인들의 학문적 호기심을 불러일으키기도 했다. 그렇다면 유길준은 어떻게 해서 앞서 말한 "신문에 관한 해설문"에 이어 또 신문에 관한 글을 쓰게 되었는가?

1) 미국 유학과 유럽 견학 뒤에 『서유견문』 집필

앞서 말했듯이 유길준은 박영효의 지시로 「한성순보」의 창간을 서두르다가 1883년 4월 박영효의 돌연한 실각으로 말미암아 창간작업에서 손을 떼게 되었다. 그러면서 당시 그의 공식 직책이었던 통리아문의 주사(主事)도 사직했다. 그러나 3개월 뒤 유길준은 우리나라 최초의 미국사절인 보빙사(報聘使) 민영익(閔泳翊)의 수행원으로 발탁되어 홍영식(洪英植)·서광범(徐光範) 등과 함께 미국으로 건너갔다가 그해 가을 매사추세츠 주 세일럼(Salem)에 있는 '거버너 더머 아카데미'(Governer Dummer Academy)라는 대학예비고등학교에 입학해서 공부를 시작했다.

하지만 4개월 뒤인 1884년 12월 4일 고국에서 김옥균(金玉均) 등이 갑신정변을 일으켰다가 실패했다는 소식을 들은 유길준은, 학업을 중단하고 유럽으로 건너가 여러 곳을 돌아본 뒤, 1885년 겨울 제물포로 귀국했다. 그러나 갑신정변의 주모자 김옥균·박영효 등과 관련된 개화파 일당으로 간주되어 귀국 즉시 관헌에 체포되었다. 하지만 한규설(韓圭卨)의 도움으로 극형은 면한 대신, 한규설의 집과 백록동(白鹿洞)의 취운정(翠雲亭)에 1892년까지 무려 6년 동안 연금되었다. 그간에 그는 『서유견문』을 집필해서 연금이 풀린 뒤인 1895년 4월 25일 일본 동경의 고준샤(交詢社)라는 출판사에서 발행했는데,[18] 이 책은 우리말 국한문 혼용체로 출판한 것이었다.

『서유견문』은 모두 20편으로 되어 있으며, 분량은 국판 556쪽으로서 당시로는 상당히 두꺼운 책이었는데, 그 서명(書名)만 보면 유길준이 유럽과 미국을 돌아다니며 보고 들은 것들을 기록한 기행문 같지만, 기행문은 실제로 제19편과 제20편뿐이며 나머지 18편은 서양의 지지(地誌)와 각종 문물제도를 소개한 것이다. 그중에서 제17편의 마지막 항(項)인 '신문지'(新聞紙) 항에서는 서양의 신문에 관하여 6쪽에 걸쳐(pp. 457-462) 자세히 소개하면서 자신의 생각과 의견도 곁들어 놓았다(원문은 〈참고자료 2-3〉 참조).[19]

2) 『서유견문』 제17편 '신문지' 항의 주요 내용

『서유견문』 제17편 '신문지' 항의 주요 내용은 다음과 같다.

첫째로 유길준은 신문에 관한 정의(定義)부터 내리면서, "신문지(新聞紙)란 중인(衆人)이 회사를 결(結)하여 그 국(局)을 설립(立)하고 세간(世間)의 자신(自新)하는 사정을 탐지하여 그 기출(記出)하는 문장(文章)을 등판(登板)하야 천하에 공포하는 것(者)"이라고 규정했다. 이러한 정의는 앞서 유길준이 「한성순보」의 창간을 준비할 때 썼던 "신문에 관한 해설문"에서 신문에 관한 정의, 즉 "대개 신문공보(新聞公報)라 하는 것은 유지(有志)한 학자문인이 회사를 설립하고 신사신정(新事新情)을 탐색 기재하야 세간(世間)에 공고 공포하는 서장(書章)"이라는 정의와 비슷한데, 이들 두 가

18 발행사는 고준샤(交詢社), 인쇄소는 주식회사 슈에이샤(秀英舍)였는데, 이 인쇄소에서 언제 어떻게 한글 자모(字母)를 모두 구비해서 우리말로 『서유견문』을 인쇄했는지는 알 수 없다. 그러나 이 인쇄소는 우리나라 일본유학생들의 최초 단체였던 대조선일본유학생친목회의 회지(會誌) 「친목회보」도 제1호(1896. 2. 15)부터 제6호(1898. 4. 9)까지 우리글로 인쇄해 주었다.

19 이 글은 유길준의 『서유견문』(동경: 고준샤, 1895), pp. 457-462에서 전재했으나, 저자(차배근)가 띄어쓰기 했다.

참고자료 2-3

『서유견문』 제17편 '신문지' 항

新聞紙ᄂᆞᆫ 衆人이 會社ᄅᆞᆯ 結ᄒᆞ야 其局을 立ᄒᆞ고 世間의 自新ᄒᆞᄂᆞᆫ 事情을 探知ᄒᆞ야 其記出ᄒᆞᄂᆞᆫ文章을 登板ᄒᆞ야 天下에 公布ᄒᆞᄂᆞᆫ 者니 朝廷의 政事와 官家의 命令과 官員의 進退로브터 道路의 風說과 商賈의 盛衰와 農作의 豊凶과 物價의 高低와 各處 學校의 修學ᄒᆞᄂᆞᆫ 景像과 各地 學者의 窮究ᄒᆞᄂᆞᆫ 術業과 民間의 苦樂과 生死며 外國의 傳聞에 至ᄒᆞ야 實景 眞態 奇事 異言의 足히 世人의 聞見을 博ᄒᆞᆯ 者를 文人이 文을 述ᄒᆞ고 名畵가 畵ᄅᆞᆯ 作ᄒᆞ야 不詳ᄒᆞᆫ 者가 無ᄒᆞ고 又 他事故에 至ᄒᆞ야ᄂᆞᆫ 集會ᄒᆞᄂᆞᆫ 消息과 開市ᄒᆞᄂᆞᆫ 名號와 火輪船車의 出入과 家庭什物의 賣買며 遺失物을 拾取ᄒᆞ야 其本主ᄅᆞᆯ 探索ᄒᆞ기와 店舍를 排鋪ᄒᆞ고 旅客을 招延ᄒᆞ기도 皆新聞局에 付託ᄒᆞ야 其細瑣ᄒᆞᆫ緣由ᄅᆞᆯ 記報ᄒᆞ나니 然故로 窮巷에 居ᄒᆞ야 朋輩의 交逐이 極罕ᄒᆞᆫ 者와 萬里他鄕에 作客ᄒᆞ야 故國의 消息이 漠然ᄒᆞᆫ 者라도 新聞紙ᄅᆞᆯ 一臨ᄒᆞᆫ즉 人間의 景況이 目中에 宛然ᄒᆞ야 其事物을 親接ᄒᆞᆷ과 同ᄒᆞᆫ지라 泰西人이 新聞紙ᄅᆞᆯ 考覽ᄒᆞᄂᆞᆫ 事로 人世의 一快樂이라 稱ᄒᆞ니 盖人의 消受ᄒᆞ기ᄅᆞᆯ 위ᄒᆞ야 古今의 書籍이 不少ᄒᆞ나 然ᄒᆞ나 世界의 物情을 洞知ᄒᆞ며 自己의 聞見을 博ᄒᆞ야 處世ᄒᆞᄂᆞᆫ 道ᄅᆞᆯ 鍊磨ᄒᆞ기ᄂᆞᆫ 新聞紙의 功이 亦多ᄒᆞᆯ듯.

大概 新聞紙ᄂᆞᆫ 每日 登板ᄒᆞᄂᆞᆫ 者도 有ᄒᆞ며 每七日 登板ᄒᆞᄂᆞᆫ 者도 有ᄒᆞ고 每朔 或 四季에 登板ᄒᆞᄂᆞᆫ 者가 有ᄒᆞ야 泰西 諸國과 亞細亞洲 各地라도 泰西人의 都會ᄒᆞᆫ 處所ᄂᆞᆫ 必然히 登板ᄒᆞᄂᆞᆫ 者가 有ᄒᆞᆷ이라 今其新聞紙의 創始ᄒᆞᆫ 根源을 推究ᄒᆞ건대 我邦의 朝報 같이 仕宦ᄒᆞᄂᆞᆫ 者에게 書寫ᄒᆞ야 輪回ᄒᆞ더니 其後에 人民이라도 富饒ᄒᆞᆫ 者ᄂᆞᆫ 其稅ᄅᆞᆯ 出ᄒᆞ고 獲覩ᄒᆞ며 三百年前에 英吉利와 伊太利의 兩國에 登板ᄒᆞᄂᆞᆫ 新聞紙가 始有ᄒᆞ나 然ᄒᆞ나 其記載ᄒᆞᄂᆞᆫ 條件이 商務의 景況과 物價의 高下에 止ᄒᆞ고 朝廷의 政令은 善惡을 記登ᄒᆞ기 不聽ᄒᆞ며 學術에 止ᄒᆞ야도 寂然히 論ᄒᆞᄂᆞᆫ 者가 無ᄒᆞ 或 政府의 特許로 登板ᄒᆞᆫ 新聞紙를 都價로 販賣ᄒᆞ기도 하며 又或 我邦의 博文局ᄀᆞᆺ치 政府가 官司ᄅᆞᆯ 設ᄒᆞ고 登板ᄒᆞ기도 ᄒᆞ다가 二百年前에 至ᄒᆞ야 新聞紙 登板ᄒᆞᄂᆞᆫ 風俗이 盛行ᄒᆞ야 朝廷의 政令을 議論ᄒᆞᄂᆞᆫ 者도 有ᄒᆞ며 民間의 惡俗을

譏弄ᄒᆞᄂᆞᆫ 者도 有ᄒᆞ며 農商의 事務롤 布告ᄒᆞᄂᆞᆫ 者도 有ᄒᆞ여, 軍士의 才技와 學者의 工夫롤 辯難ᄒᆞᄂᆞᆫ 者도 有ᄒᆞ며 法律과 器械며 幼兒와 女子의 新聞紙도 有ᄒᆞ고 外國事情에도 其政治 習俗 人民 風土 及 他千萬事物을 明白키 翻謄ᄒᆞ야 世間物의 洪纖을 悉包ᄒᆞ고 天下事의 遐邇롤 具括ᄒᆞ나니 其繁盛홈도 極臻ᄒᆞ고 浩大홈도 無比라 近世泰西諸國 中에 英吉利國 倫敦府와 合衆國 紐約府의 新聞紙가 最大ᄒᆞᆫ 者니 現今에ᄂᆞᆫ 記載ᄒᆞᄂᆞᆫ 事件이 太溢ᄒᆞ야 有時原幅外에 別幅을 疊加ᄒᆞ나 創始ᄒᆞ든 時에ᄂᆞᆫ 登板ᄒᆞᄂᆞᆫ 事實이 極罕ᄒᆞ야 紙一面에도 未滿ᄒᆞᆫ 者라.

却夫 新聞紙登板ᄒᆞ기에 其要求ᄒᆞᄂᆞᆫ 諸具가 有ᄒᆞ니 往昔에ᄂᆞᆫ 人이 寫ᄒᆞ다가 鐵鑄字의 法을 攄得ᄒᆞᆫ 後로ᄂᆞᆫ 器械롤 始用ᄒᆞ되 猶且 人力을 多費ᄒᆞ더니 今日에 至ᄒᆞ야ᄂᆞᆫ 大會社ᄂᆞᆫ 火輪器械로 以ᄒᆞ야 一時에 三萬餘葉을 印出ᄒᆞᆫ즉 其神速홈과 宏壯홈은 足히 人의 耳目을 駭ᄒᆞ디라 其諸具가 如此ᄒᆞᆫ즉 其浮費도 亦不少ᄒᆞ니라 何人이 自己의 財롤 出ᄒᆞ야 新聞紙롤 登板ᄒᆞ기에 徒費ᄒᆞ리오 新聞紙롤 購見ᄒᆞᄂᆞᆫ 者가 有ᄒᆞᆫ 然後에 可히 販賣홀디니 此를 由ᄒᆞ야 觀ᄒᆞ면 新聞紙가 商路의 一事라 今其販賣롤 ᄒᆞᄂᆞᆫ 法을 暫記ᄒᆞ건대 本國과 外國의 人을 勿拘ᄒᆞ고 新聞紙롤 願見ᄒᆞᄂᆞᆫ 者가 其 居住와 姓名을 會社에 送致ᄒᆞ고 一年의 都合ᄒᆞᆫ 價롤 先細音도 ᄒᆞ며 或 追後細音도 ᄒᆞ고 又或 逐朔ᄒᆞ기도 ᄒᆞ나니 各處에 其分送ᄒᆞᄂᆞᆫ 法이 購見ᄒᆞᄂᆞᆫ 諸人의 姓名과 居住롤 書頭에 印ᄒᆞ야 郵征局에 送ᄒᆞᆫ즉 郵征局이 近地에ᄂᆞᆫ 人으로 傳ᄒᆞ고 遠地면 火輪船車의 便으로 以ᄒᆞ며 又或 本局이 街童에게 分授ᄒᆞ야 道路過人에게 散賣ᄒᆞ기도 ᄒᆞ고 新聞紙販賣ᄒᆞᄂᆞᆫ 外에도 各項事物의 報告ᄒᆞᄂᆞᆫ 類롤 各其記言의 行數로 其價롤 收ᄒᆞ야 大會社의 一年 收入ᄒᆞᄂᆞᆫ 財額이 多者ᄂᆞᆫ 二, 三千萬兩에 至ᄒᆞᄂᆞᆫ지라 其傳布의 迅速홈이 人의 意表에 出ᄒᆞᆫ즉 今一例롤 證ᄒᆞ대 年前에 英吉利政府가 國家大事롤 論議ᄒᆞ야 卯時末에 終ᄒᆞ거놀 業已 新聞紙에 板出ᄒᆞ야 同日申時에 京城三百里外地에 喧藉ᄒᆞ니 可히 警異홀 者라.

又此屢條의 浩繁ᄒᆞᆫ 事項이 內外國과 遠近地에 散出ᄒᆞᄂᆞᆫ 者ᄂᆞᆫ 新聞局의 幹主人이 安坐ᄒᆞ야 見聞ᄒᆞ기 豈得ᄒᆞ리오 然ᄒᆞᆫ 故로 各處에 探報人을 廣布ᄒᆞ야 緊急ᄒᆞᆫ 事情은 電報로 通ᄒᆞ고 遲歇ᄒᆞᆫ 條件은 書信으로 達ᄒᆞ

야 登板ᄒᆞ는 時日에 及ᄒᆞ니 諸新聞局이 亦其記載ᄒᆞ는 事의 迅速ᄒᆞ기를 爭홈이오 購見ᄒᆞ는 者도 事實의 傳播홈을 速知홈으로 爲快홈이니 政府도 其政令의 傳布홈을 위ᄒᆞ야 政堂의 議事ᄒᆞ는 時와 法司의 判罪ᄒᆞ는 日에 新聞探報者의 參席ᄒᆞ기를 許ᄒᆞ는 者라 大槪 此 探報ᄒᆞ는 諸人은 新聞局의 月俸을 受ᄒᆞ야 其事를 行하고 又畵工과 文人의 手를 借ᄒᆞ야 新聞局이 其登板ᄒᆞ는 各條에 其理를 論ᄒᆞ며 其像을 現ᄒᆞ는 故로 亦其幣金을 給ᄒᆞ나니 此로 由ᄒᆞ야 新聞局의 雜費도 不少홈이라.

凡新聞紙에 登載ᄒᆞ는 議論이 國을 隨ᄒᆞ야 差殊홈이 有ᄒᆞ고 人을 隨ᄒᆞ야 亦分異홈이 生ᄒᆞ는 故로 偏僻된 言詞와 虛荒ᄒᆞᆫ 事蹟이 不無ᄒᆞ나 然이나 政府의 許施를 奉ᄒᆞ야 其議評의 公平홈과 眞實홈으로 主張ᄒᆞ나니 國家의 政事와 法侶에 不便ᄒᆞᆫ 者가 有ᄒᆞ하면 是를 論ᄒᆞ야 政府의 審考ᄒᆞ기를 請ᄒᆞ며 人民의 好ᄒᆞ는 者와 願ᄒᆞ는 者가 有ᄒᆞ면 政府의 行施ᄒᆞ기를 冀ᄒᆞ는 故로 政府의 命令과 政事도 此를 因ᄒᆞ야 勤愼ᄒᆞ며 人民의 行實과 世界의 習俗을 論議ᄒᆞ야 可讚ᄒᆞᆫ 者는 讚ᄒᆞ고 可譏ᄒᆯ 者는 譏ᄒᆞ는 故로 人이 亦其行實을 端正히 ᄒᆞ며 風俗이 自然히 勵ᄒᆞ야 是를 顧忌ᄒᆞ고 又 如何ᄒᆞᆫ 事物에든지 其制度의 便否와 規模의 善惡에 論駁을 不行ᄒᆞ는 者가 無ᄒᆞᆫ 故로 生涯와 生業을 營求ᄒᆞ는 者가 亦皆其躬을 飭ᄒᆞ야 極愼ᄒᆞ나니 此를 由ᄒᆞ야 觀ᄒᆞ면 新聞局이 國家를 爲ᄒᆞ야 諫官의 職責을 行ᄒᆞ고 人世를 向ᄒᆞ야 史筆의 褒貶을 執ᄒᆞᆫ 者라 謂ᄒᆞ야도 虛言이 아니어니와 만약 新聞局이 私嫌이나 私怨을 因ᄒᆞ야 妄佞되히 國家의 政令을 論難ᄒᆞ고 人身의 言行을 譏刺ᄒᆞ야 實狀이 無ᄒᆞᆫ즉 政府의 罰을 不免ᄒᆞ는 故로 新聞局도 亦小心을 ᄒᆞ는지라.

新聞紙에 又一條大機가 有ᄒᆞ니 如何ᄒᆞᆫ 人이든지 好議論이 有ᄒᆞ면 記寫ᄒᆞ야 其國中에 送致ᄒᆞᆫ즉 新聞局도 亦不辭ᄒᆞ고 必然 板에 登ᄒᆞ야 世間에 傳播ᄒᆞ는지라 故로 國을 尊ᄒᆞ기와 君을 愛ᄒᆞ기에 曲盡ᄒᆞᆫ 議論으로 世人의 忠義를 鼓勵ᄒᆞ기 易ᄒᆞ고 又自己의 國이 他國에 不及ᄒᆞ는 事가 有ᄒᆞᆫ즉 新聞紙의 論評으로 國人의 公憤心을 激起ᄒᆞ는 故로 新聞紙를 見ᄒᆞ는 者마다 好道理를 經營ᄒᆞ야 究出ᄒᆞ기를 期必ᄒᆞ며 又新聞紙를 因ᄒᆞ야 其講確ᄒᆞ는 理論을 國中人에게 相通ᄒᆞ나니 國人의 心을 協一ᄒᆞ는 機關은 新聞紙에 歷過ᄒᆞ는 者가 亦無ᄒᆞᆫ故로 或이 曰 新聞紙는 開化의 大助라 ᄒᆞ더라.

지 정의에서 기본적 공통점은 신문이란 "유지한 학자문인이나 중인(衆人)" 등의 민간인들이 '신문사'(新聞社)라는 회사(會社)를 설립하여 발행하는 것이라는 점이다. 따라서 이를 볼 때 유길준은 조정(朝廷)이나 정부기관 등이 발행하는 관보(官報)보다는 민간인들이 신문회사를 설립해서 발행하는 민간신문을 신문의 정형(定型)으로 보았음을 알 수 있다.

둘째로 유길준은 신문의 주요 내용도 자세히 소개하면서, 그 실례로 조정(朝廷)의 정사(政事), 관가(官家)의 명령, 관원의 진퇴, 도로(道路)에서의 풍설(風說), 상고(商賈)의 성쇠, 농작(農作)의 풍흉(豊凶), 물가(物價)의 고저, 각처 학교의 수학(修學)하는 경상(景像), 각지 학자(學者)의 궁구하는 술업(術業), 민간의 고락과 생사, 외국의 실경(實景)·진태(眞態)·기사(奇事)·이언(異言), 집회 소식, 개시(開市)의 명호(名號), 화륜선차(火輪船車)의 출입, 가정집물(家庭什物)의 매매, 유실물(遺失物)의 습취와 반환, 점사(店舍)의 배포(排鋪), 여객(旅客)의 초연(招延) 등을 들었다. 그러면서 이러한 여러 가지 내용의 신문지를 보면, "인간의 경황(景況)이 목중(目中)에 완연하여 그 사물을 친접(親接)함과 같은지라, 태서인(泰西人, 즉 서양인)들은 신문지를 고람(考覽)하는 것을 인세(人世)의 쾌락의 하나로 삼으며, 세계 물정을 통지(洞知)하고 자기의 문견(聞見)을 넓혀서 처세하는 도(道)를 연마하니 신문지의 공(功)이 역시 크다"고 서술했다.

셋째로 유길준은 신문의 종류도 소개하면서 신문지에는 매일 등판(登板, 즉 발행)하는 것, 매 7일마다 발행하는 것, 매삭(每朔) 발행하는 것, 또는 1년에 4회 발행하는 것이 있는데, 서양 여러 나라와 아시아 각지에도 서양인들이 모여 사는 곳에는 반드시 신문을 발행한다고 기술했다.

넷째로 유길준은 신문의 시원(始原)과 현황에 관해서 서술하면서, 그 시원을 추구(推究)해 보면 처음에는 우리나라 조보(朝報)처럼 관리들에게 [국가의] 주요 사건들을 서사(書寫)하여 돌려보도록 하다가, 그 뒤에 민간이라도 부유한 자는 돈을 내고 구독(購讀)하다가, 300년 전에 영국과 이탈리아 두 나라에서 신문이 처음 나왔으나, 당시 신문 내용은 다만 상업의 경황(景況)과 물가(物價)의 고저 등을 기재(記載)하는 데 그쳤으며 조정(朝廷)의 정령(政令)의 선악 등은 논하지 못했다. 이러한 상업 위주의 신문 이외에 혹은 정부의 특허를 얻어 신문지를 발행해서 판매하기도 했고, 또 혹은 우리나라 박문국(博文局)처럼 정부가 관사(官司)를 설립하여 신문을 발행하기도 했다.

그러다가 200년 전에 이르러서 신문을 발행하는 풍속이 성행하면서 조정(朝廷)의 정령(政令)을 의논하는 신문도 있고, 민간의 악속(惡俗)을 기롱(譏弄)하는 신문도 있으며, 농상(農商)의 사무를 포고하는 신문도 있고, 군사(軍士)의 재기(才技)와 학자(學者)의 공부를 변난(辯難)하는 신문도 있으며, 법률과 기계(器械)에 관한 신문, 유아와 여자의 신문도 나타나게 되었다. 그리하여 근세(近世)에는 서양 여러 나라들 중에서 영국의 런던시, 미국의 뉴욕시에 신문지가 가장 많으며, 오늘날에는 신문에 보도하는 사건들이 너무 넘쳐 신문의 판형을 키우고 면수를 늘이기도 하나, 300년 전 신문이 처음 출현했을 때는 보도할 사건들이 아주 드물어 1면조차도 제대로 채울 수 없었다고 기술했다.

다섯째로 유길준은 신문의 인쇄방법에 관해서 설명하기를, 신문을 발간하려면 여러 가지 기구들이 필요한데, 예전에는 사람이 필사(筆寫)하다가 철주자(鐵鑄字)의 법을 발명한 이후로는 기계를 처음 사용했으나 역시 인력이 많이 들었다. 그러나 오늘날에는 대규모 신문사는 화륜기계(火輪器械), 즉 증기기관(蒸氣機關)을 부착한 인쇄기를 사용하여 한 번에 3만여 매를 인쇄하니 그 신속(神速)함과 굉장함이 족히 사람의 이목(耳目)을 놀라게 한다고 서술했다.

3) 신문의 제작·구독·배포 방법 등도 자세히 기술

여섯째로 유길준은 신문의 구독과 배포 방법에 관해서 설명하기를, 본국(本國)과 외국 사람을 막론하고 신문을 구독하려면 주소와 성명을 신문사에 보내야 하는데, 구독료는 1년치를 모두 선납하거나 또는 추후에 내기도 하는데, 그럴 경우 매달 초하루에 낸다. 그러면 신문사에서 우정국(郵征局)을 통하여 구독자에게 신문을 보내는데, 우정국에서는 가까운 곳은 사람이 직접 전달하며, 먼 곳에는 화륜차(火輪車, 즉 증기기관차)나 화륜선박편으로 보낸다. 또한 신문사에서는 신문팔이 소년[街童]들에게 신문을 나누어 주어 거리를 지나다니는 사람들에게 산매(散賣)하기도 한다. 그런데 신문배포 속도가 대단히 빨라, 예컨대 연전(年前)에 영국 정부가 국가대사를 논의하다가 묘시 말(卯時末), 즉 오전 7시에 끝냈는데 그 논의 내용을 게재한 신문이 그날 신시(申時), 즉 오후 3~5시에 런던에서 300리나 떨어진 외지(外地)까지 전달되었다면서 이는 가히 놀랄 만한 일이라고 첨언하였다.

일곱째로 유길준은 신문의 상업성(商業性)과 재정에 관해서 기술하기를, 신문을 발행하려면 많은 비용이 드는데, 도대체 어떤 사람이 그 많은 비용을 들여 신문을 발간하여 무료로 나누어 주겠느냐고 반문하면서, 신문을 발간하는 것은 그것을 구독하려는 사람들에게 판매하기 위한 것이므로 "신문지는 곧 상로(商路)의 일사(一事)라"고 규정했다. 그러면서 신문사는 신문판매 이외에 또 각종 광고를 게재해 주면서 그 행수(行數)에 따라 광고료를 받는데, 대규모 신문사의 경우 1년 수입액이 많을 때는 2~3천만 냥(兩)에 이른다고 설명했다.

여덟째로는 신문의 제작 방법에 관하여 설명하기를, 나라 안팎과 먼 곳에서 일어나는 여러 가지 번다한 사항[사건]들을 어찌 신문사 간부들이 편안하게 앉아서 보고 들을 수 있겠는가? 그러므로 신문사에서는 각처에 탐보인(探報人, 오늘의 취재기자나 통신원)들을 널리 파견해서 긴급한 사정에 관한 뉴스는 전보(電報)로 송고하게 하고, 긴급하지 않은 것은 서신(書信)으로 보내서 신문발행 날짜에 도착하게 하는데, 이는 신문사들이 사건을 되도록 빨리 보도하려고 서로 경쟁하기 때문이요, 또한 신문 독자들도 새로운 소식을 빨리 아는 것을 선호(選好)하기 때문이다.

한편 정부도 정령(政令)을 국민들에게 널리 전달하기 위하여 정당(政堂, 즉 의사당)에서의 회의 시간에, 법원에서도 재판하는 날에 신문탐보인의 참석을 허용한다. 이러한 신문탐보인들은 신문사에서 월봉(月俸, 월급)을 받으며 취재 일을 한다. 한편 신문사에서는 신문탐보인들 이외에 화공(畵工)과 문인(文人)의 손도 빌려 신문을 제작하는데, 신문기사들은 각각 그 이치를 논하며 그 내용을 그림으로 나타내기도 하기 때문이라고 설명했다.

4) 신문은 간관(諫官) 역할, 개화에도 큰 도움된다고 결론

아홉째로 유길준은 신문의 구실과 기능(機能)에 관해서 소개하기를, 비록 무릇 신문에 등재하는 논의들 중에는 국가나 개인에 따라 편벽한 언사(言詞)와 허황한 내용이 없지는 않으나, 정부의 허시(許施)를 받들어 그 의평(議評)을 공평하며 진실되게 주장한다고 했다. 그러면서 만약 국가의 정사(政事)와 법률에 불편한 것이 있으면 신문들은 이를 논(論)하면서 정부가 심고(審考)해 주기를 청하며, 만약 백성들이 좋아하거나 원하는 것이 있으면 이를 정부가 시행해 줄 것을 요청하게 되므로, 정부의 명령과 정사(政事)도 근신하게 된다고 설명했다.

또한 신문은 백성들의 행실과 세계의 습속(習俗)을 논의하면서, 칭찬

할 것은 칭찬하고 나무랄 것은 나무람으로써 사람들의 행실을 단정케 하여 풍속이 자연히 장려되며 잘못을 돌아보게 된다고 했다. 또 신문은 여하한 사물에서든지 그 제도의 편리함과 불편함 및 행위의 선악에 대한 논박을 하지 않는 것이 없기 때문에 생애와 생업에 종사하는 사람들이 역시 모두 근신하게 되니, 이를 통해서 보건대 신문사는 국가를 위하야 간관(諫官)의 역할을 수행하며, 인세(人世)를 향하야 사관(史官)의 역할을 하는 자(者)라고 말해도 허언(虛言)이 아니라고 했다. 그러나 만약 신문사가 사혐(私嫌)이나 사원(私怨)으로 망령되게 국가의 정령(政令)을 논란하고 인신(人身)의 언행을 헐뜯으면 정부의 벌(罰)을 면하기 어렵기 때문에 신문사도 역시 조심한다고 기술했다.

열번째이자 마지막으로 유길준은, 신문이 국가와 개화를 위해서도 큰 역할을 한다고 설명했다. 신문은 나라를 존중하고 임금을 사랑하기에 곡진(曲盡)한 의론으로 세인의 충의를 북돋고 장려하기가 쉬우며, 또한 자기 나라가 다른 나라에 미치지 못하는 일이 있으면 이를 신문이 논평해서 자기 나라 백성들의 공분심(公憤心)을 불러일으켜 신문지를 보는 사람마다 좋은 방법으로써 나라를 발전시키려 하며, 또 신문지를 통해서 나라를 발전시키기 위한 이론(理論)을 백성들에게 상통하도록 하므로, 한 나라 백성들의 마음을 하나로 만들 수 있는 기관은 신문지를 뛰어넘는 것이 역시 없기 때문에 신문지는 개화(開化)에 크게 도움이 된다고 어떤 사람은 말하고 있다고 결론지었다.

이와 같은 여러 가지 내용으로 미루어 볼 때, 유길준은 신문에 관해서 많은 연구와 생각을 했던 것 같다. 따라서 유길준은 언론연구 분야에서 우리나라 최초의 개척자였다고 볼 수 있다. 또한 그는 『서유견문』에서 '신문' 전반에 관해서 상세히 소개함으로써 1895년 당시 우리나라 지식층에게 신문에 관한 이해를 넓혀 주는 한편, 신문에 대한 학문적 관심도 자극해 주었다고 추정된다. 그리하여 1884년 12월 4일 발생한 갑신정변으로 말미암아 정간됐던 「한성순보」 대신, 1886년 1월 25일 「한성주보」(漢城周報)가 나오게 만드는 데도 중요한 영향을 미쳤다고 볼 수 있다. 그렇다면 「한성주보」는 어떻게 해서 나오게 되었으며, 당시 이러한 신문에 대한 우리나라 사람들의 관심과 인식(認識)은 어떠했는지에 관해서도 간단히 살펴보기로 하겠다.

5. 「한성순보」 정간 후 다시 「한성주보」 발간

갑신정변으로 말미암아 「한성순보」의 발행이 1884년 12월 6일부터 중단되자, 많은 사람들이 신문의 필요성을 새삼 절실하게 느끼게 되었다. 신문이 아예 없을 때는 그 필요성을 몰랐으나, 일단 발행되다가 없어지자 세상일들이 궁금하면서 신문이 기다려졌기 때문이다. 따라서 정부에서 1886년 1월 25일 다시 「한성주보」를 내게 되었다.

이런 사실은 「한성주보」 창간사에 해당하는 '주보서'(周報序)에도 잘 나타나 있는데, 한문(漢文)으로 쓴 '주보서'를 한글로 번역해서 소개하면 〈참고자료 2-4〉와 같다.

1) 「한성주보」의 발간 경위와 약 2년 뒤 폐간 이유

'주보서'에서 보듯이 우리 정부가 「한성주보」를 다시 간행하게 된 것은, 갑신정변이 일어나 박문국(博文局)이 철폐되고 순보(旬報)가 간행되지 않게 되자 상하 관민이 모두 말하기를 "사람의 정(情)은 보는 바에 따라 옮겨 감이 참으로 심한 것이로다. 과거 순보가 간행되지 않았을 적에는 불

참고자료 2-4

주보서(周報序): 「한성주보」 창간사

삼가 생각하건대 우리 전하(殿下)께서는 천종(天縱)의 예지(叡智)와 굉달(宏達)하신 규모로써 많은 나라들과 국교(國交)를 통화(通和)하시고 통리아문(統理衙門)에 명(命)하시어 박문국(博文局)을 설치하고 관리를 두어 내정(內政)을 기록하고 외보(外報)를 번역하여 국중(國中)에 반시(頒示)하는 동시, 온 천하에 두루 반포하게 하시니, 이는 안으로 백성을 교화(敎化)하고 밖으로 외모(外侮)를 막고 전쟁을 없앨 수 있는 일이다.

10일에 한 편씩을 펴냈으므로 한성순보(漢城旬報)라고 이름하였으니, "나를 아는 것이 적(敵)을 아는 것이다"라고 한 옛 사람의 말이 바로 이런 경우를 이름한 것이다. 상하의 관민(官民)이 매우 편리하게 여겼더니 갑신정변이 일어나 박문국(博文局)이 철폐되고 순보(旬報)가 간행되지 않게 되자 상하 관민이 모두 말하기를 "사람의 정(情)은 보는 바에 따라 옮겨 감이 참으로 심한 것이로다. 과거 순보가 간행되지 않았을 적에는 불편한 것을 모르고 지냈더니, 순보가 간행되다가 중단되니 겨우 틔었던 이목(耳目)이 어두어지는 것 같다"고 하여 모든 사람들이 [순보의] 간행을 바라고 폐간을 바라지 않았다.

상(上)께서 이런 실정을 살펴 아시고 통리아문(統理衙門)에 명하시어 다시 박문국(博文局)의 설치에 대한 가부를 의논케 하시니, 모두들 "다시 설립하는 것이 좋겠다"고 하였다. 그러므로 그 관원(官員)과 법(法)을 전보다 약간 증감하고 국가의 교섭과 관리(官吏)의 승출(陞黜)에서부터 가항(街巷)의 요속(謠俗)과 농상사무(農桑事務)와 상세(商稅) 시가(市價)의 고하에 이르기까지 빠짐없이 모두 기재하고, 또 관직(官職)을 갖지 않은 사람의 투고(投稿)는 그 내용을 따지지 않고 별본(別本)으로 출간(出刊)하기로 하였다. 과거에는 10일에 한 편씩 펴내던 것을 공정(工程)을 단축하여

7일에 한 편씩 펴내기로 하고 '순보'(旬報)란 이름을 '주보'(周報)로 개칭하니, 이에 이르러서야 국(局)의 규모가 대략 갖추어졌다.

이 일은 위로 성의(聖意)를 받들고 아래로 여론에 따른 것이니, 국원(局員)들은 그 일을 삼가고 그 직책에 부지런히 하여 충군애민(忠君愛民)의 도(道)에 미력이나마 돕지 않아서야 되겠는가. 그러나 재주가 부족하고 논의(論議)가 넉넉지 못하여 이 일을 걸머지지 못할 것이 두려우니 부끄러울 뿐이다. 모든 국무(局務)의 부족한 것과 바르지 못한 것을 깨우쳐 주시기를 국외(局外) 군자(君子)들에게 간절히 바라는 바이다.

관훈클럽신영연구기금, 「한성주보」(번역판) 제1호(1886. 1. 25)에서 전재

편한 것을 모르고 지냈더니, 순보가 간행되다가 중단되니 겨우 틔었던 이목(耳目)이 어두어지는 것 같다"고 하여 모든 사람들이 [순보의] 간행을 바랐다. 그러자 "상(上, 임금)께서 이런 실정을 살펴 아시고 통리아문(統理衙門)에 명하시어 다시 박문국의 설치에 대한 가부를 의논케 하시니, 모두들 '다시 설립하는 것이 좋겠다'고 했다. 그러므로 그 관원과 법을 전보다 약간 증감하고 국가의 교섭과 관리의 승출(陞黜)에서부터 가항(街巷)의 요속(謠俗)과 농상사무(農桑事務)와 상세(商稅) 시가(市價)의 고하에 이르기까지 빠짐없이 모두 기재하고, 또 관직을 갖지 않은 사람의 투고는 그 내용을 따지지 않고 별본(別本)으로 출간하기로 하였다. [그러면서] 과거에는 10일에 한 편씩 펴내던 것을 공정(工程)을 단축하여 7일에 한 편씩 펴내기로 하고 '순보'(旬報)란 이름을 '주보'(周報)로 개칭하였다."

이렇게 '주보서'에서 자세히 밝혀 놓았듯이, 신문이 아예 없을 때는

그 필요성을 몰랐으나, 「한성순보」가 일단 발행되다가 갑신정변으로 말미암아 중단되자 임금을 비롯한 상하관민(上下官民)들이 신문의 필요성을 새삼 절실하게 느끼게 되었다. 그리하여 고종 임금의 명령에 따라 1886년 1월 25일부터 「한성주보」라는 관보를 다시 발행하자, 많은 사람들이 새삼 신문의 필요성을 인식하게 되면서 신문에 관하여 더욱 많은 관심을 갖게 되었다.

하지만 이러한 역할을 했던 「한성주보」는 약 2년 반 동안 총 123호를 발행한 뒤 1888년 7월 7일 박문국의 폐지와 함께 폐간하고 말았는데, 그 이유는 재정난 때문인 것으로 알려지고 있다(이광린, 1974b, p. 101). 조정에서 박문국 운영을 위해 수세원(收稅源)을 마련해 주었으나, 그것만으로 박문국 운영에 필요한 제반 비용을 충당할 수 없었고, 그래서 지방관아에서 신문 값을 거두어 들였으나 그것도 제대로 걷히지 않자 박문국은 경영난에 빠져 더 이상 「한성주보」를 발간할 수 없었기 때문이다.

2) '신보론' 등을 통해 신문의 중요성 역설

「한성주보」는 약 2년 반 동안 총 123호를 발행한 뒤 폐간하고 말았으나, 많은 사람들에게 신문의 필요성을 인식시켜 주는 데 중요한 역할을 했다. 그런가 하면 「한성주보」는 또한 '신보론'(新報論, 제24호, 1886. 8. 16)이니, '논신문지지익'(論新聞紙之益, 제30호, 1886. 9. 27), 즉 "신문지의 이익을 논함"이니 하는 글 등을 게재하며 신문에 관한 여러 가지 지식과 논의들을 독자들에게 소개하기도 했다. 그리하여 더 많은 사람들이 신문에 관하여 관심을 갖고, 또 신문을 연구하게 만들기도 했다.

「한성주보」에 게재한 신문 관계 글들 중에서 가장 대표적인 것으로는 제24호 '사의'(私議)란에 게재한 '신보론'을 꼽을 수 있다. 필자가 누구인지는 밝혀 놓지 않아 알 수 없으나 신문에 관하여 많은 연구를 한 사람임에 틀림없는데, '신보론'은 당시로는 상당히 수준 높은 글이었기 때문이다. 이 글에서 우선 눈에 띄는 것은, '신문'(新聞) 또는 '신문지'(新聞紙)라는 어휘 대신 '신보'(新報)라는 말을 사용한 것이다. 이와 같은 '신보'에 관한 '신보론'의 주요 내용을 간단히 소개해 보면 다음과 같다.

(1) 신문의 기능과 일본의 신문 실태

우선 첫머리에서 "오늘날 지구(地球)의 6주(洲)에는 만국이 나열하여 있으며, 면적은 1억 9천만 방리(方里)나 되고, 사람은 14억 명이나 되는데, 천성(天性)도 각각 다르며 하는 일도 각각 다르고 생활도 같지 않으며 사태의 변함도 하루에 수만 가지나 되어서 한 사람의 눈으로는 모두 살펴볼 수 없으며 한 사람의 귀로는 모두 들을 수 없으나, … 6주(洲)의 넓은 곳을 또는 만국의 대중을 한 눈과 귀로 모두 듣고 살필 수 있는 한 가지 방법이 있으니 [그것은] 6주의 전신(電信)을 통하고 만국과 문호를 개방하여 널리 묻고 널리 자료를 수집하여 날로 이목(耳目)을 새롭게 하는 것은 오직 신보뿐이다"라고 신보, 즉 신문의 기능과 중요성을 강조했다.

그러면서 "해외 각국에는 모두 신보가 있어서 그 수(數)가 날로 번성해지고 그들의 하는 일도 날로 왕성해져서, 정부에서는 신보를 이용하여 정령(政令)을 발표하는 도구로 삼으며, 인민들은 신보에 힘입어서 농공(農工)을 일으키는 매개물로 삼고 있으니, 그 공용(功用)의 신속함이 심상한 것이 아니다"라면서, "근래 일본(日本)의 군상(君相)들도 이에 대하여 깨달은 바 있어 해외의 정세를 익히 살피고 별도로 신보사(新報社)를 설치하고 시사(時事)를 광범하게 다루고 있는데 … 일본의 통계표를 상고해 보면, 전국의 신보사(新報社)의 총계가 205개 사이며 한 해 동안 출간하는 수는 모두 58,125,754책이나 되는데, 이것이 이른바 민보(民報)라는 것들이며, …

[이 밖에] 또 일본에는 별도로 관보(官報)가 있는데 역시 해외 각국을 모방해서 창설한 것이다"라고 소개했다.

또한 "일본이 가령 지난날 조정(朝廷)의 상하가 외무(外務)를 익히지 않았다면 어떻게 오늘날과 같은 개명(開明)을 이룩할 수 있었겠는가. 그렇다면 신보가 국민의 이목(耳目)을 밝게 해 주고 국가의 부강을 도모하는 데 그 공용(功用)이 참으로 적지 않다 하겠다"라며 신보[신문]의 공능(功能)을 높이 평가했다.

(2) 신문의 종류와 필요성

그런 다음 신보에는 관보(官報)와 민보(民報)가 있는데, "대체로 관보(官報)가 하는 일은 정사(政事)의 발표와 명령을 시행하는 것이며, 민보(民報)가 하는 일은 풍속을 관찰하고 채집하는 것이니, 관보에 조규(條規)가 있고 민보 역시 체모(體貌)가 있어야 하는 것은 바로 선왕(先王) 시서(詩書)의 유의(遺意)이다. 민(民)에 사보(私報)가 있으면 하정(下情)을 상달할 수 있으며 외사(外事)가 상세하게 기술(記述)되는 것을 볼 수 있어 농공상업이 저마다 편리함을 얻을 수 있는 것인데, 게다가 공보(公報)가 있어서 이로 인하여 명령과 교계(教戒)가 행해지고, 이로 말미암아 상형(賞刑)의 신실(信實)하고 명확함이 드러남이겠는가. 국가계획의 제반 사무와 상무(商務)의 장단(長短) 굴실(屈伸)과 산림(山林)의 택수(澤藪)와 관문세항(關門稅項), 기선출입(汽船出入)에 이르기까지 소상하게 기재되지 않은 것이 없어서, 한번 눈에 거쳤다 하면 손바닥 들여다보듯 밝으니, 6주(洲)가 아무리 넓다 하고 만국이 많다 한들, 앉아서 볼 수 있으며 누워서도 구경할 수 있는 것이다"라고 기술했다.

그러면서 끝으로 "아, 신보(新報) 개설의 이익됨이 어찌 견문을 넓히는 데만 국한되겠는가. 저 구주(歐洲) 각국들은 땅이 그다지 넓지도 못하며 백성도 그다지 많지도 않은데도 부강(富强)을 독점하여 6주를 위압하는 것은 역시 신보를 통해 백성을 깨우쳐 날마다 발전하여 만국의 좋은 것을 듣고 보게 하여 총명을 집중시켜 새로운 것을 도모하게 한 때문이다. 우리나라도 저들과 같이 신보를 간행하여 백성들의 이득을 깨우쳐 주면 백성이 날로 부강해질 것이며 국가도 날로 강해져서 장차 천하를 호령하는 수레를 타고 저 서인(西人, 서양인)들 앞에 달릴 수 있게 될 것이다" 라고 결론지었다.

최초의 민간지 「독립신문」과 신문에 대한 인식의 제고

이와 같이 1886년 8월 16일 자 「한성주보」 제24호에 게재한 '신보론'의 필자가 결론지었지만, 당시 우리나라 유일의 신문이었던 「한성주보」마저도 창간 2년 반 만인 1888년 7월 7일 제123호를 끝으로 폐간하고 말았다. 따라서 그 뒤 약 8년 동안이나 우리 민족은 또다시 신문이 없는 어둠 속에서 살아야만 했다. 그러다가 1896년 4월 7일 서재필(徐載弼)이 우리나라 최초의 민간신문인 「독립신문」을 창간함으로써 우리 민족은 다시 신문을 갖게 되면서 국민들은 신문의 필요성과 중요성을 다시 한 번 깨닫게 되었다.

1. 창간사에서 밝힌 「독립신문」의 기본방침

「독립신문」을 창간한 서재필은 개화파의 한 사람으로, 1884년 12월 4일 김옥균 등이 주도한 갑신정변에 참여했다가 정변이 실패하자 일본을 거쳐 미국으로 망명하여 컬럼비아의과대학(현 조지워싱턴대학교 의과대학)을 마치고 모교의 병리학 교수로 재직하고 있었다.

그즈음인 1894년 우리나라에서 김홍집(金弘集)의 친일내각이 '갑오경장'이라는 개화정책을 강행하면서 당시 외국에 망명 중이던 개화파 인사들을 불러들였다. 그러자 박영효의 간청으로 서재필은 1895년 12월 26일 12년 만에 미국에서 귀국하여 당시 내부대신 유길준의 알선으로 1896년 1월부터 10년 기한으로 중추원 고문직을 맡은 후 개화활동을 시작했다. 그러면서 개화수단의 하나로서 신문 발간을 계획하자, 유길준·박정양(朴定陽) 등이 적극 지지하며 고종(高宗)에게 건의해서 4,400원을 지원받게 했다. 그러자 서재필은 불과 2개월 만에 신문창간 준비를 모두 끝내고 1896년 4월 7일 「독립신문」 창간호를 세상에 내놓았다.[20]

「독립신문」의[21] 창간 정신과 사명, 방침 등은 그 창간호 제1면에 실은 "논셜"이라는 제목의 창간사에 잘 나타나 있는데, 그중에서 앞부분만 우선 소개해 보면 다음과 같다(원문은 〈참고자료 2-5〉 참조).[22]

첫째로 "우리는 편벽되지 아니한고로 무슨 당에도 상관이 없고 샹하귀쳔을 달리 대졉 아니하고 … 죠션 전국 인민을 위하여 무슨 일이든지 대언하여 주랴 함 정부에서 하시는 일을 백성에게 젼할 터이요 백성의 정세를 정부에 젼할 터"라고 하며 「독립신문」은 엄정중립의 불편부당주의(不偏不黨主義)와 만민평등(萬民平等)의 민주사상을 내세우면서 정부와 백성의 대변자임을 천명했다. 그러나 "정부 관원이라도 잘못하는 이 있으면 우리가 말할 터이요 탐관오리들을 알면 셰상에 그 사람의 행적을 폐일 터이오 사사백셩이라도 무법한 일 하는 사람은 우리가 찾어 신문에 셜명할 터"라며 정부와 백성들에 대한 감시와 비판 기능을 올바로 수행하겠다고 밝힘으로써, 「독립신문」은 이후 우리나라 신문이 나아가야 할 언론의 정도(正道)를 제시해 주었다.

둘째로 모든 기사를 "모두 언문으로 쓰기는 남녀 샹하귀쳔이 모두 보

20 「독립신문」의 판형은 오늘날의 A4판 정도이고, 판면은 20×29cm였으며, 본문 활자는 4호로 인쇄했다.

21 창간호부터 제11호(1896. 4. 30)까지는 제호를 '독닙신문'으로 표기하다가 제12호(1896. 5. 2)부터 '독립신문'으로 바꿨다. 제호를 왜 '독립신문'으로 결정했는지는 정확히 알 수 없으나, 서재필이 강조한 '독립'은 일본으로부터의 독립이 아니라, 특히 중국으로부터의 '자주독립'이었다. 그래서 서대문 밖의 독립문도 중국 사신들을 영접하던 영은문(迎恩門)을 헐고 그 자리에 세웠다.

22 창간사를 비롯하여 「독립신문」의 모든 기사는 당시의 맞춤법을 사용했으나, 여기서는 이를 모르는 독자들을 위해서 어느 정도 현대 맞춤법으로 고쳤다. 이하에서 인용한 「독립신문」의 내용들도 마찬가지이다.

참고자료 2-5

「독닙신문」 창간호 제1면 “논셜”(창간사)

우리가 독닙신문을 오늘 쳐음으로 츌판하난데 죠션 속에 있는 내외국 인민에게 우리 쥬의를 미리 말삼하여 아시게 하노라

우리는 첫째 편벽되지 아니한고로 무슨 당에도 상관이 없고 샹하 귀쳔을 달리 대졉 아니하고 모두 죠션사람으로만 알고 죠션만 위하며 공평히 인민에게 말할 터인데 우리가 서울 백성만 위할 게 아니라 죠션 전국 인민을 위하여 무슨 일이든지 대언하여 주랴 함 정부에서 하시는 일을 백성에게 전할 터이요 백성의 정세를 정부에 전할 터이니 만일 백성이 정부 일을 자세이 알고 정부에서 백성의 일을 자세이 아시면 피차에 유익한 일만이 있을 터이요 불평한 마음과 의심하는 생각이 없어질 터이옴 우리가 이 신문 츌판하기는 취리하랴는 게 아닌고로 값을 헐하도록 하였고 모두 언문으로 쓰기는 남녀 샹하귀쳔이 모두 보게 함이요 또 구절을 떼어쓰기는 알어보기 쉽도록 함이라 우리는 바른대로만 신문을 할터인고로 정부 관원이라도 잘못하는 이 있으면 우리가 말할 터이요 탐관오리들을 알면 셰샹에 그 사람의 행적을 폐일 터이오 사사백셩이라도 무법한 일 하는 사람은 우리가 찾어 신문에 셜명할 터이옴 우리는 죠션대군쥬폐하와 죠션정부와 죠션인민을 위하는 사람들인고로 편당있는 의논이든지 한쪽만 생각코 하는 말은 우리 신문상에 없을터이오 또 한쪽에 영문으로 기록하기는 외국인민이 죠션 사정을 자세이 몰은즉 혹 편벽된 말만 듣고 죠션을 잘못 생각할까 보아 실샹 사정을 알게 하고져 하여 영문으로 조곰 긔록홈

그리한즉 이 신문은 똑 죠션만 위함을 가히 알 터이요 이 신문을 인연하여 내외 남녀 샹하 귀쳔이 모두 죠션일을 서로 알 터이옴 우리가 또 외국 사졍도 죠션 인민을 위하여 간간이 귀록할 터이니 그걸 인연하

여 외국을 가지 못하더라도 죠션인민이 외국 사졍도 알 터이옴 오날은 처음인고로 대강 우리 쥬의만 셰샹에 고하고 우리 신문을 보면 죠션인민이 쇼견과 지혜가 진보함을 믿노라 논셜끗치기 젼에 우리가 대균쥬폐하께 송덕하고 만세를 부르나이다

「독닙신문」 창간호(1896. 4. 7) 제1면에서 전재

게 함이요 또 구절을 떼어쓰기는 알어보기 쉽도록 함이라"고 밝혔는데, 이처럼 「독립신문」은 모든 기사를 언문(諺文), 즉 우리 한글만 전용(專用)함으로써 남의 나라 한문(漢文)을 주로 사용하던 시대의 우리 백성들에게 한글을 사랑하고 자랑스럽게 여기도록 했으며, 또한 읽기 쉽도록 문장의 구절을 떼어 씀으로써, 특히 문자해득력이 낮은 일반 백성들로부터 커다란 환영을 받았다.

셋째로 "우리는 취리(取利)하랴는 게 아닌고로 값을 헐하도록" 하겠다고 밝혔는데, 이는 「독립신문」이 정부기관 등에서 발간해서 무료로 배포하는 관보(官報)가 아니라, 민간회사가 발행하면서 적정한 대가(代價)를 받는 민간신문이지만, 돈을 벌려는 것이 아니므로 신문 값을 싸게 하겠다고 밝힌 것이다. 이렇게 밝혔듯이 「독립신문」은 비록 창간 시 정부의 재정적 보조(4,400원)를 받긴 했지만, 그 뒤는 신문구독료와 광고료를 받아 운영한 우리나라 최초의 민간신문이었다. 신문 값은 제1권 제6호(1896년 4월 18일 자)부터 제호 아래 "혼쟝갑 오픈"이라고 명시했는데, 폐간호인 제4권 278호(1899. 12. 4)에는 "한쟝갑 동전 한픈"으로 되어 있다. 한편 「독립신문」은 외국의 상업신문과 마찬가지로 광고를 많이 게재했다. 창간호를

보면 3면에 모두 13개의 광고를 실었는데, 그중 5개는 회사 안내광고이고, 5개는 신문(영어판 독립신문 *The Independent*), 잡지(*The Korean Repository*), 서적(『ᄉ민필지』, 『한영자뎐』, 『한영문법』) 광고이며, 나머지는 졔물포 륜선(증기기관선) 출발표와 우체시간표이다.

넷째로 "우리가 … 또 한쪽에 영문으로 기록하기는 외국인민이 죠션 사정을 자세이 몰은즉 혹 편벽된 말만 듣고 죠션을 잘못 생각할까 보아 실샹 사졍을 알게 하고져 하여 영문으로 조곰 긔록홈"이라고 밝혔는데, 이는 외국인들에게 우리나라 사정을 정확하게 알려 주기 위해 기사의 일부는 영문(英文)으로 작성해서 발행하겠는다는 것이었다. 그리하여 「독립신문」의 창간 당시는 모두 4개 면(쪽) 중에서 마지막 넷째 면을 「더 인디펜던스」(*The Independence*)라는 제호의 영문판으로 발행하다가, 1897년 1월 5일부터 영문판을 한글판에서 분리하여 별도로 발행했다. 따라서 「독립신문」은 우리나라에서 한국 사람이 발행한 최초의 외국어 신문이자 영자신문(英字新聞)이기도 했다.

2. 논설을 통해 신문의 주요 기능 설명

이와 같은 '쥬의'(主義)와 내용의 「독립신문」이 주 3회(화·목·토) 하루 걸러 한 번씩 나오자,[23] 지식층들은 "이제 우리나라도 드디어 신문을 통하여

23 제3권 제76호(1898. 7. 1)부터는 매일 발행하면서, 동년 7월 2일 자 「독립신문」 제1면에 "본샤 광고"라는 제목으로 다음과 같은 사고(社告)를 냈다. "칠월 초일일부터 독립신문을 확장하여 일요일 외에는 매일 출판하여 반포할 터인데 신문 값은 매장에 동젼 한픈씩으로 정하고 한달치와 일년치는 젼과 같으며 이 독립신문에 나는 특별 각국 젼보와 외국 통신이 날마다 신기하여 조야 쳠군자의 보시기에 매우 긴요하나니 사셔들 보시오."

개명(改明)의 길로 나가고 있다"는 자부심까지 갖게 되었다. 일반 백성들도 「독립신문」을 크게 환영했는데, 이는 그간에 무려 8년 동안이나 신문이 없어 뉴스에 굶주려 왔기 때문이기도 하지만, 「독립신문」의 모든 기사는 순한글로 쓰여 있고 또한 문장의 구절도 띄어 써서 한글만 알면 누구나 쉽게 읽을 수 있었기 때문이다. 그리하여 '아녀자'(兒女子)를 포함한 일반 백성들도 「독립신문」을 즐겨 읽게 되면서[24] 신문의 주요 기능(機能)과 내용 등에 관해서도 알게 되었다.

이는 독자들이 「독립신문」을 읽으면서 자연히 알게 되기도 했지만, 또한 「독립신문」이 때때로 신문의 기능과 필요성, 신문의 역사와 선진 외국의 신문 실태 등에 관하여, 특히 논설을 통해 독자들에게 설명해 주었기 때문이기도 했다. 예컨대, 「독립신문」 제2권 제51호(1897. 5. 1) 제1면 논설에서는 신문의 교육적 기능에 관하여, 제2권 제119호(1897. 10. 7) 논설에서는 신문의 권선징악적(勸善懲惡的) 기능에 관하여, 제2권 제149호(1897. 12. 16) 논설에서는 신문의 비판적 기능에 관하여, 제3권 제43호(1898. 4. 12) 논설에서는 신문의 책무와 권리에 관하여 설명해 주었다.

24 당시 우리나라를 여행한 영국의 비숍(Isabella Bishop) 여사가 쓴 『한국과 그 이웃나라』(*Korea and Her Neighbors*)라는 여행기를 보면, "언문으로 된 신문[독립신문 지칭] 뭉치를 옆구리에 끼고 거리를 활보하는 신문팔이 소년들의 모습과 가게에서 읽고 있는 사람들의 모습은 1897년에 나타난 신기한 장면이다"(Bishop, 1970, p. 440)라고 기록했는데, 신문을 살 수 없던 사람들은 다른 사람에게 빌려서 돌아가면서 읽었다고 한다. 당시 신문팔이 소년들은 종을 치고 다니면서 신문을 팔았던 것 같은데, 1948년 4월 5일 조선신문학원 창립 1주년 기념식에 서재필 박사가 참석하여 강연하면서, "그때 [독립신문]은 종로 네거리에서 종을 울리며 … 나도 나가서 팔았소. …"라고 말했다고 한다(곽복산 편저, 『언론학개론』. 서울: 일조각, 1971, p. 41). 이처럼 「독립신문」은 거리에서도 판매했으며, 또한 전국 주요 도시에 지사(支社)를 세워 널리 보급하며 누구나 구독신청을 할 수 있게 했다. 그런가 하면 정부도 「독립신문」의 보급에 여러 가지 후원을 아끼지 않아서, 예컨대 학부(學部)에서는 각급 학교 생도에게, 그리고 내부(內部)에서는 각 지방 관청에 「독립신문」을 구독하라는 지시를 내렸다.

또한 제4권 제199호(1899. 9. 1) 논설에서는 "신문 확장"이라는 제목 아래 국가의 개화와 개명에서 신문의 주요 공효(功效)에 관하여 실례를 들어가며 논리적으로 설명했으며, 제4권 제209호(1899. 9. 13) 논설에서는 "다섯 가지 큰 이익"이라는 제목 아래 서양 각국이 부강하고 문명하게 된 것은 철로·윤선[증기기관선]·전선·우체·신문의 발달 때문이라면서 개화 과정에서 신문의 역할과 중요성에 관하여 역설했다.

한편 제3권 제97호(1898. 7. 26) 논설에서는 "신문 모르는 백성"이라는 제목으로 선진 외국과 우리나라의 신문 실태를 비교했으며, 제4권 제237호(1899. 10. 16) 논설에서는 구미(歐美)에 가서 유학하다가 귀국한 사람과의 "서양과 우리나라 신문의 실정에 관한 대담" 내용을 소개했다. 또한 제4권 제20호(1899. 1. 27) 논설에서는 당시 대한제국 정부가 신문지법(新聞紙法)을 제정하려 하자, "신문규칙"이라는 제목 아래 신문에 관한 법률의 기능과 역기능(逆機能)에 관하여 논했다. 제4권 제188호(1899. 8. 17)에서는 "신문의 성가"라는 제목 아래 영국의 「론돈 타임쓰」(*London Times*)가 오늘날과 같이 세계적 성가(聲價)를 얻게 된 역사와 이유 등을 자세히 소개했다. 그리고 제4권 제75호(1899. 4. 7) 논설에서는 「독립신문」 창간 4주년을 맞이하여 "독립신문 생일"이라는 제목으로 그간 「독립신문」이 지향해 온 길과 앞으로의 각오를 밝혔다.

3. 신문에 대한 백성들의 인식에 미친 효능

「독립신문」은 이와 같은 논설들 이외에 또 여러 기사들을 통해 신문의 본질·기능·필요성 등을 알려 주고 또한 이러한 것들을 실제로 지면(紙面)을 통하여 보여 줌으로써, 우리나라 일반 백성들도 신문이란 무엇이며,

그것은 왜 필요하며, 왜 읽어야 하는 것 등을 알게 되었다. 이와 같은 「독립신문」의 효능은 그 자체 평가를 통해서도 엿볼 수 있는데, 예컨대 「독립신문」 제3권 제43호(1898. 4. 12)의 논설을 보면 다음과 같이 기술했다.

> 우리 독립신문이 생긴 이후로 한 가지 개명된 것은 인민들이 차차 신문이 긴요한 물건인 줄 알아 이왕에는 신문을 무엇인지도 모르고 전에 못 보던 것인 고로 덮어 놓고 시비하는 자도 있고 비웃는 자도 있고 당초에 볼 생각도 아니하는 자가 많이 있더니 근일에는 그런 사람들도 차차 신문이 없어서는 세상이 컴컴하여 견딜 수 없겠다고 하는 이가 많이 있으니 이걸 보거드면 다른 것은 그만두고 위선 그만큼 사람들이 열리어 신문 없어서는 못 쓰겠다는 생각이 나게 되었으니 이것은 우리가 우리를 칭찬하는 것이 동양 풍속으로 론지하면 도리혀 우스운 일이나 실상을 말하자니까 인민이 이만큼 열린 것은 독립신문의 효험이라고 할지라 다만 신문 보기만 좋아하는 사람이 있을 뿐이 아니라 신문을 보고 론셜에 한 말을 궁구하야 생각하여 보는 이도 있고 또 세상 형편을 읽어보고 나라 일과 사회상 일을 생각하야 보는 이들이 날마다 늘어 가니 어찌 대한을 위하여 경사롭지 아니하며 대한 여망이 이왕보다 더 빛나 보이지 아니하리오 근일에 성내에 다른 신문들이 많이 생겨 독립신문 외에 전 국문으로 독립신문의 본을 떠서 글자를 띠워가며 출판하는 신문이 다섯이 있으니 삼 년 전에는 신문이라 하는 것을 이름도 모르던 나라에서 지금은 국문 신문이 다섯이요 영자 월보가 하나이요 일본 글자로 하는 신문이 하나이라 각 사가 이 신문 늘어 가듯기 진보가 될 것 같으면 어찌 반갑지 아니하리요

이와 같은 논설에서도 볼 수 있듯이 「독립신문」은 우리나라 백성들에게 신문이란 도대체 무엇이며 그것이 왜 "긴요한 물건"인지를 알려 주

었다. 또한 백성들에게 세상의 형편과 물정 등을 알려 주어서 개명의 길로 나아가게 만들었다. 그런가 하면 「독립신문」은 다른 민간신문의 출현도 촉진시켜, 「독립신문」이 창간될 당시는 "신문이라 하는 것을 이름도 모르던 나라에서 2년 뒤인 1898년 4월 12일 현재는 한성[서울] 성내에서 발행하는 국문신문만도 모두 다섯이나 되었는데", 이들은 「독립신문」을 본떠서 한문이 아니라 우리말, 즉 국문으로 단어를 띠워가며 발간했다.

이처럼 「독립신문」은 우리나라 민간신문의 출현과 한글 사용에도 중대한 영향을 미쳤을 뿐 아니라, 시골 백성들의 개명에도 큰 영향을 미쳤음은 물론이다. 이는 「독립신문」 제3권 제185호(1898. 11. 9)에 실린 "신문 없지 못할 일"이라는 제목의 논설에서도 엿볼 수 있는데, 강원도 양구군 군수가 장사꾼과 인민들이 많이 모인 장시[장마당]에서 글을 잘하는 사람으로 하여금 "소리를 크게 질러 독립신문을 읽게 하니 오가는 손이며 장사하는 사람과 촌백성들이 어깨를 비비고 둘러서서 재미를 부쳐 함께 듣고 모두 차탄했으며, 다음부터는 물건 매매하는 장시 인민뿐 아니라 독립신문을 읽는 소리를 들으러 오는 백성들이 길이 멀고 가까운 것을 헤아리지 않고 귀를 기울이고 다투어 모여들어 서로 말하여 가로대 [독립신문의 내용을 들으니] 우리 대한 전국에 크고 작은 일과 천하만국의 아침 및 저녁 일이 환연히 눈앞에 벌려 있고 학식과 법률을 가히 자식과 손자를 가르쳐 어둡던 데를 버리고 밝은 데를 향할 것을 번연히 고치고 깨닫겠노라고 말들을 했다"고 소개했다.

4. 「독립신문」에 대한 정부의 탄압과 폐간

이와 같이 「독립신문」은 우리나라에서 민간신문의 출현과 한글 사용 등에 중대한 영향을 미쳤을 뿐 아니라, 일반 백성들의 개화와 개명에도 큰 영향을 미쳤다. 그러나 「독립신문」이 그 직무를 충실히 수행하는 과정에서 자신들의 비행(非行)을 폭로함으로써 난처해진 일부 수구파 위정자(爲政者)들과 외세 열강들이 「독립신문」과 그 발행자 서재필(영문명 Philip Jaisohn)에 대하여 증오심을 품게 되었으며, 그것은 급기야 서재필에 대한 탄압으로 나타나기 시작했다. 특히 당시에 우리나라 정계를 쥐고 흔들던 러시아는 고종 임금에게 서재필을 모함하면서 「독립신문」의 발행을 중단해 달라고까지 노골적으로 요청했다. 그러자 할 수 없이 우리 정부는 1897년 12월 13일 서재필을 중추원 고문직에서 해고하는 동시에 「독립신문」에 대해 탄압을 하기 시작했다. 그럼에도 몇 개월을 버티던 서재필은 1898년 5월 14일 한국을 떠나 다시 미국으로 돌아가면서 「독립신문」 제3권 제56호(1898. 5. 17) 논설을 통해 독자들에게 작별인사와 함께 몇 가지 당부를 남겼는데, 그 내용의 일부를 소개해 보면 다음과 같다.

> 삼 년 전에 내 본국에 돌아온 지 얼마 아니되어 국문신문이 불가불 있어야 할 일을 깨닫고 또 그 당시 정부 당로한 사람들도 나와 동의하며 대황제 폐하의 은총으로 집을 주셔서 독립신문을 처음으로 내게 되어 그 후부터 외국 친구와 대한 사람의 보좌함을 힘입어 영문과 국문으로 두 신문을 나누어 확장하였으며 대한을 세계에 소개하는 일에 약간 유익함이 있음을 믿으며 일본과 청국에 있는 신문들이 우리 신문을 후대함을 감사하노라 내가 떠난 후에는 이 신문이 어찌 될고 하여 염려하는 사람들이 있으니 처음에는 신문사를 떠업는 것이 그중 좋은 방편임을 알았더니 국문신문 보는 사람들이 그 신문이 그치지 않기를 원하고 또 신문 보는 사람들도 차차 느는 고로 정지하기를 싫어하던 차에 다행이 독립신문 기계는 배재학당 인찰국에 세로 주고 우리 두 신문은 여전히 출판하기로 약정하였으며 미국 친구

수삼 인으로 더불어 독립신문 회사를 조직하여 내가 그 회원에 한몫을 들고 신문 출판하는 일은 이 회사에서 담당하며 허다한 담판 한 후에 윤치호 씨를 일 년 동안 본사 사무장으로 청하였으니 윤 씨는 서양 사람과 대한 사람이 넓히 친한 바이요 미국셔 일찍 교육을 받고 구라파를 유람하고 여러 외국 말을 통하니 회사에서 이 사람 얻은 것을 하례하며 나를 보좌하던 친구들이 이 사람을 보좌하기를 바라며 또 윤 씨는 대한에 개화 사업이 굳게 되기를 바라는 사람이요 충군 애국하는 마음이 두터워서 자기 나라에 유익하기를 위하여 이 신문을 담당하니 이 신문 보시는 이들이 각처에 무슨 들은 말이 있던지 다 통지하여 주시기를 바라오 내 말을 그치기 전에 각처 신문이 나를 후대한 일을 한번 더 감사하며 이후에도 이 새 회사를 전과 같이 도와주어 이 신문을 유지하게 하기를 바라며 또 이 신문도 나의 전일 주의를 어기지 아니하야 공변되고 확실한 것을 쥬장하기를 믿노라

이와 같은 작별인사를 「독립신문」에 게재하기 3일 전인 1898년 5월 14일 서재필이 미국으로 떠나자, 그가 작별사에서 말했듯이 윤치호가 「독립신문」을 맡아 계속 발행하면서 명목상의 사장은 미국 선교사 아펜젤러(Henry G. Appenzeller)에게 맡겼다. 그러나 서재필, 이상재(李商在), 윤치호 등이 중심이 되어 자주독립과 민족자립을 위하여 1896년 창립했던 독립협회도 1898년 10월부터 탄압을 받다가 동년 12월 23일 드디어 해산당하자, 당시의 회장 윤치호는 「독립신문」의 간행 의욕을 상실하여 우선 영문판 발간을 중단했다. 그러자 정부는 국문판도 중지시키기 위해 이듬해 1월 7일 윤치호를 덕원감리겸부윤(德源監理兼府尹)으로 임명하여 원산으로 내려 보냈다. 그럼에도 사원들이 「독립신문」 국문판을 계속 발간하자, 정부가 독립신문사 건물과 인쇄시설 일체를 환수함으로써 「독립신문」은 1899년 12월 5일 끝내 폐간하고 말았다.

민간신문 시대의 개막과 신문에 관한 연구의 발전

이와 같이 「독립신문」은 창간 43개월, 즉 3년 7개월 만에 사라지고 말았으나, 우리나라 신문과 백성들에게 여러 가지 중요한 영향을 미쳤다. 그중에서도 특히 중요한 영향의 하나는 「독립신문」이 나오자 이를 본뜬 신문들이 속속 등장하여, 「독립신문」 제3권 제43호(1898. 4. 12) 논설에서도 밝혔듯이, 1896년 4월 7일 「독립신문」이 나오기 이전에는 "신문이라 하는 것을 이름도 모르던 나라에서" 2년 뒤에는 "국문 신문이 다섯"이나 되었다. 그리하여 우리나라 사람들도 신문에 관심을 갖게 되면서 신문학에 관한 연구도 시작되었다. 그러나 이에 관해서는 조금 뒤에 살펴보기로 하고, 우선 1896년 4월 7일 「독립신문」 창간 이후 1899년 12월 5일 폐간까지 약 4년 동안 창간한 민간신문들부터 간단히 살펴보고 넘어가기로 하겠다.

1. 「독립신문」 창간 이후 민간신문 속출

「독립신문」 제3권 제43호(1898. 4. 12) 논설을 보면, "근일에 성내에 다른 신문들이 많이 생겨 독립신문 외에 전[모두] 국문[한글]으로 독립신문의 본을 떠서 글자[단어]를 띄워가며 성내[서울]에서 출판하는 신문이 다섯이 있으니…" 운운했는데, 그러면 이들 다섯 개의 국문신문은 어떤 것들을 말하는가?

이들은 「죠선크리스도인회보」·「그리스도신문」·「협성회회보」·「대한황성신문」·「대한신보」를 말한 것 같은데,[25] 이들 신문은 모두 한글[국문] 전용이고 띄어쓰기를 했기 때문이다. 그러나 이들 신문이 「독립신문」

의 창간 자체를 본뜬 것은 아니며, 다만 신문을 창간하면서 「독립신문」처럼 한글[국문]을 전용하면서 띄어쓰기를 했다는 것을 말한다. 예컨대 「죠선크리스도인회보」와 「그리스도신문」은 「독립신문」를 본떠서 창간한 것이 아니라, 당시 서양 선교사들이 중국 등지에서 문자선교를 위하여 발행한 신문이나 잡지를 본떠서 창간했기 때문이다. 그야 어떻든 「독립신문」 창간 이후 3년 동안에 국문신문만도 다섯 개나 출현했는데, 그러면 이들은 어떤 신문들이었는가?

「죠선크리스도인회보」는 「독립신문」 창간 10개월 뒤인 1897년 2월 2일 미국 감리교 선교사 아펜젤러(Henry G. Appenzeller)가 창간한 주간신문으로 우리나라 최초의 기독교신문이었는데, 「독립신문」처럼 한글 전용이었으며 단어를 띄어썼다. 이 신문은 1897년 10월 12일 조선이 국호를 '대한제국'으로 고치자 제44호(1897. 12. 8)부터 제호를 「대한크리스도인회보」로 바꾸었다가, 1910년 대한제국이 일본에 합병되자 1911년 다시 「그

25 이 다섯 개 국문신문 이외에 또한 "영자 월보가 하나이요 일본 글자로 하는 신문이 하나"가 있다고 「독립신문」 제3권 제43호(1898. 4. 12) 논설에서 밝혔는데, 여기서 영자(英字) 월보와 일본어 신문은 어떤 것을 지칭한 것인지 확실치 않다. 그러나 '영자 월보'는 아마도 *The Korean Repository*를 지칭한 것 같은데, 「독립신문」을 보면 이 잡지 광고가 창간호를 비롯하여 여러 호에 실려 있기 때문이다. 그 광고를 보면 "A monthly magazine dealing with all Korean questions of general or special interest. Price $3.00. Apply to Kelly & Walsh, Shanghai or J. W. Wadman, Tokyo Japan"이라고 되어 있다. *The Korean Repository*는 미국만방선교회(The Global Missionary Society of America)에서 발행했는데, 이 선교회는 중국에서는 *The Chinese Repository*를, 일본에서는 *The Japanese Repository*를 발간했다. 한국에서 낸 *The Korean Repository*는 1892년 1월부터 미국 선교사 올링거(F. Ohlinger) 부처가 1년 동안 발간한 후 잠시 중단했다가 1895년 1월 속간했는데, 이때 발행인은 아펜젤러(Appenzeller)와 존스(Jones)였으며, 1898년 12월까지는 월간으로 발행하다가 1899년부터는 4면 또는 8면의 조그만 주간뉴스 블리틴 형태로 동년 6월까지 발간했다. 다음으로 일본어 신문은 「한성신보」(漢城新報)를 말한 것 같은데, 이 신문은 일본인 아타치 겐조(安達謙藏)가 일본 외무성의 후원을 받아 1895년 9월 창간한 것으로 매일 발행했으며, 우리말 국문판도 격일로 발행했다.

리스도회보」로 바뀠다.

「그리스도신문」은 1897년 4월 1일 미국의 장로교 선교사 언더우드(Horce H. Underwood)가 창간한 주간신문으로, 비록 선교용 신문이었으나 "농업과 공장의 편리한 것과 외국 통신과 전보와 잡보와 각항 물가를 긔재한 것이 매우 유익하다"고 「독립신문」 제3권 제42호(1898. 4. 9) 4면에 광고했다. 이 신문 역시 「독립신문」처럼 한글 전용이었으며 띄어쓰기를 했는데, 1907년 제호를 「예수교신보」로 고쳤다가 1910년 다시 「예수교회보」로 개제했다. 그러나 1915년 「그리스도회보」와 합병하면서 장로교와 감리교 합동의 「기독신보」(基督神報)가 되었다.

「협성회회보」는 1898년 1월 1일 배재학당 학생회인 협성회가 창간한 순한글 주간신문으로 체재가 「독립신문」과 똑같았는데, 「독립신문」 제3권 제42호(1898. 4. 9일) 4면 광고를 보면, "협성회회보는 대한 학도들이 쥬장하여 출판하는 것인데 학문과 시국에 유죠한 론설과 본국에 긴요한 쇼문과 외국 형편과 회즁 잡보와 각쳐 광고가 있으니 학문상에 유의하는 이들은 그 회보를 정동 배재학당 제일방으로 가서 사보시오"라고 광고했다. 그러나 이와 같은 광고가 실린 1898년 4월 9일 「협성회회보」는 「믜일신문」으로 개제와 동시에 일간신문으로 전환했다. 따라서 이 신문은 우리나라 최초의 일간신문이 되었으나,[26] 1899년 4월 상무사(商務社) 계통의 김영수가 인수하면서 제호를 「상무총보」(商務總報)로 고친 뒤, 격일로 발행하다가 1900년 2월 폐간했다.

「대한황성신문」은 1898년 3월 22일 윤치호(尹致昊)가 「경성신문」(京城新聞)이라는 제호로 창간한 순국문 주 2회 발행 신문으로 1898년 4월 30일

26 「독립신문」도 본래는 격일로 발행하다가 나중에 일간신문으로 전환했으나, 「믜일신문」보다 2개월 20일 늦은 1898년 7월 1일 제3권 제76호부터 일간(일요일은 휴간)으로 전환했다.

「대한황성신문」으로 개제한 것이다. 그러나 이 신문은 동년 9월 5일 남궁억(南宮檍)이 발행을 맡으면서 제호를 한자로 '皇城新聞'으로 개제하면서 글자도 순한글 대신 국한문(國漢文)을 혼용하기 시작했으며, 또한 일간(日刊)으로 전환하여 매일 발행했다.

「대한신보」는 일본조합교회전도국 계통의 경성학당 학생단체인 광무협회(光武協會)에서 1898년 4월 10일 창간한 신문으로, 발행인은 일본인 오타나베 츠네요시(渡辺常吉)였으나 순한글로 일요일마다 발행했으며, 일종의 기관지였으나 일반 학생들에게도 돈을 받고 팔았다. 「대한신보」는 창간 바로 전날인 1898년 3월 9일 자 「독립신문」 제3권 제42호 4면에 "대한신보는 본국 학도들이 매 일요일이면 한 번씩 내는 것인데 매우 쟈미가 있으니 많이 사서 보시기를 바라오 발매소는 명동 경성학당 내 광무협회 사무쇼요 신보 값은 한 장에 일전식 일삭죠 사전식 륙삭죠 이십이전이요"라는 광고를 내기도 했다.

2. 민간신문들의 계속 출현과 백가쟁명

이와 같이 1896년 4월 7일 「독립신문」 창간 이후 1898년 4월까지 3년(만 2년) 동안에만도 모두 다섯 개의 우리말 신문들이 나타났다. 그 뒤에도 계속해서 민간신문들이 출현했으나, 그중 일부는 얼마 되지 않아 폐간하여 1910년 한일합방까지 약 12년 동안에 서양인과 일본인 경영의 국문신문과 영자신문을 포함하여 약 20종의 민간신문들이 생성·소멸되는 등 그야말로 신문의 '춘추전국 시대'를 이루었다. 그러면서 이들 신문은 혁신계·수구파·종교계·외국계·친일계 등 여러 계파로 나뉘어 제각기 논조를 펴나감으로써 백가쟁명(百家爭鳴)을 방불케 하였다.

첫째로 혁신계 신문으로는 앞에서 살펴본 「황성신문」에 이어 같은 해(1898년) 8월 「데국신문」이라는 국문 일간신문이 새로 나왔다. 이 신문은 중류 이하의 서민대중과 부녀자들을 대상으로 했기 때문에 '암[雌]신문'이라고 불려지면서 '숫[雄]신문'이라고 부른 「황성신문」과 자웅을 겨루었다. 이들 혁신계 신문 이외에 1906년 6월에는 「만세보」(萬歲報)라는 국한문 혼용의 일간신문이 나왔으나, 1년 만인 1907년 6월 폐간하고 말았다. 1909년 6월 「대한민보」(大韓民報)라는 혁신계 신문이 또 새로 나왔으나, 이것도 1년 만인 1910년 8월 한일합방이 되자 즉시 폐간당하고 말았다. 1909년 10월 지방에서는 최초로 경상남도 진주(晋州)에서 「경남일보」(慶南日報)라는 혁신계 신문이 등장했는데, 이 신문은 「황성신문」 사장을 역임한 장지연(張志淵)이 편집했다.

둘째로 수구파 신문으로는 앞서 살펴본 「상무총보」(商務總報) 이외에 「시사총보」(時事叢報)가 1899년 1월 새로 등장하여 격일로 발행(국한문 혼용)하면서 혁신계 신문들과는 반대 논조를 펴다가 이듬해 폐간하였다.

셋째로 종교계와 외국계 신문으로는 앞서 살펴본 「죠선크리스도인회보」·「그리스도신문」·「협성회회보」(1898. 4. 9. 「미일신문」으로 개제)에 이어, 1904년 7월 1일 영국인 베델(Ernest T. Bethell, 한국명 배설)과 한국인 양기탁(梁起鐸)이 「대한매일신보」(大韓每日申報)을 창간했다. 또 1906년에는 프랑스 신부 안세화(安世華)가 「경향신문」을 창간하여 주간으로 발행하다가 이듬해 잡지로 변경했다.

넷째로 대한제국 말기에는 친일매국적 신문들도 10여 종이나 나타났는데, 이들 중 우리나라 친일파 인사들이 발간한 것으로는 일진회(一進會)의 이용구(李容九) 등이 1906년 1월 창간한 「국민신보」(國民新報)와, 이인직(李人稙)이 1907년 7월 창간한 이완용(李完用) 내각의 앞잡이 신문 「대한신문」(大韓新聞) 등이 있었다. 그리고 일본인들이 우리나라 사람들에게 저들의 침략을 합리화하기 위하여 우리말[국문]로 발간한 신문으로는 「대한일보」(大韓日報, 1904년 2월 창간, 일간), 「대동신보」(大東新報, 1904년 4월 창간, 일간), 「중앙신보」(中央新報, 1906년 1월 창간), 일본의 조선통감부 기관지 「경성일보」의 국문판(1906년 9월 창간), 인천의 「조선일일신문」(朝鮮日日新聞)의 국문판(1904년 7월 창간, 일간), 평양의 「평양신문」(平壤新聞, 1909년 창간) 등이 있었다.

3. 언론단체의 등장과 신문에 관한 토론

앞에서 살펴보았듯이 1896년 4월 7일 우리나라 최초의 민간신문인 「독립신문」이 창간된 이후, 우리나라에서도 민간신문의 시대가 열려 수많은 신문들이 나타났다가 사라지기도 했다. 그러자 신문에 관한 국민들의 관심과 인식도 높아가면서 "신문이란 무엇이며, 그 기능은 어떠해야 하는가?" 등에 관한 여러 가지 신문론(新聞論)이 특히 지식인과 언론인들 사이에서 전개되기 시작했다.

1898년에는 한성신문사 · 독립신문사 · 매일신문사 · 제국신문사 · 황성신문사가 우리나라 최초의 언론단체인 '신문사친목회'(新聞社親睦會)를 결성하여(「독립신문」, 1898. 10. 25) 각 신문사 사원들이 매월 두 번째 토요일에 순번에 따라 회원사에 모여 '평상회'(平常會)를 열고(「독립신문」, 1899. 4. 14) 언론의 자유, 신문사의 경영 등 신문에 관련된 여러 가지 문제를 토론하고 연구했다. 1898년 10월에는 또 '신문구락부'(新聞俱樂部)라는 언론인 단체도 결성되어 역시 신문에 관한 여러 가지 문제들을 연구하고 토론하였다.

1898년 5월 「대한매일신보」 등 우리나라 신문들이 일본을 위시한 외국열강의 침탈행위를 폭로하는 기사를 싣자, 외국열강은 우리 정부에 신문들을 규제하도록 압력을 가해서 부득이 내부(內部)가 1899년 1월 일본의 신문지조례(新聞紙條例)를 모방하여 전문(全文) 33조로 구성된 '신문조례'(新聞條例)를 제정하려고 했다. 그러나 앞서 말한 신문사친목회는 그 잘못을 지적하면서 외국의 신문지법에 관한 연구와 토론을 벌이고 신문조례에 신문에 대한 가혹한 규제조항이 너무 많다고 항의함으로써 신문조례의 시행을 막았다.

1883

제3장

일제강점기 신문학에 관한 연구·교육 실태

A History of Communication Studies and Education in Korea

1990

앞서 제2장에서 살펴보았듯이, 1896년 4월 7일 「독립신문」의 창간 이후 우리나라에서도 민간신문의 시대가 열려 1910년 한일합방까지 약 12년 동안 서양인과 일본인 발행의 국문신문과 영자신문을 포함하여 약 20종의 민간신문들이 생성·소멸되는 등 신문의 '춘추전국 시대'를 이루었다. 그러자 신문에 관한 학문적 관심이 높아가면서 여러 가지 논의와 연구들이 시작되었다. 하지만 1905년 11월 일본이 강제로 우리나라와 을사늑약(일명 '을사보호조약')을 맺고 외교권을 박탈한 뒤, 이듬해 2월 서울에 조선통감부를 설치하고 내정까지 간섭하면서 우리 민족 신문들을 탄압하기 시작했다. 그러자 모처럼 시작되었던 신문에 관한 연구의 싹도 된서리를 맞고 말았다. 그러면 여기 제3장에서는 1905년 11월 을사늑약 이후 1945년 8월 15일 광복을 찾기까지 약 40년 동안의 일제강점기 우리나라에서의 신문학 연구와 교육 실태를 연대별로 나누어 살펴보기로 한다.

1905-1919년: 민족지의 소멸과 신문학 연구의 침체

1905년 11월 을사늑약이 체결되자 이를 「황성신문」·「데국신문」·「대한매일신보」 등이 비난하면서 배일사상을 고취했다. 그러자 조선통감부 초대통감 이토 히로부미(伊藤博文)는 당시 대한제국의 이완용(李完用) 내각을 시켜 광무(光武) 11년, 즉 1907년 7월 24일 '신문지법'(新聞紙法, 속칭 광무신문지법)을 제정·공포했다. 이 신문지법은 일본 메이지(明治) 시대 초기의 '신문조례'(新聞條例) 중에서 가장 가혹한 조항만 골라 만든, 신문의 발행 허가와 보증금제도, 사전검열제, 발매·반포금지·압수와 발행정지, 신문인에 대한 벌금형과 체형 등을 규정한 악법이었다. 바로 이 '신문지법'을 악용하여 일제는 우리나라 신문들을 사전 검열하면서 걸핏하면 압수나 정간 등에 처했다.

일제는 이처럼 우리 민족 언론부터 철저히 탄압하여 백성들의 입과 귀를 막으면서 우리나라를 빼앗기 위한 준비를 착착 추진해 나가다가, 마침내 1910년 8월 22일 한일합방을 단행했다. 그리고 서울에 조선총독부를 설치하여 무단통치를 하면서 우리 민족 언론을 송두리째 말살하려고 했다. 그리하여 당시까지 겨우 살아남았던 4개의 우리 민족 신문, 즉 서울의 「황성신문」·「대한매일신보」·「대한민보」와 진주의 「경남일보」 중에서 「황성신문」과 「대한민보」는 폐간시켜 버렸다. 그리고 「대한매일신보」는 몰수해서 조선총독부 국문판(國文版) 기관지로 만들면서 「매일신보」로 개제한 다음, 조선총독부 일문판(日文版) 기관지 「경성일보」(京城日報, 1906. 9, 조선통감부 기관지로 창간)가 직영토록 했다. 한편 지방신문인 진주의 「경남일보」는 몇 년 동안 그냥 두었다가 1914년 말경에 폐간시켜 버림으로써 우리 민족 신문은 완전히 자취를 감추고 말았다.

1920-1929년: 민족지의 소생과 함께 신문학 연구도 부활

이와 같이 1910년 한일합방 이후 일제가 우리나라의 민족 신문들을 모두 폐간시키고 모든 언론을 가혹하게 탄압하자, 모처럼 시작된 신문에 관한 학문적 관심과 연구도 자연히 침체되고 말았는데, 이러한 상태는 1920년까지 10여 년 동안이나 계속되었다. 그러다가 1919년 우리 민족이 일제에 항거하여 3 · 1 독립운동을 일으키자, 이에 놀란 일제는 그때까지의 무단정책 대신 이른바 '문화정책'을 표방하면서 한국인에게도 신문발행을 허가해 주었다. 그리하여 1920년 봄 「조선일보」와 「동아일보」 등을 창간하면서 우리 민족 언론이 소생하자, 신문에 관한 학문적 관심과 연구도 되살아나기 시작했다. 그러면서 그간에 억눌렸던 언론인과 지식인들의 언론에 관한 연구욕(研究欲)이 분출되기 시작하여 1920년대는 신문학 연구의 개화기(開花期)를 맞게 되었다.

1. 일제 통치 아래서도 언론 연구 꽃피워

1921년 11월 27일 언론인들은 '무명회'(無名會)라는 단체를 결성하여[1] "언

1 무명회의 규약은 다음과 같았다. ① 본 회는 무명회라 칭함. 경성부(京城府)에 치(置)함. 조선인(朝鮮人) 기자로 조직함. ② 본 회는 문화보급의 촉진, 언론자유의 신장, 여론의 선도(善導), 회원의 명예와 권리의 옹호 및 회원 상호간의 친목을 계도(計圖)함으로써 목적함. ③ 본 회원은 본 회에 출석하여 의결권을 행사함. 본 회원은 본 회의 경비를 부담함. ④ 본 회의 사무를 집행하기 위하여 간사(幹事) 약간 인을 총회에서 선임함. 간사의 임기는 1년

론자유의 신장과 회원들의 권익보호"를 내세우면서 언론에 관한 여러 문제들을 논의하고 연구하기 시작했다. 1922년 1월 26일 열린 첫 월례회(月例會)에서는 "신문과 잡지에 대한 검열 및 허가제도의 철폐"를 위해 노력할 것을 결의했다. 1925년 무명회는 전조선기자대회(全朝鮮記者大會)를 개최하는 등 1927년 중반까지 우리 민족 신문의 구심적 역할을 했다.

1) 신문학 교과서와 학술지 간행

1924년 6월 10일에는 미국에서 신문학을 전공하고 귀국하여 「동아일보」 기자로 활약하던 김동성(金東成)이 『신문학』(新聞學)이라는 저서를 출판(경성: 조선도서주식회사)했다. 이 책은 우리나라 최초의 신문학 관계 전문서적이자, 당시 미국의 소위 '실천신문학'(實踐新聞學)을 우리나라에 처음 체계적으로 소개한 저서로서, 오늘날의 신문론 교과서와 비교해도 거의 손색이 없었다.

1924년 11월 19일에는 각 신문사 사회부 기자들이 '철필구락부'(鐵筆俱樂部)라는 또 하나의 언론단체를 결성하여 무명회와 보조를 맞추면서 회원들의 이익을 도모하는 한편, 신문·잡지 등에 관한 문제들을 상의하고 연구하면서 언론자유의 수호에도 앞장섰다. 그러면서 회원들은 언론에 관한 글과 연구논문 등을 「개벽」(開闢, 1920. 6 창간) 등의 종합잡지에 발표하기도 했다.

1928년 5월에는 중견 언론인들이 '조선신문연구회'(朝鮮新聞研究會)라는 연구단체를 결성했다. "전(全) 조선 3천여 조고계(操觚界, 문필계를 말함)

으로 함. ⑤ 본 회의 주요 사항은 총회 또는 예회(例會)에서 의정(議定)함. 총회는 매년 3월, 예회는 1회 차(此)를 개(開)함.

종사자의 활동을 촉진·조장할 목적"으로 창립한 이 연구회의 고문은 신석우(申錫禹, 「조선일보」 사장), 송진우(宋鎭禹, 「동아일보」 사장), 이상협(李相協, 「중외일보」 주간), 안재홍(安在鴻, 「조선일보」 주필) 등이었으며, 이사는 유광열(柳光烈, 「조선일보」 사회부장), 정인익(鄭寅翼, 「중외일보」 사회부장), 이서구(李瑞求, 「매일신보」 사회부장), 현진건(玄鎭健, 「동아일보」 사회부장)이었고, 상무이사는 김영환(金永煥)과 신성호(申星浩), 주간은 강호(姜昊)였다.

조선신문연구회는 신문·잡지 등에 관한 여러 가지 문제들을 연구하고 논의하면서 그 결과들을 발표하기 위하여 창립 2개월 뒤인 1928년 7월 「신문연구」(新聞研究)라는 학술지를 창간했는데, 이는 우리나라 최초의 신문학 관계 학술지였다. 그러나 애석하게도 그 실물이 남아 있지 않아 어떤 논문들이 실렸는지는 알 수 없으나, 동년 7월 6일 자 「동아일보」에 실린 광고를 보면 "신문 제작상의 근본문제"(閔泰瑗), "신문의 제4기적 진전과 신문기자적 직업적 가치"(高永煥), "신문의 교육적 가치"(柳時永) 등의 논문들이 실렸던 것으로 나타나 있다.

2) 독일의 '이론신문학'도 수용

1928년 6월 9일에는 독일의 라이프치히대학(Leipzig Universität)에서 우리나라 사람으로는 최초로 신문학 박사학위를 취득(동년 2월)한 김현준(金賢準)이 귀국했다. 그는 1922년 독일에 유학하여 당시 독일의 신문학 연구와 교육을 선도하던 라이프치히대학 신문학연구소(1916년 창설)에서 신문학을 공부하고, 1928년 2월 신문학 박사학위를 받고 귀국한 것이었다. 귀국 후 그는 "근대신문학에 대한 제고찰"(「대중공론」, 1929년 9월호) 등의 논문을 발표하면서, 당시 미국의 '실천신문학'과 함께 세계 신문학계의 양대 산맥의 하나였던 독일의 '이론신문학'(理論新聞學)을 우리나라에 소개함으로써 신문학이 우리나라에서도 하나의 학문으로 인정받는 데 크게 기여했다.

1928년 10월에는 김을환(金乙煥)이 또 하나의 언론 관계 전문잡지인 「신문춘추」(新聞春秋)를 창간했는데, 이는 앞서 7월 조선신문연구회에서 창간한 학술잡지 「신문연구」와는 달리, 당시 우리나라 신문·잡지계의 실태와 언론인 소개 등을 주로 다루었다고 한다. 그러나 「신문춘추」는 창간호만 내고 중단되었다.

2. 한국 최초의 신문학 저서 『신문학』 간행

앞에서 몇 가지 열거했듯이, 1920년대에는 우리나라에서 신문학에 관련된 획기적 사건들이 많이 발생하면서 신문학에 관한 연구가 모처럼 꽃을 피우기 시작했다. 그중에서도 특기할 만한 것으로는 역시 미국 유학생 출신 김동성의 『신문학』(新聞學) 출판과, 우리나라 사람으로는 최초로 독일에서 신문학 박사학위를 취득한 김현준의 귀국을 들 수 있다. 이들은 당시 세계 신문학의 양대 산맥이었던 미국의 '실천신문학'과 독일의 '이론신문학'을 각각 우리나라에 소개함으로써 우리나라 지식인과 언론인들 사이에서 '신문학'이라는 새로운 학문에 대한 관심을 고조시켰다. 그러면 우선 김동성과 그의 『신문학』에 관하여 좀 더 자세히 살펴본 다음, 김현준에 대해서 알아보기로 하겠다.

1) 한국인으로는 처음 미국에서 신문학 전공, 귀국 후 기자로 활약

김동성(아호와 필명은 千里駒)은 1890년 4월 25일 개성에서 상인의 아들로 태어났다. 1906년 윤치호가 개성에 한영서원(韓英書院)을 설립하자, 김동성은 이 서원에 다니다가 1908년 중국 쑤저우(蘇州)에 있는 기독교 계통의 둥우대학(東吳大學)으로 유학을 가서 1년 동안 수학했다. 그리고 1909년 미국으로 건너가 아칸소(Arkansas) 주 헨드릭대학(Hendrick College)에서 공부하다가 오하이오(Ohio) 주 콜럼버스(Columbus) 소재 오하이오주립대학(Ohio State College)으로 전학하여 신문학(journalism)을 전공했는데, 그는 우리나라 사람으로는 미국에서 처음으로 '신문학'이라는 새로운 학문을 공부한 선각자였다.

신문학을 전공하면서 만화에도 관심을 갖게 된 김동성은 1915년 오하이오주립대학 저널리즘학과를 졸업한 뒤, 다시 신시내티 미술대학에 입학해서 만화를 공부했다. 그러면서 자신의 미국 체험담을 삽화를 곁들여 기술한 에세이집 *Oriental, Impressions in America*(『동양인의 미주인상기』)라는 책을 1916년 영문으로 출판하기도 했는데, 이 책은 한국인 최초의 영문 단행본으로 알려져 있다(김동성 · 김희진 · 황호덕, 2015, 머리말).

유학을 마치고 귀국한 김동성은 1920년 4월 1일 「동아일보」를 창간할 때 입사해서 조사 · 섭외담당 기자로 활약했다. 그러면서 「동아일보」에 '그림이야기'라는 제목의 4칸짜리 만화를 발표하기도 했다. 1921년 9월 조사부장으로 승진한 김동성은 11월 11일부터 21일까지 미국 하와이 호놀룰루에서 열린 제2회 세계신문대회(The Press Congress of the World)에 참석하여 정한경(鄭翰景)과 함께 부회장으로 당선되었으며(「동아일보」, 1921. 10. 23, "我社 대표 김동성 부회장에 당선"), 1922년에는 「동아일보」의 첫 번째 주미워싱턴 특파원이 되었다.

1923년 2월 김동성은 "만화 그리는 법"이라는 글을 「동명」(東明)이라는 잡지에 발표했다. 그간에 김동성은 자신과 동향이며 아홉 살 아래로 동양화를 전공한 심산 노수현에게 만화를 가르쳐서 1924년 10월 13일부터 「조선일보」 3면에 "멍텅구리 헛물켜기"라는 제목의 만화를 연재토록 함으로써 우리나라 신문 만화의 발전에도 크게 기여했다.

2) 우리나라 최초의 신문학 관계 전문서적 『신문학』 출판

김동성은 이와 같이 언론인과 만화가로서 바쁘게 활동하면서도 그가 미국에서 배운 신문학에 관한 학문적 지식과 또한 귀국 후 「동아일보」 기자로서 얻은 실무경험 등을 정리해서 1924년 5월 동아일보사를 퇴직한 이후 한 달 뒤인 6월에 『신문학』(新聞學)이라는 단행본으로 출판했다. 서울의 조선도서주식회사(朝鮮圖書株式會社)에서 출판한 이 책은 우리나라에서 나온 최초의 신문학 관계 전문서적이자(임근수, 1973, p. 9), 미국의 소위 '실천신문학'(實踐新聞學)을 우리나라에 처음으로 체계적으로 소개한 저서였다.

(1) 김동성 저 『신문학』의 표지 · 화보 · 머리말

우선 책표지를 보면, 맨 앞 겉표지에는 '新聞學'이라는 책 이름만 세로로 넣었으며, 속표지에는 상단에 가로로 'JOURNALISM',[2] 그 아랫줄에 "Compiled by D. S. Kim"이라고 역시 가로로 넣은 다음, 그 아래 '新聞學'이라는 한자 서명(書名)을 세로로 넣었다. 그리고 하단에는 출판사[발행사]를 영어로 "Publishers. Korean Book Company"라고 써 놓았다.

속표지 다음의 두 쪽에는 화보(畵報)를 넣었는데, 그중 첫째 쪽에는 "조고계(操觚界)의 선진(先進)"이라는 제목 아래 우리나라 근대신문의 선

2 그러나 식자(植字) 또는 조판(組版)상의 오류로 TOURNALISM으로 인쇄되어 있다.

구자들인 석농(石儂) 유근(柳瑾), 서재필(徐載弼) 박사, 숭양산인(嵩陽山人) 장지연(張志淵), 우강(雩岡) 양기탁(梁起鐸), 하몽(何夢) 이상협(李相協)의 인물사진들을 실었다. 그리고 두 번째 화보로는 모두 양복을 입고 모자를 쓴 다섯 명의 신사들이 함께 찍은 사진 한 장을 싣고, 그 아래 "화성돈의회(華盛頓議會)의 특파원수인(特派員數人). 좌(左)로부터 썰리반(米國), 스나이더(加奈陀), 웰스(英國), 화앗(米國), 편자(編者)"라는 사진 설명을 붙여 놓았다. 이 사진은 김동성이 1922년 「동아일보」의 첫 번째 주미워싱턴 특파원으로 갔을 때 워싱턴의 미국 의회에서 다른 나라 특파원들과 함께 찍은 사진으로 추정된다.

사진 화보 다음 쪽에는 "서"(序)라는 제목의 머리말이 실려 있는데, 그 끝에 "동아일보사 편집실에서 고하생(古下生)"이라고 적혀 있다. 따라서 이 머리말은 당시 동아일보사 사장 고하(古下) 송진우(宋鎭禹)가 쓴 것임을 알 수 있는데, 그중에서 주요 부분만 발췌해서 소개해 보면 다음과 같다(원문의 한자들은 한글로 고치고 꼭 필요한 한자만 괄호 안에 병기했음).

> 신문화(新文化)의 보급이 아즉도 철저치 못한 조선사회에서 각종의 신저(新著)가 완비치 못할 것도 상상(想像)할 바이다. 그중에서도 가장 이해가 협소하고 연구가 결핍한 것은 신문지(新聞紙)에 관한 지식이라 할 것이다. 원래 신문지의 발달이 문화의 보급을 촉진하는 것이며 문화의 보급이 또한 신문지의 발달을 용이(容易)케 하는 것이라 하면 신문화의 수입을 목하(目下)의 최대 급무(急務)로 하는 금일에 … 외우(畏友) 김동성(金東成) 군이 이에 감(感)한 바 잇서 사학(斯學)에 관한 전문가의 저술(著述)을 참고하야 일권(一卷)을 편(編)하니 이 신문학(新聞學)이라. 실로 우리 독서계에 잇서서 처음 보는 작품인 동시에 재자(材資)의 풍부와 분류의 배치(排置)가 구(俱)히 그 선(宣)을 득(得)하고 그 선(善)을 진(盡)한지라. 절(窃)히 군(君)의 고심(苦心) 노력한 흔

영(痕影)에 대하여 경찬(敬贊)의 의(意)를 표(表)하는 바이다. …

동아일보사 편집실에서 고하생(古下生)

이러한 서문에서 보듯이 고하(古下) 송진우는 말하기를, "원래 신문지(新聞紙)의 발달이 문화의 보급을 촉진하는 것이며 문화의 보급이 또한 신문지의 발달을 용이(容易)케" 하는데, "신문화의 수입을 목하(目下)의 최대 급무(急務)로 하는 금일에" 김동성이 이 학문[斯學], 즉 신문학에 관한 전문가의 저술(著述)을 참고하여 『신문학』(新聞學) 일권(一卷)을 편(編)했는데, 이는 우리 독서계에서 처음 보는 작품일 뿐더러, 그 내용 자료의 풍부함과 분류·조직이 모두 더할 나위 없이 훌륭하다면서, 저자의 고심한 노력의 흔적에 경찬의 뜻을 표한다고 했다.

(2) 『신문학』의 목차와 각 편(篇)의 주요 내용

『신문학』의 판형은 4×6판, 분량은 253쪽, 본문은 모두 4편 17개 장으로 구성되었는데, 목차를 소개해 보면 〈참고자료 3-1〉과 같다. 그러면 이들 각 편과 장에서는 어떤 내용들을 어떻게 다루었는가?

제1편 '신문사의 조직' 중 제1장 '서언'에서는, 신문사 조직은 신문사의 규모와 종류에 따라 차이가 있다면서, 예컨대 도회지대신문(都會地大新聞)의 경우는 조직이 복잡하며 편집실이 광활하고 30~40명의 기자가 근무하나, 지방주보(地方週報)의 경우는 사장(社長)과 기자(記者) 1명이 근무하는 사무소에 편집실을 겸하는 곳도 있다고 기술했다. 제2장 '편집실'에서는 기자의 종류와 그 담당업무에 관하여 설명했으며, 사회부장(社會部長)과 주필(主筆)의 책임과 업무도 설명했다. 제3장 '공장'에서는 신문인쇄를 담당하는 공무(工務) 부서를 3개 부(部), 즉 채자실(採字室)·정판실(整版室)·인쇄실(印刷室)로 나누어, 이들을 중심으로 채자[文選]에서부터 인쇄

참고자료 3-1

김동성 저 『신문학』(新聞學)의 목차

까지 신문의 인쇄공정을 비교적 자세하게 설명했다. 제4장 영업국(營業局)에서는 신문사의 영업부서를 판매부·광고부·회계부로 나누어 이들 각 부서의 관장업무를 간략하게 설명했다.

제2편 '신문기사'에서는 서두에서 말하기를, 신문기사를 작성할 때는 우선 세 가지 문제, 즉 "① 신문기사란 도대체 무엇인가, ② 기사 내용은 어디서 어떻게 탐득(探得)하는가, ③ 기사는 어떻게 독자들에게 제공해야 하는가" 하는 문제부터 생각해야 하는데, 이들 중 첫째 문제는 기사[뉴스]의 주석(註釋)과 가치를 포함하는 것이요, 둘째 문제는 탐보(探報), 즉 취재원(取材源)과 취재방법 등에 관한 것이요, 셋째 문제는 기사의 구조와 체재를 논하는 것이라고 전제했다. 그리고 나서 이러한 세 가지 문제별로 제5장 '기사와 그 가치'에서는 뉴스의 주요 가치들인 중요성·흥미성·시의성(時宜性)·영향성 등에 관하여 설명했고, 제6장 '탐보'(探報)에서는 여러 가지 취재원(取材源)들, 예컨대 출입처, 통신사, 사건현장 등과 취재방법을 설명하면서 특히 인터뷰 방법을 실례를 들어 자세히 설명했으며, 제7장 '기사의 구조와 체재'에서는 기사의 일반적 구조에 관하여 설명했다.

제3편 '기사의 종류'에서는 기사의 종류별로 그에 관한 취재·보도와 기사작성 방법에 관하여 자세히 설명했다. 즉 제8장 '돌발기사'(突發記事)에서는 화재·사고·살인·도난 등 돌발적 사건들의 취재와 그에 관한 기사작성 방법을, 제9장에서는 연설에 관한 보도의 실례, 인터뷰 보도의 실례, 법정 보도의 실례 등을 소개했으며, 제10장 '기사의 특종'에서는 특종기사(特種記事)의 뜻과 그 취재·보도방법을 설명했다. 제11장 '특수기사'에서는 잡보란(雜報欄)의 단편기사, 독물(讀物, 읽을거리)기사의 작성방법, 수필 등 문예물의 작성방법도 소개했으며, 제12장 '논설'에서는 논설과 칼럼기사의 작성방법을 「동아일보」의 고정칼럼 '횡설수설'과 '휴지통' 기사의 작성방법을 그 실례로 들었다.

제4편 '편집'에서는 신문편집 방법에 관하여 설명했다. 먼저 제13장 '기사편집'에서는 원고의 정리 방법, 활자의 종류와 크기의 지정(指定) 방법에 관하여, 제14장 '제목'에서는 기사 제목(headline)의 주요 기능(機能), 종류, 요건 등에 관하여 설명했다. 그리고 제15장 '교정'(校訂)에서는 교정 방법을 실례를 들어 소개했고, 제16장 '제판'(製版)에서는 사진과 만화 등의 제판 방법도 소개했다.

(3) 마지막 제17장에서는 신문 관계 주요 문제들에 관해 논술

마지막 제17장 '신문의 용무(用務)'에서는 신문종업자와 그 사무, 신문과 사회, 광고, 신문의 목적, 공익사업(公益事業), 황색지(黃色紙), 부정(不正)광고신문, 기자의 문제 등등 여러 가지 문제들에 관하여 논술해 놓았다. 이러한 논술의 목적은 '신문종업자와 그 사무'라는 항목에 잘 나타나 있는데, "신문학을 논함에 신문의 용무(用務)와 그 종업자의 관계를 생각지 아니치 못할지니, 이상 [이 책에서] 논술한 바는 다만 신문작성의 방식에 그쳤고 그로 인한 결과와 목적은 아직 논급치 못하였다"면서, "신문의 용무에 대한 이상적(理想的) 기초를 수립치 아니하면 종업자의 사무는 무의미하여 현행 방식만 채용할 뿐이요, 그 이면(裏面)의 목적은 간과함이니, 신문기사가 한번 세상에 전파되여 천하의 여론을 야기하며 문화향상에 세력이 되는 결과를 시(示, 보이다)한 후에라야 종업자는 그 사업의 위대한 가치를 비로소 시인할 것이다"라고 밝혔다. 그런 다음 신문의 목적, 기능(機能), 방향 등에 관한 당시의 신문학적 이론과 자신의 생각을 다음과 같이 소개했다.

첫째로 '신문의 목적' 항목에서는 "5개 조의 목적이 신문발간의 근본정신이니 ① 보도, ② 사건해석과 시하(時下)문제의 논평, ③ 유익한 고시(告示)와 권면(勸勉), ④ 호독물(好讀物, 좋은 읽을거리)의 제공, ⑤ 광고의 매개이다"라고 다섯 가지 기본 목적을 열거했는데, 이는 오늘날 신문의 기능(機能), 즉 보도(to inform), 논평(to interpret), 계도(to influence), 오락(to entertain), 광고(to advertise) 기능과 비슷하다.

둘째로 '공익사업' 항목에서는, 신문발간은 공익사업의 하나라면서, 신문은 "기사로 보도하고 또 논평하여서 사위(四圍)의 정황(情況)을 지도권유(指導勸諭)함으로써 언론자유의 신성(神聖)함은 세인(世人)이 시인한지 이구(已久, 이미 오램)다. 신문은 일반의 교사(教師)가 되고 강단(講壇)이 되어 일반 민중은 문학·학교·강단이 무(無)하되, 단(但)히 신문이 유(有)하다고 절규(絕叫)한 이도 있었고, 신문기자를 제4의 에스텟(the 4th estate: 영국에 3 에스텟이 有하니 귀족, 교회, 衆院)이라 칭하며 무면제왕(無冕帝王, 면류관 없는 황제)이라 칭한 것은 그 사업의 중대함을 명언(明言)한 것이다"라고 주장했다. 그러나 '신문과 사회' 항목을 보면, "모든 공익사업과 같이 신문은 그 사회의 이상(理想)과 취미에 합치하나니, 즉 그 범위의 산물(産物)이 되는 동시에 그 범위를 창조하는 위력이다. 소식을 공개하는 소개서류임으로 구독하는 사회의 표준의 종(從, 따름)하여 신문의 가치를 정평(定評)한다"고 기술했다.

셋째로 '황색지'(黃色紙) 항목에서는, 1892~1913년간에 미국 신문계를 풍미했던 '황색 저널리즘'(yellow journalism) 현상에 대하여 다음과 같이 비판하면서 경계(警戒)했다. 즉 "황색지(악덕신문)는 여하한 사건이든지 침소봉대(針小棒大)로 독자의 흥미만 야기하려 하여 혹은 인신공격, 혹은 비밀폭로로 중대한 사실이 아닌 기사라도 대(大)제목을 부(附)하야 허장(虛張)하나니 대체로 신문에 색을 가(加)함은 3개의 원인이 유(有)하야 ① 신문주(新聞主)가 자기나 혹 자기 당파의 사리(私利)를 도모하려고, ② 광고주와 기타 관련자의 이익을 옹호하려고, ③ 사실보다 중요한 기사로 작성하여서 독자를 증가하려는 야심(野心)이다. 그러나 신문의 용무는 보도와

여(如)히 매일 사건을 운전(運轉)할 뿐만 아니라 봉공(奉公)하는 의무가 유(有)함으로 순전한 영리사업이 아니니, 부정(不正)한 기사는 독자에게 주는 해독이 식료품의 불결한 것이 신체를 상해(傷害)하는 그것과 흡사하다. 그래서 언론자유를 존숭(尊崇)함은 사실을 떠나 색채를 가하지 않고 정확한 보도로서 사회에 봉공(奉公)함에 재(在, 있음)하다"고 주장했다.

넷째로 '기자의 문제' 항목에서는, "신문의 방침은 신문의 간부(幹部)에서 결정함으로 기자는 절대복종할 것이며 위보(僞報, 거짓 보도)는 처음부터 시작을 아니할지니, [이는] 편집장을 그 시(時)에 기혹(欺惑)할 뿐 아니라 자신의 도덕적 관념이 저열(低劣)해지며 자신에 해가 되는 동시에 위보에 관계한 인물과 그 신문 전체를 상해(傷害)함이니, [이와 같은 해독을 끼치는 위보는] 사회의 대사명(大使命)을 대(帶, 가짐)한 무면제왕(無冕帝王, 면류관 없는 제왕, 기자를 지칭)의 행(行)할 바 아니다"라고 못박았다.

(4) 신문광고의 기능과 중요성에 관해서도 자세히 설명

김동성은 또한 신문광고에 관해서도 비교적 자세하게 설명해 놓았다. 앞서 언급한 '신문의 목적' 항목을 보면, "신문의 최선(最先, 가장 먼저)의 목적은 보도와 논평이나" 광고의 목적 내지 기능(機能)도 중요하다면서, "금일의 신문과 같이 염가로 독자에게 제공함은 실로 [신문이] 광고선전의 중요한 조달품이 되는 때문"이라는 것이다. 또한 "일반독자들은 광고문에 대하여도 잡보와 동일한 흥미를 지(持, 갖다)하는 고로 대상점(大商店)과 각 회사에서 신문지를 이용하여 신문사 자체와 광고주가 공(供)히 이익을 균점(均霑)한다"는 것이다. "그래서 신문의 유지비에서 3분지 2 혹은 4분지 3이 광고수입이요, 신문판매료는 겨우 3분지 1 혹은 4분지 1이니, 독자가 1전(錢)에 신문 1매를 구독한다면 그 신문의 실가(實價)는 3전 내지 4전인데 그 차액은 광고주의 지출"이므로 독자들은 3전 내지 4전짜리 신문을

1전에 구독할 수 있다고 한다.

"그러므로 기사와 광고와의 관계는 신문의 생활기능(生活機能)이 되나니, 독자의 계급과 수효에 따라 광고의 가치[광고료]를 정하고 또는 판매 수효가 기사 자체에 의뢰하며 판매 수가 증가할수록 광고요금이 고(高)하여 신문사의 수입이 증대하나니, 수입이 증가할수록 신문지면은 발전할 것이요, [수입이] 감수(減收)됨을 따라 독자도 감소되는 관계가 유(有)함으로 광고와 판매와 기사내용이 호상(互相) 연락(連絡)이 된다"며, 따라서 광고는 신문과 그 발전에 중요한 역할을 한다고 주장했다.

하지만 신문사가 광고수입을 올리기 위하여 부정(不正) 광고를 실어서는 안 된다고 강조했다. 즉 "사기적(詐欺的) 투기사업의 위험한 매약(賣藥) 광고, 부정한 의사(醫師) 광고, 기타 인류사회에 불이익할 광고를 선전함은 부지중(不知中)에 독자에게 해(害)를 주는데, [그럼에도] 이러한 광고를 [신문이] 게재하는 이유는 누구든지 요금만 지출하면 지면을 판매하고 광고내용은 [신문사] 광고부가 조사할 바 아니라고 칭탁(稱託)하기 때문"이라는 것이다. 그러나 이는 잘못으로, "신문은 광고의 매개물로서 사회에 충성(衷誠)을 다할 의무가 있다"고 강조했다.

끝으로 책 뒤에 붙어 있는 판권장(版權狀)을 보면, "대정(大正) 13년 6월 7일 인쇄, 대정 13년 6월 10일 발행, 저작자 김동성(경성부 적선동 181번지), 발행자 송진우(宋鎭禹, 경성부 화동 138번지), 인쇄자 심우택(沈禹澤, 경성부 공평동 55번지), 인쇄소 대동인쇄주식회사(大東印刷株式會社, 경성부 공평동 55번지), 발행소 조선도서주식회사(경성부 견지동 60번지), 정가 금 1원 50전(金一圓五十錢)"이라고 기재되어 있다. 여기서 한 가지 흥미로운 것은, 『신문학』 발행자가 「동아일보」 사장 송진우였다는 점인데, 당시 '조선도서주식회사'와 「동아일보」 그리고 송진우와의 관계는 확인하지 못했다.

3) 김동성의 『신문학』에 관한 평가와 그 뒤의 김동성

앞에서 김동성이 지은 『신문학』의 내용을 간단히 소개했는데, 그 내용과 체재 등을 보면, 「동아일보」 사장 송진우가 서문에서 말했듯이, "재자(材資)의 풍부와 분류의 배치(排置)가 구(俱)히 그 선(宣)을 득(得)하고 그 선(善)을 진(盡)한지라," 오늘날의 신문론(新聞論) 교과서와 비교해 보아도 거의 손색이 없다. 신문기사의 취재·보도와 편집·인쇄 등에 관련된 실무적 내용을 주로 다루었는데, 이는 당시 미국 신문학이 그랬기 때문이었다고 볼 수 있다. 당시 세계 신문학계 양대 산맥의 하나였던 미국의 신문학은 '실천신문학'(實踐新聞學, practical journalism)이라고 부른 반면, 신문의 기원(起源)·본질·기능 등에 관한 문제를 주로 다룬 독일의 신문학은 '이론신문학'(理論新聞學, theoretical journalism)이라고 불렀다. 그야 어떻든 간에 김동성의 『신문학』은 당시 미국의 '실천신문학'을 우리나라에 처음 체계적으로 소개한 저서였다.

김동성의 『신문학』은 우리나라 최초의 신문학 관계 전문서적인 동시에 '신문학'이라는 학문 이름을 처음 붙인 저서로서, 이 책의 출판을 계기로 많은 사람들이 '신문학'이라는 새로운 학문의 존재를 알게 되었다고 추정된다. 따라서 김동성의 『신문학』은 우리나라 신문학사(新聞學史) 내지 커뮤니케이션학사에서 중요한 의의(意義)를 지니고 있다. 1976년 서울대학교 신문학과(현 언론정보학과) 교수였던 고(故) 임근수 박사의 화갑기념 논문집을 간행할 때, 그 간행위원회에서 당시까지 우리나라 신문학사(新聞學史)를 정리해서 논문집으로 내면서, 김동성의 『신문학』이 출판된 1924년을 우리나라 신문학의 원년(元年)으로 삼아 화갑논문집의 서명(書名)을 『한국신문학50년사』(韓國新聞學五十年史)라고 붙이기도 했다. 그렇다면 김동성은 이러한 저서 『신문학』을 왜, 어떻게 출판하게 되었는가?

그 목적이나 동기는 책에서 밝히지 않아 정확히 알 수 없다. 그러나 송진우가 쓴 서문을 보면, "신문화(新文化)의 수입을 목하(目下)의 최대 급무(急務)로 하는 금일에 … 외우(畏友) 김동성(金東成) 군이 이에 감(感)한 바 잇서 사학(斯學, 즉 신문학)에 관한 전문가의 저술(著述)을 참고하야 일권(一卷)을 편(編)하니" 운운했음을 볼 때, 신문화 내지 신학문(新學問)의 하나로서의 '신문학'을 우리나라에 소개하기 위해서 썼던 것 같다. 그는 앞서 말했듯이 우리나라 사람으로는 처음 미국 대학에서 신문학을 전공했으며, 귀국 후 「동아일보」 기자로 활약하고 있었기 때문이다. 그래서 그가 미국 대학에서 배운 것과, 미국의 신문학 서적 및 기자로서 자신의 경험을 바탕으로 『신문학』을 집필했던 것 같은데, 본문에 각주(脚注)를 달아 놓지 않아서 어떤 책을 참조했는지는 구체적으로 알 수 없으나, 미국의 실례와 함께 한국의 실례들도 많이 들고 있다.[3]

이와 같은 『신문학』을 1924년 6월 10일 발행한 김동성은 동년 9월 조선일보사 이사로 취임하여 10월부터 1926년 9월까지 발행인 겸 편집인으로 활약했다. 그러면서 1927년에는 『라디오』라는 책과 『영어독학』(英語獨學)이라는 영어학습서도 출판했고, 1928년에는 『최신선영사전』(最新鮮英辭典)이라는 한영사전도 편찬했다. 1932년 10월 김동성은 노정일(盧正一)이 인수한 「중앙일보」의 편집국장에 취임했으며, 이듬해 2월 여운형

3 한 가지 흥미로운 점은, 김동성이 그의 책 『신문학』에서 자신을 '편자(編者)'로 지칭한 것인데, 속표지를 보면 상단에 영어로 'Compiled by D. S. Kim', 즉 '김동성 편찬'이라고 기재해 놓았고, 두 번째 쪽에 실은 사진 화보, 즉 김동성이 4명의 서양 특파원과 함께 찍은 사진의 설명에서는 자신을 '편자'(編者)라고 지칭했으며, 본문 1쪽에서는 『신문학』이라는 서명(書名) 아래 왼쪽에 '천리구편'(千里駒編, 천리구는 김동성의 호이자 필명)이라고 적어 놓았다. 이처럼 김동성은 그의 책 『신문학』에서 자신을 '저자'(著者)라고 하지 않고 '편자'(編者)라고 지칭했는데, 이는 그가 『신문학』을 실제로 편찬했기 때문인지, 아니면 '동양적 겸손' 때문에 '저자' 대신 '편자'라고 한 것인지는 확실치 않다.

(呂運亨)이 「중앙일보」를 인수해서 「조선중앙일보」로 개제한 뒤에도 취체역 편집국장으로 재직했다. 그러나 1936년 손기정의 일장기 말소사건으로 「조선중앙일보」가 일제에 의해 강제 폐간되자, 김동성은 신문사를 떠나고 말았다. 그 뒤 1945년 해방이 되자 그는 다시 언론계에 복귀하여 합동통신사를 창설했으며, 조선신문학원(뒤에 '서울신문학원'으로 개칭)에서 신문학에 관한 강의도 했다(정진석, 1995b, p. 446). 그러다가 1948년 대한민국 정부가 수립되자 그는 관계(官界)로 진출하여 초대 공보처장을 역임한 뒤, 정계에 투신하여 국회의원을 지냈다.[4]

3. 신문학 박사 김현준의 독일신문학 소개

앞에서는 우리나라 신문학 내지 커뮤니케이션학의 선구자 또는 개척자 중 한 명인 김동성과 그의 책 『신문학』에 관하여 살펴보았다. 그러면 또 다른 선구자라 할 수 있는 김현준(金賢準)에 대해서 알아보겠는데, 그는 앞서 말했듯이 한국인 중 최초로 1928년 2월 독일에서 신문학 박사학위를 취득한 뒤, 동년 6월에 귀국하여 당시 미국의 신문학과 함께 세계 신문학계의 양대 산맥이었던 독일의 '이론신문학'을 우리나라에 처음 소개

4 김동성은 광복 후인 1945년 12월 합동통신사를 설립하여 초대 사장이 되었다가 1946년 10월 일단 퇴사하고 12월 미국으로 건너가 임영신(任永信)과 함께 한국의 통일독립을 위한 대외선전활동에 종사하였다. 귀국 후 대한민국 정부가 수립되자 1948년 8월 4일부터 1949년 6월 3일까지 초대 공보처장을 지냈고, 그 뒤 정계에 투신하여 1950년 5월 제2대 국회위원(민의원, 개성시)에 당선되어 의회활동(1950. 5. 31~1954. 5. 30)을 하면서 1952년 6월까지 민의원 부의장을 역임했다. 한편 1950년 11월부터 1953년 6월까지 합동통신 명예사장을 겸임하다가, 1953년 9월부터 1960년 1월까지 회장을, 그리고 1961년 1월부터 1964년 1월까지 고문을 역임했다. 박정희 정권 때는 민주공화당 중앙상임위원 등을 지내기도 했다. 1969년 8월 2일 노환으로 서거했다.

한 인물이기 때문이다.

1) 1922년 5월 일본 고베에서 기선 타고 독일로 유학

김현준은 1897년 전남 나주에서 출생하여(참고자료 3-2), 21세 때인 1918년 일본 도쿄의 도요대학(東洋大學)으로 유학을 갔다. 그 이듬해인 1919년 1월부터 도쿄에서 우리나라 유학생들이 '2·8 독립선언'을 준비할 때, 그도 가담하여 모국에서 거사자금을 모금하기도 했다(정진석, 1995a, p. 447). 1921년 3월 도요대학을 졸업한 김현준은 다시 독일로 유학을 가기로 결심하고 1922년 5월 독일로 떠났다. 당시 우리나라에서 발행한 잡지「신생활」(新生活)[5] 1922년 9월호에 실려 있는 "독일 가는 길에"라는 그의 기행문을 보면, 1922년 5월 6일 밤 기차로 도쿄를 출발하여 고베(神戶)로 가서 7일 밤 9시 일본기선 하코네마루(箱根丸)를 타고 중국의 상해와 홍콩을 거쳐 5월 22일 싱가포르에 도착했다. 싱가포르 이후의 기행문은 다음 호에 싣겠다고 했지만 실제로는 실리지 않아 언제 독일에 도착했는지는 알 수 없으나, 일본 고베에서 독일까지 50여 일이 걸린다고 한 것을 볼 때 아마도 6월 말경 독일에 도착한 것 같다.

독일에 도착한 김현준은 신문학을 전공했는데, 왜 하필이면 당시 우리나라에서 생소했던 '신문학'을 공부하려고 독일까지 갔는지에 관해서는 그의 기행문 "독일 가는 길에"에도 전혀 언급이 없으며, 또한 그의 다른 글에서도 아직까지 찾지 못했다. 하지만 김현준은 그가 본래 전공했

5 1922년 3월 11일 창간, 본래는 순간(旬刊)이었으나 제6호부터 월간으로 변경했다. 발행인은 서양인 백아덕(白雅德, A. L. Becker), 주필은 김명식(金明植), 발행사는 신생활사였으며, 1923년 1월 통권 11호를 끝으로 폐간되었다.

참고자료 3-2

김현준 박사 이력서

성명	金 賢 準(김현준)	생년월일	1987년(광무원년) 2월 28일
본적	전라남도 나주읍 남문정(南門町) 94번지		

연월일	이력사항	발령처
1916년 3월 25일	경성 휘문의숙(徽文義塾)중학교 졸업	
1921년 3월 25일	일본 동경 도요대학(東洋大學) 윤리과(倫理科) 졸업	
1927년 11월 10일	독일 라이프치히대학 법문학부(法文學部) 졸업	
12월 12일	동(同) 대학에서 철학박사학위 수여	
1927년 이후	구미(歐美) 각국, 로국(露國), 중국 등 각지 교육 · 문화시설 및 실업계 시찰	
1929년 4월 10일	경성 보성전문학교(普成專門學校) 교수 임명	
1931년 4월 10일	경성 혜화전문학교(惠化專門學校) 교수 임명	
1932년 9월	경성 조선일보사 편집고문 및 논설반 위원 임명	
1934년 2월	저술 및 출판업 종사	
1937년 5월	만주 봉천(奉天)에서 해동공사(海東公司) 운영(무역 · 인쇄)	
1945년 8월	봉천연탄주식회사(奉天煉炭株式會社) 고문 취임	
10월	경성 명륜전문학교장(明倫專門學校長) 취임	
1946년 5월	경성 세계일보사(世界日報社) 주필 취임	
6월	경성경제신문사(京城經濟新聞社) 부사장 취임	
	경성 태평양상사주식회사(太平洋商事株式會社) 상담역 취임	
12월 1일	전주공립사범학교장(全州公立師範學校長) 취임	

*이 자료는 김현준 박사의 자필 이력서를 저자(차배근)가 한글로 정리한 것으로, 전주교육대학에 소장된 것을 박정규 교수가 발굴했다.

던 철학(윤리학) 공부를 위해 독일로 유학을 갔다가 분야를 바꾸어 신문학(新聞學, Zeitungswissenschaft)를 전공했을 수도 있다. 이정춘(2008)에 의하면, 1922년 여름 독일에 도착한 김현준은 1922~1923학년도 겨울학기부터 1923~1924학년도 겨울학기까지는 뷔르츠부르크(Würzburg)대학에서 수학한 뒤, 1924년 여름학기부터 라이프치히(Universitat Leipzig)대학 신문학연구소(Zeitungswissenschaft Institut)로 가서 신문학을 공부했다고 한다. 그러나 뷔르츠부르크대학에서 그가 어떤 분야를 공부했는지는 밝히지 않아, 이 대학에서 철학 분야를 공부하다가 라이프치히대학으로 가서 신문학을 공부한 것인지, 아니면 본래부터 신문학 공부를 위해 독일로 유학 간 것인지는 알 수 없다.

2) 라이프치히대학 신문학연구소에서 신문학 박사학위 취득

김현준은 1924년 여름학기부터 라이프치히대학 신문학연구소에서 신문학을 비롯하여 국민경제학, 민속학 등을 수강했으며, 국가학(國家學) 세미나에서는 통계 등 연구방법론도 공부했다. 그가 이러한 공부를 한 라이프치히대학 신문학연구소는 '독일 신문학의 아버지'라고 불리는 카를 뷔허(Karl Bücher)가 1916년 창설한 독일 최초의 신문학연구소로서 당시 독일 신문학계를 선도하고 있었는데, 라이프치히대학 신문학연구소를 비롯하여 독일의 신문연구소들은 당시뿐 아니라 현재도 연구만 하는 것이 아니라 교육도 담당하는 곳으로 우리나라에서의 언론 관계 대학이나 학부와 마찬가지였다. 따라서 김현준도 라이프치히대학 신문학연구소에서 신문학을 공부해서 철학박사학위를 받게 되었는데, 당시 그의 지도교수는 카를 뷔허가 아니라 에리히 에베르트(Erich Everth)였다.

이처럼 김현준이 에베르트 교수의 지도를 받은 것은, 당시 뷔허는 80대

중반의 노령으로 병상에 있었기 때문이었다. 그러나 임근수(1973, p. 9)에 의하면 당시 김현준은 석학 뷔허 교수의 영향도 크게 받았을 것으로 보인다. 그야 어떻든, 김현준은 에베르트 교수의 지도 아래 4년 동안 신문학을 공부하면서 소정(所定)의 과정을 모두 성공적으로 이수하여, 1927년 12월 12일 한국인으로는 처음으로 신문학 전공의 철학박사학위(Doktor der Philosophie in Zeitungswissenschaft)를[6] 받았다. 그의 박사학위논문 제목은 "동아시아(일본·중국·한국)에서 근대신문의 생성·발전"(Die Aufmachung der modernen Zeitung in Ostasien: Japan, China, und Korea)이었는데, 논문의 속표지를 보면 "한국의 김현준 작성(verfasst von Heun-Jhun Kim aus Korea), 1928년 2월(Februar 1928)"이라고 기재되어 있다.[7] 논문은 서문(序文)과 3개 장(章)의 본문 및 부록·참고문헌·통계 도표로 구성되었는데,[8] 그중 본문의 목차만 소개해 보면 〈참고자료 3-3〉과 같다.

이와 같은 목차로 구성된 학위논문에서 김현준은, 동아시아 3국(일본·중국·한국)의 경우 근대신문의 생성과정에서 서양신문의 영향이 다 같이 크게 작용했으나 각 나라의 시대적 상황, 특히 정치적 상황에 따라 각 나라의 근대적 신문의 성격이 어떻게 달리 나타나게 되었는지를 분석·규명해 보려고 했다. 그러면서 김현준은 "1920년대에 흔히 사용한 역사

6 정식 학위 명칭은 이렇지만 '신문학박사'라고 부르기로 하겠는데, 현재도 독일과 미국 등지에서 신문학이나 커뮤니케이션학 분야의 정식 박사학위 명칭은 거의 모두가 'Ph. D. in Journalism and Mass Communication' 또는 'Ph. D. in Communication' 등이지만 이를 우리나라에서는 '신문학박사'나 '언론학박사' 등으로 번역하기 때문이다.

7 그러나 김현준의 이력서(참고자료 3-2)를 보면, 1927년 12월 12일 박사학위를 받았으며 동년 11월 10일 법문학부를 졸업했다고 기재했다. 김현준의 박사학위논문의 복사본은 박정규와 차배근도 갖고 있으며, 우리말 번역본(김진홍 역)은 차배근 외 3인 공편, 『한국신문학사』(서울: 정음사, 1877)의 부록 pp. 362-394에 실려 있다.

8 논문은 A4 크기의 용지에 8포인트(point) 정도의 작은 활자로 인쇄했으며, 분량은 모두 61쪽이나 그중 12쪽은 참고문헌 목록과 각종 통계자료 표이다.

참고자료 3-3

김현준 박사학위논문 목차

I. 동아시아 신문제도의 발전에 관한 개관: 고대부터 현대에 이르기까지

II. 동아시아 신문의 생성·발전

1. 신문발행의 외적 발전
2. 신문발행의 내적 발전(특히 정치면에서)
3. 경제면 및 광고면
4. 지방면(地方面)
5. 문예란(文藝欄)

III. 요약과 비판: 동아시아 신문과 유럽 및 미국 신문과의 비교

적 방법에다가 어느 정도의 사회학적 방법을 혼용한 것이 특색"이라고 서정우(1977a, p. 11)는 높이 평가했다.

3) 1928년 귀국 후 보성전문학교 교수로 취임

1927년 12월 박사학위를 받은 김현준은 6개월 뒤인 1928년 6월 9일 귀국했는데, 「동아일보」 6월 12일 자 지면을 보면, "최초의 독일 문박(文博) 김현준씨 금의환향(錦衣還鄕). 이역학창생활 칠개성상. ◇금조(今朝) 고향 나주(羅州)로"라는 2단 크기의 3행 제목 아래, 인물사진과 함께 그의 귀국을 다음과 같이 크게 보도해 놓았다.

전남라주군(全南羅州郡) 출생 김현준(金賢準) 씨는 벌서 칠 년 전에 일본 동양대학(東洋大學)을 마치고 독일(獨逸)로 건너간 이래, 라이프치히대학에서 신문학(新聞學) 사회(社會) 경제(經濟) 통계(統計) 학문 등을 연구 중이더니 얼마 전에 그 대학을 우수한 성적으로 졸업하는 동시에 문학박사(文學博士) 학위를 어더가지고 지난 구일 밤에 서백리아(西伯里亞)를 경유하야 금의로 귀국하얏는데 수삼일 동안 시내 간동(諫洞) 일백칠번디에서 류숙하다가 금십이일 아츰에 라주 고향으로 향하얏다는 바 씨는 당분간 고향에서 현하 사회의 귀추를 본 후 조선문화사업에 몸을 바치리라는 바 조선 사람으로 독일 문학박사 학위를 어든 이는 국내 처음이라더라.

귀국 후 김현준은 이듬해인 1929년 4월 보성전문학교(현 고려대학교 전신) 교수로 취임했다가, 2년 뒤인 1931년 4월 혜화전문학교(현 동국대학교 전신)로 자리를 옮겼다. 그러나 이들 대학에서 그가 전공하여 박사학위까지 받은 신문학은 가르치지 않았던 것 같은데, 당시 보성과 혜화전문학교에서는 신문학을 가르치지 않았기 때문이었다. 따라서 김현준은 신문학이 아닌 다른 학문분야의 과목을 가르쳤던 것 같은데, 정확히 확인해 보지는 못했으나, 아마도 그가 라이프치히대학에서 부전공했던 사회학 관계 과목을 가르친 것 같다. 왜냐하면 김현준은 1930년 『근대사회학』이라는 책을 출판(경성: 光韓書林)했으며, 1931년 11월 「신동아」 잡지 창간호에 "시위운동과 군중심리"라는 글을 발표하는 등 사회학에 관한 글들을 많이 발표했고, 또한 1945년 광복 이후 그가 광주의 조선대학 교수로 재직 중이던 1948년 10월 『사회학개론』을 출판(大成출판사 간행)했기 때문이다. 따라서 이러한 것들로 미루어 볼 때 김현준은 대학에서는 신문학 대신 사회학 등을 가르쳤던 것 같다.

4) 신문 · 잡지 등을 통해 독일 이론신문학 소개

김현준은 신문과 신문학에 관해서 각종 신문·잡지 등에 열심히 소개했다. 귀국 한 달 뒤인 1928년 7월 8일부터 14일까지 「동아일보」에 "영국신문계일별"(英國新聞界一瞥)이라는 글을 모두 4회에 걸쳐 연재하면서 당시 영국의 신문 현황을 우리나라에 자세히 소개했다. 이 글의 내용을 보면 김현준은 독일에 유학 중 또는 박사학위 취득 후 영국 언론계를 돌아본 것 같다.

1930년 9월에는 「철필」(鐵筆)이라는 언론전문 잡지에 "세계 최대 신문 뉴욕타임쓰 심방기(尋訪記)"라는 글을 통해 미국의 대표적 신문의 하나였던 「뉴욕 타임스」에 관하여 자세히 소개했다. 또 「철필」 1931년 2월호(통권 제4호)에 "독일급영국신문계순방인상기(1)"(獨逸及英國新聞界巡訪印象記)를 게재하여 독일과 영국 신문계의 현황을 소개했는데, 이 기사에서 필자 자신을 "독일문학박사 김현준"이라고 밝혀 놓았다.

1932년 「동광」(東光) 잡지 제34호(1932. 6)의 "특집: 조선언론계에 대하여"라는 기사에서 김현준은 "일간신문의 2면과 3면(사회면)이 일반 독자를 대상으로 한 것이라면, 기사 본문뿐 아니라 제목도 한글로 고치는 것이 좋겠다"는 의견을 제시했다. 또 "우리 조선에는 순수 학술전문지가 적은 것이 유감"이라면서 이러한 잡지의 필요성을 역설하기도 했는데, 김현준은 1932년 9월부터 「조선일보」 편집고문 겸 논설위원을 역임하기도 했다.

그가 전공한 신문학에 관해서는, 1930년 「대중공론」(大衆公論)이라는 잡지 9월호에 "근대신문학에 대한 제고찰"이라는 논문을 게재해 선진외국에서 근대신문학의 연구·교육 동향을 소개하면서 독일에서 '이론신문학'의 연구와 교육 동향도 소개했다. 또 1933년에는 4월 28일 자 「조선일보」에 "신문과 사회"라는 글을 발표했는데, 이 글에서 김현준은 "현대 신문은 인류의 사회 문화 정치 경제에 관한 현상 및 사실을 현대적 기공(技工)에 의하여 가장 평이하게 또는 통속적으로 보편적으로 문자를 사용하여 민속(敏速)하게 규칙적으로 계속 발간하여 불일정(不一定)한 대중 독자에게 세사만반의 신보도를 전달하는 것이다"라고 정의한 다음, 신문은 사회생활에 필수불가결한 존재로 '사회문화대학'의 기능을 갖는다고 규정했다.

이처럼 신문과 신문학에 관한 소개에 열심이었던 김현준은 1934년부터 직접 출판업에 종사하면서 저술활동에 주력했다. 그러다가 무슨 까닭인지는 알 수 없으나, 그의 자필이력서를 보면 1937년 만주의 펑톈(奉天, 현 沈陽)으로 건너가서 해동공사(海東公司)라는 무역·인쇄 업체를 운영했으며, 1945년 8월에는 봉천연탄주식회사 고문으로 취임했다.

1945년 8월 15일 우리나라가 일제(日帝)로부터 광복이 되자, 김현준은 귀국해서 그해 10월 서울 소재 명륜전문학교(明倫專門學校, 현 성균관대학교) 교장으로 취임했다가, 7개월 뒤인 1946년 5월 서울의 세계일보사(世界日報社) 주필로 자리를 옮겼고, 다음 달 경성경제신문사 부사장으로 취임했다. 동년(1946년) 12월 1일 전주공립사범학교(全州公立師範學校, 현 전주교육대학) 교장으로 임명되어 봉직하다가, 전남 광주의 조선대학 문리학부장(文理學部長)으로 자리를 옮겨 대학 행정을 맡는 한편 학생들도 가르치면서 『사회학개론』을 집필해 1948년 10월 서울의 대성출판사(大成出版社)에서 발행했다.

이처럼 연구와 교육에 진력하던 김현준은 한국동란이 한창 진행 중이던 1950년 좌익분자의 저격을 받아 53세의 나이에 서거하고 말았다(정진석, 1995a, p. 449).

4. 전문학교에 최초로 신문학 관계 과목 개설

앞에서 살펴보았듯이, 1924년에는 김동성이 우리나라 최초의 신문학 관계 전문서적인 『신문학』을 출판해서 미국의 실천신문학을 소개하고, 1928년에는 김현준이 한국 사람으로는 처음으로 독일에서 신문학 박사 학위를 취득하고 귀국해서 독일의 이론신문학을 우리나라에 소개했다. 그러면서 고등교육기관에서도 신문학 관계 과목을 개설해서 가르치기 시작했던 것 같은데, 이는 1925년 보성전문학교(普成專門學校, 현 고려대학교) 안에 설립한 조선전수학원(朝鮮專修學院) 사회과(社會科) 교과목들 속에 '신문학'(新聞學)이 들어 있었으며, 이화전문학교(현 이화여자대학교) 1929학년도 문과(文科) 교과과정에도 4학년에 '신문학'(journalism)이라는 과목이 개설되어 있었기 때문이다.

1) 조선전수학원에서 1925년 처음(?)으로 '신문학' 과목 개설

조선전수학원에서 사회과에 신문학 과목을 개설했다는 기록은 「동아일보」 1925년 3월 18일 자 2면에 나온다. 이를 보면 〈참고자료 3-4〉에서와 같이 보성전문학교 안에 조선전수학원이라는 야간(夜間) 고등교육기관을 설립하고 사회과(社會科)와 법률과(法律科) 두 과로 나누어 교육을 실시할 예정이라면서 각 과(科)의 교과목들을 소개해 놓았는데, 그중 사회과 교과목들 중에 '신문학'(新聞學)이 포함되어 있다.

(1) 조선전수학원의 사회과와 법률과 교과과정

위의 「동아일보」 기사에 의하면, 당시 보성전문학교장 유성준(俞星濬) 씨와 리승우(李升雨) · 서상환(徐相懽) · 오상준(吳尙俊) · 김영주(金泳柱) · 홍성하

참고자료 3-4

야간교수(夜間教授)의 전문교(專門校)
사회과 법률과의 두 가지로
◇… 보전(普專)의 신계획 = 조선전수학원(朝鮮專修學院)

보성(普成)전문학교장 유성준(俞星濬)씨와 리승우(李升雨) 서상환(徐相懽) 오상준(吳尙俊) 김영주(金泳柱) 홍성하(洪性夏)씨 등의 발긔로 송현동(松峴洞) 보성전문학교 안에 전수학원(專修學院)을 설립하고 사회과(社會科)와 법률과(法律科)의 두 과로 논하고[나누고] 각각 50명씩의 생도를 모집하리라 하며 입학신청 긔한[기한]은 사월오일까지요 입학시험은 팔일 오전 십일시요 개학은 사월십오일이라는데 이 학원은 순전히 고등보통학교 졸업 정도의 학문이 잇[있]는 사람에게 사회과학을 교수할 목적인 바 교수시간은 밤 여섯시부터 열시까지라 하며 수업년한은 삼개년이라는데 강사는 사회과와 법률과로 논하야(나누어) 각 전문학교 교수와 강사 외에 신진학자와 사상가 제씨(諸氏)이며 교수 과목은 아래와 갓[같]다더라

◇社會科(사회과)=社會學原論(사회학원론), 社會學史(사회학사), 社會思想論(사회사상론), 社會理論史(사회이론사), 社會政策(사회정책), 社會問題(사회문제), 農村問題(농촌문제), 勞働問題(노동문제), 經濟學原論(경제학원론), 經濟學史(경제학사), 經濟史(경제사), 金融論(금융론), 憲法(헌법), 國際法(국제법), 刑事政策(형사정책), 刑事法律問題(형사법률문제), 論理學(논리학), 心理學(심리학), 倫理學(윤리학), 生物學(생물학), 文學槪論(문학개론), 哲學(철학), 新聞學(신문학), 歷史(역사), 英語(영어)

◇法律科(법률과)=民法(민법), 商法(상법), 刑法(형법), 民事訴訟法(민사소송법), 刑事訴訟法(형사소송법), 破産法(파산법), 憲法(헌법), 行政法(행정법),

國際法(국제법), 法學通論(법학통론), 論理學(논리학), 哲學(철학), 社會學(사회학), 經濟學(경제학), 社會政策(사회정책), 實務(실무), 英語(영어)

「동아일보」 1925년 3월 18일 자 2면에서 약간 수정

(洪性夏) 등의 발기로 송현동(松峴洞) 보성전문학교 안에 조선전수학원을 설립하고 사회과와 법률과를 각각 설치하여 각 과마다 50명씩 생도를 모집했다. 입학자격은 "고등보통학교(현재의 중·고등학교에 해당하나 4년제였음) 졸업 정도의 학문이 잇는 사람"이며, 수업연한은 3개년, 교수시간은 밤 6시부터 10시까지라고 한 것을 볼 때, 조선전수학원은 전문학교와 비슷한 고등교육기관이나 보성전문학교가 낮 동안 학교를 다닐 수 없는 사람들을 위하여 부설한 야간전문학교였다.

조선전수학원의 사회과에서는 사회학원론, 사회학사(社會學史) 등 사회학 관계 과목들과 경제학원론, 경제학사(經濟學史), 경제사, 금융론 등의 경제학 관계 과목들 및 논리학, 심리학, 윤리학, 생물학, 문학개론, 철학, 역사, 영어 등과 함께 신문학(新聞學) 과목도 개설해 놓았다. 각 과목의 강의는 각 전문학교 교수와 강사 외에 신진학자와 사상가 제씨(諸氏)가 담당했다고 하나, 신문학은 누가 가르쳤으며 주로 어떤 내용을 가르쳤는지는 알 수 없다. 그러나 1925년 설립한 조선전수학원에서 실제로 신문학을 가르쳤다면 이는 우리나라 고등교육기관에서 첫 번째 사례였던 것 같다. 하지만 조선전수학원에서 신문학을 실제로 가르쳤는지도 확실치 않은데, 〈참고자료 3-4〉의 「동아일보」 기사 내용은 어디까지나 새로 설립

하려는 조선전수학원의 계획들을 보도한 것이기 때문이다.

그 후 조선전수학원에 관한 기록들을 더 찾아보면, 「동아일보」 1925년 4월 6일 자 2면에 또 하나의 기사가 실려 있다. 그러나 이는 "조선전수학원 남녀공학, 여자지원도 만하서 남녀공학 단행"이라는 일단(一段) 제목의 기사로, 그 내용은 다음과 같았다.

> 순평한 길을 밟어 낫동안에 중등뎡도 이상의 학문을 배홀수 업는 청년을 위하야 시내송현동 보성전문학교 안에 야간교수의 조선전수학원이 생기엿다 함은 긔보한 바어니와 그동안 일반의 향응이 다대하야 지원자가 답지할 뿐만 아니라 녀자로서 지원하는 사람도 적지 안음으로 당국자들은 다시 협의한 결과 남녀공학(男女共學)을 단행하기로 하야 일반녀자계의 소원을 들어주기로 하엿스며 월사금도 다달히 분납(分納)할 수 잇도록 하얏다더라

이와 같은 내용의 기사가 「동아일보」에 실리자, 이틀 뒤인 1925년 4월 8일 「조선일보」는 3면(가정 · 부인 면) 톱 기사로 "남녀공학을 실시, 송현동 전수학원에서, 조선에서 처음 되는 일"이라는 제목 아래 "사천년 동안 규문에 가쳐[갇혀] 잇고 몃십년전까지는 장옷을 쓰고 남자에게 얼골[얼굴]을 감추고 길에서 맨 얼골로 남자를 만나면 비켜서고 외면하든 조선녀자게도 이제는 남자와 함께 학교를 다니게 되엿다"고 자못 흥분되고 비판적인 어조로 조선전수학원이 조선에서는 처음으로 남녀공학을 하기로 했다는 소식을 전했다. 이 기사에서의 주장처럼 조선전수학원이 우리나라에서 최초로 남녀공학을 실시한 것인지는 확인해 보지 못했으나, 만약 그것이 사실이라면 조선전수학원은 우리나라에서 최초로 신문학 과목을 개설했고 또한 남녀공학도 처음 실시했다고 볼 수 있다.

(2) 고등교육과정에 신문학 과목 편성은 당시 신문학의 위상 반영

「동아일보」 1925년 10월 5일 자 2면을 보면, 이번에는 "전수학원개학"이라는 제목의 1단 기사가 나오는데, 그 내용을 보면 "그간 여러 가지 사정으로 연긔되여 오든 시내 송현동(松峴里) 재단법인 보성전문학교(普成專門學校) 안에 잇는 됴선전수학원(朝鮮專修學院)은 금오일부터 전과가치 개원한다는 데 일반 입학지원자에게는 무시험으로 입학을 허가한다 하며 이번에는 이전보다 각 방면에 명성이 놉흔 강사를 초빙하야 그 학원내용을 일층 더 확장헛다더라"라고 보도했다.

그런데 앞서 「동아일보」 1925년 3월 18일 자 기사를 보면, "입학신청긔한[기한]은 사월오일까지요 입학시험은 팔일 오전 십일시요 개학은 사월십오일이라는데…" 운운했다. 그러나 "그간 여러 가지 사정으로 [개원이] 연긔되다가" 거의 6개월 만인 1925년 10월 5일에야 비로소 조선전수학원이 정식으로 개원했음을 알 수 있다.

그로부터 5개월 뒤인 1926년 3월 10일 자 「조선일보」 석간 2면을 보면, "금년도 각 학교 입학 소개"라는 표제의 상자(box) 안에 조선전수학원 신입생 모집 광고가 실려 있는데, 그 내용을 소개하면 〈참고자료 3-5〉와 같다. 이에서 먼저 모집정원을 보면 법과와 사회과가 각각 80명인데, 설립 당시에는 각각 50명으로서 모집정원이 30명씩이나 늘었다. 다음으로 입학자격을 보면, "고등보통학교 및 중학교 졸업자 또는 이와 동등학력을 유(有)하다고 인(認)한 자(者)"라고 했는데, 이는 오늘날 고등학교 졸업자와 마찬가지의 학력으로 당시 전문학교나 대학 예과(豫科)의 입학자격과 똑같았다. 또한 시험과목을 보면, 일본어(문법 · 작문), 영어(작문), 역사(동양사와 서양사), 지리(동서양), 조한(작문, 즉 조선어와 한문의 작문)으로 시험범위가 꽤 넓었다. 따라서 이를 볼 때 조선전수학원은 비록 '전수학원'이라고 했지만 일반 전문학교와 동급으로 보성전문학교(현 고려대학교)가 병

참고자료 3-5

◇···◇

: 금년도 각 학교 입학 소개 :

◇···◇

조선전수학교(朝鮮專修學院)

◇모집정원(단 사회과는 남녀공학): 법과(法科) 사회과(社會科) 각 80명

◇입학자격: 고등보통학교 및 중학교 졸업자 또는 이와 동등학력을 유(有)하다고 인(認)한 자(者)

◇시험기일: 4월 7, 8 양일(兩日) 오후 4시부터

◇시험과목: 일어(문법 · 작문) 영어(작문) 역사(東西史) 지리(동서양) 조한(朝漢: 작문)

◇출원기일(出願期日): 4월 5일까지

◇출원수속: 지원자는 입학원서에 이력서를 첨부할 것

지원자는 입학시험 요금 2원(圓)을 출원할 제(際) 납입할 것

*원문에서 한문은 한글로 고치고, 띄어쓰기를 하고, 세로쓰기를 가로쓰기로 고쳤음.

설해서 야간에 운영한 고등교육기관이었다.

이와 같은 학생모집 광고를 끝으로 조선전수학원에 관한 기사들은 「동아일보」나 「조선일보」에서는 더 이상 찾아볼 수 없는데, 『고려대학교 100년사』(고려대학교100년사편찬위원회 편, 2005, pp. 310-311)를 보면 조선전수학원은 2년 정도 운영하다가 폐지되었다고 한다(김영희, 2011, p. 23에서 재인용). 따라서 신문학 과목 강의도 자연히 끝났을 것으로 보이는데, 이 과목

을 그간에 누가 주로 어떤 내용으로 가르쳤는지에 관한 기록을 찾지 못해서, 조선전수학원에서 신문학을 실제로 가르쳤는지, 아니면 교과과정에만 개설해 놓았던 것인지 여부도 확실치 않다. 그러나 조선전수학원에서 신문학을 실제로 가르쳤다면, 이는 우리나라 고등교육기관에서 첫 번째였던 것 같다. 그리고 만약 조선전수학원이 사회과 교과과정에 신문학 과목을 편성만 해놓고 실제로는 가르치지 않았다고 하더라도, 이는 1925년 당시 신문학이 고등교육 교과목의 하나로 이미 인정받고 있었다는 사실을 말해주고 있다.

2) 이화여자전문학교도 1929년부터 '신문학' 관계 과목 설치

이와 같이 1925년부터 조선전수학원에서 신문학을 실제로 가르쳤는지, 아니면 교과과정에 개설만 해놓았던 것인지 확실치 않다. 그러나 1929년부터 이화여자전문학교(현 이화여자대학교)에서 '신문학'(journalism)이라는 과목을 실제로 가르친 것은 확실한데, 『이화100년사』(이화100년사편집위원회 편, 1994, pp. 190-191)를 보면, 1929년 문과(文科) 교육과정에 영어작문과 문법 관련 과목의 하나로 4학년에 '신문학'(journalism)이라는 과목을 개설하여 주당 2시간씩 가르쳤다면서 다음과 같이 설명해 놓고 있다.

> 신문학(新聞學)은 한국에서 근자에 와서야 겨우 전공코스가 생기지만 그 전에는 한국 안에서는 이름조차 생소한 과목이었다. 그러나 1930년대에 이화에서는 이미 주(週) 두 시간씩 신문학(영어) 시간을 졸업반에 한해서 두었다. 이 시간에는 실제 기사를 작성하는 법을 배우고, 학교에서 간행하는 신문잡지 등에 참여하도록 훈련하고, 나아가서는 졸업 후 신문기자로서 활약하는 소양을 닦게 하였다. 기사쓰기, 평론, 편집, 수필 등을 실제 쓰게 하고,

또 평을 해 주었다(김영희, 2011, p. 21에서 인용).

이러한 기록을 근거로, "우리나라에서 저널리즘으로서의 신문학 과목이 정규 교육기관에서 교과목으로 개설되어 가르치기 시작한 것은 이화여자전문학교가 최초라고 할 수 있다"고 김영희(2011, pp. 23-24)는 주장하는데, 조선전수학원에서 1925년부터 신문학을 가르쳤다고 하나 조선전수학원은 비정규 교육기관이었기 때문이라는 것이다. 그러나 당시 기준으로 볼 때 조선전수학원이 비정규 교육기관이었다고 볼 수는 없는데, 비록 이 학원은 야간이었으나, 앞서 말했듯이 입학자격은 당시 일반 전문학교들처럼 고등보통학교(현재의 중·고등학교에 해당하나 4년제였음)와 중학교(5년제) 졸업 정도의 학문이 있는 사람이었으며, 수업연한은 3개년이었는데, 당시 전문학교의 수업연한도 3~4년이었기 때문이다.

한편 조선전수학원에서 개설했던 '신문학' 과목은 어떤 내용의 교과목이었는지는 확실치 않으나, 사회과의 다른 교과목들, 예컨대 사회학원론, 경제학원론, 심리학, 생물학, 문학개론, 철학 등의 과목들을 볼 때 '신문학' 과목도 개론이나 입문(入門) 과목이었던 같다. 그러나 당시 이화여자전문학교의 '신문학' 과목은 개론 과목이 아니라 '신문영어'(Journalism English) 과목이었던 것 같은데, 이는 앞서 소개한 『이화100년사』 190-191쪽에 "1929년 문과(文科) 교육과정에 영어작문과 문법 관련 과목의 하나로 4학년에 '신문학'(journalism)이라는 과목을 개설하여, … 실제 기사를 작성하는 법을 배우고, 학교에서 간행하는 신문잡지 등에 참여하도록 훈련하고, 나아가서는 졸업 후 신문기자로서 활약하는 소양을 닦게 하였다"고 설명해 놓았기 때문이다.

또한 이화여자전문학교 1930학년도 영문 카탈로그(*Ewha College Catalogue*)에서 '신문학'(journalism) 과목의 개요(course description)를 보면, "이 코

스(과목)는 앞서의 코스들에서 학습한 기능(skill)을 학교신문과 기타 잡지에 적용해 봄으로써 그 기능을 더욱 발전시키고 응용하고자 한다. 작문은 간단한 뉴스 아이템으로부터 시작하여 비평, 논설, 유머러스한 에세이, 해설 등을 포함한 기다란 기사들까지 다양한 것들을 포함한다"고[9] 소개해 놓았다. 그러므로 이와 같은 과목 개요를 볼 때, 이화여자전문학교에서 1929년부터 가르치기 시작한 '신문학' 과목은 신문학에 관한 개론이나 입문 과목이 아니라 신문영어, 특히 영어작문 위주의 저널리즘 영어(Journalism English) 과목이었음이 거의 분명하다. 그렇지만 저널리즘 영어를 가르치면서 자연히 신문·잡지의 성격과 종류, 뉴스의 개념, 기사작성 방법 등도 가르쳤다고 볼 수 있다.

9 This course is designed to utilize the skills acquired to previous courses by developing and applying them in articles for publications in a school paper and other magazines. Writing varies from short news items to longer articles including criticism, editorials, humorous essays and narration(*Ewha College Catalogue*: 1930. p. 37). 이 과목을 수강한 학생들은 당시 이화여자전문학교에서 발행하던 등사판 영자신문인 *The Ewha Weekly News Sheet*(1929년 창간)와 *The Ewha College Girl*(1930년 창간)의 제작에 참여하여 실습도 했다고 한다(이화100년사편집위원회, 1994, p. 557; 김영희, 2011, p. 22에서 재인용).

1930-1945년: 신문학 연구의 계속적 활기와 된서리

1920년부터 활발히 이루어지기 시작한 신문학에 관한 연구는 1930년대에도 계속 활기를 띠면서 여러 가지 연구들이 활발히 이루어졌다. 그러면서 「철필」(鐵筆)·「호외」(號外)·「쩌―날리즘」 등 언론 관계 전문지를 창간하여 그에 신문학 관계 논문들을 발표했고, 종합잡지에도 신문학 관계 논문들을 발표했다. 또한 신문학 관계 저서들도 나왔으며, 언론에 관한 강연회·좌담회·토론회 등도 활발히 개최했다. 한편 우리나라도 대학에 신문학과를 설치하여 신문학을 연구하고 유능한 언론인들을 양성하자는 제안과 움직임도 나타났다.

1. 각종 언론전문지의 발행과 논문 발표

앞서 1928년 10월 김을환(金乙煥)이 우리나라 최초의 언론 관계 전문지(專門誌) 「신문춘추」(新聞春秋)를 창간했으나, 애석하게도 창간호만 내고 중단했다. 그러나 1930년 7월 또 하나의 언론전문지가 나왔는데, 이는 「철필」(鐵筆)이라는 언론평론지였다. 하지만 이것은 제4호까지 내고 중단했다. 그 뒤 1933년 12월에는 「호외」(號外)라는 언론전문지가, 1935년 9월에는 「쩌―날리즘」이라는 언론 관계 전문잡지가 등장했으나, 창간호만 내고 말았다. 하지만 신문학 이론과 신문의 제작실무 등에 관한 수준 높은 논문들도 많이 게재함으로써 신문학 연구와 그 발전에 크게 기여했다. 그러면 이들 언론전문지는 어떤 성격과 내용의 잡지였는가?

1) 언론전문 잡지 「철필」(鐵筆)의 창간과 폐간

「철필」은 1930년 7월 9일 임인식(林仁植)과[10] 그 동인(同人)들이 창간해서 발행(편집 겸 발행인은 임인식, 발행소는 철필사)한 언론인 대상의 언론전문지였다. 창간호에는 무슨 까닭인지 별도의 창간사가 실려 있지 않아 창간 목적 등을 정확히 알 수 없다. 그러나 창간호 맨 뒤쪽(p. 91)의 '편집후기'(編輯後記)를 보면 "신문평론 잡지라니까[11] 혹은 건조무미한 직업지(職業誌)로 여기는 분도 없지 않으려니와 우리 동인(同人)들은 현대 신문이 각 계급층에 모두 흡수되는 것과 같이 이것도 만인(萬人)의 동무가 되어 신문인으로 하여금 독자의 심리를 이해하고, 독자로 하여금은 신문인의 발표를 알리는 '기자-독자'(記者-讀者) 간의 친목기관(親睦機關)이 되며, 또한 매개(媒介)가 되고자 하는 터이다"라고 적혀 있다. 또한 창간호 71쪽

10 임인식이 어떤 인물이었는지는 정확히 알 수 없으나, 「철필」 창간호에 중외일보사(中外日報社) 기자 임인식이 쓴 "기사대탈선대혼란(記事大脫線大混亂), 진원지(震源地) 업는 지진(地震)"이라는 제목의 기사가 게재(pp. 75-79)되어 있다. 한편 「철필」 제4호(1931년 2월호)에 게재한 "3대신문사 인재순례기"라는 기사에도 중외일보사 편에 임인식 기자에 관한 소개가 나오는데, 그 내용을 보면 "동사(同社) 편집국에서는 제일 나이 어린 기자이다. 씨(氏)는 황해도 백천(白川) 출생인 만큼 서도(西道) 사람들의 특유한 정서적 기분을 갖고 있을 뿐 아니라 사(事)에 임하서도 매우 열(熱)이 있다. 일찍이 배제고보(培材高普, 배재고등보통학교)를 거치어 중국 강소성(江蘇省) 통주(通州)에 있는 농과대학 예과(豫科)를 필(畢, 졸업)하고 돌아와 동사(同社, 중외일보사)에 입사하여 4년 동안 사회부에 근무하고 있다. 담당구역으로는 각사 경쟁 장소인 종로서(鐘路署, 종로경찰서)와 도청(道廳) 각 사회단체이다. 타사(他社)와 대항하여 대소사건을 조곰도 지지 아니하고 꾸준히 써왔으며 앞날에 많은 희망과 촉망을 갖고 있다"고 소개했다. 그러나 당시 중외일보사 편집국에서 가장 나이가 어렸던 임인식 기자가 「철필」지의 창간자이자 편집 · 발행인이었다고 보기 어렵다. 따라서 「철필」지의 창간자 임인식과 중외일보사 기자 임인식은 동명이인일 가능성도 없지 않은데, 만약 중외일보사 기자 임인식이 「철필」지의 창간자가 아니라면 도대체 「철필」지 창간자 임인식은 누구였는지 알 수 없다.

11 이는 창간호를 비롯하여 매호 표지의 제호(題號) 상단에 '신문평론'이라고 기재해 놓은 것을 말한 것 같다.

상자(box) 안에 실은 "4천여 직업동지(職業同志)에게 격(檄)함"이라는 글을 보면 「철필」지의 발간목적과 성격 등을 대충 엿볼 수 있는데, 그중에서 중요한 부문만 발췌해서 소개하면 다음과 같다.

> 본지(本誌)는 조선의 신문인 다시 말하면 조선의 쩌-날리스트 제군(諸君)을 위하여 세상에 나온 것이다. 그럼으로 조선에서 신문이나 잡지에 종사하며 조선의 언론계를 위하여 분투하는 이면 누구나 「철필」의 소유자가 될 권리를 갖는 동시 또 의무도 가지게 되는 것이다. … 그럼으로 「철필」은 제군의 물적(物的) 후원보다도 정신적 권고(眷顧)가 더 필요한 것이다. 그 까닭에 무엇보다도 먼저 잡지로서의 정신적 양식인 제군(諸君)의 옥고(玉稿)를 기다리는 것이다. 제군이 가진 당당한 권리 그것도 누구나 자기가 신문인으로서의 포부(抱負) 경륜(經綸) 모든 것을 발표하여 써 조선신문계에 새 장(章)을 짓도록 함이 그 권리인 동시 또 신문인으로서의 사명이 될 것이다. …

이와 같이 "4천여 직업동지에게 격(檄)"한 「철필」지는 1930년 7월 9일 신국판(新菊判) 90쪽(본문만)의 제1호(1930년 7월호)를 발행한 뒤, 한 달 후인 8월 10일 94쪽 분량의 제2호(1930년 8월호)를 '신문편집특집호'로 발간했다. 또 한 달 뒤인 9월 11일에 제3호(1930년 9월호) 116쪽을 발행했다. 이처럼 「철필」지는 제3호까지는 월간으로 매달 꼬박꼬박 발간했다. 하지만 통권 제4호는 4개월 만인 1931년 1월 11일에야, 그것도 분량이 그 이전의 반 정도인 60쪽짜리를 '제2권 제1호, 1931년 2월호'로 발간했는데, 맨 뒤쪽에 실은 '편집끗말'(편집후기)을 보면 "그동안 개인의 사정으로 부득히 몇 호(號)를 휴간케 되었음을 독자 제씨(諸氏)에게 머리를 숙여 사과(謝過)하는 동시에 앞으로는 더 한층 업무를 확장하여 가지고 절대로 이런 불우(不遇)의 사(事)가 없기를 맹서합니다"라고 다짐했다.

하지만 이러한 다짐과는 달리 「철필」지는 더 이상 나오지 않았는데, 그 정확한 이유는 알 수 없으나 아마도 재정난 때문이었던 것 같다. 당시 조선언론계의 '4천여 직업동지'가 모두 구독한다고 해도 한 부당 값이 20~30전(제1호와 제2호는 25전, 제3호는 30전, 제4호는 20전)이었던 구독료와 그 이외의 광고료만으로는 발행 경비를 충당하기 어려웠을 것이기 때문이다. 그래서 그랬는지 철필사는 '사우모집'(社友募集)이라는 명목의 모금운동을 벌이면서, 보통사우는 회비 2원(圓), 특별사우는 10원 이상, 명예사우는 100원 이상을 내도록 「철필」지에 사고(社告)를 내며 독려했다. 그리고 사우로 입회한 회원의 명단도 「철필」지에 게재했는데, 그 명단을 보면 몇 사람밖에 되지 않는다. 따라서 이를 볼 때, '사우모집' 캠페인도 제대로 되지 않자 재정난에 부딪쳐 결국 발간을 중단한 것으로 추정된다.

2) 「철필」지의 주요 내용과 신문학 관계 주요 논문들

이와 같이 되어 「철필」지는 1930년 7월 9일 창간 이후 1931년 1월 11일까지 6개월 동안에 모두 4개 호를 발간한 뒤 중단하고 말았다.[12] 그러나 그간에 우리나라 언론인들의 실무능력과 자질 향상에 크게 이바지했다고 볼 수 있다. 이는 「철필」지가 '신문평론지'임을 자처했으나, 실제로 그 내용을 보면 언론분야 종사자들을 대상으로 한 언론 관계 정보·교육지(情報·教育誌)에 가까웠기 때문이다. 이러한 「철필」지는 또한 언론인뿐 아니라 일반 독자들에게도 신문학에 관한 관심과 연구를 촉진시키는 데 큰

12 「철필」지 제1호부터 제4호까지의 영인본은 1984년 한국학자료원에서 낸 바 있다. 또한 관훈클럽신영연구기금에서도 고려대학교도서관 소장 「철필」지 4개 호를 영인해서 1992년 『한국언론전문지총서』 제1권으로 발간했는데, 이 영인본은 여러 대학 도서관에도 비치되어 있다. 저자(차배근)는 「철필」 제1권 제2호(1930년 8월호) 실물만 갖고 있다.

표 3-1 「철필」(鐵筆)지에 게재된 신문학 관계 주요 논문의 제목과 필자

호수	주요 논문의 제목과 필자
통권 제1호 (1930. 7)	신문기자 도덕에 관하여(安在鴻) / 신문기자 양성에 대한 의견(朱耀漢 · 韓基岳 · 李光洙 · 柳光烈) / 신문문장 여시관(朴陽) / 특종이란 무엇인가?(金炯元 · 李允鍾) / 신문권위의 국제적 관계(상)(申翔雨) / 쩌날리즘과 문학(申敬淳) / 신문법률강석(楊潤植) / 조선 최초 기자시험문제
통권 제2호 (1930. 8)	신문권위의 국제적 관계(하)(申翔雨) / 신문사와 그 조직(編輯係) / 각사 편집인의 비법 대공개(李允鍾 · 玄鎭健 · 柳光烈 · 異河潤 · 廉尙燮 · 徐椿 · 李健赫 · 張志暎) / 신문사 인쇄공장에서(金海天)
통권 제3호 (1930. 9)	신문제작과 조선문학(朱耀翰) / 신문의 상품성 양기(金相珏) / 조선신문의 쩌날리즘 측면관(李瑄根) / 조선신문의 이론여하(朴錦) / 세계신문순방: 뉴욕타임쓰 심방기(李晶燮) / 사회조직의 변천과 신문(千斗上) / 신문강좌(編輯係)
통권 제4호 (1931. 2)	신문도 상품: 이원론적 본질시의 오류(薛義植) / 표절행위에 대한 쩌날리즘의 책임(片石村) / 세계신문순방: 쏘비에트 로서아의 붉은 신문(金世鎔) / 독일급 영국신문계 순방인상(金賢準) / 신문강좌(編輯係)

자료: 저자 정리.

역할을 했다. 이는 「철필」지가 신문제작에 관한 실무적인 것들뿐 아니라, 신문학적 지식과 이론 등에 관한 기사와 논문들도 많이 소개했기 때문인데, 그중에서 몇 가지만 소개해 보면 〈표 3-1〉와 같다.

이와 같은 기사들 중에서도 특기할 만한 것은 '신문강좌'(新聞講座)였는데, 이에서는 주로 신문학 이론을 소개했기 때문이다. 이 '신문강좌'는 제3호부터 실었지만 실은 창간 때부터 계획한 것이었는데, 창간호(제1호) 55쪽에 게재한 "특별부록으로 신문강좌설치"라는 사고(社告)를 보면, "본지(本誌)는 조선에 산재한 40여 동업동지(同業同志)의 성의 있는 성원을 받아 우선 창간호를 내였습니다. … [그러나] 급히 내여 놓느라고 미진(未盡)한 점이 적지 않게 되었으나, 2호부터는 보다 이상(以上)의 열(熱)과 성(誠)을 가지고 더욱 충실한 잡지를 내어 놓고자 동인일동(同人一同)이 노력하는 중입니다. … 특히 지방에 계신 직업 동지들을 위하여 특별부록으로 신문강좌를 축호(逐號) 게재하겠나이다"라고 공고했다. 그러나 제2호에는

게재하지 않았는데, 제2호 95쪽의 '편집후기'를 보면 "이번에 신문강좌를 꼭 넣을 예정이었으나, … 내월호(來月號)로 미루기로 하였다"고 밝혀 놓았다.

약속대로 제3호에는 특별부록으로 '신문강좌'를 게재했는데, 그 첫 번째 강좌(작성자는 편집계)로는 "신문의 화(話): (1)권두어(卷頭語)"라는 기사를 실었다. 그 내용을 보면 "신문지학(新聞紙學)을 계통적으로 연구하자면 먼저 신문의 유래 및 학설을 말하여 오늘까지의 발달 경로를 아는 것이 순서일 것이다. 그러나 여(余, 나)가 지금 쓰는 문제는 전공적(專攻的)으로 말하려는 것이 아니요, 다만 우리의 신문지상(新聞紙上)의 상식을 요점으로 하여 '신문의 화(話)'를 하는 데에 불과한 것이다"라고 전제한 다음, '신문감'(新聞感), '신문도'(新聞道), '신문의 발달성' 등에 관하여 논했다. 이어서 제4호의 '신문강좌'에서는 "본론: 신문본질편"이라는 제목 아래 신문본질의 관념, 신문본질의 3대 특성(공고성, 연속성, 공인성)에 관하여 설명했다.

이러한 '신문강좌'의 설치에 이어, 「철필」지 발행사인 철필사(鐵筆社)는 신문기자 강연회 등의 개최도 계획했다. 「철필」 제4호 10쪽에 실은 사고(社告)를 보면 '본사신춘4대계획'(本社新春四大計劃)이라고 하여 ① 신문기자 강연회 개최(1월 하순경), ② 각 지방 언론계 정세답사(情勢踏査)(2월 중), ③ 전(全) 조선기자 명감편성(名鑑編成)(목하 준비 중), ④ 철필사 대리부(代理部) 설치(서적출판·발매 등) 계획을 공고했다. 그리고 제4호 편집후기에서도 "미리 사고(社告)로 말씀드린 것과 같이 본사에서는 신춘의 4대 계획이 있습니다. 이 계획은 반드시 어렵지 않게 성공될 것입니다"라고 밝혔다. 하지만 이러한 계획은 「철필」지 폐간으로 모두 무산되고 말았다.

3) 흥미위주의 언론 관계 대중잡지 「호외」지의 창간과 종간

1931년 2월호를 끝으로 「철필」지가 종간한 뒤, 우리나라에는 약 2년 동안 언론전문지가 없다가 1933년 12월 「호외」(號外)라는 언론전문지가 등장했다.[13] 그러나 이 잡지는 앞서의 「철필」과는 달리, 주로 일반 독자들을 대상으로 언론계의 사정과 내막, 언론인들의 동정과 인물평 등을 흥미위주로 다룬 언론 관계 대중잡지였다. 따라서 신문·잡지나 신문학에 관한 학술적 기사나 논문은 전혀 싣지 않은 데다가 창간호만 내고 종간했기 때문에 신문학 연구와 교육에는 거의 공헌하지 못했다.

하지만 이 잡지에 관해서도 참고로 간단히 살펴보고 넘어가기로 하겠는데, 창간사가 별도로 없어 「호외」지의 창간취지 등은 정확히 알 수 없다. 그러나 창간호 맨 뒤쪽에 게재한 '편집후기'의 첫째 문장을 보면, "신문 내보(內報)를 토대로 하여 종합적 취미잡지를 하나 만들어 보았으면 하는 것이 이 「호외」를 세상에 내어 놓게 된 동기입니다"라고 밝혀 놓았다. 이와 같은 동기에서 창간한 「호외」의 성격이나 내용은 제1호(창간호) 겉표지 안쪽에 게재한 자체 광고, 즉 "조선 잡지계 초유의 대성사(大盛事)—신문계의 내용이 궁금커던, 신문인의 동정(動靜)을 알려거던, 신문의 상식을 어드려거든 읽으라. 다음에 나올 것은 무엇이냐? 지상(紙上)에 설 인물은 누구냐? 필봉은 더욱 날카러워젓다. 걸기대(乞期待), 「호외」 제2호를 보라"는 광고에서 엿볼 수 있다. 그러나 「호외」지는 표지 상단 오른쪽에 '신문평론잡지'라고 인쇄해 놓았으며, 목차 상단과 잡지 여기저기에 '신문의 신문'(新聞之新聞)이라고 표방해 놓았다. 그러면 「호외」는 주로 어

13 창간자이자 발행인 겸 편집인은 김봉규(金奉圭)였고, 발행소는 신문평론사(新聞評論社, 京城府 黃金町 3丁目 22번지)였으며, 정가(定價)는 1부에 30전(錢)이었다.

떠한 기사들을 실은 어떤 성격의 잡지였는가?[14]

창간호의 주요 기사들을 보면, '암행어사'라는 필명의 기자가 쓴 "신문전선정찰기"(新聞戰線偵察記), '황금산인'(黃金山人)이라는 기자가 쓴 "김성수냐? 방응모냐? 전라도냐? 평안도냐? 동아·조선의 일기전(一騎戰)", '유공명'(柳公明)이라는 기자가 쓴 "조선일보 재차 분요기(紛擾記)" 등 신문계 내막을 선정적으로 다룬 기사들을 많이 게재했다. 또 언론인들의 상호 인물평인 "처세명인 김동진(金東進)과 무소부지(無所不至) 이서구군" 등등, 필자가 가명이나 필명을 사용한 기사들도 많이 실었다. 또한 시(詩)·소설·수필 등의 문예물도 게재했으며, '특설 제3보란(第三報欄)'에서는 복혜숙, 최승희의 근황 등을 포함한 연예계 소식도 실었다. 따라서 「호외」는 앞서 말했듯이 언론계의 내막, 언론인들의 동정과 인물평 등을 흥미위주로 다룬 언론 관계 대중잡지였음을 알 수 있다. 그러나 시사기사(時事記事)들, 예컨대 "절박한 극동의 전운(戰雲), 일본대(對) 세계전쟁의 위기"(池昌廈), "미로복교(美露復交)와 일본"(金奉圭)이라는 기사도 실어 놓았다.

제1호 마지막 쪽에 실은 자체 광고를 보면, "차호(次號)에 게재될 문제의 기사"라는 제목 아래 "☆공전(空前) 긴장의 매일신보(每日申報), ☆중앙일보를 싸고도는 신자운동(新資運動)의 정체, ☆인물평론 김성수론(金性洙論), ☆태풍 일과(一過)의 조선일보, ☆이광수(李光洙)씨의 소론(所論)을

14 창간호의 판형(判形)은 국배판(菊倍版)이었으며, 쪽수는 모두 66쪽이었다. 그러나 본문활자로 8포인트(point)를 사용했기 때문에 보통 9포인트 활자를 사용한 다른 잡지들보다 실제 분량은 많았는데, 이에 관하여 「호외」지는 창간호 '편집후기'(p. 66)에서 다음과 같이 언급해 놓았다. "본지(本誌)에 사용된 활자는 8포인트라 하여서 조선에 잡지가 탄생된 후 일즉이 누구나 사용해 본 일이 없는 정교(精巧)한 것임을 말하여 둡니다. 즉 현금 각종 잡지에서 사용하고 있는 활자는 대개 9포인트라는 것인데, 우리가 쓰는 활자는 8포인트임으로 약 1포인트나 작은 것입니다. 그럼으로 똑같은 1혈(頁, 페이지)이라 하여도 「호외」의 1혈은 타(他) 잡지의 1혈 반(半)이나 되는 셈입니다. 따라서 70혈 내외의 「호외」 기사는 다른 잡지의 약 100혈 이상이나 된다는 것을 알아주십시오."

박(駁)함, ☆로만국경(露滿國境) 답사기(踏査記), ☆연전문과층(延專文科層) 해부, ☆신문기자 공명담(功名譚)" 등의 기사 제목들을 열거해 놓았다. 그러나 이처럼 차호(즉 제2호)에 싣겠다던 기사들은 햇빛을 보지 못했는데, 「호외」는 창간호(제1호)만 내고 종간해서 창간호가 곧 종간호가 되고 말았기 때문이다.[15]

4) 또 하나의 언론전문지 「쩌-날리즘」지의 창간과 폐간

「호외」의 종간 이후 2년 만인 1935년 9월 1일, 이번에는 「쩌-날리즘」이라는 언론 관계 전문지가 출현했으나,[16] 이 잡지도 창간호만 내고 말았다. 그러나 이 잡지는 「호외」와는 달리 앞서 「철필」과 성격이 비슷한 것으로, 신문·잡지 등 언론에 관한 학술적 논문들도 많이 게재함으로써 신문학 연구와 신문학에 관한 일반 독자들의 관심을 제고하고자 했다.

「쩌-날리즘」지의 창간 목적과 성격 등은 창간호(제1호) 맨 뒤쪽 '편집후기'에 잘 나타나 있다. 그 내용을 보면, 우선 "한마디 다져둘 말은 본지가 다만 신문사(新聞社)의 선악(善惡) 간의 내막(內幕)이나 탐보(探報)하자는 데 있는 것이 아니다라는 것이다"고 전제했는데, 이는 아마도 자신들의 「쩌-날리즘」지가 앞서의 「호외」, 즉 주로 언론계 내막을 파헤쳐서 폭로한 「호외」지와는 그 성격이 다르다는 것을 밝히기 위한 것 같다. 이와 같이 전제를 한 다음, "물론 사회에 두드러지게 나타나는 죄악(罪惡)이 있으면, 또는 선행(善行)이 있으면 이것을 대중 앞에 폭로 혹은 포양(褒揚)할

15 「호외」지는 한국외국어대학교 명예교수 정진석도 소장하고 있으며, 이를 관훈클럽신영연구기금에서 영인해서 1992년 『한국언론전문지총서』 제3권으로 발간한 바 있다.

16 창간자이자 발행인 겸 편집인은 송태형(宋泰亨)이었고, 발행소는 쩌-날리즘社(京城府 梨花洞 190번지)였으며, 잡지의 정가(定價)는 한 부에 30전(錢)이었다.

수 없는 것은 아니나, 실은 쩌-날리즘을 토구(討究) 천명(闡明)하고 또는 일반에게 신문잡지의 과학적 지식을 보급케 하자는 데 주요 목적이 있는 것이다"라고 「쩌-날리즘」지의 창간 목적을 밝혔다.

이와 같은 목적에 따라 「쩌-날리즘」지는 "쩌-날리즘을 토구(討究) 천명(闡明)하고 또는 일반에게 신문잡지의 과학적 지식을 보급"하기 위한 내용들을 주로 실었다. 그 실례로는 안재홍(安在鴻)의 "신문사초(新聞史草): 50년간의 회고", 이인(李仁)의 "신문출판 양법(兩法)의 비판과 개정의 긴급", 일기자(一記者)의 "세계통신망소개", Y생의 "쩌날리즘강좌" 등을 들 수 있다. 이들 중 마지막의 "쩌날리즘강좌"의 내용을 보면, 우선 "쩌-날리즘이란 무엇인가?"에 관하여 논한 다음, 쩌-날리즘의 사회성·대립성·통제성·여론성과 교육적 기능(機能)에 관하여 비교적 자세하게 설명해 놓았다.

그러나 「쩌-날리즘」지는 이와 같은 학술적 기사들만 실은 것은 아니었고, 당시 언론계 내막(內幕)에 관한 기사도 실었다. 하지만 「호외」지처럼 흥미위주로 파헤쳐서 폭로한 것은 아니었고, 그 내막에 관한 유명인사들의 의견과 비판을 실은 것이었다. 이러한 기사들로는 "동아대조선전(東亞對朝鮮戰)에 대한 각계 인사(人士)의 비판"(권병진·유진태·양윤식·김활란·한용운·윤익선·김약수)과 "동아대조선전(東亞對朝鮮戰)의 진상 및 그 비판"(심판자) 등을 들 수 있다. 이 밖에 "신문계 잡보", "각사의 인사소식", "일본내지출판도서의 종류와 그 수(數)의 비교", "나치쓰정부기자법", "기자관계의 각종 시설" 등 국내외 언론계 소식 등도 게재했다. 그런가 하면 "다음 호부터는 문예·극(劇)·영화 등의 방면도 취급하려 한다"고 창간호의 '편집후기'에서 예고했다. 그러나 이러한 예고는 예고로만 끝나고 말았는데, 「쩌-날리즘」지도 앞서의 「호외」지와 마찬가지로 창간호가 곧 종간호가 되고 말았기 때문이다.[17]

2. 종합지에도 신문학 관계 학술논문 다수 발표

1930년대에는 이와 같이 「철필」(鐵筆)·「호외」(號外)·「쩌-날리즘」 등의 언론 관계 전문지들이 출현하여 신문학에 관한 연구결과의 발표와 토론의 장(場)을 마련해 주었다. 하지만 이들 언론전문지가 모두 단명(短命)으로 끝나버리자 신문학 연구자들은 종합잡지, 예컨대 「동광」(東光, 1926.5~1933.1), 「별곤건」(別坤乾, 1926.11~1934.5), 「혜성」(彗星, 1931.3 창간, 1933.5 「第一線」으로 개제), 「신동아」(新東亞, 1931.11~1936.9), 「개벽」(開闢, 新刊 1934.11~1935.3), 「조광」(朝光, 1935.11~1944.12) 등에도 연구논문들을 발표하면서 신문학에 관한 연구를 계속했다. 이는 "당시 우리 형편이 학술잡지나 연구전문지를 독자적으로 발간할 수 없었기 때문"이라고 임근수(1973, p. 10)는 설명했다. 하지만 또 한편으로는 종합잡지 독자들도 언론에 관한 관심이 높았기 때문이라고 볼 수 있다. 그 이유야 어떻든 특히 1930년대에는 종합잡지에도 학술논문을 게재하는 것이 일종의 관례처럼 되어 있었다.[18] 그 결과 종합지들도 신문·잡지 등 신문학에 관한 연구와 토론의 발표장으로 큰 역할을 했는데, 1930년대에 종합지에 실린 신문학 관계 주요 논문을 각 잡지별로 몇 개만 들어 보면 〈표 3-2〉와 같다.

이들 논문을 보면, 주제들이 매우 다양하여 신문뿐 아니라 잡지·라

17 「쩌-날리즘」지도 현재 실물이 많이 남아 있는데, 관훈클럽신영연구기금에서 한국외국어대학교 명예교수 정진석의 소장본을 영인해서 1992년 『한국언론전문지총서』 제2권으로 발간한 것이 각 대학 도서관에 소장되어 있다.

18 이러한 관례는 이미 1920년대부터 생겼는데, 예컨대 종합잡지인 「개벽」을 보면 통권 제59호(1925. 5 발행)에 '일기자(一記者)'라는 필명의 연구자가 발표한 "조선언론계의 연혁"이라는 논문이 실려 있으며, 「동광」이라는 종합잡지 제2권 6호(1927. 6 발행)에도 서춘(徐椿)이 발표한 "상품진열법과 광고이용"이라는 논문이 실려 있다. 이들 중 뒤 논문은 1927년 6월 당시 이미 우리나라에서 광고에 관한 학술적 연구가 이루어졌음을 말해 주고 있다.

표 3-2 1930년대에 종합잡지에 게재한 신문학 관계 주요 논문의 필자와 제목

잡지	주요 논문의 필자와 제목(호수, 연도)
「동광」	이종수(李鍾洙), "조선신문사(朝鮮新聞史)"(통권 제28호, 1931)
「별곤건」	수춘학인(壽春學人), "조선신문 급(及) 잡지연혁 급(及) 발달사"(제5권 6호, 1930)
「개벽」	양두식(梁斗植), "저널리즘과 비기죄(誹譏罪)"(신간 제4호, 1935)
「신동아」	윤백남(尹白南), "신세대의 음파(音波)신문: 라디오의 사회적 역할"(제3권 3호, 1933); 이종수(李鍾洙), "조선잡지발달사"(제4권 5호, 1934); 인왕산인(仁旺山人), "세계신문사(世界新聞史)"(제4권 5호, 1934); 고영환(高永煥), "신문사(新聞社)의 조직과 그 기능(機能)"(제4권 5호, 1934); 양재하(梁在廈), "신문대학과 대학신문론"(제4권 5호, 1934); 우어씨(友漁氏), "통제신문을 논함"(제4권 5호, 1934); 한마산인(汗馬山人), "세계통신망조직"(제4권 5호, 1934); 양재하(梁在廈), "대학 급(及) 대학신문론"(제4권 5호, 1934)
「조광」	차상찬(車相瓚), "조선신문발달사"(제2권 11호, 1936)

자료: 저자 정리.

디오·통신사 등에 관한 연구까지 포함했다. 또한 우리나라뿐 아니라 "세계신문사", "세계통신망조직" 등 다른 나라 언론에 관한 논문들도 있었다. 이들 논문은 "오늘날의 학문적 수준에서 볼 때는 그다지 높은 수준은 되지 못했을 모르겠으나, … 기혼(氣魄)과 학문적 견식을 겸전(兼全)한 당시의 실무자들이 풍부한 실무의 경험과 꾸준한 연구를 통해 부단히 그 업적을 발표해 놓음으로써, 뒤에 본격적 학문[으로서의 신문학]의 개척을 위한 초석(礎石)이 되었다는 사실을 결코 잊어서는 아니될 줄 안다"고 최준(崔埈, 1973)은 평가했다(임근수, 1973, p. 11에서 인용).

1930년대 종합잡지들은 이와 같이 신문학 연구자들에게도 연구결과의 발표장(發表場)을 제공해 주었을 뿐만 아니라,[19] 강연회·좌담회·토론

19 종합잡지뿐만 아니라 신문들도 당시에 비슷한 역할을 했는데, 예컨대 「조선일보」는 김무삼(金武森)의 "쩌널리슴의 방향과 근대신문의 특징일반"이라는 학술기사를 1931년 1월

회 등의 장(場)을 마련해 주기도 함으로써 우리나라 언론학의 발전에 크게 기여했다. 예컨대, 「동광」 잡지사는 1932년 6월 중진언론인 설의식(薛義植)·원세훈(元世薰)·이광수(李光洙), 평기자(平記者) 홍종인(洪鍾仁), 변호사 이인(李仁), 교육자 김여식(金麗植) 등을 한자리에 모아 '신문경영·편집좌담회'를 개최했는데, 이는 오늘날의 '세미나'와 같은 것으로 언론인과 변호사·교육자들이 신문의 경영과 편집에 관한 학술적 지식과 의견 등을 교환하고 공유하는 데 중요한 역할을 했다.

3. 1930년대에도 신문학 관계 저서 잇달아 출간

1930년대에는 신문학 관계 저서가 2종이나 나왔는데, 그중 하나는 1931년 고영환(高永煥)이 출판한 『신문학』(新聞學)이라는 단행본이었다고 임근수(1973, p. 9)는 말했다. 그러나 그 실물이 아직 발견되지 않아 실제로 책이 나왔는지 여부가 불확실하지만, 만약 고영환이 단행본 『신문학』을 출판한 것이 사실이라면 이 책은 1924년 발간한 김동성(金東成)의 『신문학』(新聞學)에 이어 우리나라에서 두 번째로 나온 신문학 관계 전문서라고 할 수 있다.

고영환의 이력을 살펴보면 이와 같은 책을 썼을 가능성은 높은데, 그는 전남 담양(潭陽) 출신(1895년생)으로, 일본의 와세다대학(早稻田大學)을 졸업하고 1925년부터 보성전문학교(현 고려대학교) 강사로 사회학을 강의

3일부터 6회에 걸쳐 연재하고, 또한 양재하(梁在廈)가 쓴 "신문대학과 대학신문, 신문연구기관의 설치와 학생신문의 발간을 促함"이라는 글을 1931년 12월 1일부터 13일까지 8회에 걸쳐 연재했다.

하면서, 1931년 12월 「동광」(東光) 잡지 제3권 12호(통권 28호)의 "신문에 대한 불평과 요망"이라는 기획기사에 "독자 본위(本位)로 하라"는 글을 투고하기도 했다. 이처럼 신문에 투고를 하기도 했던 고영환은 1933년 4월 동아일보사에 입사하여 정리부 기자로 근무하면서,[20] 1934년에는 「동아일보」의 자매월간지(姉妹月刊誌) 「신동아」(新東亞, 1931.11 창간) 5월호(제4권 5호)에 "신문사의 조직과 그 기능"이라는 글을 발표하는 등 많은 글을 썼다.

1938년 1월 또 하나의 신문학 관계 전문서적이 나왔는데, 이는 임경일(林耕一)이 쓴 『신문』(新聞)이라는 책으로 서울의 야담사(野談社)에서 출판했다. 이 책은 실물이 남아 있는데,[21] 책표지를 보면 '신문'이라는 세로 서명 오른쪽 위에 '임경일 저(著)'라고 적혀 있다. 그러나 맨 뒤쪽의 판권장을 보면 '저작 겸 발행자'(著作兼發行者)가 '임상호'(林尙浩)로 기재되어 있는데, 그 이유는 알 수 없다.

임근수(1973, p. 9)에 의하면, 임경일은 1945년 광복 전까지 조선총독부 조선어 기관지인 「매일신보」(每日申報)의 황해도 진남포지국 기자와 지국장을 역임하였다고 한다. 그러나 정진석(1995a, p. 450)은 말하기를, 임경일은 1930년대에 진남포에서 발행한 일본어 신문 「서선신문」(西鮮新聞)의 경제부 기자로, 1933년 2월 「조선일보」에 "조선의 범죄상, 그에 대한 종횡담"이라는 연재기사를 모두 18회에 걸쳐 썼는데, 이를 보면 그는 "사회

20 고영환은 1940년 8월 「동아일보」가 일제에 의해 강제 폐간될 때까지 정리부, 정치부 기자로 근무했다. 해방 후 「동아일보」가 복간되자 정치부 기자와 논설위원으로 잠시 근무했으며, 그 뒤 「대한독립신문」 주필을 맡고 있다가, 한국동란 중에 삼청동 자택에서 좌익청년들에게 부인(許永淳)과 함께 학살당했다(한국신문편집인협회 편, 『신문백년인물사전』, 1988, p. 37).

21 그중 하나를 정진석이 소장하고 있으며, 저자(차배근)는 그 복사본을 갖고 있다.

부 기자로서의 경력도 있었던 것 같으며, 분석적인 긴 글을 쓸 수 있는 능력을 갖춘 사람이었다"고 한다. 그러면서 그는 1936년 3월 창간한 월간 잡지 「조선농민」(朝鮮農民)의 주필을 맡아 도산(島山) 안창호(安昌浩)의 계훈(戒訓)을 게재할 예정이었으나, 그 잡지가 창간호로 끝나고 말았다고 부언했다.

임경일의 저서 『신문』에서 '권두(卷頭)에'라는 제목의 머리말을 보면, "조선에는 「신문지」(新聞紙)에 대한 해설이라든가 논문을 쓸 전문가가 많다. 이렇게 선배(先輩)가 많을 때 천박한 상식으로 감히 여기 이러한 일서(一書)를 공간(公刊)하는 것은 매우 경솔한 짓이라 아니할 수 없다. 더구나 [오늘날의 정세는] 본서(本書) 집필 당시의 정세와는 [많이] 달라진 것을 그대로 상재(上梓)한 점을 저자로서 사과(謝過)하는 바이다. … [그러나] 이 책을 통하여 「신문」에 대한 윤곽을 알아 주면 그것이 저자의 무한한 행복이다"라고 적었다.

이러한 머리말을 볼 때 이 책은 임경일이 오래전에 집필해 놓았다가 1938년 1월 세상에 내놓은 것 같다. 이 책은 본문이 국판(菊版)이며 124쪽인 조그만 서적으로, 모두 7개 장으로 구성되어 있으며, 내용은 주로 신문제작실무 등에 관한 것을 간단하게 서술해 놓았는데, 그 목차만 소개하면 〈참고자료 3-6〉과 같다. 이들 중 제5장에서 '신문대학' 항목을 보면, 선진 각국에서는 "신문학이 완전한 '학'(學)으로 독립되어 학적 탐구와 실제의 신문인의 양성을 위한" 신문대학까지 설치하고 있다면서, 우리나라도 대학에 신문학과나 신문연구소를 설치할 것을 은근히 촉구했는데, 이에 관해서는 다음 항목에서 자세히 살펴보기로 하겠다.

참고자료 3-6

임경일 저 『신문』의 목차

4. 신문학과 설치의 제안과 좌절

이와 같이 1930년대에도 신문과 신문학에 관한 여러 가지 연구들이 활발히 이루어지면서, 우리나라에서도 대학에 신문학과를 설치하여 신문학을 연구하고 유능한 언론인을 양성하자는 제안과 움직임까지 나타났다. 이러한 제안과 움직임은 1930년대 초부터 여러 사람에 의해 시작되었다. 그러나 불행하게도 1945년 8월 일제로부터 해방되기까지 우리나라 대학에 신문학과나 그 밖의 신문학 교육·연구기관은 끝내 하나도 설치되지 못하고 말았다.

1) 1930년대 초부터 한기악과 양재하 등이 제안

1930년대 초에 "우리나라 대학에서도 신문학을 가르치자"고 처음 제안한 사람은 당시 「조선일보」 기자 한기악(韓基岳)이었다. 그는 언론전문지 「철필」(鐵筆) 창간호(1930. 7. 1 발행)의 기획기사 "신문기자양성에 대한 의견"에서 "일본(日本)에는 각 대학에 신문과(新聞科)가 있으나, … 아직 조선에는 그런 기관이 업슴으로 체계잇는 기자를 양성하기는 퍽 힘들 줄 압니다. 내 개인의 의견 가타서는[같아서는] 조선(朝鮮) 안에 잇는 전문교(專門校)나 대학 문과(文科) 가튼 곳에 특히 신문연구에 관한 것을 가르칫스면 엇덜가 합니다"(p. 10)라고 제안했다.[22]

22 같은 기획기사에서 당시 「동아일보」 편집국장 이광수(李光洙)는 신문기자가 갖추어야 할 요건으로 열세 가지를 꼽은 다음 "신문기자가 되랴는 이가 반드시 공부해야 될 과목"을 열거했는데, 그중 11번째로 '신문지학'(新聞紙學)을 들었고, 12번째로는 '신문지관계법규'를 들었다. 하지만 신문지학을 배우고 연구하기 위한 신문학과의 설치 필요성에 관해서는 언급하지 않았다.

(1) 대학에서 신문학을 교육할 것을 한기악이 처음 제안

이와 같은 제안에서 한기악이 "일본에는 각 대학에 신문과가 있으나…" 운운한 것은 아마도 동경제국대학(東京帝國大學) 등을 지칭한 것 같은데, 일본에서는 1926년 4월 일본의 최고 학부(學府)인 동경제국대학 문학부(文學部)에 처음 신문학 강좌로 '비교신문사'(比較新聞史)를 개설했다. 이 과목을 담당한 오노 히데오(小野秀雄)의 주동으로 같은 해 신문연구회를 창립하고 「신문학연구」라는 학술지도 발행하기 시작했다. 그 뒤 1929년 10월 12일 히데오의 노력으로 동경제국대학에 신문연구실(新聞研究室)을 설치하여 신문에 관한 연구와 교육을 하기 시작했다. 1932년에는 조치대학(上智大學, '소피아대학'이라고도 부름)이 그 전문학부(專門學部, 3년제)에 일본 최초로 신문학과를 창설했다.[23]

한편 한기악은 말하기를, "조선 안에 잇는 전문교나 대학 문과 가튼 곳에 특히 신문연구에 관한 것을 가르첫스면 엇덜가"라고 했는데, 당시 우리나라에는 전문학교로는 숭실전문학교(1912년 설립, 현 숭실대학교), 연희전문학교(1917년 설립, 현 연세대학교), 보성전문학교(1921년 설립, 현 고려대학교), 이화전문학교(1925년 인가, 현 이화여자대학교), 중앙불교전문학교(1930년 설립, 현 동국대학교) 등을 비롯하여 모두 10개가 있었고, 정규대학은 경성제국대학(1923년 설립, 현 서울대학교 전신) 하나가 있었다. 이처럼 1930년 당시 우리나라에는 모두 10개의 전문학교와 1개의 대학이 있었으나, 이화전문학교를 제외하고는 신문학을 가르치거나 연구한 곳은 없었다.

23 중국은 일본보다 앞서 1918년에 중국의 최고학부인 베이징대학(北京大學)에서 처음으로 신문학 강좌를 설치했으며, 신문학과[新聞學系]는 1920년 상하이성요한대학(上海聖約翰大學)에서 처음 설치했는데, 이 대학은 미국 성공회(聖公會)에서 설립한 대학이었다.

(2) 양재하는 대학에 신문학과나 연구기관의 설치를 촉구

한기악에 이어 1934년 5월 「동아일보」 기자 양재하(梁在廈)가 또 대학에 신문학과를 설치할 것을 제안했다. 그는 월간잡지 「신동아」(新東亞) 5월호(제4권 5호)에 실린 "신문대학 급(及) 대학신문론: 학생신문발간과 신문연구기관 급(及) 신문권위단체 출현을 촉(促)함"이라는 긴 제목의 글을 통해 세계 여러 나라의 신문학 교육과 연구의 실태를 소개했다. 그러면서 선진 여러 나라에는 신문·잡지를 연구대상으로 하는 신문대학이 여러 곳에 설치되었는데, 이들 신문대학은 첫째 학술적 연구를 필요로 한다는 것과, 둘째 우수한 기자를 양성하기 위한 것이라는 두 가지 목표가 있다고 설명했다. 그는 또한 학생신문의 발간과 신문연구기관 그리고 언론단체의 필요성도 강조하면서, 신문학이 하나의 독립된 학문으로 성립하기 위한 여러 가지 조건들을 제시했다(정진석, 1995a, p. 451에서 재인용). 그런 다음 우리나라에서도 대학에 신문학과를 설치하거나 또는 최소한 신문연구기관이라도 설치하여 신문학을 연구하고 교육할 것을 촉구했다.

한편 임경일(林耕一)도 1938년 1월 발간한 그의 저서 『신문』(新聞)에서 우리나라도 신문학 연구·교육기관을 설치할 것을 은근히 촉구했다. 이 책 제5장 '신문대학' 항목을 보면, 선진외국에서는 "신문학이 완전한 '학'(學)으로 독립되어 학적(學的) 탐구와 실제의 신문인을 양성하는 의미에서 각국에서는 신문대학을 두게 되었다"면서, 주요 나라들에서 신문학 연구·교육기관들을 다음과 같이 소개했다.

> 동경(東京)에는 동경제국대학(東京帝國大學) 내에 [신문]연구실이 있고, 일본신문협회 소속의 신문학원(2년 수료), 메이지대학(明治大學) 고등전공과(高等專攻科)의 신문과(新聞科, 1년 수료), 조치대학(上智大學)의 전문학부(專門學部) 중에 신문학과(3년 수료)가 있다. 중국에는 베이징(北京)과 상하이(上海) 양지(兩

地) 대학에 [신문학과]를 부설하였다. 영국에는 륜돈대학(倫敦大學, 런던대학)에 [신문학] 강좌(2년 수료)가 있고, 신문학교수학회도 있다. 호주(濠洲) 쿠인쓰랜드대학에도 역시 [신문학] 강좌가 있고, 백의(伯義, 벨기에)에도 신문협회 소속 신문학원(2년 수료)이 있다. 인도(印度), 서서(瑞西, 스위스), 서반아(西班牙, 스페인)에도 각 1교(校)가 있고, 이태리(伊太利)에는 흑(黑)샤쓰당 정치대학 중에 1과(科)를 두었는데, 미국과 독일이 가장 풍부하다. 미국과 독일에는 각 대학에 태반 신문학과가 있고, 특히 미국에는 미즈리신문대학이란 단과대학이 있다.(p. 60)

이처럼 임경일은 일본·중국·영국·호주·벨기에·인도·스위스·스페인·이탈리아, 그리고 독일과 미국에서의 신문학 강좌, 신문학과 및 그 밖의 신문학 연구·교육기관 등의 실태를 소개했다. 그러면서 우리나라도 신문학 강좌나 신문학과 등을 설치하여 신문학을 교육하고 연구할 것을 은근히 촉구했다.

2) 일제강점기에 신문학과 설치 제안이 무산된 주요 이유

이와 같이 일찍이 1930년대 초부터 한기악·양재하·임경일 등을 위시한 여러 언론인과 지식인들이 신문학과의 필요성을 인식하고 우리나라 대학에서도 신문학과의 설치를 제안하였다. 그러나 불행하게도 1945년 일제강점기가 끝날 때까지는 그 실현(實現)은 보지 못하고 말았는데, 그렇다면 그 이유는 무엇이었을까?

첫째 이유로는, 신문학에 관한 인식의 부족을 들 수도 있다. 그러나 이 때문에 1945년 일제로부터 광복을 찾을 때까지 우리나라에 신문학과 설치되지 못했다고 보기는 어렵다. 신문학은 일본에서도 이미 1920년대에 하나의 학문분야로 인정받아, 1928년 일본 최고 학부(學府)인 동경제국대학에 신문연구실이 설치되었으며, 1932년에는 조치대학(上智大學)에 신문학과가 창설되어 언론에 관한 정규교육을 실시해서 우리나라 젊은이들도 그곳으로 유학을 갔기 때문이다. 또한 우리나라에서도 이미 1924년 김동성이 『신문학』이라는 책을 출판했고, 1928년에는 김현준이 독일에서 신문학 박사학위까지 받고 귀국해서 일반인들까지도 신문학을 하나의 독립학문으로 인정하고 있었기 때문이다.

둘째 이유로는, 신문학을 공부하거나 기자가 되려는 젊은이들이 적었기 때문이라는 점을 들 수도 있다. 그러나 이것도 납득할 만한 이유가 되지 못했다. 1920년 이후 우리나라에서는 신문기자가 '무관(無冠)의 제왕(帝王)'으로서 인기가 매우 높아, 1930년 「조선일보」가 우리나라 최초로 기자를 시험을 통해 공개채용 했을 때 응시자가 100여 명이나 몰렸고 그중 9명만 채용해서 경쟁률이 10 대 1을 넘었기 때문이다.[24]

셋째 이유로는, 신문학을 가르칠 수 있는 교육기관과 교수요원들의 부족을 들 수도 있다. 그러나 이것도 타당한 이유가 되지 못하는데, 일제강점기에도 신문학을 가르칠 수 있는 고등교육기관과 교수요원이 적지 않았기 때문이다. 우리나라에 처음 대학이 설립된 것은 1912년으로, 그 첫 번째는 평양의 숭실대학이었다.[25] 그러나 1925년 일제가 '전문학교규칙'을 제정하여 숭실대학을 '숭실전문학교'로 격하시켜 버리고, 정규대학으로는 서울의 경성제국대학(京城帝國大學, 현 서울대학교 전신)[26] 하나만 남겨

24 "조선최초의 기자시험: 조선일보의 시험문제와 답안", 「철필」 제1호, pp. 44-45.

25 숭실대학은 미국 장로교와 감리교 합동선교부 선교사들이 1906년 설치한 숭실학당의 대학부를 1912년 일제총독부의 정식 인가를 받아 정규대학으로 승격시킨 것이었다.

26 1922년 우리 민족주의자들이 민립대학(民立大學) 설치운동을 벌이자, 이를 눌러버린 일제가 여론을 무마하기 위해 서둘러 1923년 5월 경성제국대학령을 제정, 서울에 경성제국

두었으며, 전문학교도 전국에 10여 개만 허가했다. 따라서 비록 그 수는 많지 않았으나, 이들 대학이나 전문학교에서 신문학과나 신문연구소 등을 얼마든지 설치할 수 있었다. 그러므로 1928년 동경제국대학에 신문연구실을 설치했던 일제가 마음만 먹었다면 서울의 경성제국대학에도 신문연구소를 설치할 수 있었다.[27] 또한 연희전문학교(현 연세대학교), 보성전문학교(현 고려대학교), 이화전문학교(현 이화여자대학교), 중앙불교전문학교(현 동국대학교) 등도 신문학과나 또는 신문학 강좌를 설치할 수 있는 시설과 교수요원을 충분히 갖추고 있었다. 김동성을 비롯하여 당시 신문학을 가르칠 수 있는 유능한 언론인들도 많이 있었으며, 또한 보성전문학교에는 독일에서 신문학 박사학위까지 취득하고 돌아온 김현준과 같은 훌륭한 신문학자도 있었다.

그럼에도 불구하고 1945년 일제로부터 해방될 때까지 우리나라 대학이나 전문학교 등에 신문학과나 신문연구소가 설치되지 못했는데, 그

대학을 설립하여 1924년 우선 2년제 예과(豫科)만 개교한 뒤 1926년 다시 3년제 법학부와 4년제 의학부를 추가 설치했다. 그러나 소위 '실력경쟁'이라는 허울을 내세워 조선인 학생은 전체 정원의 3분의 1밖에 뽑지 않았다.

27 경성제국대학에 신문연구소를 설치하려다가 그만 둔 것 같기도 하다. 임근수(1973, p. 11)에 의하면, 1923년 일제가 서울에 경성제국대학을 설립하면서 국내외 수많은 서적과 문헌들을 수집했는데, 이때 일본인 교수 다나카 우메요시(田中梅吉)와 오쿠하라 부히코(奥平武彦)가 어떤 동기에서인지는 모르지만 독일 유학 시 일본 신문학의 개척자 오노 히데오(小野秀雄治)의 조언을 받아 다량의 신문학 관계 문헌을 구입해 경성제국대학 도서관에 수장(收藏)했다고 한다. 이들 문헌은 현재 서울대학교 중앙도서관에 소장되어 있는데, 이들은 오늘날 독일에서도 쉽게 구하기 어려운 것이라고 한다. 이러한 신문학 관계 문헌들 이외에도 현재 서울대학교 중앙도서관에는 1923년 이전에 일본에서 발간한 신문학 관계 자료와 1920~1930년대 주요 외국의 저명한 신문들 및 구한말(舊韓末)에 발행한 고신문(古新聞)도 상당수 소장되어 있는데, 왜 이러한 자료들을 당시 일본인 교수들이 수집했으며 무엇에 어떻게 활용했는지에 관하여 아직까지 전혀 알려지지 않아 알 길이 없다. 그러나 본 저자(차배근)의 생각으로는 혹시 일본의 동경제국대학과 마찬가지로 경성제국대학에도 신문연구실이나 신문연구소를 설치하기 위해 이와 같은 자료들을 수집했다가, 계획이 취소되자 그 자료들을 그대로 방치한 것은 아닌가 한다.

렇다면 그 근본적 이유는 무엇이었을까? 그것은 역시 일제가 특히 언론 자유를 생명으로 삼는 신문학 분야의 연구와 교육을 달갑게 여기지 않았기 때문이라고 볼 수밖에 없다. 때문에 일제는 이미 1928년 동경대학에 신문연구실을 설치했고, 1932년에는 조치대학(上智大學)에 정규 신문학과의 설치를 승인하여 신문학에 관해 본격적으로 연구와 교육을 했음에도 불구하고, 식민지 우리나라에서는 신문학과의 설치가 용납되지 않아서 1930년대 초부터 대학에 신문학과를 설치하여 신문학을 연구하고 유능한 언론인을 양성하자는 선각자들의 제안과 움직임은 광복이 될 때까지 실현되지 못했다고 볼 수 있다.

3) 신문학 전공 지망자들은 부득이 일본 등으로 유학

바로 이와 같은 이유로 우리나라 대학이나 전문학교 등에 신문학과가 설치되지 못하자, 언론인이 되거나 신문학을 공부하려는 우리나라 젊은이들은 부득이 외국으로 유학을 가야만 했다. 이들은 특히 일본으로 많이 유학을 갔는데, 1932년 일본의 조치대학 전문학부에 신문학과(3년제)가 창설되자마자 곽복산(郭福山) 등이 그곳에 가서 신문학을 전공했다.

조치대학 신문학과는 일본 신문학의 개척자인 오노 히데오(小野秀雄)가 주도해서 창설했는데, 그는 스위스의 취리히대학(Universität Zürich) 신문학과를 주로 모방하여 당시 세계 신문학의 양대 산맥이던 미국의 '실천신문학'과 독일의 '이론신문학'을 반반씩 절충해서 학생들을 교육했다(小野秀雄, 1971; 임근수 1973, p. 11에서 인용). 일제강점기에 일본 조치대학 신문학과에 유학하여 신문학을 전공한 우리나라 젊은이 중에는 그 뒤 우리나라 언론이나 신문학 발전에 크게 기여한 사람들이 매우 많다. 그중 대표적 인물로는 곽복산(郭福山) · 한경수(韓慶洙) · 조원한(曺元漢) · 이해창(李

海暢)·윤석중(尹石重)·강봉수(姜鳳秀)·박유봉(朴有鳳)·김용민(金容民) 등을 꼽을 수 있는데, 이들은 졸업 후 우리나라 언론계와 학계 또는 관계(官界) 등에서 크게 활약했다.

이들 중 곽복산·이해창·박유봉은 1945년 광복 이후 우리나라 신문학의 개척자가가 되었다. 곽복산은 1947년 4월 5일 우리나라 최초의 언론인 교육기관인 조선신문학원(뒤에 서울신문학원으로 개칭)을 창설하여 언론인 양성사업에 앞장서면서, 1954년에는 홍익대학에 우리나라 최초로 신문학과를 창설했고, 1957년에는 또 중앙대학 신문학과를 창설하는 등 우리나라 신문학 교육과 연구의 개척자가 되었다. 한편 이해창은 1961년 이화여자대학교 신문방송학과 교수로 취임하여, 특히 독일신문학을 우리나라에 소개하는 데 크게 기여했다. 그리고 박유봉은 광복 후 독일로 유학, 신문학 박사학위를 취득하고 귀국해서 1963년 봄 한양대학교 신문학과 창설을 주도했으며, 뒤에는 서울대학교 신문대학원과 신문학과에서 후진을 양성했다.

5. 1940년대 전반 일제 말기 신문학 연구의 고사

앞에서 살펴보았듯이 1930년대에도 신문학에 관한 연구가 활발히 이루어지면서 신문학 관계 저서들도 출판되었고, 우리나라 대학에도 신문학과를 설치하여 신문학을 연구하고 유능한 언론인들을 양성하자는 움직임도 나타났다. 그러나 1940년대로 들어서면서 신문학에 관한 모든 연구는 정지되다시피 했다.

1937년 7월 7일 중국의 수도 베이징 근교의 루거우차오(蘆溝橋)에서 중국군의 습격을 받은 것처럼 자작극(自作劇)을 벌여 중일전쟁을 유발한 일제(日帝)는, 전쟁에 광분(狂奔)하면서 신문지법 · 보안법 · 치안유지법 · 총독부제령(總督府制令) 등을 총동원하여 언론부터 철저히 탄압하면서 우리 민족의 언론을 아예 말살해 버렸기 때문이다. 1940년 1월 조선총독부 경무국장은 그때까지 겨우 생명을 부지하던「동아일보」와「조선일보」사장을 불러 "시국(時局)에 부응하여" 자진 폐간할 것을 강요했다. 그러나 이를 두 신문사의 사장들이 단호하게 거절하자, 일제는 두 신문에 온갖 탄압을 가하다가「동아일보」에 대해서는 간부들이 군자금을 모아 중국의 대한민국 임시정부에 보냈다는 사건을 조작하여 1940년 8월 1일 폐간계(廢刊屆)를 제출케 함으로써 마침내 폐간시키고 말았다. 한편「조선일보」에 대해서도 온갖 겁박을 가해서「동아일보」와 같은 날 폐간계를 받아냄으로써 우리 민족의 민간신문은 모두 사라지고 말았다.

이처럼 우리 민족의 신문을 모두 폐간시킨 일제는, 1941년 12월 7일 일요일 아침 미국 하와이 진주만을 기습 공격하여 미국과 태평양전쟁을 시작하면서 잡지와 서적을 포함한 모든 언론출판에 대한 탄압을 강화했다. 그리하여 언론 관계 전문잡지로는 1943년 조선방송협회에서 창간한「방송지우」(放送之友)라는 일본어 잡지만 유일하게 발행되었으나, 이는 학술과는 거리가 먼 것이었다. 이처럼 우리 민족의 신문과 잡지들이 모두가 강제 폐간되어 언론 관계 논문을 발표할 만한 지면조차 없게 되자, 자연히 신문 내지 신문학에 관한 연구도 침체되었다. 그 결과, 1940년대 초부터 1945년 8월 일제가 패망할 때까지 약 5년 동안에는 신문 내지 신문학에 관한 연구논문은 거의 찾아볼 수 없었다. 그러다가 1945년 8월 15일 우리나라가 마침내 일제로부터 광복을 하게 되자, 언론에 관한 연구가 다시 활발하게 이루어지기 시작했다.

제4장

광복 후 신문학의 발전과 매스컴학으로의 확대

1883

A History of Communication Studies and Education in Korea

1990

1945년 8월 15일 일제로부터 광복과 더불어 학문과 언론의 자유도 되찾게 되자, 신문학에 관한 연구와 교육도 자유롭게 할 수 있게 되었다. 그러자 우리나라에서도 신문학 교육과 연구가 본격적으로 이루지기 시작했다. 1954년 봄 홍익대학이 한국 최초로 신문학과를 창설한 것을 시작으로, 각 대학이 다투어 신문학과 또는 신문방송학과를 설치해 신문학을 가르치고 연구하게 되었다. 그러면서 교육·연구 영역을 신문·잡지로부터 방송·영화 등 모든 매스커뮤니케이션 현상으로 확대해 1960년대에는 종래의 신문학이 매스커뮤니케이션학으로 확대·발전하게 되었다. 제4장에서는 1945년 8월 15일 광복 이후 1960년대 말까지 15년 동안 우리나라에서의 커뮤니케이션 연구와 교육의 실태를 살펴보기로 한다.

1945-1949년: 광복과 신문학 교육 · 연구의 재개

1945년 8월 광복이 되자 일제강점기에 폐간되었던 신문들이 복간했으며, 또한 새로운 신문들도 창간하기 시작했다. 그러자 새 나라 언론이 나아가야 할 방향을 결정하고 또한 우수한 언론인의 양성을 위하여, 곽복산(郭福山)을 비롯한 언론계와 학계(學界) 인사들이 1946년 12월 25일 '신문과학연구소'를 설립했고, 이듬해 4월 5일에는 우리나라 최초의 언론교육기관인 '조선신문학원'을 개원하여 언론인 양성교육을 시작했다. 그런가 하면, 언론에 관한 연구를 촉진하기 위해 이해창(李海暢)은 1947년 4월 '종합저-널리즘연구'지(誌) 「신문평론」(新聞評論)을 창간했다. 그러나 신문학 연구와 교육을 위한 이러한 노력들은 1950년 6월 25일 한국동란의 발발로 중단되고 말았다.

1. '신문과학연구소'부터 설립

"우리나라의 신문학 연구사업은 이 또한 해방 직후에 시작을 보았다. 그 시발은 1946년 4월 7일 '신문과학연구소'의 창설이다. … 곽복산의 발안(發案)으로 … 대표에 백낙준(白樂濬) 박사를 추대하고 연구실을 연희대학에 두기로 합의를 보았다. 그러나 기금이 마련되지 않아 연구업적은 남기지 못했으나, 다음 해 봄 개설된 '신문학원'의 강의를 담당하게끔 강의안이 준비되었다." 이렇게 곽복산(1971, p. 45)은 "신문학의 전개와 한국의 과제"라는 논문에서 기술했다. 그러면 그는 왜 광복 이후 신문과학연구소부터 창설하게 되었는가?

1) '신문과학연구소'의 설립 경위와 목적

곽복산(1911년 전북 김제 출생)은, 앞서 잠깐 언급했듯이 일본 조치대학(上智大學) 신문학과 제1기 졸업생으로, 그는 졸업하기 전 해인 1934년 10월 「동아일보」에 "신문의 과학적 연구에 대하야"라는 논문을 3회에 걸쳐 발표하며 과학적 신문학 연구의 필요성을 제시했다. 1935년 봄 대학 졸업 후 4월에 곽복산은 「동아일보」에 입사하여 평양지국과 본사 사회부에 근무하다가, 1940년 8월 「동아일보」가 일제에 의해 강제 폐간되자 「매일신보」(每日申報)로 자리를 옮겼다. 1945년 광복이 되어 12월에 「동아일보」가 복간되자, 곽복산은 다시 입사하여 사회부장직을 맡고 있던 1946년 12월 25일 '신문과학연구소'를 정식으로 창설했다.

그러나 곽복산이 신문과학연구소의 창설을 계획하기 시작한 것은 8·15 광복 이후 5개월 만인 1946년 봄부터였다. 그 목적은 우선 신문학 연구의 기간(基幹)부터 마련하고, 그것을 언론인 교육에까지 연장시키려 했던 것이다(노정팔, 1977, p. 115). 그리하여 1946년 4월 신문과학연구소장으로 당시 연희대학(현 연세대학교) 총장 백낙준(白樂濬)을 추대하고,[1] 연구소는 연희대학에 두기로 하고, '신문이론' 분야 연구는 곽복산, '신문의 실제' 분야는 설의식(「동아일보」 주간), '한국신문사'(韓國新聞史) 분야는 양재하(「한성일보」 편집 겸 발행인), '외국신문사'(外國新聞史) 분야는 박기원(朴

1 이처럼 백낙준 총장을 연구소장으로 추대한 것은 그가 언론에 관심이 많았기 때문인 것 같은데, 정진석(1995, p. 23)에 의하면, "백낙준은 초기 기독교 선교사들이 선교를 위해 전개한 문서사업(신문·출판)에 주목했으며, 우리나라 개신교의 전파를 '신문화'(新文化) 전개의 일면으로 파악했다. 그는 박사학위논문에서 기독교의 전파에 출판물의 영향이 절대적이었음을 밝혔다. 유학을 마치고 귀국한 뒤의 일제 치하와 광복 이후의 정치상황도 그로 하여금 언론에 관심을 기울이게 하였다"고 한다.

琦遠), '국제통신' 분야는 전홍진(全弘鎭, 합동통신 편집부장 겸 편집국 차장), '사회과학방법론' 분야는 이순탁(李順鐸, 연희대학 상학원장)이 맡기로 하는 등 구체적 계획까지 세웠다(노정팔, 1977, p. 115). 하지만 연구기금이 마련되지 않아 거의 1년 동안이나 연구소를 개소하지 못하고 있다가, 1946년 12월 25일에야 서울의 아서원(雅敍園, 현재 롯데호텔 자리에 있던 중국요리점)에서 창설발기대회를 열고 '신문과학연구소'라는 이름의 연구소를 정식으로 설립했다(김사림, 1948, p. 櫻19; 정진석, 1995b, p. 19).

당시 신문과학연구소 발족에 참여한 인사들은 이관구(李寬求, 합동통신 고문), 고재욱(高在旭, 「동아일보」 주필), 홍기문(洪起文, 「서울신문」 총무국장), 이갑섭(李甲燮, 「조선일보」 주필), 정인익(鄭寅翼, 「자유신문」 부사장), 한보용(韓普容, 「조선일보」 논설위원), 이선근(李宣根, 「한성일보」 주필), 고경흠(高景欽, 「독립신보」 주필), 염상섭(廉想涉, 「경향신문」 편집국장), 정지용(鄭芝溶, 「경향신문」 전 편집국장, 이화여대 교수), 설정식(薛貞植, 공보처 여론국장), 정진석(鄭鎭石, 연희대 강사), 이창수(李昌洙, 전 「매일신보」 통신부장), 이윤종(李允鍾, 제3특보 주필 겸 편집국장), 한일대(韓一大, 미상), 이혜구(李惠求, KBS 중앙방송국장)였다(「한성일보」 1946. 12. 26, "신문문화를 향상, 신문과학연구소 발족"; 정진석, 1995b, p. 19).

연구소 이름을 '신문과학연구소'라고 붙인 것은, 곽복산이 일찍이 1934년 10월 「동아일보」에 연재한 "신문의 과학적 연구에 대하야"라는 논문에서도 밝혔듯이 신문학도 과학적으로 연구해야 한다는 그의 학문적 신념이었기 때문인 것 같다. 그래서 신문학 연구에 이미 사회과학연구방법론을 도입하기 위하여, 당시 연희대학 상학원장(商學院長)이었던 이순탁에게 '사회과학방법론' 분야의 연구를 맡도록 했던 것 같다. 따라서 신문과학연구소의 설립 목적의 하나도 "신문에 관련한 모든 것을 과학적으로 조사연구"하기 위해서였던 것 같은데, 신문과학연구소의 구체적 설립 목적을 보면, ① 신문의 이론과 응용을 수립하여 이를 교수함, ② 신문에 관련한 모든 것을 과학적으로 조사연구함, ③ 조국의 건설과 신문문화의 향상을 기(期)함이었다(김사림, 1948, p. 櫻19; 정진석, 1995, p. 19).

2) 재정난 등으로 '신문과학연구소'는 흐지부지돼

이와 같은 목적의 신문과학연구소는 앞서 말했듯이 소장은 백낙준이 맡았으며, 이사는 김동성(金東成, 합동통신사 회장), 설의식(薛義植, 「동아일보」 주간), 이병기(李秉岐, 서울대학교 교수), 송석하(宋錫夏, 민속학자), 이순탁(李順鐸, 연희대학 상학원장), 현상윤(玄相允, 고려대학교 총장), 장리욱(張利郁, 서울대학교 총장), 김연만(金鍊萬, 「문장」지 발행인)이고, 상무이사는 곽복산이었다.

1948년 3월 10일 발행한 김사림(金史林) 편 『신문기자수첩』에 실려 있는 "신문과학의 전당, 조선신문학원의 전모(全貌)"라는 글(p. 櫻19)을 보면, 당시 신문과학연구소의 진용(陣容)을 〈표 4-1〉과 같이 소개했다.[2]

신문과학연구소의 본부는 서울 남대문로 2가 135번지 한남빌딩(현 롯데백화점 자리)에 있었으며(정진석, 1995b, p. 19), 연구소에는 총무국·연구부·조사부·교육부, 사회교육위원회, 편집위원회, 특별위원회를 두었는데, 총무국 간사는 이해창(李海暢, 「한성일보」 체육부장)과 정준수(鄭濬秀, 「동아일보」 기자)였다. 연구부는 다시 신문연구실, 라디오연구실, 영화연구실로 나

2 김사림 편 『신문기자수첩』은 1948년 3월 10일 발행했으나, 이 책의 서문을 설의식이 써준 날짜는 1947년 11월 11일이며, 김사림이 쓴 머리말('編者의 말')의 집필 날짜는 1947년 11월 27일이었다. 따라서 이 책에 실려 있는 "신문과학의 전당, 조선신문학원의 전모"라는 글은 1947년 10월에 집필한 것 같다. 그러므로 〈표 4-1〉에 소개된 신문과학연구소의 진용도 1947년 10월경의 것으로 추정된다. 이렇게 원고 집필 날짜와 책의 발행일 사이에 약 5개월간의 차이가 있는 것은, 당시는 원고를 써서 이를 책으로 인쇄·출판하는 데 몇 개월씩 걸렸기 때문이다. 〈표 4-1〉은 김사림이 문장으로 쭉 열거해 놓은 진용을 저자(차배근)가 표로 정리한 것이다.

표 4-1 1947년 10월경 신문과학연구소의 이사회와 소장 및 연구진 명단

이사회	대표이사	미정
	상무이사	곽복산(郭福山, 「동아일보」 사회부장)
	이사	김동성(金東成, 합동통신사 사장), 설의식(薛義植, 새한민보사 사장), 백낙준(白樂濬, 연희대학 총장), 장리욱(張利旭, 서울대학 총장), 현상윤(玄相允, 고려대학 총장), 이순탁(李順鐸, 연희대학 교수), 이병기(李秉岐, 서울대학 교수), 송석하(宋錫夏, 민족박물관장), 김연만(金鍊萬)
소장 및 연구진	소장	백낙준(白樂濬, 연희대학 총장)
	연구진	김동성(金東成), 홍종인(洪鍾仁), 양재하(梁在厦), 서강백(徐康百), 이계원(李啓元), 김영진(金永鎭), 설의식(薛義植), 이정순(李貞淳), 이종모(李鍾模), 전홍진(全弘鎭), 곽복산(郭福山)

자료: 김사림 편, 『신문기자수첩』(서울: 모던출판사, 1948), p. 櫻19.

표 4-2 신문과학연구소의 각 부서별 담당 사업

부(部)	실(室)	담당 사업
연구부	신문연구실	신문에 관한 연구와 발표
	라디오연구실	라디오 보도에 관한 연구와 발표
	영화연구실	영화 보도에 관한 연구와 발표
조사부	보도조사실	신문 · 라디오 · 영화 보도의 조사
	조사통계실	제반 사항의 조사통계 작성
	도서자료실	국내의 신문잡지 참고도서자료 수집, 관리

자료: 김사림 편, 『신문기자수첩』(서울: 모던출판사, 1948), p. 櫻19.

누었으며, 조사부에는 보도조사실, 조사통계실, 도서자료실을 두었다(표 4-2 참조). 교육부는 그 부속으로 신문고등학원을 설치해서 신문학 교육을 맡도록 했는데, 신문고등학원은 전문대학 3학년생 또는 졸업생을 대상으로 한 야간(夜間) 6개월 내지 1년 과정의 교육기관으로 할 계획이었다.

한편 신문과학연구소 편집위원회는 신문연감 등의 편찬을 맡도록 했는데, 신문과학연구소는 1947년판 신문연감을 발간할 계획이었다. 또한

신문과학연구소는 네 가지 조사연구사업, 즉 신문법제에 관한 조사연구사업, 신문사용문자에 관한 조사연구사업, 신문용지대책에 관한 조사연구사업, 신문용 대외전신전화에 관한 조사연구사업도 벌일 계획이었다. 이 밖에도 신문과학연구소는 1947년 8월 15일 광복절에 전국 신문주간(新聞週間)을 설정하고 신문전람회 등을 개최한다는 계획도 세웠다(정진석, 1995b, 21). 하지만 이러한 계획들이 당시의 정치적 · 사회적 혼란과 재정난 등으로 뜻대로 되지 않았던 것 같다. 그러자 곽복산은 "신문과학연구소를 확대시켜 신문학원의 개설을 서둘렀는데, [그 이유는] 신문학 연구는 먼저 우수한 저널리스트들의 양성으로부터 시작해야 하며, 그 교육과정을 통하여 학문적 연구가 병행되어야 한다고 생각했기 때문"이라면서, "사실 신문학 연구의 선진국인 독일이나 미국도 그러한 과정을 거쳤던 것이다. 또한 기자양성이란 과업은 8 · 15 해방을 맞이한 우리나라의 시대적 요청이기도 했다"고 노정팔(1977, p. 116)은 설명했다.

이와 같은 이유에서 곽복산은 1947년 2월 18일 미군정청(美軍政廳) 학무국(學務局)의 인가를 받아 그해 4월 5일 '조선신문학원'을 설립하고 신임기자의 양성교육에 주력하게 되자, 상대적으로 신문과학연구소는 흐지부지되고 말았다.[3] 이렇게 해서 광복된 "조국의 건설과 신문문화의 향상을 기하기" 위하여 "신문에 관련한 모든 것을 과학적으로 조사연구"해서 신문학을 '신문과학'으로 발전시키겠다는 신문과학연구소의 야심에 찬 꿈은 이루어지지 못했다. 그러나 신문과학연구소는 우리나라 최초의 언론인 양성 교육기관인 '조선신문학원'의 기초 내지 모체가 되어 우리나

3 그러나 신문과학연구소는 조선신문학원 설립(1947. 4. 5) 이후에도 최소한 1947년 말경까지는 존속했던 것 같은데, 이는 앞서 말한 김사림 편의 『신문기자수첩』에 실려 있는 조선신문학원 전임강사 명단을 보면 곽복산이 신문과학연구소 상임이사로 명기되어 있기 때문이다.

라에서도 언론에 관한 교육이 본격적으로 이루어지게 되었다.

2. 기자양성기관 조선신문학원의 설립

조선신문학원도 곽복산의 주도로 창설·운영되었는데, 그는 "다음날 한국의 신문학의 발상(發祥) 및 저어널리즘교육사의 참고자료로서 기록에 남기고자 한다"면서 조선신문학원의 설립 목적과 경위, 그 초창기의 사정 등에 관한 글을 1968년 『한국신문연감: 1968』에 발표했다(〈참고자료 4-1〉 참조). 그리고 이 글을 다시 보완해서 1971년 그의 편저 『언론학개론』 제1장 '신문학의 전개와 한국의 과제'에 게재(pp. 39-42)하면서, "다음날 한국의 신문학의 생성과정 및 교육사(敎育史)를 엮는 참고자료가 될까 하여 초기의 신문학원 시대를 좀 길게 여기 기술하고자 한다"고 그 이유를 밝혔다. 따라서 곽복산의 이 글을 중심으로 조선신문학원의 설립 목적과 경위, 초기의 실태 등을 소개하되, 부연 설명이 필요하거나 불충분한 부분만 추가하기로 하겠다.

1) 곽복산, 시대적 요청에 따라 조선신문학원 창설

"독립과 자유라는 8·15 해방을 맞은 우리 언론계는 그야말로 백화만발의 천지였다. 당시 미군정청(美軍政廳)에서 발표한(1947. 9. 26) 한국 언론계의 현황을 보면, 전국의 신문 수는 일간지 85개, 주간지 68개, 잡지는 월간 154개, 격월간 12개였다. 이미 38선은 굳어져 가고 있었으나, 해방과 더불어 도래한 자유로운 새 사회의 언론계는 우수한 새 기자들이 많이 나타나기를 바랐다. 이러한 시대적 요청에 호응하여 사단법인 조선신문

참고자료 4-1

조선신문학원 설립 경위(곽복산)

8·15 해방과 더불어 도래한 새 사회의 언론계는 우수한 새 기자가 많이 나타나기를 바랐다. 이 시대적 요청에 따라 사단법인 서울신문학원(당시 조선신문학원)은 1947년 4월 5일 곽복산에 의해 창설되었다. 이제 그 경로를 간추려 다음날 한국의 신문학의 발상(發祥) 및 저어널리즘 교육사의 참고자료로서 기록에 남기고자 한다.

조선신문학원의 탄생

신문학원의 창설 발안(發案)에 학계와 언론계는 적극 호응해 주었다. 해방 다음 해인 1946년 봄부터 서두른 이 복안(腹案)을 갖고 그해 12월 25일을 기해 시내 아서원(雅敍園)에서 창립총회를 가졌다. 이 자리에는 학계를 대표하여 연희대학 백낙준(白樂濬) 총장, 동 대학 이순탁(李順鐸) 상학원장, 서울대학 장이욱(張利旭) 총장(사후승낙), 고려대학 현상윤(玄相允) 총장(사후승인) 그리고 언론계 대표로 「동아일보」 설의식(薛義植) 주간, 「조선일보」 홍종인(洪鍾仁) 주필, 신문학을 전공한 「한성일보」 이해창(李海暢) 체육부장, 「동아일보」 곽복산 사회부장 등이 발기인이 되었다. 그리하여 신문학연구소를 따로 두고 대학원 정도의 신문학원을 신춘(新春) 학기부터 개설할 것을 작정하였다.

맨 처음은 하나의 시행(試行) 단계로서 대학졸업자 또는 4학년 졸업반을 입학자격으로 하였다. 30명 정원에 170여 명이 응모하였다. 제1기생 입학식은 1947년 4월 5일 종로 YMCA 대강당에서 거행하고, 다음날부터 견지동 중앙여자중학교 한 교실에서 우리나라 최초로 체계적인 신문학 강의가 시작되었다. 어린 여학생들의 조그마한 의자만 있는 이 교실이야말로 우리나라 신문학의 산실이요 병아리 기자의 요람이었다.

수업은 오후 5시 반부터 9시 반까지 매일 4시간, 4개월간의 강의과정은 신문학 관계가 절반, 나머지는 시사영어, 그리고 보도 및 논평의 소재(素材)를 이해하고 판단할 수 있는 인문과학 및 사회과학 등의 폭넓은 특별강의로 짜였다. 신문학 교수가 없는 때라 신문학 관계 과목은 신문연구에 관심 있는 언론계 현역 중진들이, 그 외의 것은 각 대학 저명 교수들이 자진해서 담당했다. 2개월은 시내 일간신문 통신사에 배치하여 실무훈련을 받게 했다. 업계에선 손이 모자라는 때인 만큼 대환영이었다. 1947년 9월 말 YMCA 대강당에서 제1기생 졸업식이 거행되었고, 이들은 대부분 실습 나갔던 그 사(社)에 그대로 머물러 새 기자로 활약하는 무대가 제공되었던 것이다. 여기서 부기해 둘 것은, 입학지원자가 많아 40여 명을 뽑았으나 엄격한 졸업시험에 의해 27명을 졸업시켰다는 것이다.

수학연한을 1년으로 연장

하나의 비운(悲運)이 닥쳤다. [중앙여자중학교] 여학생들이 있는 곳에서 화장실을 함부로 이용하는 남학생이 있다 해서 이것이 교원들 사이에서 말썽거리가 되어 신문학원 간판은 중앙여자중학교 정문에서 떼내지 않을 수가 없었다. 제2기생부터는 수업연한을 1년간으로 연장하고 지금의 대한공론사(大韓公論社) 3층 복도에 책상 하나를 놓고서 신입생을 모집했다. 50명 정원에 지원자가 무려 300여 명, 지금의 건국대학 별관의 여섯 교실을 빌려 입학시험을 엄격히 실시, 60명을 뽑아 을지로 2가, 당시 수산경제신문사 2층 강당에서 기자 양성교육은 계속되었다. 다음 해부터는 본과(本科) 1년, 정도가 좀 높은 연구과 1년(본과졸업자에 입학 허락)으로 학제를 개편했다. 50년 전란으로 부득이 중단될 때까지 신문·통신사 등 실습편의와 우선 채용으로 온갖 경영난 속에서도 신문학원의 저어널리즘 연구교육은 꾸준히 진행되었다.

『한국신문연감: 1968』, p. 140에서 전재

학원(1954년 '서울신문학원'으로 개칭)은 1947년 4월 5일 곽복산에 의하여 창설되었다"고 곽복산(1971, p. 39)은 밝혔다.[4]

곽복산이 언제부터 조선신문학원을 설립하려고 결심했는지는 밝히지 않았으나, 그가 '신문학원'의 창설을 발안(發案)하자 학계와 언론계는 적극 호응해서 참여했다고 한다. 그리하여 "해방 다음 해인 1946년 봄부터 서두른 이 복안(腹案)을 갖고 그해 12월 25일을 기해 서울 아서원(雅敍園)에서 창립총회를 가졌다. 이 자리에는 학계를 대표하여 연희대학 백낙준(白樂濬) 총장, 동 대학 이순탁(李順鐸) 상학원장(商學院長), 서울대학 장리욱(張利郁) 총장(사후승낙), 고려대학 현상윤(玄相允) 총장(사후승인) 그리고 언론계 대표로 「동아일보」 설의식(薛義植) 주간, 「조선일보」 홍종인(洪鍾仁) 주필, 신문학을 전공한 「한성일보」 이해창(李海暢) 체육부장, 「동아일보」 곽복산 사회부장 등이 발기인이 되었다. 그리하여 신문과학연구소를 따로 두고 대학원 정도의 신문학원을 신춘 학기부터 개설할 것을 작정하였다"(곽복산, 1971, pp. 39-40)고 한다.[5]

4 곽복산은 1956년도판 『대한신문연감』에서도, "우리나라에는 아직 모든 선진 제(諸) 국가와 같은 신문교육을 위한 그러한 기관은 극히 적다는 것보다 차라리 없다고 하는 편이 나으리라. 그러나 이 땅이 왜제(倭帝)의 쇠사슬에서 풀리자 우리나라에서는 최초로 한국신문교육기관이라고 할 수 있는 조선신문학원(후에 서울신문학원으로 개칭)이 곽복산 씨에 의하여 성립을 보게 되었다. 이것은 우리 신문계를 위하여 커다란 서광(曙光)이라고 아니할 수 없다"(p. 172)고 기록해 놓았다. 한편 앞서 말한 김사림 편, 『신문기자수첩』(서울: 모던출판사, 1948)에 실려 있는 "신문과학의 전당, 조선신문학원의 전모"라는 글에서도 "조선신문학원은 과거 10여 년간 국내 언론계에 있어 신문기자로서 명성을 떨친 곽복산 씨(현 신문학원 원장대리 겸 교무처장—전 동아일보 사회부장)의 창설에 의한 것"(p. 櫻17)이라고 밝혔다.

5 그러나 앞서 말한 김사림 편, 『신문기자수첩』(서울: 모던출판사, 1948)에 실려 있는 "신문과학의 전당, 조선신문학원의 전모"라는 글 p. 櫻17을 보면, "새조선이 요구하는 신문의 새로운 체제를 수립하며 신문과학의 진정한 발전을 기(期)하고 아울러 우수한 신문기자를 양성코자 1946년 2월에 조직된 신문과학연구소의 간부를 중심으로 국내 주요 대학과 신문통신사 간부들의 연락 밑에 준비되여 탄생된 '조선신문학원'은 1947년 2월 18일부(付)로 학무국(學務局)으로부터 정식 인가를 얻어 동년 4월 1일 개원하였다"고 기술했다. 그러면서

그러자 두 달 뒤인 1947년 2월 곽복산은 「동아일보」 사회부장직을 사임하고 신문학원 설립에 전념하면서, 2월 18일 군정청(軍政廳) 학무국(學務局)으로부터 조선신문학원 설립 인가를 받았다. 설립자 대표는 김연만(金鍊萬, 「문장」지 발행인)이었고, 교무위원은 앞서 신문과학연구소의 이사였던 이순탁·설의식·이병기와, 위원이었던 이상호(李相昊)였으며, 교무주임은 곽복산, 연습주임은 홍종인(洪鍾仁, 「조선일보」 편집국장), 학생주임은 이정순(李貞淳, 「자유신문」 편집국장), 도서주임은 신남철(申南澈)이었다(정진석, 1995b, p. 22). 그러나 1년 뒤인 1948년 3월 발간한 김사림 편 『신문기자수첩』 18쪽에 소개되어 있는 조선신문학원의 운영진을 보면, 곽복산은 '학장대리 교무처장'으로 되어 있고, 연습주임은 양재하(梁在厦), 서무주임은 김영진(金永鎭)으로 바뀌었다.

이처럼 1947년 2월과 1948년 3월 당시 조선신문학원 대표자는 김연만이었고, 곽복산은 교무주임이었다가 1년 뒤 '학장대리 교무처장'이 되었다. 그러나 신문학원의 실질적 설립대표자와 운영자는 곽복산이었는데, 그 자신도 앞서 말한 『한국신문연감: 1968』 10쪽과 『언론학개론』 39쪽에서 "조선신문학원은 1947년 4월 5일 곽복산에 의해 창설되었다"고 밝힌 바 있다.

"미국에서는 벌써 1919년에 신문학과가 각 대학에 설치되었으며, 일본은 소화(昭和) 4년(1929) 동대(東大, 동경대)의 신문연구실을 비롯하여 동(同) 10년의 조치대학(上智大學) 신문학과, 기타 조대(早大, 早稻田大學) 외 각 대학에 신문학과가 창설되었고, 또한 독일에서는 1910년에 신문학원이 탄생되어 신문기자 양성에 큰 공적을 남기고 있으나, 아직 우리 조선에는 이렇다 할 신문지도기관이 없어 일반의 이에 관한 기대가 적지 않던바, 해방과 함께 처음으로 이 조선신문학원이 소리치며 일어난 것이다"라고 환영했다.

2) 제1기생 30명 모집에 170명이나 몰려

『언론학개론』에 게재한 곽복산의 글을 더 보면, 조선신문학원은 "맨 처음은 6개월 수업의 속성과정으로 하고, 대학졸업자 또는 졸업예정자에 한해 입학자격을 주었는데, 정원 30명에 170여 명이 응모하였다"고 기술해 놓았다. 그러나 1947년 3월 7일 자 「경향신문」과 3월 1일 자 「자유신문」에 난 학생모집 광고를 보면, "새조선의 지도적 일꾼, 대망의 신문기자 양성대학 탄생. 6개월 단기양성 전수과(專修科) 50명 모집. 전대(專大, 전문대) 졸업 또는 3년 재학자. 남녀 공학, 야간수업. 주요 대학 교수, 신문·통신사 간부 30여 강사 담당. 원서는 3월 12일까지"라고 되어 있다.

원서 마감 이튿날인 3월 13일 자 「자유신문」을 보면, 조선신문학원이 3월 12일 지원원서를 마감해 본 결과, 모두 306명이 응모했는데, 그중 서울대 학생이 74명(문리대 22, 법대 25, 상과대 14, 사범대 13), 연희대 출신과 재학생이 28명, 고려대가 13명, 동국대가 17명, 국학대가 12명, 성균관대가 5명, 기타 학교가 32명, 일본 각 대학 출신이 60명, 중국 각 대학 출신이 9명이었다. 그 밖에도 신문·통신사에 재직 중인 사람 18명, 여자 4명, 일반인 38명이 응시하였다. 이처럼 유명 대학 출신자나 재학생(3학년 이상)들이 대거 지원하여 경쟁률이 6 대 1이나 되자, 본래는 50명을 뽑기로 했던 것을 10명을 늘려 모두 60명을 선발했다(정진석, 1995b, p. 27에서 재인용)고 보도했다.[6]

이와 같이 「자유신문」은, 조선신문학원 제1기생의 정원은 50명이었

6 「신문평론」 제1호(1947. 4. 17 발행) p. 49에서도 '신문계소식'란에 실은 "신문학원탄생"이라는 제목의 기사에서 "신문기자를 양성하려는 커다란 목표 밑에 조선신문학원이 탄생되어 지난 5일 시내 YMCA 강당에서 개원식을 거행하고 7일부터 시내 견지동 중앙여자중학교 임시교사에서 개교하였는데, 제1회 입학생은 60명이라 한다"고 보도했다.

으나 306명이나 응모해서 정원을 10명을 늘려 모두 60명을 선발했다고 보도했다. 그러나 곽복산은 말하기를, 제1기생의 정원은 30명이었으나 170여 명이 응모했다고 하면서, "여기서 부기(附記)할 것은 입학지원자가 너무 열성적이어서 170여 명의 응시자 중에 정원을 늘려 40명을 수용했으나, 엄격한 시험으로 27명만 졸업하였다(곽복산, 1971, p. 40)고 한다. 따라서 이러한 기술로 볼 때, 곽복산이 말한 대로 조선신문학원 제1기생의 정원은 30명이었으나 170여 명이나 응모해서 정원을 10명을 늘려 모두 40명을 선발한 것이 정확하다고 볼 수 있다.

이처럼 6개월 단기과정의 전수과 학생 40명을 제1기생으로 선발한 조선신문학원은 "입학식을 1947년 4월 5일 종로 YMCA 대강당에서 거행했는데,[7] 이 자리에서 백낙준 박사(연희대학 총장)는 새로운 학문으로서의 신문학이 갖는 중요성을 강조하면서, "이 조그마한 학원은 지금 황야에 씨앗을 뿌리기 시작하였다. 이 훗날에 커다란 수확을 거두게 될 것이다"라고 격려했다. 또한 언론계를 대표하여 「조선일보」 방응모(方應謨) 사장은 "새 시대의 지도적 역할을 담당할 참된 새 언론인을 배양하는 데에 모든 힘으로 협력하여야 한다"고 역설(力說)하였다(곽복산, 1971, p. 40). 이날 조선신문학원의 제1기생 입학식 겸 개원식(開院式) 광경은 그 이튿날 시내 여러 신문들이 일제히 보도했는데, 그중 「동아일보」의 "신문학원 개원식 성황"이라는 제목의 기사(1947. 4. 6)를 보면, 개원식은 학계와 언론계를 비롯하여 각계각층의 인사들이 참석한 가운데 학생주임 이정순의 사회 아래 교무위원 이순탁의 식사, 교무주임 곽복산의 경과보고, 내빈 축사순으로 이어졌다고 한다. 또한

7 그러나 1947년 2월 28일 자 「동아일보」에 "건실한 쩌-날리스트 양성, 조선신문학원 발족, 4월 1일 개원"이라는 제목의 기사가 실려 있는 것을 보면, 본래는 4월 1일 개원 예정이었던 같다.

당시 재조선미국육군사령부군정청(약칭 '미군정청') 최고 책임자인 러치(A. L. Lerche) 군정장관을 대리하여 브라운 소장도 참석하여 축사를 했으며, 이 밖에도 군정청 공보부장 이철원(李哲源)을 비롯하여 신문·통신사 간부 및 내외 내빈들이 다수 참석하여 한국 최초의 언론인 교육기관인 조선신문학원의 출발을 축하했다고 보도했다.

3) 중앙여자중학교 교실 빌려 오후 5시부터 야간수업

입학식 "다음 날부터 견지동(堅志洞) 중앙여자중학교의 임시교실에서[8] 우리나라 최초로 체계적인 신문학 강의로, 기자교육은 고고(呱呱)의 소리를 내었던 것이다. 어린 여학생들의 자그마한 의자로 이루어진 이 교실이야말로 우리나라 '신문학의 산실(産室)'이요, '병아리 기자'의 요람(搖籃)이었다. 수업은 오후 5시 반부터 9시 반까지 매일 4시간씩 진행했는데, 강의과정은 신문의 이론과 실제 과목이 30%, 보도·논평의 소재(素材)를 이해·판단할 수 있는 사회과학이 50%이고, 나머지는 시사영어 및 각 분야에 걸친 특강으로 이루어졌다. 신문학 교수가 아직 없는 당시라 신문학 과목은 주로 신문연구에 관심이 있는 언론계 중진들이 담당했다.[9] 사회과

8 이처럼 중앙여자중학교 교실을 빌려 수업을 시작한 것은 당시 이 학교 교장이 황신덕(黃信德)이었기 때문인 것 같은데, 황신덕은 1926년 일본여자대학 사회사업부를 졸업하고 「시대일보」 기자로 출발하여 활약하다가 「동아일보」 기자 임봉순(任鳳淳)과 결혼 후 동아일보사에 입사하여 「신동아」(新東亞)와 「신가정」(新家庭) 잡지를 편집했던 언론인 출신이다. 때문에 이러한 황신덕에게 곽복산이 부탁하여 중앙여자중학교 교실을 빌려 조선신문학원 임시교실로 사용했던 것 같다.

9 신문학 이론과목으로 신문이론, 한국신문사, 외국신문사, 신문의 실제, 국제통신 등을 가르쳤는데, 신문이론은 곽복산, 신문의 실제는 설의식(薛義植), 한국신문사는 양재하(梁在厦), 외국신문사는 박기원(朴琦遠), 국제통신은 전홍진(全弘鎭)이 담당했다. 그리고 실기과목은 홍종인(洪鍾仁), 김동성(金東成), 이정순(李貞淳), 이관구(李寬求), 이은상(李殷相), 고재욱

학은 각 대학 저명 교수들이 강사료를 염두에 두지 않고 자진해서 맡았다.[10] 그리고 2개월 동안은 시내 일간신문이나 통신사에 배치하여 실무교육을 받게 했는데, 업계에선 손이 모자라는 때인 만큼 대환영이었다"(곽복산, 1968, p. 140)고 한다.

곽복산에 의하면, "47년 9월 말 YMCA 대강당에서 제1기생 졸업식이 거행되었고, 이들은 대부분 실습을 나갔던 그 사(社)에 그대로 머물러 새 기자로서 활약하는 무대가 제공되었던 것이다. 여기서 부기해 둘 것은 입학지원자가 많아서 40여 명을 뽑았으나 엄격한 졸업시험에 의해 27명을 졸업시켰다"(곽복산, 1968, p. 140)고 했다.[11] 그러나 재정적 뒷받침 없이 창설해서 곽복산의 단독으로 운영해 온 이 학원에 첫 비운(悲運)이 닥쳐왔는데, "여학생들이 공부하는 곳(중앙여자중학교를 말함)에서 화장실을 함부로 이용하는 남학생들(신문학원 남학생을 말함)이 있다 해서 이 학교(중앙

(高在旭), 주요한(朱耀翰), 유광렬(柳光烈), 오종식(吳宗植), 백대진(白大鎭), 성인기(成仁基) 등 언론계 중진들이 출강해서 가르쳤다(임근수, 1973, p. 13; 정진석, 1995b, p. 31).

10 이들 대학 교수는 이병기(李秉岐, 서울대), 양주동(梁柱東, 동국대), 백낙준(白樂濬, 연희대 총장), 이순탁(李順鐸, 연희대), 김상기(金庠基, 서울대) 등이었다(정진석, 1995b, p. 31).

11 이들 제1기 졸업생 27명을 포함하여 초창기 졸업생 중에는 그 뒤 언론계에서 대성한 사람들이 상당히 많다. 그중 대표적 인물들로는 노정팔(盧正八, 제1기, KBS 이사장), 안정모(安正模, 「서울경제신문」 편집국장), 김재연(金在演, 중앙방송 국장), 이환의(李桓儀, 문화방송 사장, 나중에는 정계로 진출), 김정태(金定台, 제1기, 「한국일보」 논설위원), 김경래(金景來, 「경향신문」 편집국장), 설한준(薛漢俊, 동양통신 이사), 목사균(睦四均, 「조선일보」 업무국장), 백광하(白光河, 제1기, 「동아일보」 편집부국장), 박경목(朴京穆, 제3기, 「중앙일보」 외신부장), 김경환(金庚煥, 「조선일보」 편집국장), 전영우(全英雨, 동아방송 아나운서실장, 뒤에 수원대 교수 역임), 정육수(丁六秀, 「서울경제신문」 편집부장), 차진태(車泰辰, 극동영화 사장), 안홍(安洪, 방송윤리위원) 등을 꼽을 수 있다. 또한 언론계로 나갔다가 다시 학계로 진출하거나 연론계에서 종사하면서 우리나라 신문학 교육과 발전에 크게 이바지한 대표적 인물로는 김동철(金東喆, 제3기, 이화여대 신문방송학과 교수), 팽원순(彭元順, 한양대 신문방송학과 교수), 안춘근(安春根, 한국출판학회장, 서울대 신문학과 강사), 오소백(吳蘇白, 중앙대 신문방송학과 강사), 김현산(金賢山, 명지대 교수) 등을 들 수 있다. 정계로 진출하여 두각을 나타낸 졸업생으로는 박한상(朴漢相, 제1기, 국회의원), 김옥자(金玉子) 등을 들 수 있다(임근수, 1973, p. 13; 정진석, 1995b, pp. 38-39).

여자중학교) 교원들 사이에 말썽거리가 되었다. [그래서] 이 학교 창설자인 황신덕(黃信德) 여사의 열의 넘치는 협력도 보람 없이 '신문학원'의 간판은 여기서 떼내지 않을 수 없게 되었다"(곽복산, 1971, pp. 40-41)고 한다.

4) 수산경제신문사 강당으로 옮겨 수업 계속

이와 같이 중앙여자중학교에서 쫓겨났으나, "신문학원을 중단할 수는 없는 것이라 제2기생부터는 수업연한을 처음 계획대로 1년제로 하고 서울공인사(현 大韓公論社)[12] 3층 복도에 책상 하나를 놓고서 신입생을 모집했다. 50명 정원에 지원자가 무려 300여 명, 지금의 건국대학 별관의 5개 교실을 빌려 엄격한 입학시험을 거쳐 60명을 뽑아서 임시교실인 을지로 2가 수산경제신문사(水産經濟新聞社) 2층 강당에서 그해 10월 초에 기자양성의 신문학 교육은 계속되었다"고 곽복산(1971, p. 41)은 회고했다.

그런데 앞서 말한 김사림 편, 『신문기자수첩』에 실려 있는 "신문과학의 전당, 조선신문학원의 전모"라는 글을 보면, "동(同) 학원은 대학 정도의 본과(本科, 1년 수업)와 전수과(專修科, 6개월 수업)를 두고 대학, 전문학교 남녀 졸업생 또는 동(同) 최고학년 재학 중인 자(者)를 입학시켜 단기간에 우수한 신문기자와 또는 동계(同系) 방면에 종사하려는 유위(有爲)한 인물을 육성하려는 것으로, 이미 전수과 제1회 졸업자 거의는 국내 각 일류 신문사에 취직되어 활약 중이며, 제2회 입학식은 1947년 10월 21일 본과(本科) 67명을 비롯하여 다수의 전수과(專修科), 강습과생(講習科生)의 지원을 받아 엄격한 고시(考試)를 시행한 결과, 그중 35명(여자 7명)의 합격자(本

12 대한공론사는 현 *The Korea Herald*의 전신 *The Korea Republic*(1953. 8. 15 창간) 발행사로, 현재 한국프레스센터 자리인 서울 중구 세종대로 124에 있었다.

科)를 보았다"(樱 17쪽)면서, 당시(1947년 10월경) 조선신문학원의 주요 학칙과 진용 및 전임강사 등을 소개해 놓았는데(樱 18-19쪽), 이를 표로 작성해서 제시해 보면 〈표 4-3〉과 같다.

표 4-3 1947년 10월경 조선신문학원 현황

<table>
<tr><td>주요 학칙</td><td colspan="2">제1조 본 학원은 신문에 관한 학술의 이론과 실제적 응용을 목적함.
제7조 입시자격: 대학 급(及) 전문학교를 졸업한 자(者). 단(但) 대학 우(又)는 전문학교 최고학년 재학생은 전형(銓衡)하여 지원자격을 줌.</td></tr>
<tr><td>본과과정
(本科課程)</td><td colspan="2">이론신문학, 신문사(新聞史), 편집총론, 신문학강습, 신문문장론, 외국신문개설, 보도유형연구, 신문경영론, 편집관리, 신문비교연구, 기타</td></tr>
<tr><td rowspan="8">진용
(陣容)</td><td>학장</td><td>미정</td></tr>
<tr><td>교무위원부(위원)</td><td>이순탁(李順鐸), 설의식(薛義植), 이병기(李秉岐)</td></tr>
<tr><td>학장대리교무처장</td><td>곽복산(郭福山)</td></tr>
<tr><td>연습(演習)주임</td><td>양재하(梁在厦)</td></tr>
<tr><td>학생(學生)주임</td><td>이정순(李貞淳)</td></tr>
<tr><td>도서(圖書)주임</td><td>신남철(申南澈)</td></tr>
<tr><td>서무(庶務)주임</td><td>김영진(金永鎭)</td></tr>
<tr><td>전임강사
(專任講師)</td><td>김동성(金東成, 합동통신 사장), 설의식(薛義植, 「새한민보」 사장), 백남진(白南鎭, 합동통신 외신국장), 양재하(梁在厦, 「한성일보」 편집국장), 이갑섭(李甲燮, 「조선일보」 주간), 서해(徐海, 파리고려통신 사장), 고재욱(高在旭, 「동아일보」 주필), 홍종인(洪鍾仁, 「조선일보」 편집국장), 홍기문(洪起文, 「서울신문」 총무국장), 이정순(李貞淳, 「자유신문」 편집국장), 전홍진(全弘鎭, 합동통신 편집국장), 장현칠(張鉉七, 조선통신 편집국장), 김기림(金起林, 공립통신 편집국장), 곽복산(신문과학연구소 상임이사), 최원열(崔垣烈, 조선통신 외신국장), 배성룡(裵成龍, 「세계일보」 주필), 고○흠(高○欽, 「독립신문」 주필), 이병기(李秉岐, 서울대 교수), 양주동(梁柱東, 동국대 교수), 백낙준(白樂濬, 연희대 총장), 이순탁(李順鐸, 연희대 교수), 신남철(申南澈, 약학대 교수), 김상기(金庠基, 서울대 교수), 정진석(鄭鎭石, 연희대 강사), 정석해(鄭石海, 연희대 교수), 오기영(吳基永), 함대훈(咸大勳), 설정식(薛貞植), 김양천(金良千), 송석하(宋錫夏), 양한인(梁漢仁)</td></tr>
</table>

자료: 김사림 편, 『신문기자수첩』(서울: 모던출판사, 1948), p. 樱17-19에서 정리.

1948년 가을학기부터 조선신문학원은 본과(本科) 1년제, 연구과(研究科) 1년제(본과 수료자 입학)로 학제를 개편하여[13] 대학원 정도의 수준에 이르도록 확충했으며, 1950년 봄에는 제5기생까지 모집해서 6월 초 입학식을 가졌다. 그러나 6월 25일 한국동란의 발발로 인하여 모든 교육을 중단하고 부산으로 피난을 가야만 했다. 하지만 "부산 피난지에서도 신문연구와 교육은 꾸준히 진행되었다"고 곽복산(1971, p. 41)은 기술했는데, 1950년 이후 조선신문학원의 실태에 관해서는 뒤에서 다시 살펴보기로 한다.

3. 「신문평론」의 창간과 신문학 연구 촉진

1945년 8·15 광복 이후, 곽복산과 함께 우리나라 신문학 연구의 발전에 앞장선 대표적 인물로는 광복 이후 첫 번째 언론전문 잡지 「신문평론」(新聞評論)을 창간한 이해창(李海暢)을 꼽을 수 있다. 이해창은 곽복산과 마찬가지로 일본 조치대학(上智大學) 신문학과 출신이었는데,[14] 그는 1939년

13 이에 앞서 조선신문학원 창립 1주년 기념식(1948. 4. 5)에는 서재필 박사가 참석했는데, 당시 미군정청의 최고 고문관인 서 박사는 "오 저널리즘학원이요, 민주국가엔 절대 필요한 존재이요 … 그때 [독립신문]은 종로 네거리에서 종을 울리며 … 나도 나가서 팔았소…" 하면서, 우리나라 신문학의 선구자로서 언론의 가치에 열변을 토해 주었다(곽복산, 1971, p. 41)고 한다.

14 이해창은 서울 출생(1916. 3. 24)으로 1929년 매동(梅洞)공립보통학교를 졸업하고 1937년 2월 경기도 소학교 및 보통학교 교원검정시험에 합격, 양주군 유양공립보통학교에서 교편을 잡다가, 새로운 학문을 공부하겠다는 의욕에서 일본으로 건너가 1939년 4월 1일 조치대학(上智大學) 전문부 신문학과에 입학하여 신문학을 전공하고 1941년 12월 30일 졸업했다. 그는 체육에 소질이 많아 일본 조치대학에 다닐 때 권투부를 창설하여 주장을 맡기도 했다(안광식, 1977, p. 135).

4월 조치대학 신문학과에 입학, 1941년 12월 졸업한 뒤 귀국해서 이듬해 1월 「조선신문」(朝鮮新聞) 기자로 입사하여 3월부터 운동부(체육부) 기자로 활약했다. 그러나 1942년 「조선신문」이 일제의 신문통합정책에 따라 폐간되자, 그는 「매일신보」(每日申報)로 옮겨 기자생활을 계속하다가 일제의 언론정책을 못마땅하게 여긴 나머지 가족과 함께 시골로 내려가서 보통학교에서 교편을 잡았다.

1) 이해창이 언론과 신문학의 발전을 위해 「신문평론」 창간

1945년 8월 15일 광복이 되자 이해창은 상경하여 1946년 3월 「한성일보」(漢城日報)에 입사하여 사회부장과 체육부장을 역임했다. 그러면서 앞서 말했듯이 1946년 12월 25일 곽복산이 신문과학연구소를 설립하자, 이해창은 총무국 간사로 일했다. 또한 곽복산이 조선신문학원의 창립발기회를 열었을 때도 발기인의 한 사람으로 참여했다(곽복산, 1971, pp. 39-40). 이해창은 곽복산의 신문과학연구소와 조선신문학원의 창립을 도우면서, 자신은 광복 이후 우리나라 신문학 연구를 활성화시키기 위한 전문잡지를 창간하기로 결심했다. 그리하여 1947년 4월 17일 '종합저널리즘연구'지임을 표방한 「신문평론」을 창간했다. 이는 광복 이후 처음 나온 언론 관계 전문잡지였는데, 창간사(제1권 제1호 p. 5)를 보면 다음과 같이 창간 취지와 잡지의 성격을 밝혀 놓았다.

> 문화의 최첨단을 걷고 있는 저-나리즘의 종합적 연구의 표현기관으로써 월간지 「신문평론」은 탄생되였다. 무거운 짐과 커다란 책임을 지니고 이 나라 저-나리즘분야의 건전한 발전을 위하야 미약하나마 한 개의 추진력이 되고자 감히 신(新) 출발을 보게 된 것이다. … 저-나리즘이라면 신문인

과 잡지인에게만 한(限)한 연구의 대상이 되어 있는 것처럼 일반은 생각하고 있는 경향이 없지도 않지만 오늘날과 같이 모-든 부면(部面)에 있어서 건설일로로 정진(挺進)하고 있는 이때를 당하여는 일반인도 신문인과 같이 문화적인 국민의 상식으로써 저-나리즘에 관해 충분한 이해를 가질 필요가 있다고 본다. 조선(朝鮮) 저-나리즘의 연구는 저-나리스트와 아울러 일반지식층이 이에 대한 진지한 연구와 적극적인 해결의 방도를 기도(企圖)하는 데 있다. 사도(斯道)에 관심을 갖고 있는 이들, 이때야말로 깊은 반성에 가편(加鞭)할 시기가 아닐까! 본지(本誌) 발간의 취지도 이에 있는 것이다. … (主幹)

이와 같은 취지로 창간한 "저-나리즘의 종합적 연구의 표현기관으로써"의 「신문평론」은 그 판권장에 발행소가 '신문평론사'(新聞評論社, 서울시 중구 충무로 2가 49번지)로 되어 있다. 하지만 실제로는 이해창이 '편집 겸 발행인'(제1, 2호)으로, 또는 '편집 겸 발행 겸 인쇄인'(제3, 4호)으로 "거의 혼자의 힘으로 창간해서 발행하면서 원고 청탁에서부터 편집 · 교정 · 보급에 이르기까지 일인십역(一人十役)을 감당했는데, 이는 대학에서 신문학을 전공하고 신문학을 토대로 하여 이 나라의 저널리즘을 발전 · 향상시켜야 하겠다는 차원 높은 이념이 내재(內在)하지 않고서는 불가능했을 것이다"라고 안광식(1977, p. 136)은 평가했다.

2) 「신문평론」의 주요 내용과 언론의 방향 제시

이해창이 거의 혼자의 힘으로 발행한 「신문평론」은 제1호(1947. 4. 17, 국판 54쪽 발행) 서두에 게재한 창간사에서 '월간지'(月刊誌)라고 밝혀 놓았으나, 제2호는 창간호 발행 후 3개월 만인 1947년 7월 15일 '6 · 7월 합병호(合

倂號)'로 발행(국판 80쪽)했고, 제3호도 3개월 만인 동년 10월 14일 발행(76쪽)했다. 그리고 제4호는 4개월 훨씬 뒤인 1948년 2월 27일 '초춘호(初春號), 통권 제4호'로 발행(66쪽)했는데, 편집후기(p. 66)를 보면, "좀 더 일찍이 본호(本號)를 내놓으려고 하였으나 인력문제, 기타 여러 가지의 사정으로 발간이 지연되었음을 애독자 제위(諸位)와 성원하여 주신 제선생(諸先生)께 사과를 드립니다. … 앞으로 본지(本誌)는 쩌-날리즘을 중심으로 한 종합문화잡지로써의 용모를 갖추고 출현코자 합니다. 많은 기대와 편달 있기를 앙망(仰望)"이라고 적어 놓았다. 그러나 이처럼 제5호부터는 "종합문화잡지로써의 용모를 갖추고 출현코자 합니다"라고 밝혔던 「신문평론」은 더 이상 나오지 않았다.

「신문평론」은 신문과 신문학에 관한 여러 가지 기사와 논문들을 게재함으로써 광복 직후 우리나라 신문과 신문학 연구의 방향을 제시하는 데 중요한 역할을 했는데, 제1호부터 제4호까지의 내용 중에서[15] 중요한 것들의 제목만 소개해 보면 〈표 4-4〉와 같다. 이 표에서 볼 수 있듯이 「신문평론」은 당시 「한성일보」 사장 민세(民世) 안재홍(安在鴻)의 "조선신문소사"(朝鮮新聞小史)를 제1호부터 제4호까지 매호마다 연재했는데, 이 논문은 조선조 선조(宣祖) 11년(서기 1578)에 잠시 나왔던 민간 조보(朝報)부터 시작해서 우리나라 신문의 역사를 서술한 것으로, 오늘날에는 매우 귀중한 문헌이 되었다. 그러나 대한제국 말까지의 신문역사를 제4호에 게재한 다음, 그 뒤의 신문역사는 "이하 차호(次號)에 계속"이라고 밝혀 놓았으나, 그다음 호(號)들이 나오지 않아 "조선신문소사"도 대한제국 말

15 「신문평론」의 실물은 여러 곳에 적지 않게 남아 있으며 영인본도 나와 있다. 영인본은 차배근 소장본을 관훈클럽영신기금에서 영인해서 앞서 살펴본 「쩌-날리즘」과 함께 묶어 1992년 『한국언론전문지 총서 2』로 발간했다.

표 4-4 「신문평론」지 각 호별 주요 기사의 목차

호별	주요 기사의 목차
제1호 (1947. 4. 17)	창간사 / 안민세, 조선신문소사(朝鮮新聞小史)(一) / 설의식, 신문과 신문도(新聞道) / 김동성, 미국신문계의 현황 / 함대훈, 쏘연방신문개관 / 우승규, 신문기사의 신양식론(新樣式論) / 신문용어해설 / 장기태, 속기(速記)에 대하여
제2호 (1947. 7. 15)	안민세, 조선신문소사(二) / 이선근, 정치와 신문 / 조세프 쟈곱스, 신문·조선자유의 소리 / 백남진, 통신사의 사명 / 우승규, 신문편집의 기술론 / 저-나리즘과 문화(조용만, 저-나리즘과 문학; 함대훈, 저-나리즘과 연극; 서광재, 저-나리즘과 영화; 이계원, 저-나리즘과 방송) / 안철영, 선전영화론 / 정광현, 오보(誤報) 논의 / 편집부, 신문연구와 신문학설 / 신문용어해설
제3호 (1947. 10. 14)	안민세, 조선신문소사(三) / 설의식, 신문의 사명과 기자도(記者道)의 대경(大經) / 장철수, 외교와 쩌-날리즘 / 엄상섭, 오보(誤報)에 대한 법적 고찰 / 컬트 에헬러스, 독일신문계의 현황 / 김용채, 광고에 대한 현대적 의의(意義) / 송지영, 신문임상학 / 장일파, 속기의 발전과정과 학적 가치에 대한 일고(一考) / 정기간행물법 / 미국신문편집자협회, 신문법전
제4호 (1948. 2. 27)	권두언: 언론자유와 방종 / 안민세, 조선신문소사(四) / 배성룡, 언론계의 창의(創意)와 왜곡 / 중국언론특집(송지영, 언론자유와 중국; 가갈(賈葛), 언론자유론; 정일미, 중국신문계의 위기; 왕종금, 중국신문 · 잡지개황; 가정(歌丁), 신화통신사론돈지사론; 편집부, 중구신문연구문헌) / 우승규, 신문조판기교론 /이정순, 스포츠와 쩌-날리즘 / 미국공보원 제공, 미국신문론 / 신문출판사일람

자료: 저자 작성.

까지로 끝나고 말았다.

이 밖에 「신문평론」의 내용을 보면, 예컨대 "미국신문계의 현황"(김동성, 제1호), "쏘연방신문개관"(함대훈, 제1호), "독일신문계의 현황"(컬트 에헬러스, 제3호), "중국언론특집"(제4호), "미국신문론"(미국공보원 제공, 제4호) 등등 외국의 신문 실태를 소개한 기사들이 많았는데, 이는 우리나라 신문의 새로운 방향을 모색하는 데 참조하라는 취지였던 것 같다. 또한 우리나라 신문학의 연구과제와 방향 등을 제시해 주기 위하여, "신문편집의 기술론"(우승규, 제2호), "신문임상학"(송지영, 제3호), "신문조판기교론"(우승규, 제4호), "오보(誤報)에 관한 법적 고찰"(엄상섭, 제3호), "신문연구와 신문

학설"(편집부, 제2호), "선전영화론"(안철영, 제2호), "광고에 대한 현대적 의의"(김용채, 제3호) 등 학술적 논문들도 많이 게재했다.

3) 「신문평론」 이외에 일반 잡지에도 언론 관계 논문 게재

광복 이후 최초이자 유일했던 언론 관계 전문지 「신문평론」이 4호를 끝으로 발행을 중단하자, 언론연구자들은 연구발표의 장(場)을 잃게 되었다. 그러자 이들은 일반 잡지에도 언론 관계 논문들을 싣게 되었는데, 1945년 8월 광복 이후 1949년 말까지 각종 잡지에 게재한 언론 관계 주요 논문들을 찾아보면, 서울신문사에서 발행한 「신천지」(新天地, 1946. 1. 15 창간, 1954. 8 종간)라는 잡지에 가장 많이 실려 있다.

그중에서 몇 가지만 발표순으로 소개하면, "8·15 이후 중앙신문계의 동향"(강영수, 1946. 8), "한말(韓末) 신문의 대립상"(최준, 1946. 8), "미국신문계의 왕: 뉴오요크 타임즈"(아처 폴스, 1947. 3, 3·4월 합병호), "미국신문의 동향"(이정순, 1948. 1), "아메리카영화론"(왕명찬, 1948. 1), "아메리카영화시론(試論)"(박인환, 1948. 1), "아메리카영화의 특성"(홍한표, 1948. 1), "미국영화와 조선예술계가 입은 영향"(채정근, 1948. 1), "신문자유론: 미·영·소의 신문동향"(팽서복, 1948. 2), "「조선(일보)」의 필화사건"(최준, 48. 2) 등을 꼽을 수 있다.

이 밖에도 여러 잡지에 언론에 관한 많은 논문들이 실렸다. 그러나 그중 몇 가지만 들어보면, 「시사」(時事)지에 실은 "현하 언론기관의 사명"(안민세, 1946. 2), 을유문화사에서 발행한 「학풍」지(1948. 9. 28 창간, 1950. 6 종간)에 게재한 "신문기사로 본 제주도(I·II)"(석인명, 1949. 1. 3), 「구국」(救國)지 제1호에 실린 "조선영화의 신건설"(안석주, 1948. 1) 등을 들 수 있다.

1950년대: 대학에서 신문학 교육과 연구의 시작

앞서 살펴보았듯이, 광복이 되자 곽복산이 1947년 4월 조선신문학원을 정식으로 개원하여 언론인을 양성했다. 그러나 대학에서 신문학을 가르치기 시작한 것은 1950년대 초부터였는데, 처음에는 신문학 강좌를 개설해서 신문학을 교육하다가 마침내 신문학과도 설치했다.

1. 대학에 신문학 강좌와 신문학과 개설

광복이 되자 대학에서도 신문학에 관한 이론적 연구와 교육의 필요성을 느끼게 되었다. 그러자 주요 대학들이 신문학 관계 과목들을 개설하여 가르치기 시작했는데, 연희대학(1957년 연세대학교로 개칭)이 1946년부터 시행한 학정표(學程表, 교과과정표)를 보면 국문학과의 과목으로 '신문학 I'(과목번호 52, 매주 3시간, 6학점)이 들어 있다(김영희, 2011, p. 25). 다음으로 이화여자대학의 1948학년도 교과과정표에도 영어영문학과와 국어국문학과에 각각 '신문학'(3학점)이라는 과목이 개설되어 있다.

한편 서울대학교 문리과대학도 1949년 4월부터 '신문학개론'이라는 강좌를 개설하여 당시 조선신문학원장 곽복산에게 강의를 맡겼다. 하지만 1950년 6월 25일 한국동란의 발발로 말미암아 각 대학의 신문학 강좌는 모두 중단되고 말았다.

1) 서울 주요 대학에서 다투어 신문학 강좌 설치

1950년 6월 25일 일요일 새벽 갑자기 북한군(인민군)이 38선 전역에서 남침을 개시하자, 그간에 정치적 불안정 속에서 거의 무방비 상태에 있던 한국군(국방군)은 북한군의 공격을 방어할 능력이 없었다. 그러자 북한군은 전쟁 개시 사흘 만인 6월 27일 서울을 점령했고, 7월 3일에는 한강을 건너 파죽지세로 남진을 계속하여 한 달 만에 낙동강까지 밀고 내려갔다. 그러자 우리 정부는 대전, 대구를 거쳐 부산까지 내려가서 그곳을 임시수도로 정하고 피난살이를 해야 했다. 그러나 9월 15일 유엔군이 인천상륙작전에 성공하여 9월 28일 서울을 수복하자, 부산에 피난했던 정부는 환도했다.

하지만 중공군(정식 명칭은 '중화인민공화국 인민해방군')이 한국동란에 참전하여 1951년 1월 4일 서울까지 점령하자, 우리 정부와 함께 서울지역 대학들도 부산 등지로 다시 피난하여 피난지 부산에서 전쟁의 와중에서도 공터 등에 천막을 치고 수업을 계속했다. 그러면서 연희대학은 피난지 부산에서도 1953년 4월부터 '신문학개론' 강좌(곽복산 담당)를 개설하여 천막 교실 속에서 신문학을 가르쳤다.

1953년 7월 27일 휴전이 되자, 8월 7일 우리 정부는 서울로 환도했고, 피난 갔던 대학들도 서울로 돌아왔다. 그리하여 9월 가을학기부터 수업을 재개했다. 이때 서울대학교 문리과대학은 '신문학개론' 강좌를 다시 속개하여 곽복산이 2년 동안 담당했고(곽복산, 1971, p. 42), 그 후 이해창도 2년 동안 담당했다(안광식, 1977, p. 134). 그 뒤 천관우(千寬宇), 박권상(朴權相), 김규환(金圭煥), 이상희(李相禧) 등이 차례로 담당해 나갔다. 한편 연희대학도 1953년 8월 피난지 부산에서 서울로 환도 이후, 9월 새 학기부터 '신문학개론' 강좌를 속개하면서 고제경(高濟經, 동화통신 부사장)이 강의를 담당했다.

휴전 이후 대학들이 차츰 안정을 찾게 되면서 고려대학교, 이화여자대학교, 중앙대학교도 각각 신문학 강좌를 개설했다. 고려대학교는 정경대학에 신문학 강좌를 개설하여 오주환(吳周煥, 「고대신문」 주간)이 담당했으며, 이화여자대학교는 문리대학에 신문학 과목을 개설하여 최완복(崔完福, 전 벨기에 대사)이 강의를 맡았다. 중앙대학교는 1955년부터 법정대학에 '신문학원론'과 '여론선전론' 과목을 설치했는데, '신문학원론'은 곽복산에게 강의를 맡겼다(임근수, 1973, p. 14).

2) 1954년 홍익대학이 한국 최초로 신문학과 신설

이와 같이 광복 이후 서울대학교를 비롯한 여러 대학에서 신문학 강좌를 개설하여 신문학을 가르치는 가운데, 1954년 3월 9일 홍익대학이 문교부(현 교육부)로부터 신문학과 설치인가를 받았다.[16] 그리하여 그해 4월 4년제의 정규 신문학과를 창설했는데, 이것이 우리나라 역사상 최초의 신문학과였다.

(1) 홍익대학 신문학과의 창설과 교육내용

홍익대학 신문학과 초대 주임교수(현재의 학과장)는 서울신문학원 원장이었던 곽복산이었는데, 그는 당시를 회고하기를 "우리나라에 정규 신문학과가 맨 처음 창설된 것은 1954년 3월 홍익대학이다. 곽복산이 주임교수로 이 학과를 맡았으나, 신문학 교수진을 갖추기가 제일 큰 난제였다. 신

16 「조선일보」, 1954. 3. 12, "신문학과를 설치, 홍익대학에 인가".

문학원의 강의를 담당하던 임근수(林根洙),[17] 최준(崔埈),[18] 김광섭(金光涉)[19] 세 강사를 전임강사로 맞이하고[20] 언론계 중진들을 강사로 초빙하여 초창기(草創期)의 신문학과를 꾸며 나갔다. 교재난과 연구문헌도 부족하였으나 전임강사들의 연구활동은 꾸준히 병행되었다"(한국신문협회 편, 1968, p. 141)고 했다.

이렇게 곽복산이 회고했듯이 홍익대학 신문학과의 창설과 교과과정 편성 등의 업무는 초대 주임교수 곽복산이 주로 맡았는데, 당시의 교수진과 교과과정 등에 관한 기록들이 홍익대학에 거의 남아 있지 않아 자세한 것은 알 수 없다. 그러나 당시 신문학과 졸업생들의 성적표는 현재 홍익대학교 교부처에 남아 있는데, 홍익대학 신문학과는 1958년 제1회 졸업생 20명을 배출(홍익대학 전체로는 제8회에 해당)했고, 1959년에는 제2회(홍익대학 제9회) 졸업생을 4명 배출했다. 이들 졸업생들의 성적표 중에서 1958년 제1회 졸업생 20명 중 10명의 성적증명서를 무작위로 떼어다

17 인천 출생(1916. 5. 1)으로 연희전문학교 문과와 연구과에서 역사학을 전공하고 영창중학교(현 성동중고등학교)와 배재중학교 교사로 봉직하다가, 광복 후 첫 번째 영자신문인 *Korea Times*(1945. 9. 5 창간) 기자로 근무했다. 1948년 8월 15일 대한민국 정부가 수립되자 외무부 초대 의전과장(儀典科長)을 1949년까지 지냈고, 1952년 동양통신 촉탁으로 있다가 1953년부터 「서울신문」 상무이사로 봉직하면서 저녁에는 조선신문학원에 강사로 출강했다(1959년까지).

18 서울 출생(1913. 1. 3)으로 1942년 일본 메이지대학(明治大學) 법학부 신문고등연구과를 졸업하고 「황해일보」 동경지사 기자를 역임하다가, 광복 후 1947년 4월부터 조선신문학원 강사로 출강했다.

19 황해도 재령 출생(1912. 11. 4)으로 1936년 연희전문학교 상학과(商學科)를 졸업하고 같은 해 「조선일보」에 기자로 입사했으나, 1940년 「조선일보」가 강제 폐간되자 퇴사했다. 1945년 광복 직후 조선통신 기자, 1946년 「서울신문」 지방부 기자, 1947년 합동통신 지방부장, 1950년 대한통신 기자, 1952년 합동통신 편집부장을 거쳐, 1954년 「조선일보」 편집국 차장으로 재직하며 홍익대 신문학과 전임강사가 됐다.

20 임근수(1973, p. 14)에 의하면, 세 명의 교수 중 자기(임근수)가 맨 "먼저 참여했고, 그 뒤에 최준 씨와 김광섭 씨가 참가했다"고 한다.

표 4-5 1954-1957학년도 홍익대학 신문학과 교과과정(재구성)

학년	필수과목	선택과목
1학년	국어(4), 영어(2), 한문(2), 국사(2), 문화사(2), 자연과학개론(2), 철학(2), 제2외국어(2), 체육(1), 신문학(2)	문학개론(2), 영문법(2), 심리학(2)
2학년	신문론(2), 신문원론(2), 신문취재론(2), 한국신문사(2), 신문영어(2), 법학개론(2), 사회학(2), 정치학개론(2), 사회심리학(2), 경제학개론(2), 문학개론(2), 외교사(2)	헌법(2), 경제정책(2), 국제공법(2), 기사연습A(2), 체육(1)
3학년	신문편집론(2), 통신론(2), 신문경영론(2), 신문공무론(2), 신문영어(1), 신문학연습A(4), 시사문제연구(2), 신문외서강독(2), 신문학연습B(2), 잡지출판론(2), 법학개론(2)	경제원론(2), 국제법(4), 문장론(2), 신문취재론(2), 구미신문사(2)
4학년	신문윤리 및 법제(2), 여론선전론(2), 잡지 및 출판론(2), 신문실기(2), 기사연습B(1), 논설연습(1), 편집연습(1), 신문비교연구(1), 외서강독(2), 신문영어(2)	행정학(4), 정당론(4), 국가론(4), 비교정부론(4), 한국정치사(4), 헌정사(4)

* ( ) 안은 해당 과목의 배당 학점 수

자료: 저자가 1984년 당시 대학원생이었던 하종원(현 선문대학교 미디어커뮤니케이션학과 교수)과 함께 작성.

가 이들에 기재되어 있는 교과목들을 바탕으로 1954~1957학년도 홍익대학 신문학과 교과과정을 재구성해 보았더니 대체로 〈표 4-5〉와 같이 나타났다.

이처럼 재구성해 본 교과과정이 얼마나 정확한 것인지는 알 수 없다. 그러나 이것으로 미루어 볼 때, 홍익대학 신문학과 창설 초기의 교과과정은 신문기사 작성, 신문편집 등 실무과목에 높은 비중을 두었으며, 방송관계 교과목은 아직 없었고, 필수와 선택과목 중에는 사회학·사회심리학·정치학 등 사회과학 계열 과목 및 문학개론·문장론 등 어문 계열 과목이 많았던 것 같다. 그러나 신문학 전공교재와 참고문헌 등이 부족하여 신문학 교육과 학습에 어려움이 적지 않았다고 하는데, 당시 신문학 관계 교재와 문헌들에 관해서는 조금 뒤에 살펴보기로 한다.

(2) 홍익대학 신문학과 교수진의 변동과 부족난

홍익대학 신문학과 창설 초기에는 교재도 부족했지만 교수진 역시 부족해서 신문학 교육에 애로가 많았는데(한국신문협회 편, 1968, p. 141), 앞서 말했듯이 홍익대학 신문학과 창설 초기에는 곽복산, 임근수, 최준, 김광섭이 전임교수로서 학과를 이끌어갔다. 그 후 임근수가 1955년 중앙대학교 문리과대학 조교수로 옮겨갔으며(차배근 외 3인, 1977, p. 142), 1958년 4월 중앙대학교가 법정대학 내에 신문학과를 창설하면서 곽복산을 초대 주임교수로 영입해 갔다. 그리하여 홍익대학 신문학과에는 최준과 김광섭만 교수로 남게 되었다.

그러자 홍익대학 신문학과는 1957년 박동운(朴東雲)을 전임교수로 영입했는데, 그는 평안북도 신의주 출생(1921. 10. 18)으로 1944년 경성대학 법학부를 졸업한 사람이었다. 한편 백대진(白大鎭)도[21] 홍익대학에 전임교수로 왔는데, 언제 왔는지 알 수 없으나 학원사(學園社)에서 1959년 7월 발행한 『현대신문전서』(現代新聞全書)에 실려 있는 "신문의 역사" 중 제1절 '외국의 신문'의 필자가 홍익대학 신문학과 교수 백대진으로 기재(p. 58)되어 있음을 볼 때, 1959년 이전에 홍익대학 신문학과 교수로 왔음은

21 서울 출생(1892. 2. 5)으로 한성사범학교를 졸업하고 경성신문사에 입사하여 1919년 7월 「매일신보」 편집 겸 발행인이 되었다. 그러나 1921년 7월 사직하고 월간잡지 「신천지」(新天地) 주간으로 일하면서 1922년 11월호에 실은 "일본 위정자(爲政者)에게 고(告)함"이라는 글이 조선의 독립을 주장한 것이라는 이유로 1923년 2월 징역 6개월 선고를 받고 투옥되었다가 8월에 출옥했다. 광복 후에는 1948년 3월부터 1950년 9월까지 「부산일보」 편집국장, 1953년 9월부터는 「대동일보」 사장을 거쳐, 1955년 4월 「대동일보」 대표취재역이 되었다.

분명하다.

이렇게 백대진도 교수로 참여함으로써 모두 네 명의 교수, 즉 최준·김광섭·박동운·백대진 교수가 학생들을 가르쳤다.[22] 그러나 이들 중 김광섭·박동운·백대진은 현업에도 종사하면서 교수직을 겸하고 있었는데, 김광섭은 1954년 「조선일보」 편집국 차장, 1955년 동양통신 편집국장, 1960년 「서울신문」 편집국장, 1961년 「경향신문」 편집국장을 역임했으며, 박동운은 1960년부터 「한국일보」 논설위원으로 일했고, 백대진은 1955년 4월부터 「대동일보」 대표취재역을 맡고 있었다. 그래서였는지는 확실치는 않으나, 홍익대학 신문학과는 1957년 대학기준령 미달로 신입생 모집을 중단해야 할 처지에 놓였다. 하지만 홍익대학 측의 간곡한 요청에 따라 종전대로 신입생 모집을 문교부가 허락했다(「조선일보」, 1957. 1. 13, "홍대 신문학과 종전대로 모집").

3) 홍익대학에 이어 중앙대학교도 1958년 신문학과 설치

1954년 4월 홍익대학이 우리나라에서 최초로 신문학과를 설치한 다음해인 1955년 3월 서울대학교도 신문학과의 신설을 계획했었는데, 「조선일보」 1954년 12월 20일 자 "외교·신문학과 등 서울문리대에 신설"이라는 제목의 기사를 보면, 서울대학교가 문리과대학 정치학과를 정치학부로 승격하고 그 안에 외교학과·재정학과(財政學科)·신문학과를 신설하기로 계획 중이라고 보도했다. 그러나 이러한 계획은 무슨 이유 때문이었는

22 이들 중 "최준은 1960년 4·19 직전 『한국신문사』를 출간한 후에 중앙대학교로 옮겼다"고 정진석(2009, p. 44)은 말하나, 곽복산(1968, p. 141)은 "62년에 최준 교수를 중앙대 신문학과 교수로 맞이했다"고 서술했다.

지는 알 수 없으나 실현되지 못하고 말았다.

1958년 4월 중앙대학교가 우리나라에서 두 번째로 신문학과(1969년 '신문방송학과'로 개칭)를 창설했다.[23] 중앙대학교는 1954년부터 법정대학에 신문학 과목을 개설하여 곽복산이 담당해 오다가 1958년 신문학과를 창설한 것이었는데, 이 학과 역시 곽복산이 참획(參劃)하여 창설한 뒤 홍익대학 신문학과 주임교수직을 사임하고 중앙대학교 신문학과 초대 주임교수로 취임해서(곽복산, 1968, p. 141) 학과를 이끌어 나갔다.[24]

그러면서 당시 중앙대학교 문리과대학 조교수로 재직 중이던 임근수를 신문학과 교수로 영입하고[25] 언론계 중진을 강사로 초빙하여 학생들을 교육했으나, 교수난과 교재난 등에 봉착해서 어려움이 많았다고 한다(곽복산, 1968, p. 141). 그럼에도 불구하고 1954년 3월 홍익대학에 이어 1958년 4월 중앙대학교가 두 번째로 신문학과를 설치함으로써, 때늦은 감이 없지 않으나 우리나라 대학에서도 정규 신문학 교육이 시작되면서 신문학이 하나의 독립된 학문분야로 인정받게 되었다.

23 중앙대 신문학과의 창설연월을 초대 학과장이었던 곽복산(1971, p. 43)과 당시 교수였던 임근수(1973, p. 14)는 1957년 4월로 기술했다. 그러나 한국신문협회 편 1968년도 『신문연감』 p. 767에는 1958년 4월 창설로 되어 있는데, 중앙대학교 신문방송학과 성동규 교수에게 문의해 본 결과, 1958년 4월이 맞다고 한다.

24 곽복산은 1957년 문교부(현 교육부)로부터 '신문학 교수 제1호'로 인정받았다(「조선일보」 1957. 12. 13, "곽복산씨를 신문학교수로 당국 최초로 인가").

25 곽복산(1968, p. 141)에 의하면, "1961년에 임근수 교수, 62년에 최준 교수를 [중앙대학교 신문학과 교수로] 맞이했다"고 회고했다. 그러나 임근수의 연보(年譜)에는 1957년에 이미 중앙대학교 문리과대학 조교수로 옮겨갔다가 1961년 신문학과 교수로 취임한 것으로 되어 있다(차배근 외 3인, 1977, p. 142).

2. 서울신문학원(조선신문학원)도 기자양성교육 계속

이와 같이 홍익대학과 중앙대학교가 각각 신문학과를 설치해 신문학을 가르치면서 언론인들을 양성했는데, 이들 두 대학의 신문학과는 모두 곽복산의 주도로 창설해서 이끌어 나갔다. 그러면서 그는 1947년 창설한 조선신문학원('서울신문학원'으로 개칭)도 계속 운영하며 신인기자들을 양성했다.

앞서 말했듯이 조선신문학원은 1948년 가을학기부터 본과(本科) 1년제, 연구과(硏究科) 1년제로 학제를 개편하여, 본과에서는 신인기자 양성교육을, 연구과에서는 대학원 정도의 신문학 교육을 실시했다. 그러면서 1950년 봄 제5기생을 모집해 6월 초 입학식을 가졌으나, 6월 25일 한국동란의 발발로 인하여 모든 교육을 중단하고 부산으로 피난을 가야만 했다. 그러나 피난지 부산에서도 김길두(金吉斗)·강대원(姜大元)·임태근(林泰根) 세 청년의 찬조금을 받아 1952년 5월 전수과(專修科) 제5기생 50명을 선발하여[26] 수업을 재개하면서 종래의 조선신문학원의 명칭을 '서울신문학원'으로 개칭했다. 이렇게 부산에서 다시 시작한 서울신문학원은 1952년 10월 전수과 제6기생을 모집했고, 11월 8일에는 제5기생 수료식을 가졌으며, 1953년 5월에는 제7기생을 모집했다.

1953년 7월 27일 휴전이 되자, 서울신문학원은 서울로 복귀하여 「태양신문」 전(前) 사장 노태준(盧泰俊)의 호의로 을지로 6가에 임시 교사(校舍)를 마련하고 그해 가을부터 수업을 재개했다. 1956년 3월 제10기부터는 종래의 본과(本科)를 신문보도과(新聞報道科)·보도사진과(報道寫眞科)·신문영어과(新聞英語科)로 세분하여 사진기자와 외신기자의 육성에도 힘

26 전수과 5기생은 본래 1950년 6월 모집해서 입학식까지 가졌으나, 6·25 동란의 발발로 인하여 수업을 하지 못해 부산에서 다시 5기생을 모집했던 것이다.

쳤다. 그러나 제12기(1958. 3 입학)는 보도과를 정규생과 별규생으로 나누고 영어과는 폐과했으며, 제13기(1959. 3 입학)는 다시 연구과를 설치하는 등 변화가 많았다. 1953년 가을 환도 이후 제8기생(1954. 3 입학)부터 제14기생(1960. 3월)까지 모집학과와 인원을 소개해 보면 〈표 4-6〉과 같다.

서울신문학원은 이와 같은 기자양성교육 외에 정부 공보처의 보조를 얻어 기성(旣成) 기자들의 재훈련을 위한 신문기자아카데미도 개최했다. 이는 우리나라에서 최초로 시도했던 현역기자 재교육 프로그램으로서, 두 차례의 강좌와 지방기자 강좌 및 방송종사원 대상의 방송연구 강좌를 각각 한 차례씩 실시했다. 또한 서울신문학원은 각종 '언론관계 세미나'도 수시로 개최하고, 중등학교 교사 대상의 '학교신문편집자강좌', 일반인 대상의 시민대학 강좌 등도 실시했다(곽복산, 1971, p. 41).

1956년 12월 20일 서울신문학원은 창립 10주년을 기념하여 시립극장에서 신문강연과 좌담회를 개최했는데, 백낙준(白樂濬, 연희대 총장), 유진오(兪鎭午, 고려대 총장), 이은상(李殷相, 시인) 등의 명사들이 강연을 했다(「동아일보」, 1956. 12. 23).

표 4-6 서울신문학원 제8-14기의 모집학과 및 정원

기별(期別)	입학	수료	과별 정원
제8기	1954. 3	1955. 8. 30	졸업인원: 연구과 23, 영어과 16, 전수과 2
제9기	1955. 3		모집인원: 연구과 23, 영어과 20, 사진과 10
제10기	1956. 3		모집인원: 보도과 35, 영어과 25, 사진과 20
제11기	1957. 3		모집인원: 보도과 35, 영어과 25, 사진과 20
제12기	1958. 3		모집인원: 보도과(정규생 · 별규생), 사진과
제13기	1959. 3		모집인원: 보도과(정규생 · 별규생), 연구과, 청강생
제14기	1960. 3		모집인원: 보도과, 사진과, 연구생

자료: 정진석, 1995b, p. 70.

3. 신문학 학술단체 '한국신문학회'의 창립

1959년 6월 30일에는 우리나라 최초의 신문학 연구·교육자들의 학술단체인 한국신문학회(韓國新聞學會, The Korean Society of Journalism, 현 한국언론학회)를 창립했다. 그 규약 제2장 제3조를 보면, "본회는 신문(journalism)에 관한 연구·조사 및 회원 상호 간의 협력·친목을 꾀하며 이의 국내·국제적 향상발전에 도움이 될 수 있는 모든 노력을 다하여 다음과 같은 사업을 목적으로 한다. ① 신문의 학술적 연구·조사 및 장려, ② 학술연구회, 강연회 및 연구보고회의 개최, ③ 회지(會誌) 및 학술연구서의 간행, ④ 신문교육보급에 도움이 될 수 있는 사업에의 협동, ⑤ 외국 학계 및 언론기관과의 연구·조사에 관한 연락 및 업적 교환, ⑥ 전기(前記) 목적을 달성함에 필요하다고 인정되는 기타의 일체 사업"이라고 밝혀 놓았다(「신문학보」 제1호, 1960, p. 68).

1) 한국신문학회 창립 경위와 임원 선정

한국신문학회의 창설은 그 이전부터 논의되어 왔으나, 본격적으로 논의가 이루어진 것은 1959년 6월 15일부터였다. 이날 오후 5시 30분 무교동의 상록수다방에서[27] 곽복산(중앙대)·임근수(중앙대)·최준(홍익대)·오주환(고려대)·장용(동국대)이 모여 간담한 결과, 6월 18일 제2회 간담회를 다시 갖기로 하고 이 간담회에서 한국신문학회 발기대회를 열기로 결정했다

27 상록수다방은 현재 서울시청 뒤 더익스체인지서울빌딩(구 코오롱빌딩) 맞은편에 있었는데, 건너편에는 국회, 「서울신문」, 「조선일보」 등이 있고 「동아일보」도 멀지 않아 정치인과 기자들이 많이 모였다(정진석, 2009, p. 41).

(「신문학보」 제1호, 1960, p. 71). 그리하여 1959년 6월 23일 오후 3시 서울 정동(貞洞)의 문총회관(文總會館)에서[28] 각 대학 신문학 교수와 강사 및 언론인 등 30여 명이 참석한 가운데 한국신문학회 발기인대회를 열었다. 발기인대회에서는 임시의장으로 뽑힌 곽복산이 우선 학회창립준비간담회의 경과보고와 학회결성 취지를 설명한 다음, 안건토의로 들어가 창립총회는 1959년 6월 30일 개최하기로 의결하고, 학회규약의 초안작성위원으로 곽복산 · 최준 · 오주환 · 장용 · 임근수 · 박권상을 선정했다(「신문학보」 제1호, 1960, p. 71).

한국신문학회 창립총회는 1959년 6월 30일 오후 3시 서울 중앙공보관에서 300여 명이 참석한 가운데 열렸는데, 국민의례 다음에 임근수가 그간의 경과를 보고한 뒤, 창립총회를 진행할 임시의장으로 최준이 선정되었다. 최준의 사회로 먼저 학회규약의 초안을 상정한 결과 초안대로 통과되었고, 학회규약 제5장 임원에 관한 규정에 따라 임시의장이 임원전형위원으로 백대진 · 김광섭(金光涉) · 장용 등 5명을 선정하여 총회의 찬동을 얻은 다음, 임원전형위원들이 별실에 들어가서 협의 끝에 임원을 전형했다. 그 결과 회장에 곽복산(중앙대 신문학과 교수), 부회장에 임근수(중앙대 신문학과 교수)와 한경수(「비판신문」 발행인),[29] 간사에 장용(동국대 조교수)과 박권상(세계통신사 정치부장), 대학 측 이사로는 최준(홍익대 신문학과 부교수) · 이

28 '전국문화단체총연합회'(1947년 2월 민족진영 문화 관련 단체들이 좌익계열의 문화단체 조직에 대항하여 결성한 연합조직) 회관의 준말로, 이 회관은 일제강점기에 경성방송국 건물이었는데, 현재 덕수궁 북쪽 담 귀퉁이에 있는 태평로 파출소에서 조선일보사로 올라가는 길 입구에 있었다.

29 부회장 한경수(韓慶洙)는 일본 조치대학(上智大學)에서 신문학을 전공한 곽복산의 후배로, 「경성일보」 기자, 광복 후에는 「농민주보」, 「세계일보」 간부, 「경향신문」 창간준비위원을 역임했으며, 1946년 5월 17일 주간 「비판신문」을 창간하여 발행인 겸 편집인을 맡고 있었는데, 「비판신문」은 정치 · 경제 · 사회 및 언론 · 출판 등에 대한 비판지임을 자처했다.

해창(이화여대 교수)·오주환(「고대신문」 주간), 그리고 언론계측 이사로는 천관우(「한국일보」 논설위원)와 김광섭(동양통신 편집국장)을 선정했다.

이들 임원의 신임 여부를 임시의장 최준이 총회에 물은 결과, 만장일치로 가결되어 초대 임원들이 확정되었다. 이어 신임회장 곽복산이 나와서 취임사를 했으며, 한국신문편집인협회를 대표하여 이관구(李寬求) 회장이 축사를 했다. 그리고 학회의 사업계획 및 회비 등에 관한 것은 이사회에 일임하기로 결정한 다음 창립총회를 폐막했다(「신문학보」 제1호, 1960, pp. 71-72).

2) 준회원으로는 대학 재학생도 입회 가능

이와 같은 과정을 거쳐 한국신문학회(이하 '신문학회'로 약칭)가 정식으로 탄생했는데, 회원의 자격과 종류 등에 관한 규약 제3장(회원)을 보면, 회원은 정회원, 준회원, 찬조회원 및 명예회원으로 하며(제4조), 정회원은 ① 신문학 교육에 종사하고 있는 사람, ② 신문의 학술적 연구 및 조사에 종사하는 사람, ③ 신문의 실제적 응용에 종사하는 사람, ④ 신문의 연구 및 조사에 관심을 가진 사람 중에서 어떤 하나에 해당하는 사람으로서 정회원 2명의 추천을 얻어 입회하도록 했다(제5조). 이처럼 창립 당시 신문학회는 신문학 교육과 연구에 종사하는 사람 및 언론인들뿐 아니라, 신문의 연구 및 조사에 관심을 가진 사람에게도 입회자격을 주었다.

창립 당시 신문학회는 신문학계와 언론계가 함께 협의·노력하여 만든 협동체로서 학계와 언론계가 긴밀한 유대를 가진 산학협동의 장(場)이었는데, 이는 학계의 인적자원이 워낙 빈약했기 때문에 언론계와 협동하지 않을 수 없었던 불가피한 측면도 있었다. 때문에 학회 이사들도 대학과 언론계에서 각각 3명씩 뽑았다. 따라서 창립 초기에는 언론계에서 종사한 현업 출신 연구자들도 많이 입회하여 회원수가 상당히 많았다. 그러나 그 후 신문학회가 학계 중심으로 개편되면서 현직 언론인들은 점차 줄었다(임근수, 1973, p. 20; 정진석, 2009, p. 45).

신문학회 창립총회에서 "학회의 사업계획 및 회비 등에 관한 것은 이사회에 일임하기로 의결"하자, 이사로 선임된 최준·이해창·오주환·천관우·김광섭 등은 곧 이사회를 개최하여 우선 학회지(學會誌)를 발행하기로 의결하고 그 준비에 착수했다. 그리하여 학회 창립 9개월 뒤인 1960년 4월 6일 「신문학보」라는 학회지 제1호를 창간했는데, 이에 관해서는 뒤에서 살펴보기로 하겠다.

4. 신문학 관계 저서들에 나타난 주요 내용

앞에서 살펴보았듯이 1950년대부터 우리나라에서도 각 대학이 신문학 강좌를 설치하다가 드디어 1954년 신문학과까지 창설했다. 또한 1959년 6월 30일에는 신문학 연구·교육자들과 언론인이 모여 한국신문학회(현 한국언론학회)를 창립하여 신문학이 하나의 독립된 학문분야로 인정받게 되었다. 그렇다면 1950년대 당시의 신문학에서는 주로 무엇을 다루었는가?

1) 1950년대 전반에 발간한 신문학 관계 서적들의 주요 내용

1950년대에는 한국동란으로 신문학에 관한 교육과 연구가 몇 년 동안 중단되었음에도 불구하고, 신문학 관계 서적들이 저서(著書)·편저(編著)·번역서(飜譯書) 등을 포함하여 10여 종이나 나와 광복 이후 새로 시작한 우리나라 신문학 교육과 연구에 크게 기여했다. 그러면 이러한 역할을 한

몇 개 서적의[30] 주요 내용을 간단히 살펴보면서 1950년대에는 신문학에서 주로 어떤 것들을 다루었는지 알아보기로 한다.

한국동란이 한창 진행 중이던 1953년 4월 1일 피난지 부산의 희망사(希望社)에서 박성환(朴聖煥)이 지은 『신문과 기자』가 발행되었는데,[31] 이 책은 「중앙일보」 사회부장을 역임한 저자가 다년간 축적한 기자생활의 체험을 바탕으로 기자의 업무와 임무 등을 소개한 것이다. 그러나 이러한 내용은 실제로는 제1장 "기자생활"(pp. 11-89)에서만 다루었으며, 나머지 5개 장(章, 국판 총 231쪽 중 142쪽)에서는 신문학에 관한 것들을 주로 소개했다. 즉 제2장에서는 신문의 개념을, 제3장에서는 뉴스의 개념을 자세히 설명한 다음, 제4장에서는 신문사(新聞社)의 조직과 신문제작 과정을, 제5장에서는 신문약사(新聞略史)를, 제6장에서는 "비교신문학"이라는 제목 아래 세계 주요 국가의 신문 현황을 소개했다. 따라서 박성환의 『신문과 기자』는 광복 이후 처음 나온 신문학 관계 학술서적의 하나였다고 볼 수 있다.

한국동란 휴전 직후인 1953년 11월 또 하나의 신문학 관계 저서가 나왔는데, 이는 서울 세문사(世文社)에서 발행한 오소백(吳蘇白) 저(著) 『신문기자가 되려면』이었다.[32] 이 책은 그 서명(書名)에서 보듯이 신문기자가

30 저자(차배근)가 소장하고 있거나 도서관에서 직접 읽어본 서적 중에서 중요한 것들만 소개해 보겠으나, 본 저자가 알지 못하는 책들도 더 있을 것으로 생각한다.

31 이 책의 원고는 1950년 6·25 한국동란 이전에 서울에서 써 놓았던 것을 저자가 1951년 1·4 후퇴 때 부산으로 피난할 때 가지고 가서 출판한 것 같은데, 이 책 머리말을 보면 "1950년 6월 25일 서울 후퇴와 동년 9월 28일 [서울 수복] 사이에 어머니의 기지(奇智)로써 검은 보자기로 '방석'을 만들어 이 원고를 솜 대신에 그 속에 집어넣고 다도미돌을 위에다 질러서 대청(大廳) 마루 한구석에 밀어 놓았기 때문에 이 원고만은 없어지지 않았다. 나는 이러한 감사 때문에 이 책을 나의 어머니에게 드리는 것이다"라고 적어 놓았다.

32 저자 오소백은 평안남도 진남포 출생(1921. 1. 15)으로, 1946년 서울대학교 사범대학에 입학해서 공부하다가 조선신문학원에 들어가 1948년 수료한 뒤, 「민주신문」과 합동통신 사회부 기자를 거쳐, 6·25 동란 중인 1952년에는 「부산일보」 사회부장을 역임하다가, 1953년 서울로 복귀하여 「서울신문」 사회부장을 역임하고 있었다.

되려는 사람들에게 신문에 관한 지식 등을 가르쳐 주기 위해 쓴 것으로, 신문기자 양성교육 교재로서 손색이 없었다. 내용을 보면, 크게 '기초편'과 '실무편'으로 나누어 제1편 기초편에서는 "신문이란 무엇인가?"(신문의 임무·정의, 뉴스의 의의 등), "신문이 나오기까지"(신문사의 조직, 편집국의 조직과 활동, 원고와 공장과 신문지), "통신사는 왜 필요한가?"(통신사와 신문사, 통신기자의 활동, 세계 주요 통신사), "세계신문의 현상"(미국의 신문, 소련의 신문, 영국의 신문, 일본의 신문, 한국의 신문), "민주·공산 양대 세계의 신문", "신문의 헌장"(미국신문편집협회 신문법전, 일본신문협회 신문윤리강령, 월터 윌리암의 "신문업자의 신조", 연합군사령부 프레스 코드, 동아일보 기자헌장, 설의식의 기자훈 9개조), "한국신문 문화면의 특수성", "신문경영자론" 등에 관하여 소개, 설명했다. 그리고 제2편 실무편에서는 기사취재의 요령, 재료수집의 실제, 편집기자의 실무, 기사문례(記事文例) 등을 소개했다.

이러한 내용의 오소백의 『신문기자가 되려면』은 초판을 낸 지 1년 만인 1954년 10월 증보재판(增補再版)을 냈는데, 이에서는 "매스 콤뮤니케이션", "한국신문사", "신문의 자기 반성", "편집기자의 변(辯)", "중앙4대 신문 채점표", "특수기사 문례(文例)", "견습기자의 회고", "신문기자가 되려면", "신문에 관한 참고서", "외신잡기", "신문과 교정" 등의 항목을 증보(增補)했다. 그런데 이들 중 "매스 콤뮤니케이션" 항목은 서울대학교 문리과대학 사회학 교수 변시민(邊時敏)이 쓴 것이었으며, "신문기자가 되려면" 항목은 신문사 주필, 편집국장 등 중견언론인 11명의 글이었다. 끝으로 "신문에 관한 참고서" 항목을 보면, 우리나라 사람이 쓴 저서나 논문은 한 편도 없으며, 대부분이 일본인이 쓴 문헌이나 미국·프랑스·독일·스위스 문헌들도 여러 편 포함되어 있다.

1954년 8월 15일 오소백(당시 「서울신문」 사회부장)은 또 하나의 신문학 관계 전문서적을 발간했는데, 이는 미국 플로리다대학(University of Florida)

저널리즘학과 부교수 존스(John Paul Jones)의 저서 *The Modern Reporter's Handbook*(New York: Rinehart & Company, INC, 1949)을 번역하여 서울의 대신문화사(大新文化社)에서 출판한 J. P. 존스 저(著), 오소백(吳蘇白) 역(譯), 『신문강화』(新聞講話)였다. 이 책은 주로 신문기사의 취재·보도·작성과 편집에 관한 것(국판 총 443쪽)이었다.

2) 1955년 발간한 곽복산 저 『신문학개론』의 주요 내용

이와 같은 신문학 관계 전문서적들에 이어, 1955년 8월 곽복산 저(著) 『신문학개론』(新聞學槪論)이 서울신문학원에서 발행되었는데, 이 책은 당시까지 우리나라에서 나온 가장 대표적인 신문학 관계 개론서였다. 우선 이 책의 머리말인 "신문을 위하여"라는 저자의 글 중에서 중요한 부분만 소개해 보면 다음과 같다.

> … 신문이야말로, 움직이는 세계사회의 그날의 현실적인 사실을, 인식할 수 있는 유일한 수단이다. 그러나 보도, 비판의 사회화의 수단인 신문의 기능은, 또한 사회생활의 방향까지를 지도하는 정신적 작용이 심대(甚大)하다. 이에 신문이란 문화현상에 대한 과학적 검토와 인식이 요청되고 있는 것이다. 그리하여 신문의 과학적인 연구는, 이미 신문기자교육에 필요한 교과 과정으로서만이 아니라, 일반사회인의 교양에 불가결한 하나의 과학으로서, 중요시함에 이르렀다. 신문학이라는 학문은 아직 우리나라에서는, 미개척의 새로운 분야이다. 해방 직후 오직 신문을 위하여, 신문교육과 신문학 연구의 유일한 염원(念願) 아래, 신문학원을 창설하여 어느덧 10년이란 세월이 흘렀다. 그러나 우리의 신문학 연구사업은, 그 기초조차 세우지 못하고 있음을, 부끄러웁게 여기고 있는 바이다. 최근 일부 대학에서는 신문학

과 또는 신문학강좌를 설치하는 등, 신문학연구에 교육계의 관심이 점차로 집주(集注)되어 감을 기쁘게 여기는 바이다. 본서는 이러한 주위(周圍)의 요청에 의하여, 그동안 신문학원을 비롯하여 서울대학, 연희대학, 중앙대학, 홍익대학 등에서 강의한 원고를 정리한 것이다. …

8·15 10주년 기념절에 곽복산

이와 같은 머리말에서도 밝혔듯이, 이 책은 저자 곽복산이 서울신문학원을 비롯하여 서울대·연희대·중앙대·홍익대 등에서 '신문학개론' 또는 '신문이론'이라는 이름으로 강의했던 신문학 강좌 내용을 정리해서 『신문학개론』이란 서명으로 출판한 것으로서,[33] 분량은 국판(菊判) 총 264쪽이었다. 이 책은 〈표 4-7〉에서 보듯이 모두 9개 장(章) 43개 절(節)로 구성했는데, 그 내용을 살펴보면 당시 독일의 '이론신문학'과 미국의 '실천신문학'을 모두 종합해 놓은 '신문학의 이론과 실제'에 관한 저서였다. 다시 말해서, 이 책은 신문의 제작 등에 관한 실무적 내용만 다룬 것이 아니라 그에 관한 본질(本質)과 이론 등도 소개해 놓았는데, 이는 곽복산이 졸업한 일본 조치대학 신문학과의 영향 때문인 것 같다. 조치대학 신문학과 창설자 오노 히데오(小野秀雄)는 스위스의 취리히대학(Universität Zürich) 신문학과를 주로 모방하여, 당시 세계 신문학의 양대 산맥이던 미국의 '실천신문학'과 독일의 '이론신문학'을 반반씩 절충해서 학생들을 교육했다(임근수 1973, p. 11에서 인용).

곽복산의 『신문학개론』은 신문을 위주로 다루었지만, 제5장 제5절

33 이 책은 곽복산이 "해방 10주년을 기해 출혈적인 자비로 출판했다"(곽복산, 1971, p. 45)고 한다. 출판기념회는 1955년 12월 10일 태평로 국회의사당 레스토랑에서 개최하면서 이 모임을 '신문학의 밤'으로 이름 붙여 초보적인 신문연구 사업을 더욱 촉진시키려 했다(「동아일보」, 1955. 12. 7, "신문학의 밤, 곽복산씨 출판기념").

표 4-7 곽복산 저『신문학개론』의 장(章)·절(節) 목차

제1장 신문성립의 기초 제1절 신문의 발생동인(動因) 제2절 신문성립의 조건 제3절 신문의 전달형태 제4절 신문학의 과제	제6장 뉴-스취재와 표현법 제1절 보도조직과 기능 제2절 기자의 소양과 책책 제3절 뉴-스취재요령 제4절 신문회견과 인터-뷰 제5절 기사작성의 요건 제6절 논설작성의 요령
제2장 신문의 발달과정 제1절 원시기의 신문현상 제2절 초기신문의 발생과정 제3절 근대신문의 성립과 발달 제4절 초기의 우리나라 신문	제7장 신문의 편집작성 제1절 편집작성의 중요성 제2절 신문작성과 기자임무 제3절 신문내용의 지적(知的) 특질 제4절 뉴-스의 편집 제5절 편집작성의 요건 제6절 편집정리의 기술과정 제7절 신문공표의 한계문제
제3장 신문의 기본개념 제1절 개념구성요소의 검토 제2절 제가(諸家)의 신문정의 제3절 기본개념의 속성	제8장 신문의 자유와 책임 제1절 본질적인 의의(意義) 제2절 신문자유의 기초 제3절 취재·편집의 자유 제4절 신문의 책임
제4장 신문본질의 검토 제1절 신문지의 내용구성 제2절 뉴-스의 개념 제3절 신문소재와 역적(力的) 요소 제4절 외보원(外報源)의 성격 제5절 보도본질의 검토	제9장 신문사업과 경영 제1절 신문의 경제적 특질 제2절 신문경영의 기초 제3절 신문의 재정관리 제4절 합동경영의 문제
제5장 신문의 기본 기능 제1절 기능의 본질적 요소 제2절 신문의 기본 기능 제3절 여론구성과 신문 제4절 선전작용과 신문 제5절 매스·콤뮤니케이션과 신문 제6절 신문독자의 구조	

자료: 저자 작성.

'매스·콤뮤니케이션과 신문' 항목에서 매스커뮤니케이션에 관해서도 간략하게나마 설명해 놓았다. 그 내용을 보면 다음과 같다.

대중전달(大衆傳達)의 수단으로서 매스·콤뮤니케이션의 정의를 호블랜드(Hovland)는 "콤뮤니케이션이란 것은 개인(발신자)이 다른 개인(수시자)의 태도를 변경하기 위한, 자극(보통은 언어적 자극)을 전달하는 과정이다"라고 하였고, 또 다른 연구가는 "두 사람 이상 사이에 얼골과 얼골의 접촉을 거치지 않고, 직접으로 널리 심적(心的) 교통을 하는 것이다"라고 하였다. 이 매스·콤에 대한 적절한 우리말을 미처 마련하지 못하였으므로, 우선 '대중전달'이란 정도로 이해하고자 한다. 그 개념을 정립화하자는 것은 여기서 논할 바 아니며, 신문과 그의 관계성은 신문기능론에서 의당 취급되고 연구해야 할 과제임을 제시할 뿐이다.

3) 1950년대 후반 발행한 신문학 관계 저서들의 주요 내용

1955년에는 성준덕(成俊德)이 우리나라 신문역사에 관한 최초의 단행본인 『한국신문사』(韓國新聞史)를 '신문학회' 명의로 발간했는데, 이 신문학회는 성준덕이 1950년대 초에 설립하여 초대 회장을 지낸 비공식단체로서 1959년 6월 30일 창립한 한국신문학회와는 전혀 관계가 없는 것이었다. 성준덕은 일본 와세다대학(早稻田大學) 법문학부 출신으로 「동경신문」(東京新聞)·「조선일보」 기자를 거쳐 광복 후에는 「대한독립신문」(1945. 11. 3 창간) 편집국장, 서울통신사 사장을 지내다가 1952년 시사통신사를 설립하여 사장으로 봉직하였다.

1956년 2월에는 나절로 우승규(禹昇圭)가 『신문독본』 제1집을 한국일보사에서 발간했는데, 이 책은 ① 신문 뉴-스론, ② 신문기사의 신양식론(新樣式論), ③ 신문편집의 기술론, ④ 속(續): 신문편집의 제(諸) 문제, ⑤ 신문조판의 기술론, ⑥ 신문사설 소고(小考) 등 신문학적 이론들을 소개했다. 그런 다음 저자 자신이 「조선일보」와 「경향신문」 편집국장, 「시사신문」 편집국장 겸 주필, 「서울신문」 편집국장 겸 논설위원, 「평화신문」 논설위원, 「국도신문」 주필로 근무하며 집필했던 주요 논설문 등을 실었다.

1956년 9월에는 홍동호(洪東虎) 편저(編著) 『신문론: 신문·사회·기자』가 서울 정양사(正陽社)에서 나왔다. 먼저 '자기의 변(辯)'이라는 이 책의 머리말을 보면, "신문쟁이로서의 직분을 통하여 좀 더 나은 신문, 좀 더 훌륭한 문장, 보다 나은 편집, 이 같은 일로 사회에 공헌한 바 있고, 죽기 전에 무엇을 남겼으면 하고 면려할 때, 선배와 후배들의 권유도 있어 붓을 든 것이 벌써 2년 가까이 되었다. … 특별한 공부를 한 것도 아니고 관록 있는 신문인도 아니면서 배우고자, 알고자 하는 욕심에서 체험한 바, 또 때때로 강의한 바의 요점을 추려 놓았을 뿐이다"라고 책을 쓰게 된 동기와 경위를 밝혀 놓았다.

책의 내용은 크게 3개 편, 즉 '신문학 총설', '실제론' 및 '신문의 사적(史的) 발달'로 나누어, '신문학 총설'에서는 신문학의 인식 목적과 현대생활에 있어서의 신문의 의의(意義), 신문의 기능(보도적·지도적·오락적 기능), 신문 성립의 전제조건, 신문 발달의 문화적 조건, 신문의 특성, 신문형태론, 신문과 사회와 기자에 관하여 설명했다. 그리고 '실제론'에서는 신문(뉴스)의 가치, 재료수집론, 원고제작론, 지면정리론, 학교신문론, 신문의 품위 등에 관하여 설명했다. 마지막으로 '신문의 사적(史的) 발달' 편에서는 고대(古代)신문부터 현대신문의 성립까지의 역사와 언론자유에 대한 제 이론(諸理論) 및 세계 각국의 신문약사(新聞略史)를 소개했다. 부록으로는 신문사입사(기자) 시험문제(試案)와 신문용어사전을 붙여 놓았는데, 이와 같은 내용들을 담은 『신문론』은 신국판(新菊版) 총 695쪽으로 당시로서는 상당히 두꺼운 책이었다.

1956년 10월에는 프레이저 본드 저(著), 박기준(朴奇俊) 역(譯), 『신문론』(新聞論)이 서울신문사에서 나왔는데,[34] 이 번역서는 미국 뉴욕대학(New York University) 신문학과(Department of Journalism) 교수인 본드의 저서 *An Introduction to Journalism: A Survey of the Fourth Estate in All Its Forms*(New York: The Macmillan Co., 1954, 1st edition)를 번역한 것(국판 총 438쪽)이었다. 이 책은 당시 미국의 신문학(journalism)에 관한 종합적이고 상세한 개론서로, 신문에 관한 것뿐 아니라 라디오와 텔레비전, 광고, PR(Public Relations) 등에 관한 것들까지 다룬 교과서였다. 따라서 이러한 본드의 교과서를 박기준이 번역한 『신문론』은 신문과 잡지 중심이었던 우리나라의 전통적 신문학의 영역을 라디오·텔레비전·영화·광고·PR 등에 관한 연구와 교육으로 확대시키는 데 중요한 역할을 했다.

4) 그 외 신문학 관계 저서들에 나타난 신문학의 주요 내용

1959년에는 신문학 관계 전문서적이 3종이나 나왔는데, 그중 첫 번째는 7월 10일 발행한 학원사 편집국 편 『현대신문전서』(現代新聞全書)였다. 이 책은 학원사(學園社)에서 생활총서의 하나(제8권)로 발행한 것으로, "아침 저녁으로 전달되는 수십만 부씩의 신문의 보도나 의견의 성질, 또 왜 [신문은] 우리들의 현실과 밀접한 거리에 있는가의 그 까닭을 검토하고, 또 오늘까지에 신문의 자유의 역사를 살펴 신문제작의 기술적인 면과 신문사의 경영 등 신문에 속해 있는 전(全) 분야를 해부함으로써" 국민들에게 새로운 사실을 발견하게 하기 위하여, "그러니까 사실을 사실대로 판단

34 이 책의 번역자 "박기준은 고려대 강사로도 있었고 경북대 영문과 교수였는데, 그는 조선신문학원 강사로 출강하면서 본드의 *An Introduction to Journalism*을 교재로 강의하다가 이 책을 번역했다"(정진석, 1995b, p. 64)고 한다.

함으로써 좋은 신문을 선택하는 안목을 높이는 동시에, 나아가서는 훌륭한 신문제작을 재촉하고 발전도상에 있는 언론자유의 터전을 굳건히 하자"(머리말 중에서)는 취지에서 발행한 것이었다.

이러한 취지에서 발행했으나 『현대신문전서』는 신문의 여러 분야에 관한 신문학자와 저명 언론인들의 글을 청탁받아 편집한 것으로 신문학에 관한 교재로서도 손색이 없었는데, 그 목차와 필자를 소개해 보면 〈표 4-8〉과 같다. 이들 중 곽복산이 집필한 "신문학입문"은 그의 『신문학개론』 중에서 ① 신문의 성립과 발전, ② 신문의 개념, ③ 신문의 구조와 본질, ④ 신문의 기본적 기능, ⑤ 신문의 자유와 책임에 관한 주요 내용을 간추려서 소개한 것으로, 독자들이 신문학을 이해하는 데 도움이 되었다. 한편 "현대사회와 매스커뮤니케이션"에 관한 것은 신문학의 범위를 모든 매스미디어로 확대해야 한다는 것을 예고한 것으로, 그중에서 제6장을 보면 신문뿐 아니라 라디오 · 영화 · 잡지 · 출판의 특성과 현황 등을 비교적 자세하게 소개했다.

1959년 8월 30일에는 황순옥(黃淳玉) 편(編) 『오늘의 세계신문』이라는 조그만 서적(국판 152쪽)이 서울의 거성문화사(巨盛文化社)에서 나왔다. 당시 「서울신문」 편집국장 고제경(高濟經)이 쓴 발문(跋文)을 보면, "신문론은 그 기능면, 형태면, 사적(史的) 발전과정면, 제작면, 일화면(逸話面) 등등에서 연구될 수 있는데, 필자(황순옥)는 세계 각국의 신문발행 현황과 신문의 자유 및 그 제한에 관계된 선언문, 법령 등을 소개하는 데 특색을 기(期)했다"고 소개했다. 이러한 『오늘의 세계신문』은 우선 현대신문의 구조를 편집 · 보도 · 경영 · 기계시설 · 광고로 나누어 설명한 다음, 세계 유명 통신사들의 역사와 현황을 소개했다. 그리고 구미(歐美)와 아시아 여러 나라의 신문 현황을 소개한 뒤, 신문의 책임과 자유에 관한 각 나라 현황을 간단하게 소개했다.

표 4-8 학원사 편집국 편『현대신문전서』(1959) 목차와 필자

서언에 대(代)하여 … 오종식, 「한국일보」 주필

신문학입문 … 곽복산, 서울신문학원장

신문의 역사
1. 외국신문의 역사 … 백대진, 홍익대학 신문학과 교수
2. 한국신문의 역사 … 최준, 서울방송국 대일과장
3. 신문의 현황 … 서광운, 「한국일보」 외신부장
신문의 문장 … 김광섭, 동양통신 편집국장
신문의 취재 … 오소백, 「경향신문」 사회부장
△ 기자라는 직업 … 이형, 「한국일보」 정치부차장
신문의 오보(誤報) … 박성환, 동화통신 전 편집부국장
신문의 편집 … 권일하, 「서울신문」 편집부국장
신문의 사진 … 서상덕, 합동통신 기자

학교신문 · 지방신문
1. 대학신문 … 김증한, 서울대 교수, 「대학신문」 편집국장
2. 중고등학교신문 … 조풍연, 「한국일보」 기획위원
3. 학교신문만들기 … 조풍연, 「한국일보」 기획위원
4. 어린이신문 … 조풍연, 「한국일보」 기획위원
5. 지방신문 … 이목우, 「조선일보」 사회부장

신문경영의 실제
1. 경영 … 오태신, 「연합신문」 상무 · 업무국장
2. 광고 … 홍우백, 「조선일보」 광고부장
신문과 통신사 … 고흥상, 합동통신 편집국장
현대사회와 매스커뮤니케이션 … 신태민, 「경향신문」 정치부장
△ 신문과 정치와 선전성 … 박성환, 동화통신 전편집국장

부록
1. 한국의 언론은 자유의 투사: 세계신문인대회에서 연설전문 … 홍종인, 「조선일보」 주필
2. 전국신문 · 통신사 기구
3. 세계주요신문 · 통신사
4. 신문사전 … 고제경, 「서울신문」 편집국창

자료: 저자 작성.

1959년 8월 15일에는 강대원(康大元) 편(編) 『세계신문소사』(世界新聞小史)를 서울신문학원에서 발행했는데, 이 책은 서명 그대로 세계신문역사를 신문의 기원(起源)에서부터 현대까지 주요 국가별(한국 포함)로 나누어

간략하게 기술한 것으로 모두 10개 장(章)으로 구성되었다.[35] 이 책의 편자(編者) 강대원은 동국대학 정치학과 출신으로 서울신문학원 사무국장을 역임했으며 부산신문학원을 창설했다고 책 뒤의 판권장에 소개해 놓았다.

5. 신문학 관계 논문들에 나타난 주요 동향

1950년대에 나온 신문학 관계 서적들의 내용을 보면 주로 신문에 관한 것을 다루었으나, 일부 서적에서는 라디오·영화·잡지·출판 등 매스커뮤니케이션에 관한 것도 다루기 시작했다. 그렇다면 1950년대에 언론 관계 전문잡지 등에 실린 논문들에서는 주로 무엇을 다루었는가?

1) 「방송」과 「신문연구」 게재 논문들에 나타난 연구 동태

1948년 2월 「신문평론」(이해창 발행) 제4호를 끝으로 언론 관계 전문지가 거의 8년 동안이나 나오지 않았다. 따라서 언론에 관한 연구결과들을 발표할 마땅한 장(場)이 없었다. 그러다가 1956년 9월 「방송」이라는 잡지가 나왔는데, 이는 공보부 방송관리국에서 창간한 46배판 크기의 월간지로, 창간호에는 변시민(邊時敏)의 "방송과 사회"라는 글이, 제6호(1957. 7 발행)에는 천관우의 "라디오·TV·영화"라는 글 등이 실렸다. 그러나

35 이 책 실물에는 두 가지가 있는데, 판권을 보면 발행 날짜가 똑같고 편자(編者)가 강대원으로 되어 있으나, 한 실물의 표지에는 강대원 편이라고 되어 있고, 또 하나의 실물 표지에는 강대원(康大元)·강창의(康昌義) 공편(共編)으로 기재되어 있다.

「방송」은 학술지가 아니었기 때문에 학술적 논문들을 거의 싣지 않았는데, 이 잡지의 편집은 창간 초기에는 방송관리국 관리과(管理課)에서 맡다가 1957년 12월부터는 새로 발족한 방송문화연구실이 맡았으며, 1959년 4월까지는 월간으로 꾸준히 발간하다가 그 뒤 계간으로 바꾸었다.

1950년대에 학술지다운 언론 관계 학술지는 1959년 12월에야 나왔는데, 이는 관훈클럽에서 창간한 「신문연구」(현 「관훈저널」)였다. 관훈클럽은 "신문의 자유를 향상하고 신문인 간의 공동이익과 친목을 도모하고 신문에 관하여 서로 연구하며 언론의 향상을 위하여 힘쓴다"는 목적으로 1957년 1월 11일 창립한 우리나라 중견 언론인들의 친목 및 연구단체이다.

이러한 관훈클럽에서 1959년 12월 창간한 「신문연구」 제1호(1959년 겨울호)에는 신문에 관한 20여 편의 논문들이 실렸는데, 그 필자와 제목을 소개해 보면 〈표 4-9〉와 같다. 이 표에서 보듯이 대부분의 논문은 신문에 관한 것들이었으나, "국민의 알 권리"(황성모)에 관한 논문도 눈에 띄

표 4-9 「신문연구」 창간호(1959. 12)에 실린 주요 논문의 필자와 제목

필자	논문 제목	필자	논문 제목
김상현	영국신문의 현황	이경성	신문사인사관리의 합리화
남시욱	한국신문기사스타일변천사(I)	조규하	우리나라 신문독자에 대한 소고
노오톤	모스코바의 보도관제	조용중	선거취재의 문제점
박갑천	신문용어와 표준어	조용중	인터뷰의 윤리
박갑천	외래어표기의 통일문제	천갑화	신문의 경영진단
박권상	언론출판의 자유	최병석	사진취재의 자유와 그 한계
박권상	취재의 자유와 개인의 명예	최일남	문화면의 기능과 과제
박동운	신문의 공기성(公器性)과 회의론	최춘길	제3세력으로서의 신문
송건호	신문사설론	홍순일	미국의 신문조합
유광렬	한성신보의 사명과 그 역할	황성모	국민의 알 권리
이경성	신문문장의 소고(小考)		

자료: 저자 정리.

며, 또한 "취재의 자유와 개인의 명예"(박권상), "사진취재의 자유와 그 한계"(최병석), "인터뷰의 윤리"(조용중) 등 언론에 의한 개인의 권리와 사생활의 보호 등에 관한 논문들도 증가하기 시작했다.

2) 각종 잡지의 언론 관계 논문들에 나타난 분야별 연구 동태

「신문연구」가 창간되긴 하였지만, 1950년대에도 언론에 관한 연구결과나 논문들을 발표할 마땅한 장(場)이 크게 부족했다. 그러자 일반 잡지들에도 언론 관계 논문들을 싣게 되었는데, 1950년대에 각종 잡지에 게재한 언론 관계 주요 논문들을 잡지별로 열거해 보면 〈표 4-10〉과 같다.

이 논문들을 매체별로 나누어 보면, 신문에 관한 것이 23편으로 가장 많았으며, 영화에 관한 것이 4편, 잡지출판에 관한 것이 2편, 광고에 관한 것이 2편으로 나타났다. 또한 이 논문들을 연구주제별로 살펴보면, 언론의 자유와 법규에 관한 것이 15편으로 가장 많았으며, 신문기사의 보도·작성·스타일 등에 관한 것이 11편, 독자와 여론에 관한 것이 6편, 역사와 인물에 관한 것이 3편, 정치와 언론에 관한 것이 3편, 외국언론에 관한 것이 3편 등이었다.

한편 매스커뮤니케이션에 관한 논문도 5편이나 되었는데, 그중에서 박권상(朴權相)의 "매스콤과 현대사회"(「시사」, 1952. 2)와 천관우(千寬宇)의 "매스 콤뮤니케이션연구를 위한 서론"(「문리대학보」 제1호, 1952. 7)은 미국의 새로운 신문학 조류(潮流), 즉 신문학의 영역을 모든 매스미디어로 확대하는 동시에 이를 사회과학적 입장에서 연구·교육하기 시작한 동향을 소개하면서 우리나라에서도 그렇게 할 것을 제언했다.

표 4-10 각종 잡지에 게재한 언론 관계 주요 논문의 필자와 제목

잡지명	논문의 필자와 제목
「문리대학보」(서울대)	천관우, "매스 콤뮤니케이션연구를 위한 서론"(제1호, 53. 7) / 이상백, "저널리즘과 아카데미즘"(53. 7)
「사상계」(思想界)	우승규, "신문윤리에 대한 편론(片論)"(1954. 12) / 이종극, "대중여론"(54. 12) / 디스네이, W. E, "콤뮤니케이션"(57. 7) / 이만갑, "농업정책과 여론의 반영"(59. 2) / 곽복산, "한국신문의 구조와 과제"(59. 2) / 김팔봉, "한국신문수난사(I, II, III)"(59. 6~8)
「새벽」	신상초, "한국신문의 후진성"(55. 1) / 최준, "신문정비의 방법론"(55. 1) / 이진숙, "여론의 심리"(57. 1) / 박동운, "미국·영국의 신문의 자유"(1958. 1)
「시사」(時事)	박권상, "매스콤과 현대사회"(52. 2)
「신사조」(新思潮)	최준, "한국신문사의 연구"(58. 11)
「신세계」(新世界)	고재욱, "언론자유와 관권간섭"(56. 2)
「신천지」(新天地)	박성환, "신문 등의 광고면을 통해 본 사회고찰"(54. 2) / 조용만, "한국에 있어서의 언론자유"(53. 6) / 유광렬, "언론자유의 한계"(53. 6) / 신천지사, "요약한국신문사"(54. 2) / 민병훈, "언론자유와 명예훼손"(54. 3) / 박인환, "한국영화의 현재와 장래"(54. 5) / 서광재, "조선영화론"(56. 8)
「신태양」(新太陽)	백철, "한국잡지성쇠기"(57. 9)
「자유공론」(自由公論)	오영진, "국산영화의 후진성"(58. 12) / 조풍연, "잡지의 본질"(59. 10)
「자유세계」(自由世界)	임예, "신문인의 취재자유"(53. 6) / 이정선, "정당과 언론"(55. 3) / 성인기, "언론자유의 한계성문제"(56. 11) / 김의준, "정치적으로 본 언론자유"(58. 4) / 윤형남, "협상법안과 언론자유"(58. 4) / 유광렬, "민주주의와 언론"(58. 4) / 이정선, "매스미디어로서의 한국영화"(58. 4) / 오열운, "매스콤의 위력"(58. 7)
「한국평론」(韓國評論)	이관구, "신문해방 13년"(58. 9) / 황규인, "여론조사의 필요성"(58. 11)
「현대」(現代)	현대 편집부, "특집: 한국 매스 콤뮤니케이션"(58. 4) / 문윤근, "방송 프로 이렇게 짰으면"(58. 4) / 오영진, "생활필수품 스크린"(58. 4) / 변시민, "이렇게 선전에 속고 있다"(58. 4)
「희망」(希望)	오소백, "신문사회면을 통해 본 사회상"(55. 10) / 차의진, "신문인 생문답에 나타난 번뇌"(55. 10)

자료: 저자 정리.

1960년대:
매스컴학으로 신문학의 확대 · 발전

앞에서 살펴보았듯이 1950년대부터 홍익대학과 중앙대학교에 신문학과가 설치되면서 우리나라에서도 신문학이 하나의 독립 학문분야로 인정받게 되었다. 1960년대로 들어서면서 이화여자대학교를 시작으로 무려 8개 대학에서 다투어 신문학 관련 학과들을 설치했으며, 1964년부터는 석사과정의 대학원 교육도 시작했다. 1968년에는 서울대학교에서 신문대학원을 설립함으로써, 1961년 말 홍익대학 신문학과는 폐과되었지만 1960년대 말에는 전국 대학에 신문학 관련 교육기관의 수가 모두 10개나 되었다. 한편 1950년대까지는 신문학과에서 주로 신문지(新聞紙) 중심의 실무적 문제를 연구 · 교육해 왔으나, 1960년대부터는 미국의 매스커뮤니케이션학을 도입하여 신문학의 연구 · 교육 영역을 매스커뮤니케이션 현상으로 확대 · 발전시켜 나가면서 새롭고 중요한 학문의 하나로 각광을 받게 되었다.

1. 대학들이 다투어 신문학 관련 학과 설치

앞서 말했듯이 1960년대 초부터는 이화여대를 필두로 모두 8개 대학에서 신문학 관련 학과들을 신설했다. 그러나 학과 명칭이 대학마다 다양했는데, 이화여대 · 한양대 · 성균관대는 신문학과(Dept. of Journalism), 고려대는 신문방송학과(Dept. of Journalism and Broadcasting), 경희대는 홍보학과(Dept. of Public Relations), 서강대는 보도예술학과(Dept. of Communication Arts)였으며, 2년제 초급대학인 서라벌예술대학(현 중앙대 예술대학 전신)과 부산의 한성(韓星)여자실업초급대학은 방송학과(Dept. of Broadcasting)라고 했다. 한편 신문학 관련 학과의 소속 대학도 문리과대학·문과대학·정경대학·법정대학 등으로 다양했는데, 이는 신문학이나 신문방송학 등을 인문학으로 볼 것이냐, 사회과학 분야로 간주할 것이냐에 따른 것이었다.

1) 이화여대 · 한양대는 각각 문리과대학에 신문학과 설치

이화여자대학교는 1960년 4월 문리과대학에 신문학과를 설치했는데, 초기에는 영문학과 김세영(金世永) 교수가 학과장(당시는 주임교수라고 불렀음)을 맡았으나, 이듬해 9월부터 이해창(李海暢)이 학과장이 되어 학과를 이끌어 갔다.[36] 1962년 김동철(金東喆)이 조교수로 부임했으며, 1963년에는 정충량(鄭忠良)이 교수로, 1964년에는 윤희중(尹嬉重)이 전임강사로, 1967년에는 안광식(安光植)이 조교수로, 1969년에는 이상회(李相回)가 전임강사로 부임했다.

이들 중 이해창과 정충량을 제외한 나머지 4명은 모두 미국에서 신문학 석사학위를 취득한 젊은 교수들이었는데, 김동철은 1959년 미국 인디애나대학에서, 윤희중은 1961년 미주리대학에서, 안광식은 1963년 컬럼비아대학에서, 이상회는 1970년 하와이대학에서 신문학 석사학위를 받았다. 따라서 학과 명칭은 '신문학과'였지만 이화여대 신문학과는 '한

36 이해창은 앞서 살펴보았듯이 1947년 4월 「신문평론」을 창간하여 1948년 2월 제4호까지 발행하고 그만둔 뒤, 1949년 9월 서울고등학교 독일어 교사로 취임해 6년간 재직하면서 1953년 4월부터 2년간은 서울대학교 문리과대학 강사로서 신문학개론을 가르쳤다. 그러다가 1956년 가을 서독으로 건너가 11월부터 뮌스터대학 신문연구소에서 1958년 5월까지 하겐만(W. Hagenmann) 교수의 문제(門弟, 문하생)로서 독일신문학을 연구한 뒤, 귀국하여 1958년 5월 이화여대 문리과대학 조교수로 취임하여 독일어를 가르치다가 1960년 4월 신문학과가 설치되자 신문학과 교수가 되었다.

국에 필요한 저널리즘의 이해와 연구'를 목표로 신문과 방송에 관한 것은 물론, 여론조사 · 선전론 · 영화론 등 저널리즘과 매스커뮤니케이션에 관한 일체를 교육했다(한국신문협회 편, 1968, p. 767). 또한 독일의 공시학(公示學, Publizistikwissenschaft)에 관한 교육에도 비중을 두었는데, 이는 이해창 교수의 전공분야가 공시학과 신문사(新聞史)였기 때문이다.

1963년 봄 한양대학교도 문리과대학에 신문학과를 신설했는데, 학과 창설을 주도한 초대 학과장은 1960년 독일 뮌헨대학에서 신문학 전공 철학박사학위를 받은 박유봉(朴有鳳)이었다. 창설 이듬해인 1964년 이강수(李康洙)가 전임교수로 부임했고, 1965년에는 오진환(吳鎭煥)이 전임강사로, 1967년에는 장용(張龍)이 교수로, 1968년에는 강현두(康賢斗)가 조교수로 부임했다. 이들 중 이강수는 서울대학교 신문연구소를 수료했으며, 오진환은 1964년 미국 오리건대학에서 신문학 석사학위를, 장용은 1964년 미국 미주리대학에서 신문학 박사학위를, 강현두는 1966년 미국 보스턴대학에서 신문학 석사학위를 취득했다. 1968년 박유봉 교수가 서울대학교 신문대학원으로 자리를 옮기자 장용이 학과장을 맡았다.

한양대학교 신문학과는 창설 초기에는 "독일의 선구적 신문학 이론과 미국의 새로운 신문학 이론을 아울러 습득하고, 이에 현(現) 한국적 실정에 맞는 이론과 실제의 조화"를 기본 방침으로 학생들을 교육해 왔다. 그러나 미국에서 신문학 석사학위를 취득한 교수들이 4명이나 들어오면서 미국의 새로운 매스컴 이론을 교과과정에 대폭 삽입했다. 한편 고학년은 한양대와 동일재단 소속인 「대한일보」에 1주일에 하루씩 나가서 신문의 편집 · 공무 · 업무 등에 관한 실습교육을 받도록 했다(한국신문협회 편, 1968, p. 767).

2) 고려대는 신방과, 경희대는 홍보학과, 성균관대는 신문학과 신설

고려대학교도 1960년대 초반부터 신문학 관련 학과의 신설을 추진했다. 그러나 문교부(현 교육부)의 인가가 늦어져 1965년 2월에야 '신문방송학과'를 창설했는데, 앞서 이화여대·한양대와는 달리 '신문방송학과'라는 명칭으로 정경대학에 설치했던 것이 색달랐다. 고려대 '신문방송학과'의 창설을 주도한 초대 학과장은 오주환(吳周煥)이었는데, 그는 고려대 정치학과 출신(1950년 졸업)으로, 1952년부터 「고대신문」 주간을 역임하면서 신문학 강좌를 담당했고 한국신문학회 이사(理事)도 맡고 있었다. 신문방송학과 창설 이후 2년 동안은 오주환 교수와 강사들이 교육을 담당해 오다가 1968년 임상원(林尙源)을 조교수로 영입했는데, 그는 1965년 미국 캘리포니아대학에서 신문학 석사학위를 받은 젊은 학자였다.

1967년 말 당시 고려대 신문방송학과 전공교과목을 보면, 1학년은 신문학개론, 2학년은 매스콤·시사영어·취재보도·방송개론·사회심리학·시사문장, 3학년은 신문윤리와 법규·구미(歐美)신문·여론과 선전·사회통계·출판론·비교신문학·방송프로편성 등이었고, 4학년은 신문방송경영론·매스콤효과분석·편집론 및 기사연습·신문연습(新聞演習)·방송연습이었다. 이들 과목은 전임교수 오주환과 임상원 이외에 언론계 중진들을 강사로 초빙해서 가르쳤다. 한편 학생들은 3학년 초에 신문전공과 방송전공으로 나누어 각각 특색 있는 훈련을 받았으며, 4학년 때는 동아일보사와 동아방송국에 가서 4개월 동안 1주에 14시간씩 실습교육을 받았다(한국신문협회 편, 1968, p. 766).

경희대학교도 고려대와 마찬가지로 1965년 2월 정경대학에 신문방송학과를 설치했으나 처음에는 '홍보학과'라고 불렀다. 초대 학과장은 육군 대령 출신으로 KBS 국제방송국장과 TV국장, 공보부 방송조사실장 등을 역임한 황기오(黃基伍) 부교수였다. 홍보학과 신설 초기에는 전임교수를 구하지 못해서 대부분의 과목을 외래 강사진에 의존했다(곽복산, 1968, p. 142). 그러다가 1967년 3월 한병구(韓炳九)가 조교수로 부임했는데, 그는 1965년 미국 미주리대학에서 신문학 석사학위를 취득한 학자였다. 1969년 김규(金圭)도 조교수로 취임했는데, 그는 1961년 미국 시러큐스대학에서 방송전공 석사학사를 취득하고 귀국해 방송계에서 종사하다가 학계로 진출했다(1971년 서강대 보도예술학과 교수로 옮김). 1967년 말 경희대 신문방송학과 교과과정은 신문학개론 · 방송모니터 · 사회학 · 사회심리학 · 방송론 · 매스콤론 · AV교육론 · 한국신문사 · 기사표현론 · 조사방법론 · 신문편집론 · 신문연습 · 방송실습 · 광고론 · 여론선전론 등으로 편성했는데, 이들 과목의 강의는 전임교수 황기오 · 한병구 · 김규 이외에 강사 임상원 · 장용 · 백순재 · 홍진태 · 이해창 · 김광섭 · 이규종 등이 맡았다(한국신문협회 편, 1968, p. 766).

성균관대학교는 1967년 2월 법정대학 내에 신문학과를 신설했는데, 그 취지는 "선악(善惡) 쌍방에 대한 무한한 가능성을 가진 매스콤은 무엇보다 적절한 컨트롤을 필요로 하며, … 이를 위해 정확한 지식과 올바른 이해가 선행되어야 한다는 사회적 요청에 부응하려는 것이었다"(한국신문협회 편, 1968, p. 767). 초대 학과장은 이 대학 정치학과 출신의 전임강사 장을병(張乙炳)이었다. 1968년 9월 최정호(崔禎鎬)가 조교수로 들어왔는데, 그는 같은 해 봄 서독의 베를린자유대학에서 신문학 전공 철학박사학위를 받고 귀국했다. 이 밖에 윤한식 · 이해영 등이 강사로 학생들을 가르쳤는데, 학생들이 입학해서 처음 수강해야 했던 전공필수 과목이 다른 대학처럼 '신문학개론'이나 '신문방송학개론'이 아니라 '매스콤통론'인 것이 이채(異彩)로웠다. 한편 상급학년 교과목을 보면 신문 분야보다는 방송 분야에 비중을 더 두었는데, 상급생들에게는 성균관대와 동일 재단 소속인 중앙매스콤센터가 운영한 「중앙일보」와 동양방송국 시설을 활용하여 실용적이며 산 교육을 실시했다.

3) 서강대는 1968년 문학부에 보도예술학과 신설

서강대학교는 오랫동안 매스커뮤니케이션 관련 학과의 신설계획을 세우고 그에 필요한 시설들을 준비해 오다가, 마침내 1967년 12월 6일 문교부의 인가를 얻어 문학부에 보도예술학과(報道藝術學科)를 창설하고, 1968년 봄 신입생을 모집(정원 30명)하여 3월부터 수업을 시작했다. 이를 주도한 초대 학과장은 미국 예수회 신부(神父)로서 미국 세인트루이스대학에서 커뮤니케이션아츠 석사(M. A. in Communication Arts)학위를 취득한 존 미첼(John L. Mitchell)이었는데, 그가 왜 학과 이름 '보도예술학과'라고 명명했지는 정확히 알 수 없다.

그러나 아마도 그의 출신대학인 세인트루이스대학 '커뮤니케이션아츠학과'(Department of Communication Arts)를 본떠 학과를 창설하면서 '커뮤니케이션'(communication)은 우리말로 '보도'(報道)로, '아츠'(arts)는 '예술'로 번역한 것은 아닌가 추측된다. 왜냐하면 당시 세인트루이스대학은 커뮤니케이션 관련 학과들을 통합하여 '커뮤니케이션아츠학과'를 설립하고, 그 아래 신문·방송·영화·연극 등의 전공분야를 두어 운영했는데, 이와 마찬가지로 서강대 보도예술학과 창설 초기의 교육목표를 보면 "영화·연극·라디오-TV·신문 등 4개 분야에 걸친 보도예술의 전문기술과 기초이론을 교육한다"(한국신문협회 편, 1968. p. 766)였기 때문이다. 그래서 서강대 보도예술학과는 창설 후 첫 번째 교수(미첼 이외의)로서 극작가(劇作家) 이근삼(李根三)을 영입했으며, 다음으로는 미국 웨인주립대학에서 '커뮤니케이션아츠 석사학위를 취득한 김현을 교수로 초빙했다.

1968년도 2학기 서강대 보도예술학과의 교과과정을 보면, 1~2학년에서는 매스콤분석, 사회와 매스콤, 개발도상국과 매스콤, 커뮤니케이션 제도비교론 등의 일반이론과 신문·라디오-TV·연극·영화의 역사를 배우도록 했다. 그런 다음 고학년이 되면 학생 각자가 위의 4개 분야 중 하나를 특수전공으로 선택해 집중적으로 교육을 받되, 나머지 3개 분야에 관해서도 폭넓은 식견을 갖도록 했다.

한편 서강대 보도예술학과는 실습교육도 중시해서, 방송제작 스튜디오 등 실습시설을 완비하여 학생들이 직접 방송 프로그램을 제작해 보도록 했다.

4) 서라벌예술대학과 한성여자실업초급대학은 방송학과 설치

4년제 대학 이외에 2년제 초급대학인 서울의 서라벌예술대학(현 중앙대 예술대학 전신)은 1964년 1월 방송학과를 창설해서 방송국의 제작 스탭과 연기자의 양성에 중점을 두었는데, 초대 학과장은 한국방송협회 전무를 역임한 이덕근(李德根)이었다. 방송학과의 주요 교과목은 방송개론·방송사(放送史)·방송편성론·홍보론·화법(話法)·방송문장·방송보도론·연출론·아나운스멘트·연기론·방송프로제작론·드라마작법 등으로서 이론과 실습 교육을 병행했는데, 실무과목은 주로 방송계 중진들을 강사로 초빙해서 가르쳤다(한국신문협회 편, 1968, p. 766).

한편 부산의 한성여자실업초급대학(韓星女子實業初級大學)도 1964년 1월 방송학과(정원 60명)를 설치해서 방송 관계 요원들을 양성했다. 1968년 12월 31일 방송학과는 '신문방송학과'로 변경했는데, 2년제 학과였지만 우리나라 지방대학 중에서 최초의 신문방송 관련 학과로서 부산과 경남 일원의 언론발전에 지대한 공헌을 했다.[37]

2. 기존의 신문학과와 서울신문학원의 사정

1960년대에는 이와 같이 이화여자대학교를 필두로 모두 8개 대학에 신문학과, 신문방송학과 또는 방송학과 등이 신설되어 언론학 교육이 활기를 띠게 되었다. 그러나 우리나라 최초의 신문학과였던 홍익대학 신문학과는 폐쇄되었다. 또한 대학기관은 아니지만 우리나라 최초의 언론인 양성기관이었던 서울신문학원도 문을 닫았다. 그러나 중앙대학교 신문학과는 그대로 존립하면서 발전했다.

1) 홍익대 신문학과는 대학설치기준령 미달로 폐과

1961년 5·16 군사 쿠데타로 정권을 잡은 군사정부는 여러 제도와 기관 등에 대한 대대적 정비를 단행하면서, 1950년대에 난립하여 부실경영으로 문제가 되었던 사립대학들도 정비하기 위하여 1961년 9월 1일 자로 '교육에 관한 임시특례법'을 공포했다. 그리고 이 특례법에 의거, 각 사립대학과 그 학과들이 대학설치기준령을 제대로 준수하고 있는지 여부를 조사·평가해서 그 결과를 1961년 11월 18일 발표했다. 이때 대학설치기준령 미달학과 명단에 홍익대와 이화여대 신문학과가 포함되어, "학과를 폐지하고 재학생은 다른 학과나 다른 대학 동일학과로 전입시키라"는 통보를 받게 되었다.

그러자 이화여대는 군사정부의 폐과 조치의 부당성을 제기해서 신문

37 1979년 1월 10일 한성여자실업초급대학은 4년제 부산산업대학(釜山産業大學)으로 승격, 개편할 때 신문방송학과를 폐과했다가, 1988년 8월 29일 부산산업대학이 경성대학교로 명칭을 바꾼 다음 해인 1989년 10월 13일 다시 신설하여 오늘에 이르고 있다.

학과를 포함하여 폐과 통보를 받았던 법률학과·교육심리학과·과학과·사회학과·사회생활과·수학과·조소학과 등과 함께 폐과를 면하게 되었다(김동철, 1990). 당시 이화여대 신문학과가 대학설치기준령에 미달되었던 것은, 창설 1년의 신생 학과로서 미처 교수진과 시설을 갖추지 못했기 때문이다.

한편 홍익대 신문학과는 왜 폐과 통보를 받았는지 알 수 없으나, 아마도 교수진과 실습시설 부족 때문이었던 것 같다.[38] 홍익대 신문학과는 정부 당국의 조치에 따라 1961년 12월 폐과하면서 재학생들은 모두 중앙대 신문학과로 편입시켰으며, 최준 교수도 중앙대 신문학과로 자리를 옮겼다. 이렇게 해서 우리나라 최초의 신문학과였던 홍익대 신문학과는 1954년 3월 창설 이후 5회에 걸쳐 모두 51명의 졸업생을 배출하고[39] 역사의 뒤안으로 사라지고 말았다. 그러나 그간에 한용희(韓龍熙, 1960년 졸업, 한국방송협회 기획운영부장 역임, 동요작곡가), 서동구(徐東九, 1961년 졸업, 「경향신문」 편집국장 역임) 등을 비롯한 수많은 언론인들을 배출했다.

2) 서울신문학원도 많은 업적 남기고 1967년 폐쇄

대학 교육기관은 아니었으나 우리나라 최초의 언론인 양성기관이었던 서울신문학원도 1961년 5·16 군사 쿠데타 직후 실질적으로 폐쇄됐다가,

38 홍익대 신문학과는 1957년에도 대학설치기준령 미달로 문교부로부터 신입생 모집 중단 통보를 받았으나, 홍익대 측의 요청으로 종전대로 신입생을 모집한 적(「조선일보」, 1957. 1. 13, "홍대 신문학과 종전대로 모집")이 있었다.

39 이들 졸업생을 연도별로 보면, 1958년 제1회(홍익대 전체 8회) 20명, 1959년 제2회(홍익대 9회) 4명, 1960년 제3회(홍익대 10회) 10명, 1961년 제4회(홍익대 11회) 10명, 1962년 제5회(홍익대 12회) 7명이었다.

1967년 4월 창립 20주년과 함께 중앙대학교 신문방송연구소에 통폐합하는 형식으로 문을 닫았다. 이렇게 된 경위를 당시 서울신문학원장 곽복산은 다음과 같이 술회했다(곽복산, 1971, pp. 41-42).

> 이 학원에는 5·16 직후에 결정적인 폐문의 비운이 닥쳐왔다. 그 이전에도 교사(校舍) 건물의 관리권이 노사장[태양신문사 전 사장 노태준]으로부터 교통부에 이관되었던 만큼 임대료가 체납되었다 해서 철거의 독촉이 성화같았다. 드디어 1962년 여름방학 어느 일요일 일방적으로 교단, 의자, 흑판, 사무실의 비품 모두를 광장에 방치하고, 학원 간판도 마음대로 뗐다. 이래서 15년 동안에 걸친 신문학원의 교육사업은 동면상태에 들게 되었다. 그 뒤 사단법인 서울신문학원 사무국이라는 조그만 간판은 청량리 홍릉 곽복산 자택에 걸렸고, 때때로 단기(短期)의 신문학강좌, 신문사·방송국 등의 요청에 의한 출장강의, 그리고 몇몇의 연구생을 지도하는 동안 창립 20주년을 맞았다. 1967년 4월 3일에는 신문회관에서 서울신문학원 20주년 기념식과 '우리나라 언론선구자추모강연회'를 열었다. 이를 마지막으로 맨손에서 시작된 신문학원은 맨손으로 돌아갔다. 그러나 이 땅에 뿌려진 신문학의 씨앗은 결코 헛되지 않았다. 15회에 걸쳐 배출한 그 수많은 신문연구의 젊은 동지들은 각 방면에서 활약하고 있다. 특히 초기의 졸업생들 대부분은 지금 어느 신문·통신·방송국의 국장, 논설위원, 그리고 대학의 신문학 교수 혹은 강사의 자리에서 자기의 소임을 다하고 있는 것이 엄연한 사실이다. 여기에 부기할 것은 중앙대학교 임영신(任永信) 총장의 깊은 이해로서 '신문학원'은 1969년 10월 11일 창설된 중앙대학교 부설 신문방송연구소에 발전적인 흡수를 보게 되었다.[40]

40 곽복산은 이 신문방송연구소 초대 소장을 맡았다. 그래서 중앙대 총장 임영신의 승낙을

이렇게 해서 비록 문은 닫았지만 우리나라 최초의 신문학 전문교육 기관이었던 서울신문학원은 1947년 개원 이래 모두 15기에 걸쳐 약 1천 명의 졸업생을 배출하면서 언론인 양성과 신문학의 교육에 선구적 역할을 했다.[41] 뿐만 아니라 서울신문학원은 우리나라 4년제 대학에 정규 신문학과가 창설되도록 그 토대를 닦아주기도 했다.

3) 1950년대에 창설한 중앙대 신문학과는 계속 발전

홍익대학교 신문학과와 서울신문학원은 1960년대 초에 폐쇄되었으나, 1958년 4월 창설한 중앙대학교 신문학과는 계속 존립하면서 발전했다. 1960년대 중반에는 입학경쟁률이 평균 20 대 1로서 중앙대의 총 30여 개 학과 중에서 수위를 차지했다(한국신문협회 편, 1968, p. 767). 1967년 말 중앙대 신문학과 교과과정을 보면, 학과 명칭은 '신문학과'였으나 "다양한 매스미디어 연구에 부응하고자, 예컨대 방송론 · 영화연극론 · 사진론 · 광고 및 PR론, 그리고 매스콤이론 및 조사분석법 등등 상당히 광범한 과목으로 편성했으며, 관련 과목(복수전공)도 많이 이수토록 했다. 그런데 아직은 실습시설이 없기 때문에 이론 강의에 치중하는 형편이어서 여기 또한 문제점이 따르고 있었다"고 당시 학과장 곽복산(1968, p. 142)은 회고했다. 이는 당시 다른 대학들도 마찬가지였는데, "각 대학에는 대개가 학교

받아 서울신문학원 졸업생은 이 신문방송연구소에서 졸업증명서를 발급할 수 있도록 규정에 명시해 놓아, 서울신문학원 출신은 중앙대 신문방송연구소에서 졸업증명서를 발급받을 수 있었다.

41 곽복산은 "신문인 양성에 끼친 현저한 공로"를 인정받아 1962년 12월 제11회 서울시문화상 언론부문상을 수상했다(「동아일보」 1962. 11. 28, "각고의 보람찬 영예, 서울시문화상 수상자").

신문사(주간) 또는 소규모의 방송실이 있어, 신문학과 학생들은 이 시설을 활용한다 하더라도 제한된 캠퍼스 안의 수습(修習) 활동만으로는 실무면에 있어서 수박 겉핥기에 그치고 말게 된다"고 곽복산(1968, p. 142)은 부언했다.

중앙대 신문학과에는 1967년 최진우(崔鎭宇)가 전임강사로 취임해서 교수진이 모두 4명(곽복산·임근수·최준·최진우)이 되었다. 이들 이외에 이명동(李命同)·박승훈(朴承薰)·박명찬(朴明燦) 등이 강사로 학생들을 가르쳤으며, 매년 미국 풀브라이트(Fulbright) 교환교수도 한 명씩 와서 학생들의 교육을 담당했다. 1968년 봄 중앙대 신문학과는 창설 10주년 기념식을 가졌는데, 그간에 모두 8회 졸업생을 배출했다.

한편 중앙대 신문학과는 1964년 대학원에 신문학 석사과정을 설치하여 1966년부터 신문학 석사들을 배출했는데, 대학원 석사과정 교수진은 곽복산·박유봉·임근수·최준·정인섭 등이었다(한국신문협회 편, 1968, p. 767). 중앙대 신문학과는 1969년 '신문방송학과'로 학과명을 바꿨는데, 이는 신문매체뿐만 아니라 날로 발달하는 "다양한 매스미디어에 관한 교육과 연구에 부응"하기 위해서였다.

3. 대학원에서도 신문학 전공 석사과정 교육 시작

1960년대에는 우리나라에서 신문학 관련 대학원 석사과정 교육이 시작되었는데, 1964년 봄 중앙대학교와 이화여자대학교 신문학과가 각각 대학원에 석사과정을 처음 설치했다. 그 뒤를 이어 한양대학교, 고려대학교, 경희대학교, 서강대학교도 신문학 전공 석사과정을 설치했다. 또한 1967년 12월에는 서울대학교가 특수대학원의 하나로 신문대학원을 설립하여 석사과정 교육을 실시하기 시작했다.

1) 1964년 중앙대와 이화여대가 맨 먼저 신문학 석사과정 설치

중앙대학교 신문학과 초대 학과장 곽복산은 "학부과정만을 가지고서는 만족하지 못했다. 그래서 보다 높은 차원의 연구와 교육을 목표로 석사과정을 개설(1964. 2. 7 인가)하여 주임교수가 되어 본격적인 연구와 교육의 길로 들어가서 신문학원리, 매스커뮤니케이션이론, 여론과 선전론 등을 담당하여 많은 신문학도를 배출하는 데 진력했다"고 한다(노정팔, 1977, p. 118). 그리하여 1966년 우리나라에서 첫 번째 신문학 전공 문학석사를 배출했는데, 그는 "한국신문의 기사 변천에 관한 연구"라는 제목의 논문으로 학위를 받은 최진우(崔鎭宇)였다.

중앙대와 같은 해인 1964년 이화여자대학교도 대학원에 신문학 석사과정을 설치했다. 그러나 이는 그 이전에 사회학과 B코스로 설치했던 신문학 전공 석사과정을 독립시킨 것이었다(곽복산, 1968, p. 144). 1966년 이화여대에서도 2명의 신문학 전공 문학석사가 처음 나왔는데, 이들은 "한국에 있어서 여론조사 발달과정과 여론조사 방법의 연구"라는 논문으로 석사학위를 받은 문영자(文英子)와, "대한매일신보에 관한 고찰"이라는 논문으로 석사학위를 받은 정은경(鄭恩卿)이었다. 그러나 이들은 신문학 전공 석사과정이 정식으로 설치되기 이전에 설치했던 사회학과 B코스에서 신문학 전공 문학석사학위를 받은 것이었다. 따라서 이화여대에서 정식으로 신문학 전공 문학석사학위를 처음 받은 사람은 1967년 "초창기 한국영화의 특징"이라는 논문으로 학위를 받은 양길자(梁吉子)라고 할 수 있다.[42]

중앙대와 이화여대에 이어 서울대학교도 1965년 대학원에 사회학과

B코스로 신문학 전공 석사과정을 신설했다. 또한 1967년 12월 14일 자 대통령령 3303호에 의거, 서울대는 특수대학원의 하나로서 신문대학원을 설립하여 1968년 봄학기부터 커뮤니케이션학 관계 연구자들을 양성하는 한편 현역 언론인 재교육도 실시하였다.[43]

2) 1967년 서울대 신문대학원 설립과 석사과정 교육 실시

1967년 당시는 문교부(현 교육부)가 대학명이나 학과명 등에 외래어 사용을 금지했다. 때문에 비록 '신문대학원'이라고 했지만, 'The Graduate School of Mass Communication'이라는 영문 명칭에서 보듯이 서울대학교 신문대학원은 "교육법에 의거하여 매스커뮤니케이션 및 그 인접과학의 이론을 심오정치(深奧精致)하게 연구하고 그 응용능력을 발휘할 수 있는 지도적 인재의 양성을 목적으로 했다."(서울대학교 신문대학원 학칙 제1조) 그리하여 신문뿐 아니라 매스커뮤니케이션 전반에 관한 석사과정 교육을 실시하면서, 우리나라의 전통적 신문학을 매스커뮤니케이션학으로 확대·발전시키는 데 앞장섰다. 바로 이와 같은 서울대 신문대학원의 초대 원장은 김규환(金圭煥)이었으며,[44] 창설 초기 교수진은 오갑환(吳甲煥)·이

42 1967년에는 중앙대의 리대룡이 "한성순보에 관한 연구"로, 곽한식은 "프랑스 혁명과 그 당시 신문의 위치"라는 논문으로 신문학 전공 문학석사학위를 받았다. 1968년에는 이화여대의 송유재가 "광무 년대 경향신문 연구"라는 논문으로, 중앙대 이한석은 "신문의 사회책임이론에 관한 고찰"이라는 논문으로 신문학 전공 문학석사학위를 받았다. 이어서 1969년에는 중앙대 송선한이 "국제통신에 관한 연구"라는 논문으로 신문학 전공 문학석사학위를 받았다.

43 이에 앞서 서울대는 1963년 신문연구소를 창설하면서 1년제 단기연구과정을 병설, 대학원 수준의 교육을 실시해 오면서 1967년까지 모두 5기(期)에 걸쳐 66명의 연구생을 배출했다. 그러나 1968년 신문대학원을 설립하면서 신문연구소는 신문대학원으로 이관되어 연구활동만 맡고 교육활동은 신문대학원에서 담당하게 되었다.

상희(李相禧) · 박유봉(朴有鳳) · 임근수(林根洙)였다.

1968년 2월 15일 서울대 신문대학원은 제1기생을 입학시험을 통해 1부(주간) 15명, 2부(야간) 35명을 선발했는데, 입학자격은 1부는 일반대학원과 마찬가지로 정규대학 졸업자나 졸업예정자였다. 그러나 2부는 정규 4년제 대학을 졸업하고 현직에 종사하는 사람으로서 ① 언론사에 3년 이상 종사한 정사원, ② 정부 각 기관의 공보담당 공무원, ③ 군(軍)의 공보담당 장교, ④ 국영 기업체 및 이에 준하는 대규모 기업체의 공보담당 간부사원 등이었다. 시험과목은 매스컴과 영어가 필수였고, 선택과목으로는 사회학 · 경제학 · 정치학 · 법학 · 심리학 · 교육학 · 철학 · 자연과학개론 · 문화사 · 독어 · 불어 등 11개 과목 중에서 한 과목을 선택하도록 했다. 이들 과목에 관한 필기시험을 통해 석사과정 50명(1부 15명, 2부 35명)과, 비학위(非學位)과정 연구생 17명을 합쳐 모두 67명의 제1기생을 선발했다. 그런 다음 1968년 3월 2일 종로구 동숭동 소재 신문대학원 강당에서 입학식 겸 개원식을 개최했는데, 이에는 국무총리 정일권(丁一權)을 비롯하여 많은 내빈들이 참석했다.

서울대 신문대학원 교과과정은 주로 미국의 매스커뮤니케이션학 관련 학과나 학부의 것들을 본떠서 편성했다. 공통필수과목으로는 매스콤이론과 매스콤조사분석방법을 넣었으며, 선택과목은 매스콤사(史) · 한국신문사(韓國新聞史) · 언론의 자유와 책임 · 매스콤내용과 효과분석 · 사회

44 김규환은 경상북도 선산(善山) 출생(1929. 2. 12)으로, 1950년 서울대학교 문리과대학 정치학과 재학 중 일본으로 건너가 1952년 도쿄대학교 신문연구소 본과(本科)를 졸업하고, 1959년 같은 곳에서 문학박사학위(학위논문: "植民地下朝鮮に於ける言論および言論政策史")를 받았다. 귀국 후 1961년부터 서울대 강사로 신문학개론 강좌를 맡다가, 1967년 서울대 교수로 임명되어 신문연구소 연구부장을 역임하면서 신문대학원의 설립을 추진하여 동년 12월 1일 신문대학원을 설립하고 1968년 1월 1일 자로 초대 원장에 임명됐다.

발전과 매스콤·매스콤과 정치·신문경영론·신문학원론·방송론·광고론·PR론·여론과 선전 등이었다. 이 밖에도 교과과정에 경제학특강·국제정치학특강·사회사상사(社會思想史)·사회심리학·인간관계론 등 인접학문분야 과목들도 많이 넣었는데, 이들은 주로 현역 언론인들의 재교육을 위한 것들이었다. 이러한 교과목 중에서 28학점 이상을 이수하되, 그 중 20학점의 과목은 학생들이 임의로 선택할 수 있었으며, 또한 전체 이수학점 중에서 20학점은 서울대 내 다른 대학원에서 이수해도 되었다. 그리하여 모두 28학점을 이수하고 석사학위논문을 제출하여 심사에 통과하면 문학석사학위를 수여했는데, 1970년 2월 17명이 처음으로 석사학위를 받았다.

4. 신문학 관련 연구소의 설립과 연구활동

1960년대에는 이와 같이 여러 대학들이 대학원에 신문학 전공 석사과정을 설치했으며, 서울대학교는 신문대학원을 설립하여 차원 높은 신문학 내지 매스컴 교육을 실시했다. 또한 그 이전인 1963년 3월 서울대는 신문연구소를 설립했고, 1969년 12월 중앙대와 고려대는 각각 신문방송연구소를 설치하여 신문학 내지 매스커뮤니케이션 현상을 심도 있게 연구하기 시작했다.

한편 언론계에서도 1964년 1월 한국신문연구소를 설립하여 언론문제에 관한 각종 세미나를 개최하고 수습기자들을 훈련시키는 한편, 「신문평론」이라는 언론전문지도 발간하였다.

1) 서울대 신문연구소의 설립 목적과 경위

1963년 3월 설립한 서울대 신문연구소(Institute of Mass Communication)는 우리나라 대학 중에서 처음으로 설립한 언론 관계 연구소였다. 그러면 서울대 신문연구소의 설립 목적은 무엇이었으며, 어떠한 연구활동을 전개해서 우리나라의 신문학 내지 커뮤니케이션학 연구의 발전에 영향을 미쳤는가?

(1) 서울대 신문연구소의 설립 목적과 경위

우선 서울대 신문연구소의 설립 경위부터 간단히 살펴보면, 1961년 5·16 군사 쿠데타를 통해 정권을 잡은 군사정부는 당시 난립하고 있던 언론기관을 정비하고 언론인의 자질을 향상시키기 위하여 1962년 6월 28일 '최고회의 기본언론정책' 25개 항을 공포했는데, 그중에 "언론인의 품위와 자질 향상을 위한 제반 연수활동에 대하여 정부는 적극 지원한다"(제13항), "언론인의 품위, 자질의 향상과 신문의 연구를 위하여 교육기관을 설립함에 정부는 이를 지원한다"(14항)는 조항이 들어 있었다. 이와 같은 '최고회의 기본언론정책'을 공포한 지 한 달 뒤인 7월 31일 군사정부는 또 '언론정책시행기준' 10개 항을 공포했는데, 그 마지막 제10항(신문연구소의 지원)에 "서울대학교에 설치될 신문연구소를 적극 지원, 육성한다"고 명시했다.

그러자 1962년 12월 31일 군사정부의 각의(閣議)에서 국립대학교 설치령에 "서울대학교 신문연구소의 설치"에 관한 조항을 추가하여 이를 각령(閣令) 1133호로 공표했다. 이 각령에 의거, 서울대는 "한국언론의 향상과 사회발전에 기여함은 물론, 언론종사자의 지도·양성 및 자질 향상을 도모함"을 목적으로 신문연구소를 서울대 직속으로 설치했다. 그리고

1963년 3월 25일 정식으로 개소(開所)했는데, 소장은 육지수(陸芝修, 문리대 지리학과 교수), 연구부장은 김규환(金圭煥, 동양통신사 편집부국장), 교육훈련부장은 이만갑(李萬甲, 문리대 사회학과 교수)이었다.

이러한 조직편제에서도 엿볼 수 있듯이, 서울대 신문연구소는 크게 두 가지 기능(機能)을 가졌는데, 첫째는 연구기능으로, 이는 연구부에서 맡았으며, 둘째는 교육훈련기능으로, 이는 교육훈련부에서 담당했다. 이처럼 서울대 신문연구소가 '연구' 이외에 또 '교육'이라는 복합적 기능도 갖게 된 것은, 앞에서 말한 '최고회의 기본언론정책' 제13항과 제14항에 명시된 군사정부의 언론정책기준에 따른 것이었다. 그렇지만 결과적으로 서울대 신문연구소는 우리나라 신문학 내지 매스컴 연구와 교육에 크게 공헌했다.

(2) 서울대 신문연구소의 교육활동과 주요 업적

서울대 신문연구소의 교육활동과 그 업적을 살펴보면, 1963년 3월 제1기 연구생(대학원 수준의 1년 과정)을 모집하여 20명을 선발했는데, 그중 10명은 대학졸업 학력의 일반연구생이었고, 나머지 10명은 언론기관과 정부기관에서 위탁을 받은 위탁연구생이었다. 이들 20명의 연구생은 동년 4월 22일 입소식을 갖고 수업을 시작했는데, 교과목은 매스커뮤니케이션·여론선전·사회조사방법론·내용 및 효과분석·신문론·비교신문론·한국신문사·신문법제론·신문영어·영화론·방송론·광고론·PR론·보도론 등이었다. 수업은 1년 동안에 주(週) 12강좌(과목), 총 24시간을 받도록 되어 있었는데,[45] 강의는 월요일부터 토요일까지 매일 2과목을 한 과목에 2시간

45 신문연구소 이외에 서울대 내 다른 대학원에서 수강한 학점도 인정해 주었다.

씩, 오후 1시 30분부터 5시 30분까지 이루어졌다(정수경, 1977, p. 167). 개소 초기의 강사진은 이만갑과 김규환 교수 이외에 장용·박권상·홍승면·최준·김증한·김동성·이규현 등이었다.

제1기생에 이어 매년 일반연구생 10명, 위탁연구생 10명을 선발하여 교육했다. 그러나 4~5년 동안 계속하다 보니까 특히 현역기자 위탁생 지원자들이 크게 감소해서, 신문연구소의 당초 목적의 하나인 "언론종사자의 지도·양성 및 자질 향상"의 목적이 제대로 성과를 거두지 못하게 되었다. 그런데다가 연구생 대부분이 기존의 '1년제 단기교육과정'을 석사과정으로 승격해 줄 것을 희망하게 되었다. 그러자 초대 연구소장 육지수의 별세(1967. 6. 28) 이후 제2대 소장으로 취임(1967. 10. 2)한 김규환이 석사과정의 신문대학원 설립을 추진하게 되었다. 그리하여 1967년 12월 14일 자 대통령령 3303호로 신문대학원 설치가 통과되자, 앞서 살펴보았듯이 서울대학교 신문대학원을 설립하게 되었다. 그러면서 기존 신문연구소를 신문대학원 부설로 만들면서 연구기능만 수행토록 하고 교육기능은 신문대학원으로 넘기게 되었다.

이렇게 해서 서울대 신문연구소의 교육훈련부가 폐쇄되면서 연구생 교육은 끝나게 되었다. 그러나 그간에 서울대 신문연구소는 5기(期)에 걸쳐 모두 66명의 연구생을 배출해서 언론계와 언론학계 등의 지도요원으로 내보냄으로써 우리나라 언론과 언론교육의 발전에 크게 기여했다.[46]

46 언론계로 진출했거나 또는 이미 언론계에서 종사했던 연구생은 「동아일보」의 이대훈(1기), 김원기(1기), 정형수(2기), 박동은(2기), 여영무(2기), 신양목(3기), 이인철(5기); 「조선일보」의 김태호(1기), 박종형(3기), 김수남(4기), 배우성(4기), 황옥률(5기); 「중앙일보」의 이해명(1기), 이현석(1기), 장두성(3기), 허준(3기); 「한국일보」의 김영열(1기), 정일화(3기); 「서울신문」의 반영환(3기); 「한화일보」(韓華日報)의 이동연(2기); 「경기일보」의 현영보(5기); 합동통신의 한창섭(1기), 최대훈(2기); 동양통신의 이정희(3기), 오근영(3기); 경제통신의 이영득(4기); KBS의 김태욱(2기), 인운섭(2기), 이청수(3기), 최종국

또한 비록 1년제였지만 연구생들에게 대학원 수준의 교육을 실시해서 서울대 신문대학원 설립의 기초를 마련해 줌으로써, 우리나라 언론학 교육의 수준을 석사과정으로까지 끌어올리는 데에도 기여했다.

(3) 서울대 신문연구소의 연구활동과 주요 업적

서울대 신문연구소의 연구활동과 그 업적을 살펴보면, 연구원은 연구부장 김규환, 교육훈련부장 이만갑, 그리고 최준(崔埈, 중앙대 신문학과 교수), 박권상(朴權相, 「동아일보」 논설위원), 홍승면(洪承勉, 「동아일보」 논설위원) 등이었다. 이들 중 최준·박권상·홍승면은 연구소 강사를 겸하면서 연구생들의 연구도 지도했다. 그러나 연구소에서 1964년 2월부터 1년에 한 번 또는 두 번 발간한 「신문연구소학보」 제1집(1964)부터 연구소가 서울대 신문대학원 부설로 전환된 뒤 1968년 발간한 제4집까지에 실려 있는 논문들을 보면(〈표 4-11〉 참조), 김규환을 제외한 다른 연구원의 논문은 한 편도 실려 있지 않다. 또한 연구생들의 논문도 총 18편 중에서 겨우 한 편만 최준이 지도했을 뿐이며, 나머지는 거의 김규환이 지도했다.

따라서 1963년 3월 연구소 개소(開所) 이후 1968년 2월 말 신문대학원 부설로 전환될 때까지 약 4년 동안의 연구활동은 실제적으로 연구부장 김규환이 연구생들과 함께 이끌어 왔다고 볼 수 있다. 이들은 미국의 새로운 매스커뮤니케이션 연구입장(approach)을 도입하여 여러 가지 실증적 연구를

(5기); TBC(동양방송)의 노계원(2기), 조광식(5기); MBC의 민경서(2기), 김광수(3기); DBS(동아방송)의 김병일(1기), 백환기(4기) 등이다. 한편 언론학계로 진출한 연구생은 한양대 신문학과 교수 팽원순(1기), 이강수(1기), 정수경(1기); 고려대 신문방송학과 교수 원우현(4기); 부산대 사회학과 교수 박재환 등을 들 수 있다. 그 밖에 한국신문연구소의 권소영(1기), 방송윤리원회의 엄홍기(4기), 잡지계의 신정하(4기), 공보부의 한두석(1기), 출판조합의 조선원(1기), 교육개발원의 김윤근(2기)과 김학준(3기), 김석훈(3기), 박동은(2기) 등이 있다(정수경, 1977, p. 168에서 인용).

표 4-11 서울대학교 「신문연구소학보」 제1–6집 목차

구분	목차
제1집(1964)	발간에 즈음하여(소장 육지수) / 매스·콤뮤니케이션연구의 방향(연구부장 김규환) / 한국의 출판연구(강사 최준) / 한국신문인의 실태와 의식에 관한 연구(이강수 외 2인) / UN군에 관한 기사와 분석(권소영 외 3인) / 신문사설의 평가(김원기 외 3인) / 한국신문윤리(김태호) /매스·콤뮤니케이션문헌목록(권소영 외 3인 공동조사)
제2집(1965)	한국 Elite의 신문관(김윤근 외 4인) / 1963년 대통령선거전 분석(박동원 외 2인) / 신문사설조사분석(왕종선 외 4인) / 한국통신기업경영실태조사보고(최대훈) / 신문에 사용된 구두점 조사(왕종선)
제3집(1966)	매스·콤활동을 통한 근대화과정에 있어서 지식인의 역할(연구부장 김규환) / 한·일협정에 대한 한국신문의 태도분석(신양휴 외 3인) / 농촌의 매스·콤뮤니케이션(김윤균 외 1인)
제4집(1968)	본 신문대학원 개원식 총장식사(최문환) / 원장식사(김규환) / Publizistik의 이론적 전개(박유봉) / 텔레비전과 아동(이강수 외 3인) / 한국 Mass Media 기업의 경영실태에 관한 조사연구(정수경) / 한국방송인의 실태와 의식에 관한 연구(김윤근) / 한국 매스커뮤니케이션에 있어서의 외래어의 표기문제 논고(김경익)
제5집(1968)	인간 커뮤니케이션의 본질에 관한 일고찰(이상희) / 한국농촌발전과 매스·커뮤니케이션(오갑환)
제6집(1969)	매스·컴뮤니케이션 사업의 본질에 대한 일고찰(임근수) / 사회변동과 매스·컴뮤니케이션: "근대화에 관한 컴뮤니케이션 이론"에 대한 하나의 시각(이상희) / 연상적 의미와 우리말 연상사전의 작성(조명환) / 수용자의 사회적 속성과 매스미디어 접촉도: 청주시를 대상으로 한 신문기사와 라디오 프로그램의 접촉도에 관한 조사보고(김석훈) / 발행부수공사기관(ABC)에 관한 일연구: 미국 ABC제도를 중심으로(정수경) / Richelieu의 언론정책과 La Gazette에 관한 소고(곽한식)

자료: 저자 정리.

시도함으로써 우리나라 매스컴 연구의 발전에 중요한 역할을 했는데, 이에 관하여 서울대 신문연구소 제1기생으로 많은 연구에 참여했으며 그 뒤 한양대 신문학과 교수를 역임한 정수경(鄭壽景)은 다음과 같이 평가했다.

> 1950년대까지 [우리나라] 신문학 연구가 사유적·관념적·추상적·제도적·역사적 등의 신문지학적(新聞紙學的) 내지 신문기구론적(新聞機構論的)인

정태적(情態的) 연구를 벗어나지 못한 데 비하여, 동(同) 연구소의 연구방향은 주로 경험적·실증적·실제적인 자료를 통한 연구와 또한 연구대상을 한정적인 신문뿐만 아니라 보편적 대중전달 매체로서 신문 외에도 출판·방송·영화도 동시에 취급했다. 각 매체를 통한 전달주체·전달매체·전달객체를 종합적으로 파악하는 기능적(機能的) 내지 동태적(動態的) 연구를 시도했다는 점에서 한국신문학 연구에 일대전기(一大轉機)를 제시했다고 할 수 있다. 즉 한국의 매스커뮤니케이션 과학연구의 문을 활짝 열었다고 말할 수 있을 것이다(정수경, 1977, p. 173).

이어서 정수경은 부언하기를, "물론 이 연구소가 경험적이고 실증적 연구를 함에 있어서 매스커뮤니케이션 연구방법론을 제시한 라스웰(H. Lasswell)이나 라자스펠드(P. Lazarsfeld) 및 베럴슨(B. Berelson)의 방법을 원용함에 있어 조사방법이나 내용분석 방법의 접근이나 통계적 가설검증 등의 방법론상 미숙한 점이 있겠으나, 당시로서는 실증적 자료가 전무(全無)한 상태에서 그 나름대로 큰 의의(意義)가 있다고 하겠다"고 했다.

2) 중앙대와 고려대도 각각 1969년 신문방송연구소 설립

서울대 신문연구소에 이어 1969년 중앙대와 고려대도 각각 신문방송연구소를 설립해서 신문과 방송 등에 관한 연구활동을 전개하기 시작했다. 그리하여 1970년부터 여러 가지 연구업적을 내게 되었다.

중앙대는 언론계의 지적(知的)·윤리적인 발전을 위한 교육 및 그 학문적 뒷받침의 요청에 호응하여 1969년 10월 11일 중앙대학교 창립 51주년을 기(期)하여 중앙대 직속의 신문방송연구소(Research Institute of Journalism and Mass Communication)을 설립했다(정수경, 1977, p. 173). 초대 소장은 동 대학 신문방송학과 교수 곽복산이었으며, 연구원은 최진우·박승훈·리대룡·이한택 등이었다. 연구소의 기본연구 과제는 ① 현대신문학의 전개에 따른 언론과학의 체계적 정립 및 그 교육방법의 재검토 연구, ② 근대언론사의 종합적 연구, ③ 한국언론의 구조 및 수용실태의 과학적인 조사연구, ④ 언론윤리 및 정책의 비교연구, ⑤ 주요 각국의 선전활동과 그 기술의 비교연구 등이었다. 그 밖에 연구·교육·출판사업의 주요 과제는 ① 연구활동의 국제적 교류 실시, ② 현역기자의 연구과정 설치, ③ 연구논문집·교재 및 외서(外書) 번역, ④ 출판·신문·방송·영화 등에 관한 각종 세미나 개최 등이었다(정수경, 1977, p. 173).

한편 고려대는 "신문·방송·출판·광고 등 커뮤니케이션 전반에 걸친 과학적 조사·연구를 목적"으로 1969년 12월 3일 신문방송연구소(Mass Communication Research Institute)를 설립했다(초대 소장은 오주환). 그리고 기본사업으로 ① 연구비 보조 및 조사연구의 수탁(受託), ② 연구도서 및 자료의 수집과 간행물의 발간, ③ 연구발표회, 강연회, 세미나 등의 개최, ④ 국제간의 연구협력 등을 설정하고, 이들 사업을 추진해 나갔다(정수경, 1977, p. 174).

3) 언론계에서도 한국신문연구소 설립, 교육 · 연구활동 전개

대학이 아닌 언론계에서 신문의 실무적 문제들을 연구하기 위해 설립한 것이지만, 한국신문연구소(The Korean Press Institute)도 1960년대부터 우리나라 언론연구에 중요한 역할을 했다. 따라서 이 연구소에 관해서도 간단히 살펴보겠다.

1960년 4월 열린 한국신문편집인협회 총회에서 "한국신문의 질적(質的) 향상과 책임감의 앙양을 위한 연구기관의 설치 필요성을 제기하자,

신문연구소 설립을 만장일치로 의결하고 홍종인(洪鍾仁)을 설립준비위원회 책임자로 지명했다. 그러나 1960년 4·19 혁명과 1961년 5·16 군사쿠데타 이후 사회적·정치적 혼란으로 말미암아 설립기금 확보에 곤란을 겪다가, 1963년 4월 「한국일보」 사장 장기영이 100만 원, 동양통신 사장 김성곤과 동화통신 사장 정재호가 각각 50만 원씩 기금으로 출연할 것을 약속했다. 그리고 그해 10월 약속한 기금을 출연하자, 홍종인·김규환·조세형·박권상 등 연구소설립준비위원들이 회합을 갖고 신문회관 209호실에 사무실을 마련하여 연구소 설립준비에 박차를 가했다.

1964년 4월 7일 '신문의 날'을 기(期)해서 한국신문연구소를 설립하고, 이사장에 「동아일보」 사장 고재욱(高在旭)을 추대하고, 초대 소장에는 홍종인이 취임했다. 이날 그간 준비해 온 연구지(硏究誌) 「신문평론」(현 「신문과 방송」 전신) 창간호도 발행했다. 그리고 나서 연구소의 설립 목적, 즉 "보다 나은 언론의 제작수법 및 뉴우스의 수집과 분배수법에 관한 지식을 보급, 조성함과 동시에 언론의 수준과 실제 활동의 향상을 기하고, 언론자유의 확립을 위한 고도(高度)의 책임감을 인식케 하며, 언론에 관한 조사연구 및 언론인의 훈련을 실시하여 한국언론계의 발전에 기여한다"는 목적을 달성하기 위한 연구·교육사업을 시작했다.

한국신문연구소는 2개월에 한 번씩 「신문평론」을 발행(1966년부터는 계간으로 발행)하는 한편,[47] 수습기자 훈련교육을 실시하며, 신문연구 좌담

47 제호는 「신문평론」이지만 매스커뮤니케이션에 관한 논문들도 많이 실었는데, 그중 몇 가지만 들어보면 다음과 같다. 유재천, "농촌사회의 Communication Source"(1964. 11); 휴우, G. C., "콤뮤니케이션의 비교문화적 연구"(1965. 4); 네프, M., "개발도상국가에 있어서의 언론의 비판적 역할"(1965. 4); 이만갑, "매스콤의 위력과 매스콤 현상의 객관적 연구"(1965. 4); 신영철, "신문·라디오·TV 등 '매스콤'의 시대적 사명과 그 책임"(1965. 11); 서울대 신문연구소 편, "해방 20년 매스콤 문헌목록"(1965. 11); 김규환, "매스콤과 학연구의 제문제"(1966. 8); 원우현, "매스콤의 역기능"(1967. 7); 고명식, "콤뮤니케이션

회, 언론인 세미나, 일반인 대상의 신문강연회, 언론인 실무강좌 등을 개최하고, 또한 신문과 독자에 관한 사회조사 등의 연구활동도 벌였다. 이러한 사업과 활동은 1965년 후반부터 더욱 활성화되었는데, 이는 한국신문연구소가 1965년 5월 국제신문인협회(IPI)의 원조기금을 받아 사단법인으로 조직을 개편한 뒤, 제2대 소장에 오종식(吳宗植, 전 「국제신보」 사장)이 취임하고, 운영위원장은 김규환이 맡아서 연구·교육활동을 더욱 활발하게 전개했기 때문이었다.

5. 한국신문학회의 사정과 각종 학술활동

1959년 6월 30일 창립했던 한국신문학회(이하 '신문학회'로 약칭)는 창립 이후 9개월 만인 1960년 4월 6일 「신문학보」라는 학회지 제1호를 발간했다. 표지에는 "1960년 4월 1일 한국신문학회 발행"이라고 인쇄되어 있으나, 책 뒤의 판권장에는 1960년 4월 6일 인쇄·발행으로 기재되어 있다.

1) 1960년 「신문학보」 제1호 발간 후 8년 동안 침체

「신문학보」 창간호 첫머리에는 학회장 곽복산이 쓴 "씨앗 뿌리는 정열(情熱)로: 신문학보를 내면서"라는 제목의 창간사를 실었는데, 그 첫 줄을 보면 "여기, 아직도 개척이 되지 않은 황야(荒野)에 '씨앗'을 뿌리고 있는 듯함이 우리들의 애틋한 심정입니다. 그것이 한 달 두 달에, 아니 한 해 두

의 기본적 문제: 대화와 실존의 문제"(1967. 10).

해에 개화(開花)가 되고 결실을 맺을 것이라고 우리는 조급한 기대를 하지 않으렵니다"라고 당시 한국신문학회 회원들을 '신문학'이라는 황야에 씨앗을 뿌리는 사람과 그들의 심정으로 비유하면서 다음과 같이 이어나갔다.

> 뜻을 같이하는 동인(同人)들이 지난해 초여름에 한국신문학회를 결성하고 이제 와서 새봄과 더불어 조그마한 학보를 꾸미게 된다는 것은 다못[다만] 마땅이 해야 할 이 학문에 대한 개척의 정신과 파종(播種)의 정열을 한데 모아 하나의 기록을 엮어 본 데 불과한 것입니다. … 뒤늦게나마 8·15 이후에 시작된 우리나라의 신문학교육의 학구적인 뒷받침으로서 한국신문학회가 발족을 보았고, 그 활동의 일단으로서 이제 「신문학보」 창간호를 발간하게 된 것입니다. 이것이 학문적인 결실을 얻기에는 실로 전도요원(前途遙遠)한 바 있습니다. 앞으로 우리 동인들의 더욱 꾸준한 분발과 노력이 있어야 하겠거니와, 또한 각 학계의 열의(熱意) 넘치는 지도와 편달이 있으시기를 간절히 염원하는바 또한 여기에 있는 것입니다.

이러한 창간사에 이어 4편의 논문을 실었는데, 박동운(朴東雲, 홍익대 전임강사)의 "신문자유문제와 윤리강령: 동북아 3개국의 특수조건에 대한 고찰", 최준(崔埈, 홍익대 부교수)의 "한국신문사(韓國新聞史) 서설", 곽복산(중앙대 신문학 교수)의 "한국신문의 구조와 과제: 그 생태를 검토하는 하나의 시론(試論)" 및 장용(張龍, 동국대 신문학 조교수)의 "컴뮤니케이션과 객관적 보도"라는 제목의 논문이 그것이다. 이러한 논문 다음에는 백대진(白大鎭, 홍익대 신문학과)의 "신문과 아관삼제(我觀三題)"라는 글과 임근수(중앙대 신문학과)의 "신문학관계 신간 외국서 소개"를 게재했다. 그리고 부록 형식으로 "한국신문학회가 발족하기까지"라는 글과 한국신문학회 규약 및 회원소식을 첨부했는데(〈참고자료 4-2〉 참조), 이들을 모두 합쳐 「신문학보」

참고자료 4-2

「신문학보」 창간호 목차

제1호의 분량은 겨우 국판 74쪽이었다.[48]

이와 같은 「신문학보」 제1호를 1960년 4월 6일 발간한 뒤, 신문학회는 8년 동안이나 거의 활동이 없었는데, 신문학회 규약 제11조에 "정기

48 이처럼 창간호는 작은 간행물이었지만, 이는 회장 곽복산이 창간사에서 밝혔듯이, "아직도 개척이 되지 않은 황야(荒野)에 '신문학'이라는 씨앗을 뿌려 놓은 것이었다. 그리하여 그 씨앗이 50여 년간 크고 자라서, 「신문학보」 창간 50주년을 맞은 2000년도에는 「언론학보」(言論學報)라는 제호로 매년 4호씩 발행했으며, 매호의 분량도 크라운판으로 약 450쪽에 달하며, 게재 논문의 수도 매호 약 20편에 달했다.

총회는 매년 3월 중에 개최한다"고 규정되어 있었으나, 1968년까지 총회가 몇 번이나 열렸는지는 알 수 없다(정진석, 2009, p. 50). 또한 신문학회 규약 제29조에서 "임원(회장·부회장·간사·감사)의 임기는 2년으로 한다"고 규정해 놓았지만, 회장 곽복산은 신문학회 창립 이후 1969년 5월까지 10년간 재임했다. 그러나 그동안 "신문학회 이름으로 주최한 행사는 1965년 11월 20일 신문회관 3층 회의실에서 개최한 신문학 관련 저서 합동출판기념회가[49] 있었을 뿐이며, 이 밖에 학회가 주최한 다른 행사가 있었는지 확인할 수 있는 기록은 없다"(정진석, 2009, p. 50)면서, 이처럼 학회활동이 거의 없었던 가장 큰 이유의 하나로 정진석은 '기금문제'를 들었다.

2) 1968년 학회 규약 개정과 학술활동의 재개

창립 이후 8년 동안이나 침체되었던 신문학회는 1968년 5월 8일 임원간담회를 개최(장소: 한국신문회관 이사장실)해서, 1968년도 총회를 5월 20일 서울대학교 신문대학원에서 개최하고 학회 규약도 개정하기로 의결했다. 그리하여 1968년 5월 20일 서울대 신문대학원 소강당에서 1968년도 신문학회 총회를 개최하여 우선 학회 규약 개정안을 가결했는데, 그 골자는 학회의 연구 영역을 종래의 저널리즘에서 매스 커뮤니케이션에 관한 연구와 조사로 확대하고, 제1조에 명시한 학회 영문 명칭도 종전의 'The Korean Society of Journalism'에서 'Korean Society of Journalism and Mass Communication Studies'로 바꾸고, 종전의 학회 규약에 들어 있는

49 박유봉(한양대 교수)의 『매스커뮤니케이션』, 김봉기(대한공론사 이사장)의 『한국신문의 약사』(영문), 김규(중앙TV 방송부장)의 『텔레비전: 이론과 실제』의 합동출판기념회였다(「동아일보」, 1965. 11. 18, "합동출판기념회, 신문학회 주최로").

'신문'이라는 단어들도 모두 '저널리즘 및 매스 컴뮤니케이션'으로 바꾼다는 것이었다.

그리하여 예컨대 종전의 규약 제3조는 "본회는 신문(journalism)에 관한 연구, 조사 및 회원 상호 간의 협조, 친목을 꾀하며, 이의 국내·국제적 향상 발전에 도움이 될 수 있는 모든 노력을 다하여 다음과 같은 사업을 목적으로 한다"로 되어 있던 것을, 개정 규약에서는 "본 학회는 저널리즘 및 매스 컴뮤니케이션에 관한 연구, 조사 그리고 회원 상호 간의 협조와 친목을 꾀하며 아울러 외국의 학회와 연락을 얻어 국제적인 교류에 힘씀으로써 우리나라 문화 향상 발전에 도움이 될 것을 목적으로 한다"고 개정했다. 한편 정회원의 자격도 석사학위 취득자로 강화하고, 준회원도 신문학과를 졸업한 사람 또는 대학원 과정을 밟고 있는 사람으로 강화해서 과거에 준회원으로 입회할 수 있던 학부 재학생은 준회원으로 입회할 수 없도록 했다.[50]

이처럼 학회 규약을 개정한 후, 곽복산을 다시 학회장으로 선출하고 이사 11명과 감사 2명도 새로 선임한 뒤 1968년도 총회를 마쳤다. 이 총회를 계기로 10년 동안 침체되어 왔던 신문학회가 활성화하기 시작했는데, 「신문학보」 제2호(1969. 12 발행)의 '편집후기'를 보면 "1959년 6월 30일 한국신문학회가 창립된 이래 근 10년간 학회활동이 침체되어 오다가 1968년 5월 20일 총회에서 학회를 개편하게 됨을 계기로 다시 본격적 활동이 시작되었다"고 적혀 있다.

1968년 7월 10일 열린 1968년도 제1차 이사회에서 연구발표와 학회

50 이 밖에 자세한 규약 개정내용은 「신문학보」 제1호(1960. 12. 발행) pp. 68-70에 실려 있는 한국신문학회 규약과, 「신문학보」 제2호(1969. 12. 발행) pp. 102-105에 실려 있는 한국신문학회 규약을 서로 비교해 보면 알 수 있다.

지「신문학보」제2호의 발간에 관하여 일단 논의한 뒤, 10월 29일 열린 제2차 이사회에서 연구발표회는 11월 29일 서울대 신문대학원에서 열기로 의결하고, 학보 발간위원으로 곽복산·김규환·오주환·장용을 선정했다. 이러한 제2차 이사회의 의결에 따라 1968년 11월 20일 서울대 신문대학원 소강당에서 1968년도 연구발표회이자 신문학회 창설 이후 최초의 연구발표회를 개최했다. 오전 세션에서는 학회장 곽복산의 개회사에 이어, 임근수의 사회로 한기욱이 "대한민국공보행정의 분석: 매스미디어에 대한 정부통제에 관하여"라는 논문을, 이태영은 "역대 대통령의 언론정책"이라는 논문을 발표했다. 오후 세션에서는 최준의 사회 아래 최정호가 "동서신문에서 본 한국전쟁의 발발", 리대룡은 "우리나라 최초의 근대적 신문인「한성순보」의 역사적 성격에 대하여", 유재천은 "한국중소도시의 신문독자와 비독자에 관하여", 오진환은 "개발도상국으로서 한국 매스미디어가 갖는 문제점"에 관한 논문을 발표했다.

3) 김규환을 학회장으로 개선(改選) 이후 학회활동 활성화

1969년 1월 9일 신문학회는 1969년도 제1차 이사회를 열고 새해 사업계획을 논의했다. 이어서 5월 24일 제2차 이사회와 임시총회를 열었는데, 주요 안건은 곽복산 학회장의 사표수리 문제였다. 이는 곽복산이 갑자기 학회장직과 이사직을 모두 사퇴하겠다고 선언했기 때문인데, 그는 앞서 말했듯이 1968년도 총회에서 2년 임기의 학회장에 다시 선출되었으므로 특별한 사유가 없는 한 1970년까지 재임하게 되어 있었다. 그가 갑자기 학회장과 이사직을 모두 사퇴하겠다고 선언한 확실한 이유는 밝히지 않았지만, 아마도 학회 운영에 불만을 품었기 때문일 것이라고 정진석(2009, p. 60)은 추측했다. 그러나 김규환으로부터 사퇴 압력이 있었기 때문이라는 풍설도 있다. 그야 어떻든 간에, 곽복산 학회장의 사표수리 문제로 1969년 5월 24일 소집한 임시총회에 앞서 이사회가 열렸는데, 여기서 곽복산의 학회장직 사퇴는 받아들이되, 이사직은 그대로 유지하도록 의결했다. 이어서 열린 임시총회에도 이사회의 의결에 따라 곽복산의 학회장직 사퇴를 받아들이고 이사직은 유지하도록 의결한 다음, 후임 회장으로 김규환(서울대 신문대학원장)을 선출했다.[51]

학회장에 당선된 김규환은 신문학회의 활성화에 진력했다. 우선 학회지 「신문학보」부터 속간하기 위해 1969년 11월 11일 서울대 신문대학원장실에서 학보편집회의 겸 총회준비위원회를 열어, 「신문학보」 제2호의 발간에 관하여 논의하면서 표지는 청색으로 하고 「신문학보」라는 제호(題號)의 제자(題字)는 서예가 김응현(金膺顯)의 붓글씨를 받아서 고칠 것도 결정했다. 그리고 성곡학술문화재단의 지원을 받아 「신문학보」 제2호를 1969년 12월 발간(편집위원: 오주환·장용·최준)했는데, 그 내용은 〈표 4-12〉에서 보듯이 크게 두 부분으로 나누어, 첫째 '논문' 부분에는 모두 7편의 논문을 실었고, 둘째 '학회 규약 및 일지(日誌)' 부분에는 신문학회 규약, 신문학회 일지, 편집후기를 실었다.

이들 중 '편집후기'만 보면, "1959년 6월 30일 한국신문학회가 창립된 이래 근 10년간 학회의 활동이 침체되어 오다가 1968년 5월 20일 총회에서 학회를 개편하게 됨을 계기로 보다 본격적인 활동이 시작되었다. 따라서 본 학회의 연구기관지인 「신문학보」도 1960년 4월 1일 제1호가

51 학회장 이외의 임원은 언제 어디서 어떻게 선출했는지에 관한 기록을 찾지 못했으나, 「신문학보」 제2호(1969. 12 발행) 속표지 뒷면에 기재해 놓은 임원진을 보면, 이사는 곽복산·김규환·박유봉·오주환·이덕근·이해창·장용·장을병·최준·황기오·John L. Mitchell이고, 감사는 임근수와 이원희, 간사는 유재천, 학보편집위원은 오주환·장용·최준으로 되어 있다.

표 4-12 한국신문학회지 「신문학보」 제2호 목차

구분	목차
논문	컴뮤니케이션과학 연구의 현황과 방향(김규환) / 「한성순보」의 뉴스원에 대하여(최준) / 컴뮤니케이션과 명예훼손(장용) / 권위지(權威紙)와 한국신문(한병구) / 방송의 의견기능과 한국의 배경적 조건에 관한 일고찰(이덕근) / 영화교육(John L. Miychell) / 경제정책과 매스 컴뮤니케이션(이상희)
학회 규약 및 일지	신문학회 규약 / 신문학회 일지(日誌) / 편집후기

자료: 저자 정리.

발간된 이래 계속 중단되었다가 이제 속간호인 제2호를 발행하게 되었다. 본 속간호에서는 컴뮤니케이션과학의 각 분야에 걸친 진지한 연구논문들이 기대되고 있다는 점에서 이를 계기로 한국의 컴뮤니케이션과학 연구가 활발하게 전개될 것을 기대하는 바이다. … 본보의 논문 배열은 편집위원의 결정에 따라 권두본문,[52] 역사, 윤리 및 법제, 매스 컴뮤니케이션 이론, 미디어 각론, 조사보고 순으로 하였음을 밝혀둔다"고 적어 놓았다.

1969년 11월 29일 '1969년도 한국신문학회 총회 및 연구발표회'가 서강대 소강당에서 열렸다. 학회장 김규환의 개회사에 이어 오전 세션에서는 이상희(李相禧, 서울대)의 사회 아래 김종완(金種完, 중앙대)이 "한국농

52 제2호의 권두논문이라고 할 수 있는 김규환의 "컴뮤니케이션과학 연구의 현황과 방향"의 내용을 간략히 소개해 보면, 제1차 세계대전(1914~1919) 이후 세계 각국에서 커뮤니케이션 연구의 발전과정을 소개한 뒤, 우리나라 신문학계에서도 이제부터는 커뮤니케이션을 연구해야 한다고 강조했다. 그러면서 "컴뮤니케이션의 분야는 다기다양(多岐多樣)하나, 앞으로 우리나라에서 이 분야의 연구는 역사적 고찰, 정치학과의 연관(매스미디어제도, 여론 및 선전, 관료제도와 매스미디어의 소유형태), 사회학적 측면(매스미디어의 사회적 기능, 사회체계와 컴뮤니케이션 과정과의 상호연관관계 등), 심리적 요인(퍼스널리티, 태도 및 행동의 변용과 매스미디어 내용), 경제적 고찰(매스미디어 기업 및 제도의 분석, 경제발전과 기대증대, 광고 등), 각 디시프린(discipline)으로부터의 협력과 참여를 필요로 하는 실증적 연구가 수행되어야 할 것이다. 어느 한 분야 또는 연구방법의 편중현상은 컴뮤니케이션과학의 발전을 위해서 반드시 생산적인 방향은 아닐 것이다"라고 결론지었다.

촌사회의 크라이어에 관한 연구" 논문을, 임상원(林尙源, 고려대)이 "60년대의 한국신문학"에 관한 논문을, 윤희중(尹嬉重, 이화여대)이 "Institutional Advertising의 일반적 기능과 효과측정에 관한 연구" 논문을, 황기오(黃基伍, 경희대)가 "도서지방에 있어서의 매스매디어의 수용상태에 관한 조사연구" 논문을 발표했다. 그리고 오후 세션에는 최준(崔埈)의 사회로 심포지엄을 가졌는데, 발제자는 장용(張龍, 한양대)이었고, 토론자는 오주환(吳周煥, 고려대) · 박무승(朴武昇, 민간방송협회) · 유지호(관훈클럽) · 정기선(신문협회)이었다. 학술발표회가 끝난 뒤 1969년도 정기총회를 개최했는데, 이 총회에서는 ① 연구발표회는 연 2회로 하고, ② 총회일자는 고정시키지 않으며, ③ 1970년도부터 회비는 1,000원으로 인상하고, ④ 커리큘럼연구위원회를 설치하며, ⑤ 용어통일연구위원회를 구성하여 터미놀로지의 한국화 문제를 연구한다는 것 등을 의결했다.

6. 신문학 내지 매스컴학 교육 · 연구의 주요 동향

지금까지 1960년대의 신문학 내지 매스커뮤니케이션 교육과 연구 실태에 관하여 살펴보았는데, 그렇다면 이 시기의 주요 동향은 어떠했는가? 가장 큰 동향의 하나는 미국 · 독일 · 일본 등지로부터 새로운 신문학, 즉 미국의 매스커뮤니케이션학과 독일의 공시학(公示學, Publizistikwissenschaft) 등을 받아들여 우리나라의 전통적 신문학도 광의(廣義)의 신문학, 즉 매스커뮤니케이션학으로 확대 · 발전해 나갔다는 점을 들 수 있다. 그리하여 1950년대까지는 우리나라 신문학이 신문 · 잡지 등 인쇄매체를 중심으로 실무적 · 인문주의적 교육과 연구를 실시해 왔으나, 1960년대부터는 연구 · 교육대상 영역을 모든 매스미디어에 관한 것으로 확대하는 동시에 이를 사회과학적 입장에서 연구·교육하기 시작했다.

1) 신문학 관련 학자들의 세대교체를 통해 본 주요 동향

이와 같은 동향은 1960년대에 우리나라 신문학 내지 매스커뮤니케이션 연구·교육자들의 세대교체 현상을 통해서도 엿볼 수 있는데, 앞서 살펴보았듯이 1945년 광복 이후 1950년대까지 신문학 연구와 교육은 일제강점기에 신문학을 공부하고 언론에 종사했던 곽복산(郭福山)·이해창(李海暢)·최준(崔埈)·임근수(林根洙)·정충량(鄭忠良) 등이 개척해 왔는데, 이들을 한국신문학의 제1세대라고 말할 수 있다. 그러나 1960년대에는 미국·독일·일본 등지에서 매스커뮤니케이션이나 공시학을 전공해서 박사학위나 석사학위를 취득하고 귀국한 젊은 학자들이 우리나라 신문학계 내지 매스컴학계를 주도하기 시작하면서 종래의 신문학을 매스커뮤니케이션학으로 확대·발전시켰는데, 바로 이러한 사람들을 '제2세대'라고 볼 수 있다.

제2세대 중에서 박사학위를 가진 사람들로는 김규환(金圭煥)·박유봉(朴有鳳)·장용(張龍)·최정호(崔禎鎬)를 들 수 있다. 이들 중 김규환은 1959년 일본 도쿄대학 신문연구소에서 박사학위(학위논문: "植民地下朝鮮に於ける言論および言論政策史")를 취득하고 귀국해서 1963년 3월부터 서울대 신문연구소 연구부장을, 1967년 10월부터는 연구소장을 역임하면서 연구생들에게 내용분석 방법, 사회조사 방법 등을 사용하여 우리나라 매스커뮤니케이션의 실태 등에 관한 실증적 연구들을 실시하도록 지도함으로써 우리나라에서도 커뮤니케이션에 관한 실증적 연구들이 이루어지도록 하는 데 큰 공헌을 했다. 또한 1968년부터는 서울대 신문대학원장으로 봉직하면서 미국의 매스커뮤니케이션 교과과정을 도입함으로써 우리나라

의 전통적 신문학을 매스커뮤니케이션학으로 확대·발전시키는 데 이바지했다.

박유봉은 일제강점기 때 일본 조치대학(上智大學) 신문학과를 졸업하고, 광복 후 서울 수도여자고등학교와 부산 동아대학에서 독일어를 가르치다가, 독일 뮌헨대학에 유학하여 1960년 박사학위(학위논문: "Die Struktur des modernen Presswesens in Korea")를 취득하고 귀국해서 1963년 한양대 신문학과를 창설할 때 초대 학과장으로 부임했다. 그는 학생들을 가르치면서 1965년 『매스커뮤니케이션』이라는 저서를 서울 일조각(一潮閣)에서 발간했다. 이 책은 우리나라 사람이 최초로 저술한 매스커뮤니케이션 개론서로서, 제1편에서는 매스커뮤니케이션의 개념·기능 등에 관한 기초이론들을, 제2편에서는 신문·방송·영화·여론·선전·광고·PR 등에 관하여 소개했는데, 이 책은 여러 대학에서 매스커뮤니케이션 입문교재로 널리 사용되면서 우리나라에 매스커뮤니케이션학을 소개·보급하는 데 큰 역할을 했다.

장용은 1960년 미국 미주리대학에서 신문학 석사학위를 받고 귀국하여 동국대 교수로 재직하면서 언론인 박권상(朴權相)과 함께 미국의 에머리(Edwin Emery), 올트(Philip H. Ault)와 애기(Warren K. Agee) 공저(共著), *Introduction to Mass Communication*(New York: Dodd, Mead & Co., 1960)을 번역하여 1963년 『매스콤론』(서울: 을유문화사 발행)이라는 서명(書名)으로 출판했다. 이 책은 신문뿐 아니라 방송·영화·광고·PR 등을 망라한 매스커뮤니케이션학 개론서로서 우리나라에 미국의 매스커뮤니케이션학을 처음으로 소개하는 데 크게 기여했다. 장용은 1964년 다시 도미하여 미주리대학에서 신문학 박사학위(학위논문: "Development of Korean Journalism Education Based on American Practice")를 받고 돌아와 한양대 신문학과 교수로 봉직하면서 『언론과 인권』(서울: 선명문화사, 1969)이라는 저서와 그 밖의 여러 논문을 통하여 우리나라에 미국의 새로운 매스커뮤니케이션학을 소개·보급하는 데 앞장섰다.

최정호는 1968년 독일 서베를린 자유대학에서 박사학위(학위논문: "Der Absburch des Korea Kriege in Spiegel der Ostund-WestPesse")를 취득하고 귀국하여 성균관대 교수로 봉직하면서 독일의 신문학과 공시학을 우리나라에 도입하는 데 기여했다.

2) 미국 석사들의 대거 귀국과 미국 매스컴학의 도입

한국신문학의 제2세대 중 미국에서 저널리즘과 매스컴 석사학위를 받고 귀국해서 우리나라의 신문학을 매스커뮤니케이션학으로 확대·발전시키는 데 앞장선 인물로는, 우선 김동철(金東喆)·윤희중(尹嬉重)·안광식(安光植)·오진환(吳鎭煥)·한병구(韓炳九)·임상원(林尙源)·강현두(康賢斗) 등을 꼽을 수 있다.[53]

김동철은 1959년 인디아나대학에서 석사학위를 취득하고 돌아와 1962년부터 이화여대 신문학과 교수로, 윤희중은 1961년 미주리대에서 석사학위 취득 후 1964년부터 이화여대 신문학과 교수로, 안광식은 1963년 컬럼비아대학에서 석사학위 취득 후 1967년부터 이화여대 교수로, 오진환은 1964년 오리건대에서 석사학위를 받고 돌아와서 1965년부터 한양대 신문학과 교수로, 한병구는 1965년 미주리대에서 석사학위 취득 후 귀국해서 1966년부터 경희대 신문방송학과 교수로, 임상원은 1965년

53 이들은 모두 학사과정에서 신문학이 아니라 다른 학문분야를 전공한 사람들이었는데, 김동철과 윤희중은 고려대에서 법학을, 안광식은 서울대에서 영문학을, 오진환은 건국대에서 정치학을, 한병구는 경희대에서 정치학을, 임상원은 서울대에서 철학을, 강현두는 서울대에서 사회학을 전공했다.

UCLA에서 석사학위를 받고 돌아와 1968년부터 고려대 신문방송학과 교수로, 강현두는 1966년 보스턴대에서 석사학위 취득 후 귀국해서 1968년부터 한양대(1970년 서강대로 옮김) 신문학과 교수로 재직하면서 미국의 새로운 매스커뮤니케이션학을 우리나라에 전파했다.[54]

한편 이상희(李相禧)는 일본 도쿄대학에서 매스커뮤니케이션을 공부하고 1965년 귀국해서 서울대 문리과대학에서 신문학 강좌를 담당하다가, 1968년부터 서울대 신문대학원에서 교수로서 매스커뮤니케이션 관련 과목들을 가르치면서 우리나라 신문학을 매스커뮤니케이션학으로 확대·발전시키는 데 일조를 했다.

이상에서 언급한 교수들 이외에도 많은 교수들이 신문학 내지 매스커뮤니케이션학의 발전에 이바지했는데, 1969년 말 4년제 대학의 언론관계학과 서울대 신문대학원의 교수 현황은 〈표 4-13〉과 같았다.

이 밖에 대학 전임교수는 아니었지만 언론인 박권상(朴權相)도 미국의 매스커뮤니케이션학을 우리나라에 소개하는 데 중요한 역할을 했다. 그는 1955년 9월 국내 기자들 중 처음으로 당시 미국 국무성이 주관한 신문기자 교환훈련 프로그램(U.S. State Department's International Educational Exchange Program)에 선발되어 미국 노스웨스턴대학에서 연수를 받은 후, 이듬해 귀국했다가 다시 도미하여 1958년 같은 대학에서 우리나라 현역 언론인으로서는 처음으로 신문학 석사학위를 받았다. 그는 귀국 후 1958년 9월부터 세계통신 정치부장을 역임하다가 1960년 5월 31세의 나이로 「한국일보」 논설위원이 되었으며, 1962년 5월부터는 「동아일보」 논설위원으

54 이들 6명의 교수 중 오진환·강현두·임상원은 그 뒤 다시 도미(渡美), 오진환은 1974년 아이오와대, 강현두는 1982년 남일리노이대, 임상원은 1987년 미주리대에서 박사학위를 받았고, 한병구는 1978년 경희대, 윤희중은 1983년 고려대에서, 안광식은 서강대에서 신문학 전공 박사학위를 받았다.

표 4-13 1969년 말 4년제 대학과 대학원 언론 관계학과 교수 현황

대학 및 학과명	설립연도	교수진	인원(명)
경희대 신문방송학과	1965	황기오, 한병구	2
고려대 신문방송학과	1965	오주환, 임상원	2
서강대 신문방송학과	1968	미첼(Mitchell), 이근삼, 김현	3
서울대 신문대학원	1967	김규환, 임근수, 박유봉, 이상희, 오갑환, 김일철	6
성균관대 신문방송학과	1967	장을병, 최정호	2
이화여대 신문방송학과	1960	이해창, 정충량, 김동철, 윤희중, 안광식	5
중앙대 신문방송학과	1958	곽복산, 최준, 최진우	3
한양대 신문학과	1963	이강수, 오진환, 장용, 강현두	4
합계			27

자료: 저자 정리.

로 활약하면서 서울대에서 강사로 신문학을 강의했다.

그러면서 앞서 말했듯이 박권상은 장용과 함께 미국의 에머리(Edwin Emery), 올트(Philip H. Ault)와 애기(Warren K. Agee) 공저(共著), *Introduction to Mass Communication*(New York: Dodd, Mead & Co., 1960)을 번역하여 1963년 『매스콤론』(서울: 을유문화사 발행)이라는 서명(書名)으로 출판했다. 또한 박권상은 관훈클럽 발행 언론전문지 「신문연구」에 1963년 여름호부터 1968년 봄호까지 5회에 걸쳐 '매스커뮤니케이션 강좌'를 연재하면서 미국의 매스컴 이론을 소개했다. 그러면서 그는 미국의 매스컴 사회학자 찰스 라이트(Charles Wright)의 저서 *Mass Communication: A Sociological Perspectives*(New York: Random House, 1959)를 번역하여 1967년 『매스컴 사회학』이라는 이름으로 출판(서울: 범문사)해서 소개하기도 했다.

3) 신문학 관련 학과·연구소 등의 명칭 변화를 통해 본 동향

1960년대에 우리나라 신문학 내지 매스컴학의 주요 동향은 또한 신문학 관련 학과와 연구소 등의 명칭이 어떻게 변화했는지를 통해서도 엿볼 수 있는데, 1950년대에는 그 명칭의 거의 모두가 '신문학과'(Dept. of Journalism), '한국신문학회'(The Korean Society of Journalism), '신문연구소'(Research Institute of Journalism) 등이었다. 그러나 1960년대 후반에는 '신문방송학', 영어로는 '저널리즘과 매스커뮤니케이션'(journalism and mass communication), '매스커뮤니케이션'(mass communication) 또는 '커뮤니케이션'(communication)으로 바꾸면서 학과의 영문 명칭도 'Dept. of Journalism and Mass Communication'이나 'Dept. of Mass Communication'으로 바꿨는데, 이는 곧 과거의 전통적 신문학이 1960년대에는 매스커뮤니케이션학으로 확대·발전했다는 것을 말해 주는 것이었다.[55] 그럼에도 불구하고 '커뮤니케이션'이나 '매스커뮤니케이션'이라는 영어에 해당하는 적절한 우리말을 찾지 못한 데다가, 당시 문교부(현 교육부)가 학과나 학부 명칭 등에 외래어 사용을 금지했기 때문에, 부득이 종전대로 '신문학'·'신문학과'·'신문학회'·'신문연구소' 등등의 명칭들을 계속 사용함으로써 여러 가지로 혼동을 불러일으키기도 했다.

그러자 한국신문학회 등에서 새로운 명칭 문제를 놓고 여러 가지 논의를 했으나, 끝내 적합한 명칭을 찾지 못해 결국 고육지책(苦肉之策)의 하

55 각 대학의 신문학과나 신문방송학과의 소속 대학을 보면, 1960년대 초반 설립한 이화여대와 한양대는 신문학과를 문리과대학에 설치했으나, 1965년대 후반에 설립한 고려대·성균관대·경희대는 법정대학에 신문방송학과를 설치했는데, 이는 1960년 전반까지는 신문학의 학문적 성격이 인문학이었으나 1960년대 후반부터는 사회과학으로 변했음을 의미하는 것이었다.

나로 각 대학은 1960년대 말경부터 과거 '신문학과'의 명칭을 겨우 '신문방송학과'로 고쳤다. 그리하여 1969년 중앙대를 비롯하여 이화여대·경희대·성균관대·서강대와 부산의 한성여자실업초급대학이 모두 학과 명칭을 '신문방송학과'로 변경했다. 그러나 고려대는 본래부터 1965년 '신문방송학과'라는 명칭으로 창설했기 때문에 바꿀 필요가 없었으며, 한양대는 계속 '신문학과'라는 명칭을 사용하다가 1983년에야 '신문방송학과'로 바꿨다.

1960년대에는 각 대학 신문방송 관련 연구소들도 명칭 때문에 혼란스러웠는데, 1963년 설립한 서울대 신문연구소도 '매스커뮤니케이션'에 해당하는 적절한 어휘를 찾지 못해서 명칭을 '신문연구소'라고 했지만 영어로는 설립 당시부터 'The Institute of Mass Communication'이었으며, 그 학술지 「신문연구소학보」도 '*The Bulletin of the Institute of Mass Communication*'(1964년 2월 발행의 제1호 표지 참조)이라고 했다. 그리고 1968년 창설한 서울대 신문대학원 역시 우리말로는 '신문대학원'이라고 했지만, 매스커뮤니케이션 현상 전반을 교육대상으로 삼았기 때문에 영어로는 'The Graduate School of Mass Communication'이라고 불렀다.

한편 중앙대는 '신문방송연구소'라는 명칭의 연구소를 설립(1969년)하면서 영어로는 'Research Institute of Journalism and Mass Communication'이라고 했고, 고려대 역시 '신문방송연구소'를 설립(1969년)하면서 영어로는 'Mass Communication Institute'라고 했다. 그러나 1970년대에 설립한 연구소들 중에는 '커뮤니케이션'이라는 외래어를 그대로 사용한 곳도 없지 않은데, 예컨대 경희대는 '커뮤니케이션연구소'(Communication Research Center, 1974년 설립), 서강대는 '커뮤니케이션발전연구소'(Communication Research and Development Institute, 1975년 설립)라는 이름으로 각각 연구소를 설립했다.

4) 신문학회의 목적과 영문 명칭 개정을 통해 본 주요 동향

1960년대 우리나라 신문학 내지 매스컴학의 주요 동향은 또 신문학회의 목적과 영문 명칭의 개정을 통해서도 엿볼 수 있는데, 1959년 6월 30일 신문학회 창립총회에서 제정한 학회 규약 제2장(목적) 제3조를 보면, "본회는 신문(journalism)에 관한 연구, 조사 및 회원 상호간의 협조, 친목 … 등을 목적으로 한다"고 규정했으며, 학회의 영문 명칭은 별도로 제정하지 않았다.

그러나 1968년 5월 20일 개최한 총회에서 학회 규약 일부를 개정(제2차 개정)하면서 제2장 제3조(목적)를 "본 학회는 저널리즘 및 매스 컴뮤니케이션에 관한 연구, 조사 그리고 회원 상호간의 협조, 친목 … 등을 목적으로 한다"고 고쳤다. 즉 과거 규약에서는 "본회는 신문에 관한 연구, 조사 …"라고 했던 것을 개정 규약에서는 "본 학회는 저널리즘 및 매스 컴뮤니케이션에 관한 연구, 조사 …"라고 해서 "매스 컴뮤니케이션에 관한 연구, 조사"를 추가했다. 그리고 제1조(명칭)에서 학회의 영어 명칭은 "Korean Society of Journalism and Mass Communication Studies로 한다"고 의결했는데, 이는 과거 우리나라 신문학이 1960년대 후반에는 매스커뮤니케이션학으로 확대·발전했기 때문이다.

또한 신문학회의 학술지 「신문학보」의 영문 제호도 본래는 '*Journal of the Korean Society of Journalism*'이었던 것(1960년 4월 발행의 제1호 영문 목차 참조)을 '*Journal of Korean Society of Journalism and Mass Communication*'으로 개제(1969년 11월 발행 제2호 영문 목차 참조)했다. 그러나 '매스커뮤니케이션'이라는 영어에 대한 적절한 우리말 용어를 찾지 못해서, 우리말 학회 명칭은 종전과 마찬가지로 계속해서 '한국신문학회'로 부르기로 했다.

5) 4년제 대학 신문방송 관련 학과 교과과정을 통해 본 주요 동향

1960년대의 우리나라 신문학 내지 매스컴학의 주요 동향은 또한 각 대학 신문학 관련 학과들의 교과과정(curriculum)을 통해서 엿볼 수 있는데, 「신문학보」 제3호(1970년)를 보면 137쪽에 "신문방송학과 카리큐럼 대비표"라는 제목으로 당시 8개 대학의 신문 관련 학과들의 교과과정표를 별지(別紙)에 실어 놓았다. 이 교과과정을 언제 조사한 것인지는 밝혀 놓지 않았으나, 아마도 1969년 말경이나 1970년 초반에 조사한 것 같은데, 그 중에서 2년제 초급대학인 서라벌예술대학 방송학과는 제외하고 나머지 4년제 7개 대학 신문학 관련 학과의 학년별 교과과정만 간단하게 정리해서 소개하면 〈표 4-14〉와 같다.

이 표를 보면 1960년대 우리나라 신문학 내지 매스컴학 교육의 주요 동향이 비교적 잘 나타나 있는데, 학과 명칭은 '신문학과' 또는 '신문방송학과'였지만 신문과 방송뿐 아니라 출판 · 잡지 · 광고 · PR · 여론 · 선전 · 영화 · 연극 · 스피치(speech) · AV커뮤니케이션(Audio-Visual communication) 등으로 교육 영역을 확대해서 매스커뮤니케이션 내지 커뮤니케이션 전반에 관한 교육을 실시했음을 알 수 있다. 그러면서 이론과 실무 교육을 비교적 균형 있게 실시했다.

1960년대 말경 각 대학 신문방송 관련 학과들의 교과과정을 보면 또 하나의 중요한 변화를 엿볼 수 있는데, 그것은 바로 7개 대학의 신문방송 관련 학과 모두가 사회과학적 연구방법을 전공과목으로 편성한 것이었다. 즉 경희대 신문방송학과는 사회조사방법론(4학점), 이화여대 신문방송학과는 조사방법론(3학점), 중앙대 신문방송학과는 매스콤조사분석방법(2학점), 한양대 신문학과는 사회조사방법(2학점)과 통계조사방법(2학점), 고려대 신문방송학과는 사회통계방법(전공필수, 3학점)과 매스콤효과분석

표 4-14 1960년대 말경 4년제 7개 대학 신문학 관련 학과 학년별 교과과정

대학 및 과명	1학년	2학년	3학년	4학년
경희대 신문방송학과	신문학개론(전4), 한국신문방송사(전4)	신문발달사(전4) 매스콤통론(전4) 기사작성법(전4) PR론(필4) 사진제작론(필4) 신문편집(필2) 신문영어(전2) 영문기사(전2) 비교신문(전4) 방송원론(전4) 방송제작(필2) Speech(필4)	사회심리학(전4) 매스콤효과론(전4) 사회조사방법론(필4) 문예비평(필2) 광고론(필4) 연극영화론(필4) 영문기사(필2) 논설론(필2) 신문편집(필2) 신문연습(필4) 방송편성론(전4) 방송세미나(전2) 방송제작(전2) 방송연습(전4) 연출 및 대본(전2)	언론법(전3) 신문방송경영론(전2) 시사논평(필2) 홍보특강(전2) 시사영어(전2) 매스콤특강(전2) 신문연습(필4) 방송세미나(전2) 방송연습(필4)
이화여대 신문방송학과	신문학개론(전6) 보도기사론(전6)	현대신문론(전3) 보도사진론(전3) 원강(原講)(전2) 영화론(전2)	매스콤이론(전6) 방송개론(전6) 출판잡지론(전2) PR선전론(전4) 시사문제(전2) 외신론(전2) 조사방법론(전3) 방송제작론(전3) 신문연습(전3)	한국신문사(전4) 미국신문사(전2) 시사영어(전4) 신문연습(전3) 방송연습(R)(전3) 광고론(전2) 방송제작(TV)(전2) 현대방송론(전2) 신문방송윤리(전2) 미국신문사강독(전2) 사회심리학(전3) 신문과 법률(전2)
중앙대 신문방송학과	[교양과목만 수강]	매스콤원론(전3) 한국신문사(전3) 외국신문사(전3) 신문학원론(전3) 방송원론(전3) 보도문장론(전3) 출판잡지론(전3) 매스콤외서강독(전2) 경제학(전3) 문학개론(전3)	광고 · PR론(전2) 국제통신론(전2) 영화론(전3) 여론선전론(전3) 시사문제해설(전2) 보도연습(전2) 매스콤외서강독(전2) 시사영어(전2) 사회심리학(전3) 보도사진론+실습(전3) 방송각론(전선2) 신문편집론(전선2)	시사문제해설(전2) 매스콤경영론(전3) 매스콤조사분석(전2) 매스콤윤리법제(전2) 시사영어(전2) 논설연습(전2) 신문연습(전선2) 방송연습(전선2)

대학 및 과명	1학년	2학년	3학년	4학년
한양대 신문학과	신문학개론(전필4) 한국신문사(전필4)	원강(原講)(전필2) 시사영어(전필2) 취재보도론(전필4) 사진원론(전필2) 신문문장(전필2) 신문경영(전필2) 광고원론(전필2) 방송원론(전필2) 교육방송(전필2) 여론선전(전필2) 사회심리학(전필4) 통계조사(전선2) Speech론(전선2) 잡지기사(전선2) 영화연극론(전선2) 휘쳐작성법(전선2)	원강(原講)(전2) 시사영어(전2) 방송편성제작론(전4) 사진편집(전2) 평론(전2) 신문편집론(전2) 광고도안편집(전2) PR론(전2) 내용분석(전2) 평론실습(전2) 매스콤론(전4) 사회조사방법(전2) 비교신문학(전2) 과학기사(전선2) 영화촬영(전선2) 고교신문(전선2) 신문보급(전선3)	사사영어(전필2) 방송실습(전필4) 인쇄공무론(전필2) 논설론(전필2) 신문실습(전필4) 방송국운영론(전필2) 언론법(전필4) 광고심리학(전선2) 출판잡지론(전선2) 시사해설(전설2)
고려대 신문방송학과	신문학개론(전필3) 사회학개론(전필3)	방송개설(전필3) 매스콤(전필3) 신문사(전필3) 취재보도(전필3) 시사문장(전필3) 시사영어(전필3) 사진론(전필3) 사진실기(전필1) 사회심리학(전필3) 영어원강(전필2)	언론윤리법규(전필3) 영어원강(전필4) 여론과 선전(전필3) 사회통계(전필3) 구미신문론(전필2) 비교신문학(전필3) 출판론(전필3) 잡지론(전필3) 연극개론(전필3) 방송편성론(전필3) 방송연출론(전필3) 방송음악론(전필3)	신문방송경영론(전필3) 매스콤효과분석(전필3) 영어원강(전필4) 신문편집론(전필3) 논설기사연습(전2) 신문실습(전필2) 방송제작론(전필3) 방송기술론(전필2) 방송실습(전필2) PR론(전선2) 영화론(전선2) 비교방송제도론(전선2) 광고론(전선3)
성균관대 신문방송학과	매스콤통론(전3) 정치학개론(전3) 사회학(전3)	신문학개론(전필3) 방송학개론(전필3) 매스콤발달사(전필2) 신문보도론(전필2) 매스콤특강I(전필3) 법학통론(전필2) 영어신문원강I(전필 4)	언론법(전2) 여론선전(전3) 한국신문발달사(전2) 방송보도론(전2) 신문편집론(전2) 라디오편성론(전2) TV편성론(전2) 신문방송경영론(전2) 영화론(전3) 매스콤특강II(전3) 사회심리학(전3) 시사영어I(전2) 영어신문원강II(전4)	비교신문학(전3) 신문논평(전2) PR론(전3) 사회조사방법론(전2) 잡지론(전2) 광고심리학(전2) 매스콤특강III(전3) 실습(전2) 시사영어II(전2) 영어신문원강III(전4)

대학 및 과명	1학년	2학년	3학년	4학년
서강대 신문방송학과	매스미디어와 문화형태(전3), 컴뮤니케이션심리학(전3), 대중사회와 매스미디어(전3), 컴뮤니케이션의 이론과 실제(전3), 시청각자료의 사용(전3), AV컴뮤니케이션의 이론과 연구방법(전3), 구현법(전3), 드라마형태(전3), 동양연극사(전3), 서양연극사(전3), 한국신문사(전3), 한국영화연극TV역사(전3), 신문기사작성법(전3), 영어기사작성법(전3), 비교신문학(전3), 저널리즘과 컴뮤니케이션(전3), 전자저널리즘(전3), 저널리즘연구방법론(전3), 연극개론(전3), 분장법(전2), 극작법(전3), 드라마스피치와 연기(전3), 연극연출(전3), 무대기획(전3), 영화문학(전3), 현대영화분석(전)		초급영화제작(전3), 영화제작워크숍(전3), 씨나리오작법(전3), 기록영화(전3), 방송입문(전3), 초급라디오프로그램제작(전3), 초급TV프로그램제작(전3), 상급라디오프로그램제작(전3), 상급TV프로그램제작(전3), 사진제작의 원리(전6), 광고와 PR(전3)	

* 괄호 안의 '전'은 전공과목, '전필' 또는 '필'은 전공필수과목, '전선'은 전공선택과목이며, '숫자'는 해당 과목의 학점수를 말한다.

자료: 「신문학보」 제3호(1970), p. 137에서 저자 정리.

방법(전공필수, 3학점), 성균관대 신문방송학과는 사회조사방법론(2학점), 서강대는 저널리즘연구방법론(전공필수, 3학점)을 가르쳤다. 그런가 하면 정치학·사회학·사회심리학 등을 전공과목에 넣은 신문방송학과들도 적지 않았는데, 이는 곧 우리나라에서도 과거의 인문주의적 신문학이 사회과학적 매스커뮤니케이션학으로 변모하기 시작했음을 나타낸 것이었다.

6) 신문학 내지 매스컴 관계 전문서적들을 통해 본 주요 동향

앞서 살펴보았듯이 1960년대 우리나라 언론학계에서 가장 중요한 동향의 하나는 과거의 전통적 신문학이 사회과학적 성격의 매스커뮤니케이션학으로 확대·발전한 것이었는데, 이러한 동향은 1960년대에 나온 언론 관계 전문서적들에서도 여실히 나타났다. 1960년대에는 약 70종의 신문방송 내지 매스컴 관계 저서·편저·번역서들이 발간되었는데, 그중 학술적이며 중요하다고 생각되는 것들만 발행 순서대로 들어보면 〈표 4-15〉과 같다.

이 표에서 보듯이, 1960년대에는 신문과 출판 이외에 방송·영화·광고·선전·PR 등 매스커뮤니케이션 전반에 관한 책들이 많이 나왔다. 그 중에서 특기할 만한 것으로는 앞서 말했듯이 장용과 박권상이 번역해서 출판한 『매스콤론』(1963)과 박유봉 저 『매스 콤뮤니케이션』(1965)을 들 수 있는데, 이들 서적은 1960년대에 우리나라에 미국 매스커뮤니케이션학을 소개·보급하는 데 중요한 역할을 했다. 한편 최준 저 『한국신문사』(1960)와 임근수 저 『신문발달사』(1967)도 특기할 만한데, 전자는 한국신문의 통사(通史)이고, 후자는 세계신문의 통사로서, 우리나라와 세계신문의 역사를 신문방송 내지 매스커뮤니케이션 전공자들에게 체계적으로 알려주는 데 중요한 역할을 했다.

1960년대에도 역시 신문학 내지 매스커뮤니케이션에 관한 번역서들이 많이 나온 것이 특징이었는데, 〈표 4-15〉에서와 같이 윤대균 역 『신문학』은 호헨버그(John Hohenberg)의 *The Professional Journalist*(New York: Holt, Rinehart and Winston, 1960)를 번역·출판한 것이었다. 그리고 박권상·고명식 공역 『근대국가와 언론자유』는 휴던(Edward G. Hudon)의 *Freedom of Speech and Press in America*(1963)를, 김준환 역 『언론의 사회적 책임』은 제럴드(James E. Gerald)의 *Social Responsibility in Press*를, 박권상 역 『매스콤 사회학』은 라이트(Charles Wright)의 *Mass Communication: A Sociological Perspectives*(New York: Random House, 1959)를, 홍사중 역 『PR 원론』은 컬팁(Scott M. Cultip)과 센터(Allen H. Center) 공저 *Effective Public Relation*(Englwood, Clifs, N.J.: Prentice-Hall, 1965)을, 이규종·한병구 공역 『매스컴 4이론』은 시버트(Fred S. Siebert), 피터슨(Theodore Peterson), 슈람(Wilbur Schramm) 공저 *Four Theories of Press*(Urbana, Ill.: University fo Illinois Press, 1956)를, 이규종·이광재 공역 『매스·콤의 자유와 책임』은 미국의

표 4-15 1960년대 발간 매스컴 관계 주요 서적

책명	저자·역자·편저자	발행사	발행연도	비고
한국신문사	최준	일조각	1960	
영화입문	김규동·이봉래 공저	삼중당	1960	
독일신문학연구	이해창 편역	이대출판부	1962	편역서
신문학	호헨버그 저, 윤대균 역	탐구당	1962	번역서
매스콤론	에머리 등 공저, 장용·박권상 공역	을유문화사	1963	번역서
보도사진의 이론과 실제	김용훈	대신문화사	1963	
라디오 · TV드라마작법	하유상	성문각	1963	
출판개론	안춘근	을유문화사	1963	
신문과 교정	정장철	영륜사	1963	
선전여론개론	조재권	박영사	1964	
방송극연구	최요안	인간사	1964	
광고론	유붕로	일조각	1964	
광고학개론	김원수	박영사	1964	
광고론	김용진	박영사	1964	
매스 콤뮤니케이션	박유봉	일조각	1965	
근대국가와 언론자유	휴던 저, 박권상·고명식 공역	을유문화사	1965	번역서
신문영어연구	민영빈	시사영어사	1965	
한국의 신문윤리	한국신문윤리위원회	윤리위원회	1965	
방송론: 이론과 실제	최준	일조각	1965	
방송입문	최계환 편	전진사	1965	편저
텔레비전방송	김규 편저	중앙TV방송사	1965	편저
영화개론	이영일	상구문화사	1965	
언론의 사회적 책임	제럴드 저, 김준환 역	법문사	1966	번역서
PR의 요령과 실제	김광호 편	동아PR연구소	1966	편저
PR원론	컬팁 외 공저, 홍사중 역	탐구당	1966	번역서
매스콤 사회학	라이트 저, 박권상 역	법문사	1967	번역서
신문발달사	임근수	정음사	1967	
한국의 언론	문화공보부 편	문화공보부	1968	편저
매스컴 4이론	시버트 등 공저, 이규종 · 한병구 공역	보문각	1968	번역서
매스 · 콤의 자유와 책임	이규종 · 이광재 공역	보문각	1969	번역서
언론과 인권	장용	선명문화사	1969	
방송원론	김규	어문각	1969	
한글신문연구	한국편집기자회	한구기자협회	1969	

자료: 저자 정리.

Hutchins Commission Report on Freedom of the Press(Chicago University Press, 1947)를 번역 · 출판한 것이었다.

7) 신문학 내지 매스컴 관계 논문들을 통해 본 주요 동향

1960년대에 발표된 언론 관계 논문들을 보아도 역시 이 시기 우리나라 언론학계의 주요 동향의 하나는 과거의 전통적 신문학이 매스커뮤니케이션학으로 확대 · 발전했다는 것임을 알 수 있는데, 1950년대에는 각종 잡지(대학과 학회의 학보 제외)에 나타난 매스컴에 관한 주요 논문들이 몇 편에 불과했다. 그러나 1960년대는 수십 편에 달했는데, 이는 물론 「신문평론」(한국신문연구소 발행, 1964. 4 창간), 「신문연구」(관훈클럽 발행, 1959. 12 창간), 「방송」(공보부 발행, 1956. 9 창간), 「방송문화」(앞서 「방송」을 1968. 4 개제), 「공보」(공보부 발행, 1963. 8 창간) 등의 언론 관계 전문잡지들이 많이 나왔기 때문이라고 볼 수도 있다. 하지만 그보다는 1960년대부터 우리나라에서도 매스커뮤니케이션학이 크게 대두했기 때문이라고 볼 수 있는데, 1960년대에 각종 잡지에 게재된 약 70종의 매스컴 관계 논문 중에서 주요 논문들을 각 잡지별로 열거해 보면 〈표 4-16〉과 같다.

이들 논문을 보면 언론 관계 전문잡지에도 많이 실렸지만 다른 분야의 학술지들, 예컨대 「지방행정」· 「정경연구」· 「한국사회학」· 「행정논총」 등에도 많이 게재되었는데, 이는 매스커뮤니케이션 현상을 다른 학문분야에서도 관심을 갖고 연구하기 시작했음을 말해 주는 것이다. 또한 일반잡지, 예컨대 「사상계」· 「신동아」· 「신사조」(新思潮) · 「청맥」· 「세대」 등도 매스커뮤니케이션에 관한 논문들을 적지 않게 실었는데, 이는 일반국민들, 특히 지식층과 대학생 등도 매스커뮤니케이션에 많은 관심을 갖고 있었기 때문이라고 볼 수 있다.

표 4-16 1960년대 각종 잡지에 게재된 매스컴 관계 주요 논문

게재 잡지	주요 논문의 필자와 제목
「신문평론」	유재천, "농촌사회의 Communication Source"('64. 11) / 휴우, G. C., "콤뮤니케이션의 비교문화적 연구"('65. 4) / 네프, M., "개발도상국가에 있어서의 언론의 비판적 역할"('65. 4) / 이만갑, "매스콤의 위력과 매스콤 현상의 객관적 연구"('65. 4) / 신영철, "신문 · 라디오 · TV 등 '매스콤'의 시대적 사명과 그 책임"('65. 11) / 김규환, "매스콤과학연구의 제문제"('66. 8) / 원우현, "매스콤의 역기능"('67. 7) / 박철, "심각한 매스콤 경쟁"('65. 1) / 고명식, "콤뮤니케이션의 기본적 문제: 대화와 실존의 문제"('67. 10)
「신문연구」	박권상, "매스 콤뮤니케이션강좌: I, II, III"('63. 4 ~ 64. 4) / 박권상, "매스 콤뮤니케이션의 효과"('65. 11) / 서울대 신문연구소, "해방20년 매스콤 문헌목록"('65. 11) / 오갑환, "국가발전과 매스미디어의 과제"('66. 5)
「방송」	천관우, "매스와 매스콤"(창간호, '62. 12) / 천관우, "콤뮤니케이션과 매스콤"('63. 10)
「방송문화」	송건호, "한국 매스콤의 방향"('63. 2)
「공보」(公報)	안해균, "현대사회와 매스콤"(창간호, '63. 8) / 라이트, C., "매스 콤뮤니케이션강좌: I~V"('63. 8 ~ 64. 4) / 장용, "매스미디어의 기능과 특성"('63. 9) / 조풍연, "매스미디어로서의 예술"('63. 12) / 김동철, "매스콤에 있어서의 인쇄매체의 특질"('63. 12) / 진기풍, "지역사회의 발전과 지방언론의 책무"('64. 1) / 강영수, "수용자 비판의 중요성"('64. 1) / 김해동, "민주국가에 있어서의 매스미디어"('64. 1) / 라이트, C., "매스 콤뮤니케이션의 사회적 효과"('64. 1) / 최준, "매스미디어의 선도(善導)"('64. 1)
「지방행정」	서정화, "대중사회의 매스 콤뮤니케이션과 이동(里洞)공보요원 임무"('64. 4)
「정경연구」	임종철, "언론의 기능과 역기능: 재벌의 언론지배"('66. 10) / 오주환, "재벌과 언론의 공익성"('66. 10) / 김규환, "한국언론의 내용과 효과분석"('66. 10) / 노석찬, "매스콤과 국가발전"('66. 11)
「한국사회학」	오갑환, "한국농민의 매스콤 수신에 관한 연구"(제2호, '66. 11)
「행정논총」	안해균, "한국의 근대화와 콤뮤니케이션"(제1호, '64. 8)
「사상계」	홍승면, "후진국에 있어서 매스콤의 역할"('60. 7)
「신동아」	오갑환, "한국농촌과 매스콤"('66. 10)
「청맥」(靑脈)	오정열, "근대사회와 매스콤의 폭력, 폭력시대는 갔는가"('64. 12) / 고명식, "심볼 · 개념 · 콤뮤니케이션"('65. 3) / 박재윤, "한국 매스콤의 반사회성: 범죄문제와 매스콤"('65. 7) / 유득준, "소비성향과 매스콤"('65. 7) / 오갑환, "한국매스콤체제의 반사회성"('65. 7)
「세대」(世代)	오주환, "전환기에 선 매스콤: 우리는 무엇을 하였는가"('66. 12) / 고영복, "한국 매스콤 현황분석"('67. 1)

자료: 저자 정리.

제5장

매스컴학에서 다시 커뮤니케이션학으로 확대·발전

앞에서 살펴보았듯이 1960년대는 미국의 새로운 신문학, 즉 매스커뮤니케이션학과 독일의 공시학(公示學) 등을 받아들여 우리나라 신문학도 매스커뮤니케이션학으로 확대·발전했다. 그러다가 1970년대부터는 매스커뮤니케이션학이 다시 매스커뮤니케이션 현상은 물론 대인커뮤니케이션, 조직커뮤니케이션 등등, 인간사회의 모든 커뮤니케이션 현상들을 그 연구와 교육대상으로 삼는 '커뮤니케이션학'으로 확대·발전하게 되었다. 그러나 '매스커뮤니케이션'이나 '커뮤니케이션'이라는 영어에 해당하는 적절한 우리말을 찾지 못하자, 한국신문학의 개척자 곽복산은 우선 잠정적으로 '언론학'(言論學)이라고 부르자고, 1971년 그가 편집해서 발간한 『언론학개론』(서울: 일조각)에서 제안했다.

1970년대:
매스컴학의 발전과
커뮤니케이션학으로 확대

1971년에 곽복산이 종래의 '신문학', '신문방송학', '매스커뮤니케이션학' 등을 모두 합친 '커뮤니케이션학'을 '언론학'이라고 부르자고 제안했지만, 커뮤니케이션학의 주요 분야인 광고 · PR · 선전 등도 '언론'이라고 부를 수 있는지 의문을 제기하는 사람들도 적지 않았다. 때문에 종전대로 '신문학' 또는 '신문방송학'이라는 명칭을 그대로 사용함으로써 자못 혼란스러웠다. 따라서 비록 외래어이지만 학계에서는 미국을 비롯한 선진외국처럼 '커뮤니케이션학'이라는 용어를 일반적으로 사용하게 되었다.

1. 커뮤니케이션 관련 학과의 계속된 증가

1970년대에도 커뮤니케이션학에 관한 교육과 연구가 장족의 발전을 하면서, 또 4년제 5개 대학에서 커뮤니케이션 관련 학과들을 신설했다. 1972년 봄 연세대학교가 신문방송학과를 신설했으며, 1974년 중앙대학교는 기존의 신문학과(1958년 창설)와 별도로 '광고홍보학과'을 신설했다. 1975년 봄 서울대학교도 사회과학대학 내에 신문학과를 설치했다. 1978년 한국외국어대학교는 홍보학과를 창설했고, 청주대학교는 4년제 지방대학 중에서는 처음으로 신문학과를 신설했다. 그리하여 1970년대 말에는 전국에 커뮤니케이션 관련 학과의 수가 모두 16개(초급대 포함)에 달하게 되었다.

1) 무려 7개 대학에서 커뮤니케이션 관련 학과 신설

연세대학교는 여러 해 동안 신문방송학과의 설치를 준비해 오다가, 마침내 문교부의 인가를 얻어 1972년 봄 법정대학에 신문방송학과를 신설하고 신입생 30명을 모집해서 교육을 시작했다(임근수, 1973, p. 15). 학과의 교육목적은 "커뮤니케이션과학의 이론과 실제를 교육함으로써 그 관계 전문가를 배출하는 데" 두었다. 초대 학과장은 서정우(徐正宇)였으며, 그 뒤 이상회(李相回) · 박홍수(朴興洙) · 최정호(崔禎鎬) · 오인환(吳仁煥) 등을 교수로 영입했다. 1970년대 말 교과과정을 보면, 1학년은 신문학개론과 매스콤사회심리, 2학년은 커뮤니케이션이론(I, II) · 사회통계 · 한국언론사 · 선전론, 3학년은 커뮤니케이션조사방법 · 커뮤니케이션통제론 · 구미언론사(歐美言論史) · 국제커뮤니케이션 · 신문론 · 방송론, 4학년은 인간커뮤니케이션 · 개혁커뮤니케이션 · 커뮤니케이션과 문화 · 커뮤니케이션과 사회변동 · 광고론 · PR론 · 영화론 · 교육방송론 등이었으며, 대학신문인 「연세춘추」와 연세방송국 등과 연결하여 실습교육도 실시했다(한국신문연구소, 1980, p. 529).

중앙대학교는 1974년 3월 1일 기존의 신문학과(1958년 창설)와는 별도로 광고홍보학과(입학정원 30명)를 신설했는데,[1] 이는 우리나라 최초의 광고와 PR 전공학과로서, 당시에 한창 성장 중이던 광고와 홍보산업 분야의 전문인력 배출을 위하여 설립했다. 초대 학과장은 리대룡(李大龍)이었으며, 교수진은 이우진(李禹振) · 이준일(李俊一)이었다. 1970년대 말 주요 교과목을 보면, 기초과목은 커뮤니케이션개론과 정치학개론이고, 전공필

1 광고홍보학과는 1982년 신문방송학과와 통폐합했다가 1989년 다시 분리하여 오늘에 이르고 있다.

수과목은 광고원론 · PR원론 · 여론선전론 · 조직광보론 · 국제광보론 · 경제원론이었으며, 전공선택과목은 마케팅커뮤니케이션론 · 그래픽커뮤니케이션론 · 광고매체론 · 광고조사분석 · 기업PR론 등이었다.

1975년 3월 서울대학교는 사회과학대학 내에 신문학과(입학정원 15명)를 설치했다.[2] 그러나 이는 1968년 설립해서 운영해 오던 신문대학원을 서울대학교 종합화 계획에 따라 1975년 2월 28일 자로 해체하고[3] 그 대신 설치한 것이었다. 이때 학사 · 석사 · 박사과정을 동시에 함께 설치함으로써 우리나라 커뮤니케이션 관련 학과들 중 맨 처음 박사과정 교육을 시작했다.[4] 신문학과 설립 당시 초대 학과장은 임근수(林根洙)였고, 교수진은 박유봉(朴有鳳) · 김규환(金圭煥) · 이상희(李相禧) · 차배근(車培根)이었다. 서울대학교 신문학과는 커뮤니케이션 분야의 실무자 양성보다는 교수요원과 연구자 양성 교육을 목표로 해서 커뮤니케이션 이론과 연구방법 교육에 중점을 둔 것이 다른 대학들과 구별되는 하나의 특징이었는데, 1975년 설립 당시 교과과정을 소개해 보면 〈표 5-1〉과 같다.

1978년 한국외국어대학교는 홍보학과(1986년 '신문방송학과'로 개칭)를 창설했는데(입학정원 30명), 초대 학과장은 박창희였으며, 교수진은 김정기

2 학과 명칭이 '신문학과'였던 대학들이 1969년부터 거의 모두 '신문방송학과'로 고쳤음에도 불구하고 서울대가 학과 명칭을 '신문학과'로 결정한 것은, 특히 초대 학과장 내정자 임근수가 주장하기를, "신문방송학과라는 명칭도 광고 · PR · 선전 · 출판 등을 포괄하지는 못하니 차라리 '신문학과'라고 하고, 이를 광의로 '커뮤니케이션학'으로 해석하고, 영문 명칭은 Department of Communication으로 하자"고 했기 때문이다. 그러나 1998년 '언론정보학과'로 개칭했다.

3 서울대 신문대학원은 1968년 개원 이후 1975년 2월 말 해체 시까지 6년 동안 모두 6기(期)에 걸쳐 모두 251명의 석사를 배출했고, 또한 5기에 걸쳐 38명의 연구생도 배출했다.

4 이에 앞서 1973년 서울대 대학원 사회학과 B코스에 신문학 전공 박사과정을 설치했었으나, 1975년 신문학과를 창설하면서 폐지하고 그 재학생들은 본(本) 대학원 신문학과 박사과정에 흡수되었다. 또한 신문대학원에 재학 중이던 석사과정 학생들도 모두 1975년 봄 학기에 본 대학원 신문학 전공과정에 흡수되었다.

표 5-1 서울대학교 신문학과 설립 당시(1975년) 교과과정

구분		과목명
학사과정	전공필수	커뮤니케이션이론, 매스컴연구방법론 I · II, 매스컴효과론, 한국미디어발달사, 세계미디어발달사, 커뮤니케이션학사, 신문론, 방송원론
	전공선택	여론과 선전, 매스컴과 현대사회, 매스컴과 문화, 커뮤니케이션과 사회발전, 커뮤니케이션과 지식사회, 커뮤니케이션과 사회문제연습, 커뮤니케이션사상사, 매스미디어제도론, 매스컴법제론, 매스미디어경영론, 국제커뮤니케이션, 독일신문학, 광고론, PR론, 영화론, 출판잡지론, 보도론, 신문편집론, 방송편성제작론, 매스컴연습
석사과정		매스컴예비연습, 커뮤니케이션이론 I · II, 매스컴연구방법론 I · II, 매스컴과 현대사회, 푸블리찌스틱이론, 세계매스컴사, 커뮤니케이션학사, 매스컴법제론, 매스미디어제도론, 국제커뮤니케이션, 매스컴효과론, 한국매스컴사, 커뮤니케이션사상사, 공산권매스컴연구
박사과정		매스컴이론 I · II, 매스컴연구방법론 I · II · III, 정보이론, 커뮤니케이션사상사, 커뮤니케이션정책, 매스컴효과론, 의미론, 한국매스컴사, 신문사연구, 방송사연구, 매스컴과 정치, 사회체제와 매스컴체제, 커뮤니케이션의 비교문화적연구, 푸블리찌스틱이론연구, 출판문화사, 언론의 자유와 책임

자료: 저자 정리.

(金政起) 등이었다. 명칭은 '홍보학과'였으나 교과과정을 보면 '홍보학개론'을 제외하고는 다른 대학 신문학과나 신문방송학과의 교과과정과 크게 다르지 않았는데, 주요 교과목은 홍보학개론 · 매스컴원론 · 매스컴사 · 보도작문론 · 뉴스 영역 · 광고론 · PR론 · 방송(TV · 라디오)론 · 방송프로그램 제작론 · 출판론 · 특수분야 보도 · 작문론 · 사진보도론 등이었다.

1978년 청주대학교도 신문학과(뒤에 '신문방송학과'로 개칭)를 신설했는데, 이는 4년제 지방대학 중에서는 최초의 커뮤니케이션 관련 학과였다.[5] 초대 학과장은 박정규(朴正圭)였으며, 교수진은 오두범(吳斗凡) · 박허

5 1964년 부산의 한성여자실업초급대학이 방송학과(1968. 12. 31 신문방송학과로 명칭 변경)를 신설했지만, 당시 이 대학은 2년제 대학이었다.

식(朴許植)이었다. 교과과정 중 전공과목만 살펴보면, 1학년은 매스컴개론과 한국매스컴사, 2학년은 국제커뮤니케이션 · 신문원론 · 보도사진론 · 광고론 · 매스컴효과론 · 세계신문사 · 방송론 · PR론 · 취재보도론 · 조직커뮤니케이션 · 여론선전, 3학년은 커뮤니케이션이론 · 매스컴법제론 · 신문편집론 · 영화론 · 라디오편성제작론 · TV편성제작론 · 광고제작론 · 매스컴연구방법 등이었고, 4학년은 커뮤니케이션사 · 언론사상사 · 설득커뮤니케이션 · 매스컴특강 등이었다.

한편 2년제 전문대학인 서울예술전문대학은 1974년 라디오 · TV과(1978년 '방송연예과'로 개칭)를 신설했으며, 성남의 신구전문대학은 1977년 인쇄학과를 신설했다. 그리하여 1970년대에도 4년제 5개 대학과 2년제 전문대학에서 커뮤니케이션 관련 학과를 설치해서, 1970년대 말에는 전국의 커뮤니케이션 관련 학과의 수가 모두 16개(초급대 포함)로 늘어났다.

2) 서울 시내 10개 대학 언론 관련 학과 중 9개가 대학원 교육 실시

1970년대에는 커뮤니케이션 관련 대학원 교육을 실시하는 대학이 3개가 더 늘어나서, 1970년대 말에는 서울 시내 10개 대학 중 9개 대학이 석사과정 교육을 실시했으며, 3개 대학은 박사과정 교육도 실시했다. 앞서 말했듯이 우리나라에서 신문학 내지 커뮤니케이션학 전공 대학원 교육은 1964년 봄 중앙대와 이화여대 신문학과가 각각 대학원에 석사과정을 처음 설치하면서 시작되었다. 한편 1967년 12월 서울대가 '신문대학원'이라는 특수대학원을 설립하여 석사과정 교육을 하여 1970년 20여 명의 석사를 처음 배출한 것을 시작으로, 매년 30여 명의 석사를 배출해서 1975년 2월 서울대 신문대학원이 폐쇄될 때까지 모두 135명의 석사를 배출했다(정진석, 1992, p.29).

이와 같이 1960년대에 시작한 커뮤니케이션 관련 대학원 교육은 1970년대로 와서 여러 대학들로 확산되어, 1970년 3월 한양대 신문학과가 석사과정을 설치했으며, 1971년에는 고려대, 1973년에는 경희대, 1974년에는 서강대, 1976년에는 연세대와 성균관대 신문방송학과도 각각 석사과정을 신설했고, 연세대는 1978년 행정대학원에 언론홍보전공 석사과정도 설치했다.

한편 서울대는 앞서 말했듯이 서울대 종합화 계획에 따라 1975년 2월 기존의 신문대학원을 해체하고 그 대신 신문학과를 사회과학대학에 신설하면서 학사과정과 함께 석사와 박사과정도 설치함으로써 우리나라에서 처음으로 커뮤니케이션 전공 박사과정 교육을 시작했다. 그 뒤 1978년 고려대, 1979년 연세대 신문방송학과도 각각 박사과정을 설치했다. 그리하여 1970년대 말에 이르러서는 서울 시내 10개 대학 신문방송학과 중 한국외국어대 신문방송학과를 제외한 9개 대학에서 대학원 교육을 실시했으며, 그중 3개 대학은 박사과정 교육도 실시했다.

3) 대학 내 커뮤니케이션 관련 연구소도 다투어 설립

각 대학 커뮤니케이션 관련 학과들은 연구소도 설립하여 연구활동을 벌이면서 학술지를 정기적으로 발행하기도 했다. 1960년대에 이어 1970년대에도 3개 대학이 커뮤니케이션 관련 연구소를 설립했는데, 한양대가 1971년 2월 '언론문화연구소'를 설립하여 커뮤니케이션 실태에 관한 각종 조사연구를 벌이면서 「언론학보」라는 학술지를 매년 정기적으로 발행하기 시작했다. 경희대도 1974년 '커뮤니케이션연구소'를 설립해 각종 조사연구를 하면서 학술지 「커뮤니케이션연구」를 매년 정기적으로 발행했다. 그리고 서강대는 1975년 '커뮤니케이션발전연구소'(1976년 3월 '언론문화연구소'로 개칭)를 설립하여 매월 월례발표회를 벌이는 한편, 각종 조사연구를 하면서 「언론문화연구」와 「언론학논설」이라는 학술지를 매년 발행했다.

한편 1960년대에 설립한 각 대학 커뮤니케이션 관련 연구소들도 연구활동과 학술지 발행을 계속했다. 1963년 3월 설립한 서울대 신문연구소는 각종 조사연구를 진행하면서 「신문연구소학보」라는 학술지를 매년 한 호(號)씩 발간했다. 1969년 12월 각각 설립한 중앙대 언론연구소와 고려대 신문방송연구소도 각종 학술행사와 연구활동을 벌이면서 중앙대 언론연구소는 「언론연구논집」이라는 학술지를, 고려대 신문방송연구소는 「커뮤니케이션과학」이라는 학술지를 매년 한 번씩 정기적으로 발간했다. 그러면서 이들 각 대학 커뮤니케이션 관련 연구소들은 우리나라 커뮤니케이션학 연구의 발전에 앞장섰다.

2. 외국 석·박사 젊은 학자들의 대거 참여

이와 같이 1970년대에는 커뮤니케이션에 관한 연구와 교육이 활발하게 이루어지면서 교수들의 수도 크게 늘어났는데, 곽복산은 1971년 그의 편저(編著) 『언론학개론』(서울: 일조각) 47쪽에서 우리나라 언론학의 문제점들을 지적하면서, "솔직하게 말해서 해마다 격증하는 신문학과 학생들을 지도할 우수한 교수진의 확보가 가장 중요한 문제점이다"라고 토로했다. 그러나 다행스럽게도 1970년대 초반부터 미국을 비롯한 선진외국에서 커뮤니케이션 관련 석·박사학위를 취득한 젊은 학자들이 대거 귀국해 대학에서 교편을 잡기 시작했다. 특히 미국에서 커뮤니케이션학을 공부한 젊은이들이 새로운 커뮤니케이션이론과 연구방법 등을 도입하면서,

우리나라 종래의 신문학과 매스커뮤니케이션학은 그 연구·교육 영역을 점차 인류사회의 모든 커뮤니케이션 현상에 관한 것으로 확대시키는 동시에, 이를 사회과학적 입장에서 연구·교육하게 되었다.

1) 1970년대 초반 커뮤니케이션 관련 학과 신입교수 실태

1970년대에 우리나라 각 대학의 커뮤니케이션 관련 학과 전임교수로 새로 참여한 학자들을 연도별로 살펴보면, 1970년에는 팽원순(彭元順)과 이신복(李信馥)이 한양대 신문학과 조교수와 전임강사로 각각 부임했다. 이들 중 팽원순은 1955년 서울신문학원을 수료하고 1964년 서울대 신문연구소 연구과정을 수료했으며, 1968년에는 미국 인디애나대학 대학원에서 신문학을 연수했다. 한편 이신복은 1961년 일본 니혼대학 예술학부 영화학과를 졸업(학사)하고 문화공보부와 언론계에서 근무하다가, 1970년 10월 한양대 신문학과 전임강사로 부임했다가 1973년 9월 성균관대 신문방송학과 조교수로 자리를 옮겼다.

1971년에는 윤용(尹鎔)이 고려대 신문방송학과 전임강사로 부임했는데, 그는 1970년 미국 시러큐스대학에서 방송학 석사학위를 받았다. 한편 이강수(李康洙)는 1964년부터 한양대 신문학과에서 교편을 잡다가 도미해서 1971년 미국 펜실베이니아 주립대학교에서 석사학위를 받은 후 한양대 신문학과 교수로 복직했다. 그러나 몇 년 뒤 다시 도미해서 1978년 남일리노이대에서 커뮤니케이션 전공 박사학위를 받고 다시 한양대 신문학과로 돌아왔다.

1972년에는 김지운(金芝雲)이 성균관대 신문방송학과 부교수로 취임했는데, 그는 1956년 국립필리핀대학에서 정치학 석사학위를 취득했으며, 1967년 미국 컬럼비아대학 신문대학원을 수료했다. 한편 이영희(李泳

禧)가 한양대 신문학과 조교수로 부임했는데, 그는 1959년부터 1년간 미국 국무성 초청으로 노스웨스턴대학교 신문대학에서 신문학을 공부한 후 언론계에 종사해왔다.

1973년에는 미국에서 언론학 전공 철학박사학위(Ph. D. in Journalism and Communication)를 취득한 서정우(徐正宇)·차배근(車培根)·한태열(韓泰烈)이 교수로 참여했는데, 당시 우리나라에는 언론학 전공 미국 박사학위자는 한양대 신문학과의 장용(張龍)밖에 없었다. 위 세 사람 중 서정우는 1967년 미국 미네소타대학에서 신문학 석사, 1970년 12월 같은 대학에서 신문학 전공 철학박사학위(학위논문: "The Socio-Professional Aspects of Foreign Corespondent in the U. S.: A Study of International Communication")를 받고 1972년 귀국해서 1973년 봄 연세대 신문방송학과 조교수 겸 초대 학과장으로 취임했는데, 그의 전공분야는 국제커뮤니케이션이었다.

차배근은 1970년 미국 켄트주립대학교(Kent State University)에서 커뮤니케이션 석사, 1972년 7월 같은 대학에서 커뮤니케이션 전공 철학박사학위(학위논문: "Cognitive Consistency and the Toulman Model of Argument: A Search for the Foundation of Reasoned Discourse")를 받고 귀국해서 1973년 3월 서울대 신문대학원 전임강사로 부임했는데, 그의 전공분야는 커뮤니케이션 이론과 연구방법론(communication theory and methodology)이었다.

한태열은 1972년 12월 미국 미네소타대학에서 신문학 박사학위(언론법제론 전공)를 받고 귀국해서 1973년 3월 서강대 신문방송학과 조교수로 부임하여 교편을 잡다가 그해 9월 고려대 신문방송학과로 자리를 옮겼다. 그러나 1974년 8월 문화공보부 보도국 보도담당관으로 관계(官界)로 들어갔다.

이들 3명의 박사학위자 이외에 1973년에는 미국에서 커뮤니케이션 관련 석사학위를 받은 유재천(劉載天)·원우현(元佑鉉)·손용(孫龍)도 교수로 참여했다. 유재천은 1973년 미국 미네소타대학에서 신문학 석사학위를 받고 귀국해서 경희대 신문방송학과 조교수로 부임했다가 1974년 서강대 신문방송학과로 옮겼다. 원우현은 1971년 미국 보스턴대학 커뮤니케이션대학에서 홍보학 석사학위를 받고 경희대 신문방송학과 조교수로 취임하여 교편을 잡다가, 다시 도미해서 1977년 보스턴대학에서 매스컴 박사학위(학위논문: "Values and Mass Media Preferences of Korea Immigrants")를 취득하고 돌아와서 고려대 신문방송학과로 자리를 옮겼다. 한편 손용은 1969년 미국 컬럼비아대학에서 방송학 석사학위를 받고, 1973년부터 중앙대 신문방송학과에서 교편을 잡다가 1978년 미국 캘리포니아대학에서 커뮤니케이션 박사학위를 받았다.

2) 1970년 중·후반 부임한 각 대학 언론 관련 학과 교수 실태

1974년에는 최창섭(崔昌燮)과 오인환(吳仁煥)이 새로 교수진에 참여했으며, 한양대 신문학과 교수 오진환(吳鎭煥)은 미국에서 박사학위를 받고 돌아왔다. 이들 중 최창섭은 1971년 미국 시러큐스대학에서 방송학 석사학위를, 1974년 오클라호마주립대에서 언론학교육 박사학위(학위논문: "Personality and Program Preferences Regarding Violence on Television")를 취득하고 돌아와 서강대 신문방송학과 전임교수로 취임했다. 그리고 오인환은 1971년 미국 하와이대학에서 사회학 석사, 1974년 8월 같은 대학에서 사회학 박사학위(학위논문: "The Korean Journalists: A Study on Dimensions of Role")를 취득하고 그해 가을 경희대 신문방송학과 전임교수로 취임해서 학생들을 가르치다가, 1978년 연세대 신문방송학과로 자리를 옮겼다. 한편 오진환은 1974년 미국 아이오와대학에서 매스컴 전공 철학박사학위(학위논문: "Toward a Practical Approach to Journalism in Developing Countries: The Case of

South Korea")를 받고 귀국해서 다시 한양대 신문학과 교수로 복직했는데, 그는 1964년 미국 오리건대학에서 신문학 석사학위를 취득하고 귀국해서 1965년부터 한양대 신문학과에서 언론학을 가르치다가 다시 도미해서 박사학위를 받고 돌아온 것이었다.

1975년에는 박홍수(朴興壽)가 미국에서, 김경근(金景根)은 독일에서 박사학위를 받고 귀국해서 각각 연세대와 고려대 신문방송학과 교수로 부임했다. 박홍수는 1969년 미국 시카고대학교에서 사회학 석사학위를, 1975년 하와이대에서 사회학 박사학위(학위논문: "Determinants and Consequences of Internal Migration in Korea: with Special References to Occupational Mobility")를 취득했다. 한편 김경근은 독일 뮌헨대학에서 1974년 12월 공시학(公示學, Publizistik) 전공의 철학박사학위(학위논문: "Die Neue Zeitung im Dienste der Reeducation für die Deutsch Bevolkerung 1945-1946")를 받았다.

1976년에는 새로 언론학 관련 학과 교수가 된 사람이 없으나, 1977년에는 송유재(宋裕才)·이경자(李京子)·이준일(李俊一) 세 사람이 언론학계 교수진에 새로 참가했다. 송유재는 1975년 미국 플로리다대학교에서 커뮤니케이션 박사학위를 받고 귀국해서 한국교육개발원 책임연구원, 심의실장을 역임하다가 이화여대 신문방송학과 교수로 부임했다. 이경자는 미국 남일리노이대학교에서 1977년 매스컴 박사학위(학위논문: "An Experimental Study of the Relationship among Dogmatism, Sourcecredibility, Sourcemessage Orientation and Message Encoding-Decoding Behavior among Student Reporters")를 받고 경희대 신문방송학과 조교수로 부임했다. 그리고 이준일은 1974년 미국 시러큐스대학에서 행정학 박사과정을 수료하고 귀국해서 1977년 중앙대 광고홍보학과 전임교수로 취임했다.

1978년에는 이정춘(李正春)과 김정기(金政起)가 각각 중앙대와 한국외국어대 교수로 부임했다. 이정춘은 독일 뮌스터대학에서 1973년 신문학 석사, 1977년 신문학 박사학위(학위논문: "Community Development durch Selbthifegruppen")를 받고 귀국, 중앙대 신문방송학과 조교수로 취임했다. 한편 김정기는 1973~1974년간에 미국 컬럼비아대학교 신문대학원 및 국제문제대학원에서 수학하고 돌아와 언론계에 종사하다가 1978년 한국외대 홍보학과 교수로 동참했다.

1979년에는 홍기선(洪起善)이 경희대 신문방송학과 조교수로 취임했는데, 그는 1974년 미국 시러큐스대학에서 방송학 석사, 1978년 미네소타대학에서 신문학 박사학위(학위논문: "Development Aspects of Children's Impression of Television Characters")를 취득했다.

이와 같이 1970년대에는 미국 · 독일 · 일본에서 교육을 받은 모두 19명의 젊은 학자들이 각 대학 언론 관련 학과 교수로 새로 참여했는데, 그중 14명은 박사학위 취득자였으며, 이들 중 12명은 미국에서, 2명은 독일에서 박사학위를 받았다.[6]

3) 국내 석사학위 취득자들도 신문학계 교수로 동참 시작

이와 같은 교수들 이외에 1970년대에는 그간에 국내에서 석사학위를 받은 학자들도 교수로 참여했다.[7] 1970년 이광재(李光宰)가 경희대 신문방송학과 전임강사로 취임했는데, 그는 1965년 경희대 국문학과를 졸업한

6 1970년 이전에 국내외에서 박사학위를 취득한 신문학 관련 교수는 모두 합쳐 겨우 5명이었는데, 김규환(金圭煥)이 1959년 일본 도쿄대학에서, 박유봉(朴有鳳)이 1960년 독일 뮌헨대학에서, 장용(張龍)이 1967년 미국 미주리대학에서, 최정호(崔禎鎬)가 1968년 독일 서베를린자유대학에서, 임근수(林根洙)가 1968년 중앙대에서 박사학위를 받았다.

7 1945년 광복 이후 국내에서 신문방송학을 공부하고 처음 교수가 된 사람은 최진우(崔鎭宇)였는데, 그는 1966년 중앙대에서 우리나라 최초로 신문학 문학석사(학위논문: "한국신문의 기사 변천에 관한 연구")를 받고 1967년 같은 대학 신문학과 전임강사가 되었다.

뒤, 1968년 같은 대학 대학원에서 정치학 석사학위(신문방송학 전공)를 받고 1969년부터 신문방송학과 강사를 역임하다가, 1970년 경희대 전임강사가 되었다.

1972년에는 중앙대 신문방송학과 출신의 리대룡(李大龍)이 모학과(母學科) 전임강사가 되었는데, 그는 1964년 중앙대 신문학과를 졸업한 뒤, 1967년 같은 대학에서 "한성순보에 관한 연구"라는 논문으로 신문학 전공 문학석사 학위를 받았다. 그리고 중앙대를 비롯한 여러 대학의 강사를 역임하다가 1972년 중앙대 신문학과 전임강사로 전임교수진에 참여했는데, 이는 국내 대학의 학부(학사과정)에서 신문학을 전공한 사람들 중에서 처음이었다. 그 후 리대룡은 1974년 3월 1일 중앙대가 기존의 신문학과(1958년 창설)와는 별도로 광고홍보학과도 설치하자, 이 학과 초대 학과장으로 부임했다.

1976년에는 정수경(鄭壽景)이 한양대 신문학과 전임강사로 취임했는데, 그는 1961년 경희대 영문학과를 졸업하고, 1963년 서울대 신문연구소 제1기 연구생으로 들어가 1년 동안 매스컴 관계 교육을 받은 뒤, 1970년 서울대 신문대학원에서 문학석사학위를 받았다.

1978년에는 박정규(朴正圭)가 청주대 신문방송학과 초대 학과장 겸 조교수로 취임했다. 그는 1969년 고려대 정치외교학과를 졸업한 뒤, 1972년 서울대 신문대학원에서 석사학위를 받고, 1974년부터 같은 대학에서 박사과정을 이수 중이었는데, 전공분야는 언론사(言論史)였다.

1979년에는 오두범(吳斗凡)과 정대철(鄭大澈)이 새로 전임교수진에 참여했는데, 오두범은 1968년 서울대 사범대학 국어과를 졸업하고, 1974년 서울대 신문대학원에서 문학석사학위를 받았으며, 1978년 서울대 대학원에서 신문박사과정을 수료한 뒤, 청주대 신문학과에 조교수로 참여했다. 한편 정대철은 한양대 신문학과 전임강사로 취임했는데, 그는 1968년 한양대 신문학과를 졸업하고, 1972년 같은 학과에서 석사학위를 받은 뒤, 경희대에서 신문방송학 박사과정을 이수 중이었다. 이처럼 1970년대에는 국내에서 신문방송학을 공부한 사람들 중 5명이 교수진에 합류했다.

4) 1970년대 말 전국 4년제 신문방송 관련 학과 교수 현황

1970년대에는 이와 같이 외국에서 석·박사학위를 받은 19명, 국내에서 석사학위를 받은 6명, 총 25명이 신문방송 관련 학과 교수로 새로 참여했다. 그러나 그간에 기존의 교수들 중 3명이 작고했고 4명은 퇴임했는데, 중앙대 신문방송학과 곽복산 교수가 1970년 12월 24일, 한양대 신문학과 장용 교수는 1977년, 서울대 신문학과 임근수 교수는 1979년 1월 21일 작고했다.

또한 고려대 신문방송학과 오주환 교수는 1973년 제9대 유정회 국회위원이 되면서 퇴임했으며, 서강대 신문방송학과 존 미첼(John Mitchell) 교수도 1975년 퇴임했고, 이화여대 정충량 교수는 1977년 숙명여자고등학교 교장으로 옮겨 가면서 퇴임했고, 중앙대 신문학과 최준 교수는 1979년 2월 정년퇴임했다.

한편 1975년 2월 서울대 신문대학원이 폐쇄되자, 그간에 이 대학원의 교수로 재직해 왔던 김일철(사회학), 오갑환(사회학), 조명환(심리학), 최명(정치학) 교수가 자신들의 본래 전공학과로 옮겨 갔다. 그리하여 1979년 말 전국 11개 대학 12개 언론 관련 학과에 재직 중인 교수는 모두 합쳐 51명이었는데(〈표 5-2〉 참조), 이는 1969년 말 26명에 비해 거의 2배나 증가한 것이었다. 하지만 각 학과의 교수 수(數)는 평균 4.25명으로, 가장 많은 곳이 6명이었고, 적은 곳은 겨우 2명이었다.

참고로 1979년 말 전국 언론 관련 학과 재직 교수 51명 중에서 잠정

표 5-2 1970년대 말 4년제 대학 언론 관련 학과 교수진 현황

대학 및 학과명	설립 연도	교수진	인원 (명)
경희대 신문방송학과	1965	한병구, 이광재, 이경자, 민준기, 홍기선	5
고려대 신문방송학과	1965	임상원, 윤용, 김경근, 원우현, 이세기	5
서강대 신문방송학과	1968	강현두, 김규, 유재천, 이근삼, 최창섭	5
서울대 신문학과	1975	김규환, 박유봉, 이상희, 차배근	4
성균관대 신문방송학과	1967	장을병, 김지운, 이신복	3
연세대 신문방송학과	1972	서정우, 이상회, 박흥수, 최정호, 오인환	5
이화여대 신문방송학과	1960	이해창, 김동철, 윤희중, 안광식, 송유재	5
중앙대 신문방송학과	1958	최진우, 손용, 이정춘, 윤창호	5
중앙대 광고홍보학과	1974	리대룡, 이우진, 이준일	3
청주대 신문방송학과	1978	박정규, 오두범	2
한국외대 홍보학과	1978	김정기, 박창희, 최선열	3
한양대 신문학과	1963	이강수, 오진환, 팽원순, 권오훈, 정수경, 정대철	6
합계			51

자료: 저자 정리.

적으로 신문방송학과에 적을 두었던 3명을 제외한 48명의 학적(學的) 배경을 분석해 보면, 〈표 5-3〉에서 보듯이 학부(학사과정)에서도 신문방송 관련 학문을 전공한 교수는 6명에 불과했으며, 나머지 42명은 다른 학문을 전공했다.

다음으로 48명의 교수들의 최종 학위를 보면, 학사(學士)가 4명, 석사와 박사가 각각 22명이었데, 22명의 석사학위자 중에서는 한국에서 학위를 취득한 사람이 8명이고, 나머지 14명(61%)은 모두 미국 석사들이었다. 한편 박사학위자의 경우를 보면, 총 22명 중에서 15명(68%)이 미국 박사들이었고, 독일 박사는 4명, 한국 박사가 2명, 일본 박사가 1명이었다.

표 5-3 1970년대 말 4년제 대학 언론 관련 학과 교수진(48명)의 학적 배경

학사(학부) 전공				최종학위 실태와 취득국가 (단위: 명)							
신문방송학 관련			다른 학문	학사		석사		박사			
한국	일본	미국		한국	일본	한국	미국	한국	미국	일본	독일
3	2	1	42	3	1	8	14	2	15	1	4
합계: 6 (12.5%)			42	4 (8.4%)		22 (45.8%)		22 (45.8%)			

* 잠정적으로 적을 두었던 경희대 민준기, 고려대 이세기, 중앙대 윤창호는 집계에서 제외했다.
** 학부(학사과정)에서 신문학을 전공한 6명 중 일본에서 2명은 이해창과 박유봉이며, 한국에서 3명은 이대룡(중앙대)·송유재(이화대)·정대철(한양대)이다.
자료: 저자 정리

3. 한국신문학회에서 각종 학술활동의 활발한 전개

1970년대에는 한국신문학회(이하 '신문학회'로 약칭)의 활동도 활성화되어 거의 매년 봄과 가을에 연구발표회를 개최했으며, 학술지 「신문학보」도 매년 꼬박꼬박 발간했다. 그런가 하면, 비록 큰 성과는 거두지 못했으나 '카리큐럼연구위원회'를 설치하여 우리나라에서 이상적인 신문방송 관계 교육을 위한 교과과정을 개발토록 시도하기도 했다. 또한 '용어통일연구위원회'도 설치하여 당시 혼란스러웠던 신문학 내지 커뮤니케이션 관련 우리말 용어를 통일해서 사용하도록 시도하기도 했다. 한편 1974년부터는 신문학회 내에 처음으로 '연구분과위원회'를 설치하여 각 분과별 연구활동을 촉진하기도 했다.

1) 카리큐럼연구위원회 · 용어통일연구위원회 · 연구분과위원회 설치

우리나라 대학에서 언론학 교육의 질을 높이고 표준화하기 위한 '카리큐럼(curriculum)연구위원회'의 설치는 1969년 11월 29일 열린 '1969년도 신

문학회 정기총회'에서 의결했다. 그리고 1970년 5월 5일 서울대 신문대학원 원장실에서 열린 이사회에서 카리큐럼연구위원회 위원장으로 장용(한양대 교수)을 선임했다. 장용 위원장은 9월 1일 제1차 카리큐럼연구위원회를 개최한 데 이어 몇 차례 더 회의를 열고 우리나라 각 대학 신문방송 관련 학과들의 교과과정의 문제점을 검토하면서 그 개선방안을 논의했다. 그러나 각 대학의 특수사정 등으로 인하여 모범적 교과과정을 제시하지 못하고 말았는데, 「신문학보」 제3호(1970. 12 발행)의 '편집후기'(p. 152)를 보면 다음과 같은 결과보고가 실려 있다.

> 1969년도 총회에서 결의된 바에 따라 신문학과 카리큐럼연구위원회가 구성되어 몇 차례 모임을 가지고 연구활동을 하여 왔습니다. 그 결과 많은 문제점들이 지적되고 좋은 의견들이 많았습니다마는 아직 이상적인 카리큐럼의 모델 형성에까지 결론을 얻지 못했습니다. 그것은 각 대학의 특수사정 등이 있어서 매우 어려운 문제가 있기 때문입니다. 이러한 사정에 따라 동 위원회는 우선 각 대학의 카리큐럼만 자료로 학보에 게재하기로 하였습니다. 앞으로 이를 참고로 회원 여러분께서도 카리큐럼 개선에 도움이 되도록 많은 연구를 하여 주시기 바랍니다.

커뮤니케이션 관련 우리말 용어의 통일을 꾀하기 위한 '용어통일연구위원회'의 설치도 앞서 '카리큐럼연구위원회'와 마찬가지로 1969년 11월 29일 개최한 '1969년도 신문학회 정기총회'에서 의결했다. 그리하여 1970년 5월 5일 열린 1970년도 제1차 이사회(장소: 서울대 신문대학원장실)에서 그 위원으로서 최정호(성균관대) · 이상희(서울대) · 임상원(고려대) · 안광식(이화여대) · 최진우(중앙대) 5명을 선정하여, 이들로 하여금 당시 혼란스러웠던 커뮤니케이션 관련 우리말 용어(영어 등 외국어 용어의 우리말 번역어 등)를 통일도록 했다. 용어통일연구위원들은 여러 차례 회합을 가졌으나 일이 순조롭게 진행되지 않았다. 그리하여 1971년 6월 19일 개최한 이사회에서 김일철(서울대)을 추가로 위원으로 선정해서, 그로 하여금 용어통일연구사업을 주관하도록 하고 그 결과를 이사회에서 심의하여 최종 결정하기로 했다. 그럼에도 불구하고, 용어통일연구사업도 앞서 카리큐럼연구사업과 마찬가지로 별다른 성과 없이 흐지부지 끝나고 말았다.

한편 우리나라도 외국의 학회들처럼 학회 내에 각종 연구분과위원회를 설치해서 분과별로 학술활동을 촉진하자는 제안은 1974년 5월 18일 서울대 신문대학원에서 열린 1974년도 정기총회에서 가결했다. 그에 따라 동년 5월 24일 5개의 연구분과위원회, 즉 ① 매스콤이론 및 방법연구분과위원회, ② 매스콤사연구분과위원회, ③ 매스콤법제연구분과위원회, ④ 국제커뮤니케이션연구분과위원회, ⑤ 광고 및 PR연구분과위원회를 설치하고,[8] 매스콤이론 및 방법연구분과위원회 간사로는 강현두(서강대), 매스콤사연구분과위원회 간사로는 최준(중앙대), 매스콤법제연구분과위원회 간사로는 장용(한양대), 국제커뮤니케이션연구분과위원회 간사로는 서정우(연세대), 광고 및 PR연구분과위원회 간사로는 윤희중(이화여대)을 각각 선정했다. 이들 연구분과위원회 간사들은 1974년 6월 18일 회의를 열고 사업계획과 운영방안을 논의했으며, 이어서 11월 16일 개최한 1974년도 추계연구발표회에서 임근수의 사회로 각 분과별 연구방향을 논의했다. 하지만 당시는 학회 회원수(數)가 그리 많지 않아서 그랬는지 각 분

8 이들 5개 연구분과위원회는 당시 미국의 대표적 저널리즘학회인 저널리즘교육협회(Association for Education in Journalism)의 4개 연구분과, 즉 ① Division of Communication Theory and Methodology, ② Division of Communication History, ③ Division of Communication Law and Institution, ④ Division of International Communication에다가 광고 및 PR연구분과위원회를 추가한 것이었다.

과별 연구활동이 제대로 이루어지지 않았다. 그러나 이것이 씨앗이 되어 15년 뒤인 1989년부터 한국언론학회(1985. 4. 27, 종래의 한국신문학회를 한국언론학회로 개칭)는 다시 연구분과들을 설치하고 각 분과별로 연구활동을 활발하게 전개하기 시작했다.

2) 「신문학보」도 매년 발간하고 연구발표회도 정기적으로 개최

이와 같이 1970년대의 각 연구분과별 활동은 제대로 이루어지지 않았지만, 학회 전체의 연구활동은 비교적 활발하게 이루어졌다. 학술지 「신문학보」를 매년 한 호(號)씩 꼬박꼬박 발간했으며, 연구발표회도 정기적으로 개최했다. 연구발표회는 1971년까지는 연 1회씩 개최했으나, 1972년에는 위수계엄령(衛戍戒嚴令) 관계로 열지 못했다. 하지만 1974년부터는 매년 2회 봄(춘계)·가을(추계) 연구발표회를 개최해서 발표자가 논문을 발표하면 그에 관하여 참여자들이 활발한 토론을 벌였는데, 1970년부터 1978년 춘계 연구발표회까지의 날짜, 장소, 발표논문과 발표자들을 소개해 보면 〈표 5-4〉와 같다.

이들 발표회 중에서 1975년도 추계연구발표회는 "매스미디어와 청소년의 일탈행위"를 주제로 한 심포지엄과 겸하기로 하고 문화방송과 경향신문의 후원을 얻어 춘천문화관광호텔에서 11월 27일과 28일 이틀에 걸쳐 개최했다. 그리고 발표 논문들을 가지고 「신문학보」 제8호(1976. 6. 15 발행)를 "매스미디어와 청소년의 일탈행위"에 관한 특집으로 꾸몄다.

신문학회는 정기연구발표회 이외에 또한 간담회도 수시로 열었다. 1970년 8월 19일에는 당시 방한(訪韓) 중인 미주리대학교 신문학 교수 존 메릴(John C. Merrill)을 맞이하여 한국 교수들과의 간담회를 한양대 여학생 회관에서 개최했다. 또 1971년 4월 3일에는 방한 중인 일본 도카이대

표 5-4 1970년대 신문학회 연구발표회 개최 날짜 · 장소 · 발표논문 · 발표자 일람

구분	날짜	장소	발표논문과 발표자
1970년도 (연 1회)	12. 11	중앙대 시청각교실	1. 오전부: ① 합의도달과정으로서의 커뮤니케이션(조명한), ② 한국도서민의 매스미디어 접촉태도에 관한 연구(황기오) 2. 오후부: ① 신문문장의 특성연구(최진우), ② 매스커뮤니케이션과학의 사회학적 연구(강현두), ③ 신문의 한글전용이 독자의 독서행위에 미치는 영향: 몇 가지 인자에 대한 분석(임상원)
1971년도 (연 1회)	12. 10	한양대 여학생회관	1. 오전부: ① 유형적 대중문화에 대한 비판적 고찰(이상회), ② 기능면에서 본 논설의 구조에 관한 일고찰(이한석) 2. 오후부: 한국신문의 경영에 관한 심포지엄: 김광섭(합동통신), 유지호(「서울신문」), 김동철(이화여대)
1972년도	위수계엄령 관계로 연기		
1973년도 춘계	4. 21	고려대 학생회관	① 매스커뮤니케이션이론에 관한 사회학적 방법론의 문제점(강현두), ② 언론자유의 측정(한태열), ③ 일본 TV방송이 부산지방 시민에게 미치는 영향(윤용)
1973년도 추계	11. 29	연세대 장기원교수 기념관	1. 오전부: ① 외국특파원의 직업에 대한 연구(서정우), ② Human Communication 연구에 있어서의 인류학적인 접근방법(이상회), ③ 정보원의 공신력(source credibilty)의 개념과 그 효과에 대한 고찰(차배근) 2. 오후부: 신문학연구의 반성에 관한 심포지엄: 발제강연(최준)
1974년도 춘계	5. 18	서울대 신문대학원 강당	① Public Relations의 학문적 성격 및 전문성에 관한 소고(김지자), ② TV 폭력프로그램을 중심으로 한 시청자의 배경, 성격 및 시청취향성 상호관계에 대한 연구(최창섭)
1974년도 추계	11. 16	중앙대 정경대 세미나실	1. 오전부: ① 언론인의 이직요인에 관한 고찰(오인환), ② 후진국방송의 교육적 효과연구(손용), ③ 개발도상국의 언론철학(오진환). 2. 오후 좌담회: 매스커뮤니케이션 분야별 연구방향
1975년도 춘계	5. 14	서울대 사회대 세미나실	① 신분불균형이 인구이동에 미치는 영향(박흥수), ② 유언비어의 발생과 전달(이효성)

구분	날짜	장소	발표논문과 발표자
1975년도 추계발표회 겸 심포지엄	11. 27 ~28	춘천문화 관광호텔	대주제: 매스미디어와 청소년의 일탈행위 ① 한국에 있어서의 매스미디어의 영향에 관한 사회적 관심의 추이(강현두), ② 우리나라 청소년 일탈행위의 경향분석(유재천), ③ 어린이와 텔레비전(이강수), ④ 영화가 청소년의 일탈행위에 미치는 영향(임상원), ⑤ 신문과 청소년의 일탈행위(서정우), ⑥ 주간지 · 지의 내용과 그것이 청소년에게 미치는 영향(오인환)
1976년도 춘계	6. 19	성균관대 계단회의실	① Koreanization 문제(김기중), ② 텔레비전의 정치적 효과(장을병), ③ 해외경제시장 진출에 있어서의 신문광고 전략(오인환), ④ 언론철학의 기초(오진환)
1976년도 추계	11. 6	한양대부속병원 강당	① 문화 이식과 매스미디어의 관계(원우현), ② 한국대학신문 주간의 의식분석연구(오진환), ③ 보도기사와 국어순화(최진우), ④ 개화기의 외국 뉴스의 소통에 대한 소고(박정규), ⑤ 행정부의 홍보 유형에 관한 조사연구(정대수)
1977년도 추계	11. 26	고려대 학생회관 회의실	① 동서 언론사상의 비교분석(오진환), ② TV 사회교양 프로그램의 효과적 편성과 제작을 위한 조사연구(김규), ③ 1920년대 기자들의 의식 성향: 특히 민간 3대지를 중심으로(최준)
1978년도 춘계	4. 29	이화여대 미관회의실	① 생각하는 매체로서의 TV(윤용), ② 광고 System의 커뮤니케이션 전략(윤희중), ③ 독일 방송 System에 관한 연구(이정춘), ④ 한국농촌사회에서의 메시지 전파에 관한 일고찰(원우현)

자료: 저자 정리.

학(東海大學) 광보학과 교수 쓰에마쓰 히로(末松廣)와의 간담회를 서울대 신문대학원에서 가졌다. 이어서 같은 해 6월 20일에는 당시 서던일리노이대학교(Southern Illinois University) 윌버 슈람(Wilbur Schramm) 교수를 초청하여 서울대 신문대학원에서 간담회를 가졌다. 1972년 11월 16일에는 Asian Mass Communication Research and Information Center(AMIC, 싱가포르 소재)가 주최한 동남아 순방 신문학 세미나에 참석 중인 14명의 커뮤니케이션 관련 교수들을 맞이하여 역시 서울대 신문대학원에서 간담회를 가졌다. 또 1973년 7월 4일에는 니혼대학(日本大學)의 도노키 게이이치(殿木圭一) 교수, 같은 해 9월 10일에는 도쿄대학 신문연구소의 이케나이 하지메(池內一) 교수, 1974년 12월에는 미국의 대니얼 리너(Daniel Lerner) 교수를 맞이해서 간담회를 가졌으며, 그 뒤에도 종종 외국 교수들과 간담회를 가지면서 국제교류활동을 전개했다.

4. 1970년대 커뮤니케이션학 연구·교육의 주요 동향

앞에서 1970년대 우리나라 커뮤니케이션학계의 주요 사항들을 살펴보았는데, 그러면 커뮤니케이션 교육과 연구의 동향은 어떠했는가? 우선 1970년대 커뮤니케이션 관련 학과들의 교과과정, 커뮤니케이션에 관한 저서·편저·번역서 등과 연구논문들에 나타난 주요 동향만 간단히 알아보기로 한다.

1) 전국 커뮤니케이션 관련 학과 교과과정에 나타난 주요 경향

앞서 살펴보았듯이 1970년대에는 모두 5개 대학에서 새로 커뮤니케이션 관련 학과들을 설치하여 1970년대 말에는 4년제 대학에만도 전국에 모두 12개의 커뮤니케이션 관련 학과들이 존재하게 되었다. 그러면 이들 학과에서는 어떤 과목들을 가르쳤으며, 그 주요 경향은 어떠했는가? 우선 1970년대 말 전국 12개의 4년제 커뮤니케이션 관련 학과들의 학사(學士) 과정 전공교과목들을 소개해 보면 〈표 5-5〉와 같다.

이들 전공과목의 주요 경향(trend)을 분석해 보기 위해, 총 341개 과목

표 5-5 1970년대 말 커뮤니케이션 관련 학과 학사과정 전공교과목

대학 및 학과명	전공교과목	비고
경희대 신문방송학과 (24개 과목)	[2학년] 신문학개론, 커뮤니케이션이론(I), 매스컴사(I · II), 영문기사, 방송론, 화법 [3학년] 커뮤니케이션이론(II), 커뮤니케이션조사방법(I), 커뮤니케이션과 사회, 매스컴원서, 보도편집론, 매스미디어비교, 방송편성, 광고PR론(I), 출판잡지론, 선전론 [4학년] 커뮤니케이션조사방법(II), 커뮤니케이션효과분석, 매스컴특강(I · II), 언론법, 광고PR론(II), 실습(신문 · 라디오 · TV)	커뮤니케이션연구소와 공동으로 논문집 「커뮤니케이션연구」 연 1회 발간
고려대 신문방송학과 (29개 과목)	[전공필수] 매스컴론, 신문론, 방송론, 매스컴효과, 매스컴연구방법, 매스컴과 사회 [전공선택] 현대커뮤니케이션이론, 커뮤니케이션과정론, 커뮤니케이션형태론, 개발커뮤니케이션, 푸블리찌스틱, 세계신문사, 한국신문사, 신문방송윤리와 법규, 비교언론제도, 신문편집, 취재보도론, 신문실습, 사진론, 방송편성운영, 라디오연습, TV연습, 화법, 미디어광고론, 광고제작, PR이론, 여론선전, 연극영화론, 현장실습(신문사 · 방송국에서 15일간)	신문방송연구소 부설 학생실습지 「신문방송학보」 발간
서강대 신문방송학과 (34개 과목)	매스커뮤니케이션개설, 커뮤니케이션이론, 사회조사방법론, 커뮤니케이션통계분석론, 매스미디어와 현대사회, 매스컴사회학, 푸블리찌스틱, 매스컴문화사, 한국언론사, 대중문화론, 비교매체론, 국제커뮤니케이션론, 신문학개론, 신문보도론, 신문제작, 사진저널리즘, 방송원론, 한국방송론, 방송편성론 및 분석, 방송보도론, 교육방송론, 스피치, 라디오제작, TV제작, 광고론, PR론, 예술론, 연극개론, 연극사 및 형태론, 영화개론, 영화사, 영화제작, 여론과 선전, 대중설득론	신문 · 방송 · 영화 · 연극 실습시설 완비, 새로운 커뮤니케이션이론 교육에도 주력
서울대 신문학과 (32개 과목)	[전공필수] 매스컴원론, 매스컴연구방법론(I · II), 커뮤니케이션이론, 커뮤니케이션사상사, 커뮤니케이션학사, 세계미디어발달사, 한국미디어발달사, 국제커뮤니케이션론, 매스미디어제도론, 매스컴법제론, 매스컴효과론, 매스컴법제론, 매스미디어경영론, 매스컴특강, 신문원론, 방송원론 [전공선택] 매스컴과 현대사회, 매스컴과 문화, 커뮤니케이션과 사회발전, 커뮤니케이션과 지식사회, 커뮤니케이션과 사회문제, 매스컴연습, 독일신문학, 보도론, 신문편집론, 방송편성제작론, 출판잡지론, 광고론, PR론, 영화론, 여론과 선전	커뮤니케이션 분야 교육자와 연구자의 양성을 목표로 커뮤니케이션이론과 연구방법론 등의 교육에 치중

대학 및 학과명	전공교과목	비고
성균관대 신문방송학과 (21개 과목)	매스컴통론, 매스컴발달사, 정치커뮤니케이션론, 국제커뮤니케이션, 신생국매스컴론, 매스컴과 사회발전, 매스컴심리학, 매스컴연습(I · II), 매스컴연구방법, 내용효과분석론, 언론법제론, 신문학개론, 신문보도편집론, 신문문장론, 방송학개론, 방송제작론, 영상론, 광고론, 광고심리학, PR론	학생실습지로 「신우저널」 연 2회 발간, 교내 방송실습실에서 방송실습
연세대 신문방송학과 (30개 과목)	[1학년] 신문학개론, 매스컴사회심리 [2학년] 커뮤니케이션이론(I · II), 한국언론사, 커뮤니케이션심리, 사회통계 [3학년] 커뮤니케이션통제이론, 커뮤니케이션조사방법, 구미언론사, 국제커뮤니케이션, 매스컴과 현대사회, 커뮤니케이션원서강독, 신문론, 시사문제분석, 방송론, 시사영어연습 [4학년] 인간커뮤니케이션, 미디어체계와 사회체계, 개혁커뮤니케이션, 커뮤니케이션과 문화, 커뮤니케이션과 사회변동, 비교매스컴론, 교육방송론, 광고론, PR론, 영화론, 시사영어연습, 졸업논문	커뮤니케이션과학의 이론과 실제를 교육, 해당 분야 전문가 배출을 목적 실습지 「신방학보」 발간, 대학언론기관과 연계해 실습
이화여대 신문방송학과 (24개 과목)	[2학년] 신문학개론, 방송개론, 현대신문론, 시사영어 [3학년] 매스커뮤니케이션이론, 매스커뮤니케이션심리, 매스커뮤니케이션윤리 및 법제, 정보론, 조사방법론, 보도기사론, 보도사진론, 신문제작론, 현대방송론, 방송제작론, 출판잡지론, PR선전론 [4학년] 국제커뮤니케이션, 한국신문사, 신문연습, 방송연습, 영화론, 광고론, 광고제작, 원서강독	신문실습지 「주니어 저널리스트」 연 7~8회 발간, 연극공연, 보도사진전시회 개최
중앙대 신문방송학과 (28개 과목)	[기초과목] 커뮤니케이션개론 [전공필수] 신문원론, 방송원론, 신문발달사, 신문편집론, 방송연출론 [전공선택] 매스컴과 사회발전, 국제커뮤니케이션, 그래픽커뮤니케이션, 매스컴조사연구, 매스컴윤리법제, 매스컴세미나, 커뮤니케이션사회심리학, 신문방송영어원강(I · II · III), 기사작성론, 해설기사론, 신문보도연습, 보도사진연습, 신문제작실습, 비교신문학, 출판잡지론, 방송보도실습, 방송편성론, 방송제작실습, PR광고론, 화술론	학부생은 신문반과 방송반으로 나눠, 신문반은 실습지 「새철필」을 발간하고, 방송반은 월 1회 R/TV 제작실습
중앙대 광보학과 (36개 과목)	[기초과목] 커뮤니케이션개론 [전공필수] 광고원론, PR원론, 여론과 선전론, 조직광보론, 국제광보론 [전공선택] 마키팅커뮤니케이션론, 그래픽커뮤케이션, 광보영어원강(I), 광고매체론, 광고관리론, 광고대행사론, 광고매체실습, 광고PR윤리법제, 광고PR사회학, 한	국내 유일의 광고·PR 전공학과로서 한창 성장 중인 광고·홍보 산업 분야 전문 인력 양성

대학 및 학과명	전공교과목	비고
	국광보PR론, 광고조사분석, 광고PR심리학, 광고표현실습, 기업PR론, 사회단체PR론, 사보제작연습, 정부공보론, 퍼블리시티실습, 광보영어원강(II), 대인광보론, 광보지역연구(I · II · III), 자유진영광보론, 공산권광보론, 제3세계광보론, 광보연습, 정부 및 국제광보연습, 광보인턴쉽(현장실습), 의미론	
청주대 신문방송학과 (31개 과목)	[1학년] 매스컴개론, 한국매스컴사 [2학년] 국제커뮤니케이션, 매스컴효과론, 조직커뮤니케이션, 신문원론, 세계신문사, 한국신문론, 취재보도론, 보도사진론, 방송론, 광고론, PR론, 여론선전 [3학년] 커뮤니케이션이론, 매스콤연구방법론, 언론사상사, 매스컴과 사회, 매스컴법제론, 신문편집론, 신문제작론, 라디오편성제작론, TV편성제작론, 영화론, 광고제작론 [4학년] 커뮤니케이션사, 설득커뮤니케이션, 매스컴특강, 신문방송경영론, 특수신문론, 출판잡지론	학생실습지로 「청대기별」 발간, 신문반 · 방송반 · 사진반을 두어 특별활동 실시
한국외대 홍보학과 (12개 과목)	홍보학개론, 매스컴원론, 매스컴사, 보도작문론, 뉴스영역, 특수영역보도, 사진보도론, 방송론, 방송프로제작론, 광고론, PR론, 출판론	
한양대 신문방송학과 (41개 과목)	[1학년] 언론학개론, 매스컴개론 [2학년] 커뮤니케이션이론, 한국언론사, 신문론, 취재보도론, 보도사진론, 보도사진실습, 방송론, 광고론, 스피치커뮤니케이션, 시청각커뮤니케이션 [3학년] 커뮤니케이션론, 커뮤니케이션특강, 매스컴론, 조사방법론, 특수지론, 과학기사, 휘쳐기사, 신문편집론, RTV편성론, 보도사진론, 촬영론, 사진실습, 시청각론, 광고심리학, 광고도안편집론, 시사영어 [4학년] 언론법, 언론사상사, 대중문화론, 미디어경영론, 커뮤니케이션 리서치, 신문학연습, 신문실습, 라디오방송실습, TV실습, PR론, 매스컴특강, 영화론, 시사영어연습	실습지 「크로노스」 연 1회 발간, 매년 광고도안 전시회와 보도사진전시회 개최, 연극공연, 여론조사 실시

자료: 『1980년도신문방송연감』(한국신문연구소, 1980), pp. 528–531에서 정리.

을 크게 개론 · 총론 · 각론 과목으로 나누고, 총론 과목은 다시 신문학회의 5개 연구분과 분류방법에 따라 (1) 커뮤니케이션이론, (2) 커뮤니케이션역사, (3) 국제커뮤니케이션, (4) 커뮤니케이션 연구방법, (5) 기타 분야로 나누고, 각론 과목은 다시 매체 유형에 따라 ① 신문, ② 출판 · 잡지,

③ 방송, ④ 영화 · 연극, ⑤ 광고 · PR, ⑥ 대인(對人) 및 조직커뮤니케이션, ⑦ 기타 분야로 나누어 보았다. 그러나 중앙대 광고홍보학과와 한국외국어대 홍보학과는 주로 광고 · PR 분야 전문학과이므로, 이들 학과의 전공교과목을 전체 분석에 포함시키면 자연히 광고 · PR 분야 과목의 비중이 높아져 전제적 경향을 정확하게 알아볼 수 없었다. 따라서 중앙대 광고홍보학과와 외국어대 홍보학과의 전공과목 48개는 전체 경향 분석에서 제외했다. 또한 각 대학 커뮤니케이션 관련 학과 교과과정에서 시사영어, 논문 등의 과목도 제외했다. 이러한 기준으로 전국 10개 커뮤니케이션 관련 학과의 학사(學士)과정에서 순수 전공교과목 285개를 분석해 본 결과, 각 분야별 과목의 빈도와 그 백분율(%)이 〈표 5-6〉과 같이 나타났다.

이 표에서 우선 '개론'의 과목명을 보면, 1960년대까지는 주로 '신문학개론'이나 '신문방송학개론'이었으나, 1970년대에는 '매스커뮤니케이션개설'(2개), '매스컴개론'(2개), '매스컴통론'(1개), '매스커뮤니케이션원론'(2개), '매스컴론'(2개) 또는 '언론학개론'(1개) 등으로 바뀠다. 또한 일부 대학들은 '커뮤니케이션개론'(3개)으로 변경했는데, 이는 과거의 전통적 신문학(journalism)의 교육 영역이 매스커뮤니케이션 내지 커뮤니케이션으로 확대 · 발전했음을 의미한다고 볼 수 있다.

그다음 '총론' 중 5개 분야의 과목명을 보면, 커뮤니케이론 과목들의 백분율이 전체의 7.4%로서, 1950~1960년대에 비해 크게 증가했다. 그런가 하면, 커뮤니케이션 연구방법 과목들도 증가해서 거의 모든 커뮤니케이션 관련 학과에서 반드시 1~2개 과목을 가르쳤으며, 통계방법을 가르친 학과도 2개나 되었다.

한편 '각론' 분야를 보면, 신문 분야가 전체 과목 중 18.9%를 차지해서 비중이 가장 높았으며, 다음이 방송 관계 과목들로서 전체의 13.3%를 차지해 아직도 신문과 방송에 관한 교육이 주류를 이루고 있음을 보

표 5-6 1970년대 말 9개 대학 9개 신문방송 관련 학과 교과과정 분류표(총 285과목)

구분		과목명	과목수(%)
1. 개론		커뮤니케이션개론(3), 매스커뮤니케이션개설(2), 매스커뮤니케이션원론(2), 매스컴개론(2), 매스컴통론(1), 매스컴론(2), 언론학개론(1), 신문학개론(5)	18 (6.3)
2. 총론	커뮤니케이션 이론	커뮤니케이션이론(8), 현대커뮤니케이션이론(1), 매스커뮤니케이션이론(1), 커뮤니케이션과정론(1), 커뮤니케이션형태론(1), 매스컴효과론(3), 개발커뮤니케이션론(1), 개혁커뮤니케이션론(1), 정보론(1), 푸블리지스틱 · 독일신문학이론(3)	21 (7.4)
	커뮤니케이션 역사	커뮤니케이션 · 매스컴사(2), 매스컴발달사(1), 세계미디어사(1), 세계신문 · 발달사(3), 구미언론사(1), 한국언론사 · 신문사(5), 한국매스컴사 · 미디어발달사(2), 커뮤니케이션 · 언론사상사(3), 매스컴문화사(1), 커뮤니케이션학사(1)	20 (7.0)
	커뮤니케이션 법제·윤리·경영	매스커뮤니케이션윤리법제(2), 매스컴 · 언론법제론(4), 언론법(2), 신문방송윤리와 법규(1), 매스미디어경영론(2), 신문방송경영론(1), 커뮤니케이션통제이론(1)	13 (4.6)
	국제 커뮤니케이션	국제커뮤니케이션론(7), 비교매스컴론(1), 비교신문학(1), 매스미디어비교(1), 비교매체론(1), 매스미디어제도론(1), 미디어체계와 사회체계(1), 신생국매스컴론(1)	14 (4.9)
	커뮤니케이션 연구방법론	커뮤니케이션연구방법(1), 커뮤니케이션조사방법(3), 매스컴연구방법론(4), 매스컴조사연구(1), 조사방법론(1), 사회조사방법론(1), 사회통계(1), 커뮤니케이션통계분석론(1), 커뮤니케이션내용효과분석(1), 커뮤니케이션효과분석(1)	15 (5.3)
3. 각론	신문 커뮤니케이션	신문론 · 원론(9), 현대신문론(1), 한국신문론(1), 특수지 · 신문론(2), 취재보도론(3), 신문보도론(2), 보도기사론(1), 보도편집론(1), 기사작성론(1), 시사문제분석(2), 해설기사론(1), 과학기사(1), 휘쳐기사(1), 영문기사(1), 시사영어연습(1), 신문문장론(1), 신문보도연습(1), 신문보도편집론(1), 신문편집론(5), 신문제작론(3), 신문제작실습(1), 신문실습 · 연습(4), 사진론(1), 사진저널리즘(1), 보도사진론(4), 보도사진연습 · 실습(2), 사진실습(1), 신문연습 · 실습(2)	54 (18.9)

구분		과목명	과목수(%)
3. 각론	출판잡지 커뮤니케이션	출판잡지론(5)	5(1.8)
	방송 커뮤니케이션	방송개론(1), 방송학개론(1), 방송론(5), 방송원론(3), 현대방송론(1), 한국방송론(1), 교육방송론(2), 시청각커뮤니케이션(2), 방송편성론(3), 방송편성운영(1), 방송편성제작론(1), 방송편성론 및 분석(1), 방송보도론(1), 방송보도실습(1), 방송연출론(1), 방송제작론(2), 라디오편성제작론(1), 라디오제작(1), 라디오방송연습 · 실습(3), TV편성제작론(1), TV제작(1), TV연습 · 실습(2), 방송제작실습(2)	38 (13.3)
	영화 · 연극 커뮤니케이션	연극영화론(1), 영화개론(1), 영화론(5), 영화사(1), 영화제작(1), 촬영론(1), 영상론(1), 예술론(1), 연극개론(1), 연극사 및 형태론(1)	14 (4.9)
	광고 · PR 커뮤니케이션	설득커뮤니케이션(1), 광고PR론(3), 광고론(7), 미디어광고론(1), 광고도안편집론(1), 광고심리학(2), 광고제작론(3), PR론(6), PR이론(1), PR선전론(1), 선전론(1), 정치커뮤니케이션론(1), 여론과 선전론(4), 대중설득론(1)	33 (11.6)
	대인 · 조직 커뮤니케이션	인간커뮤니케이션(1), 스피치커뮤니케이션(2), 화법 · 스피치(4), 조직커뮤니케이션(1)	8(2.8)
4. 기타	매스컴 · 매스미디어와 사회(5), 커뮤니케이션과 사회문제(2), 커뮤니케이션과 사회발전(3), 커뮤니케이션과 사회변동(1), 커뮤니케이션과 지식사회(1), 매스컴 · 커뮤니케이션심리(2), 매스컴사회학(1), 매스컴심리학(1), 매스컴과 문화(1), 대중문화론(2), 커뮤니케이션 · 매스컴특강(6), 매스컴세미나 · 연습(3), 커뮤니케이션 · 매스컴원서강독(3), 커뮤니케이션 리서치(1)		32 (11.2)

* 특수분야인 중앙대 광고홍보학과와 한국외대 홍보학과 교과과정은 제외했음.
** 과목명의 괄호는 해당 과목수이며, 과목수의 괄호는 백분율(%)임.
자료: 저자 정리.

여 주었다. 하지만 광고와 PR 관계 과목의 비중도 크게 늘어나 전체의 11.6%를 차지해서 방송 관계 과목들의 비중에 근접하고 있었다.

다음으로 총론과 각론 과목의 비중을 살펴보면, 총론 과목의 백분율 합계는 29.2%, 각론 과목의 백분율 합계는 53.3%로서 각론 과목의 비중이 훨씬 높았다. 그러나 기타 과목의 성격이 총론 과목과 비슷하므로 기타와 총론 과목들과 합쳐 보면 그 백분율이 40.5%가 되는데, 1960년대까지는 총론 과목의 비율은 20~30%에 그쳤으며, 나머지 70~80%는 신문·방송 등 각 매체별 분야에 관한 각론 과목들이 차지했다. 따라서 이로 미루어 볼 때, 1970년대에는 총론 과목의 비중이 1950~1960년대보다 많이 증가했다.

2) 커뮤니케이션 관련 서적들에 나타난 주요 동향

1970년대에 출판한 커뮤니케이션 관련 저서·편저·번역서 등에 나타난 연구 동향을 살펴보면, 1970년대에는 커뮤니케이션 관련 전문서적들이 무려 100여 종이나 나왔다. 이들 중에서 학술 성격의 주요 서적 68종만 골라서, 이들을 앞서 교과과정과 똑같은 분류기준에 따라 각 분야별로 분류해 보면 〈표 5-7〉과 같다.

(1) 커뮤니케이션학 개론서들에 나타난 주요 동향

우선 커뮤니케이션학 개론서(槪論書)부터 살펴보면, 김규환(金圭煥)이 미국의 윌버 슈람(Wilbur Schramm) 편, *Mass Communications*(Urbana: University of Illinois, 1960)를 번역해 1970년 『매스커뮤니케이션』이라는 이름으로 출판(서울: 서울대학교출판부)해서 미국의 매스커뮤니케이션학을 우리나라에 소개했다.

1971년 12월에는 우리나라 신문학의 선구자 곽복산(郭福山)이 『언론학개론』(言論學槪論)이라는 편저(編著)를 발간(서울: 일조각)했는데, 이 책은 모두 20명의 필자의 글을 모아 편찬한 것으로, 크게 5개 편(篇), 즉 제1편 언론연구와 제(諸)학파의 경향, 제2편 다중(多衆)보도의 기본원리(총론), 제

표 5-7 1970년대 발행 커뮤니케이션 관련 주요 서적의 분야별 목록(발행순)

<table>
<tr><th colspan="2">구분</th><th>책명</th></tr>
<tr><td colspan="2">1. 커뮤니케이션학개론</td><td>윌버 슈람 편, 김규환 역, 『매스커뮤니케이션』(서울대학교출판부, 1970).
곽복산 편저, 『언론학개론: 매스미디어종합연구』(일조각, 1971).
윌버 슈람 편, 한국신문학회 역, 『컴뮤니케이션』(탐구당, 1972).
차배근, 『커뮤니케이션학개론(상 · 하)』(세영사, 1976).
윌리엄 리버스 외, 이상회 · 목진자 역, 『매스커뮤니케이션총론』(법문사, 1976).</td></tr>
<tr><td rowspan="6">2. 총론</td><td>커뮤니케이션 이론</td><td>윌버 슈람, 최종수 역, 『커뮤니케이션이란 무엇인가』(전예원, 1977).
오토 레빈저, 김규환 · 원우현 역, 『설득커뮤니케이션』(전예원, 1979).
임상원 · 원우현, 『매스커뮤니케이션 전파와 문화』(고려대학교출판부, 1979).</td></tr>
<tr><td>커뮤니케이션 역사</td><td>S. Hood, 이광재 역, 『유럽매스컴발달사』(일신사, 1974).
정진석, 『일제하한국언론투쟁사』(정음사, 1975).
차배근 · 이대룡 · 정진석 · 박정규 편저, 『한국신문학사』(정음사, 1977).
김규환, 『일제의 대한(對韓) 언론 · 선전정책』(이우출판사, 1978).
정진석 편, 『한국언론관계문헌색인(구한말~1977)』(국회도서관, 1978).
계훈모 편, 『한국언론연표』(관훈클럽신영연구기금, 1979).</td></tr>
<tr><td>커뮤니케이션 법제·윤리·경영</td><td>이환의, 『매스컴경영론』(열화당, 1975).
서정우 · 차배근 · 최창섭, 『언론통제이론』(법문사, 1978).</td></tr>
<tr><td>국제 커뮤니케이션</td><td>서정우 · 팽원순 · 한병구, 『비교신문학』(법문사, 1975).
이상두, 『마르크스레닌주의와 언론: 북한언론의 본질과 비판』(범우사, 1979).</td></tr>
<tr><td>커뮤니케이션 연구방법론</td><td>차배근, 『사회통계분석방법론: 커뮤니케이션학 연구중심』(세영사, 1977).
차배근, 『커뮤니케이션연구방법』(세영사, 1979).</td></tr>
<tr><td>기타</td><td>윌버 슈람 편, 김일철 · 조명한 역, 『매스미디어와 국가발전』(을유문화사, 1971).
김규환, 『한국의 매스커뮤니케이션』(서울대학교출판부, 1973).
J. C. 메릴, R. L. 로벤스타인, 오인환 외 3인 역, 『매스컴과 사회』(1975).
말레츠케, 박유봉 · 김진홍 공역, 『매스커뮤니케이션심리학』(법문사, 1976).</td></tr>
</table>

구분		책명
	기타	마셜 맥루한, 박정규 역, 『미디어의 이해』(삼성출판사, 1977). 이상회, 『매스커뮤니케이션과 사회화』(평민사, 1978). 정철수, 『매스커뮤니케이션연구』(학문사, 1978). 김규환 편, 『한국컴뮤니케이션연구』(민중서관, 1978). 허버트 J. 캔스, 강현두 역, 『대중문화와 고급문화』(삼영사, 1978).
3. 각론	신문	임근수, 『신문발달사』(정음사, 1970). 이해창, 『한국신문사연구』(성문각, 1971). 오소백, 『매스컴문장강화』(삼육출판사, 1972). 한국편집기자협회 편, 『신문편집: 이론과 실제』(서울신문사 출판국, 1972). J. P. 죤스, 오소백 역, 『보도의 실제』(담수사, 1973). 박유봉 · 서정우 · 차배근 · 한태열, 『신문학이론』(박영사, 1974). 한국신문연구소 편, 『한국신문백년: 사료집』(한국언론연구원, 1975). 조선일보사공무국 편, 『신문인쇄기술』(조선일보사, 1976). 최준, 『한국신문사논고』(일조각, 1976). 최진우 편저, 『신문학강의』(중앙대학교출판국, 1979). 조지 보이스, 서정우 역, 『신문의 역사』(중앙일보 · 동양방송, 1979).
	출판 · 잡지	손보기, 『한국의 고활자』(보진재, 1971). 김두종, 『한국고인쇄기술사』(탐구당, 1972). 안춘근, 『현대출판학연습』(경인문화사, 1975). 안춘근, 『한국서지학』(경인문화사, 1975). 한국도서관학연구회 편, 『한국고인쇄사』(도서관학연구회, 1976). 안병열 편저, 『인쇄학개론』(형제사, 1979).
	방송	J. C. 월러, 전영우 역, 『방송개설』(한국교육공사, 1970). 최준, 『방송론』(일조각, 1971). 신상현, 『방송보도론』(아이템풀, 1972). 손용, 『방송편성제작론』(중앙대학교출판국, 1974). 최요한, 『라디오TV방송드라마기법연구』(장학출판사, 1975). 김규, 『방송매체론』(법문사, 1976). 손용 · 최창섭, 『방송제작론』(중앙대학교출판국, 1976). 이환의, 『방송교육론』(열화당, 1976). 한국방송공사 편, 『한국방송사』(한국방송공사, 1976).
3. 각론	영화 · 연극	황옥수, 『영화제작기법』(시청각교육사, 1972). 로 뒤카, 황옥수 역, 『영화세계사』(시청각교육사, 1974). 고승길, 『현대연극의 이론』(삼일각, 1975).

구분		책명
	광고 · PR	김원수, 『광고학개론』(박영사, 1971). 윤희중, 『PR론』(이화여자대학교출판부, 1977). 최창섭 편, 『교회와 커뮤니케이션총론』(성바오로출판사, 1978). 최창섭 편, 『교회와 미디어각론』(성바오로출판사, 1979). 문춘식 편, 『현대광고론』(에코노미아사, 1979). 경희대학교 커뮤니케이션조사연구소 편, 『매스콤과 광고』(대학문화사, 1979).
	여론 · 선전	로버트 레인 · 데비드 시어스, 원우현 역, 『여론원리』(법문사, 1973). 최정호, 『정치와 언어』(일지사, 1977). 장을병, 『정치적 커뮤니케이션』(태양문화사, 1978).
	기타	최병덕, 『사진의 역사』(진실과 평론사, 1978).

자료: 저자 정리.

3편 신문의 이론과 실제, 제4편 방송의 이론과 실제, 제5편 영상 · 잡지저어널리즘연구로 구성했다. 이 책의 서문에서 곽복산은 "우리나라의 신문학은 이제 기로(岐路)에 직면해 있으며, 이 분야의 학문을 체계화하고 독립된 과학으로 정립시켜야 할 단계에 처해 있다"면서 미국의 새로운 매스커뮤니케이션학 내지 커뮤니케이션학과 독일의 공시학(公示學) 등을 도입하되, 그것들을 체계화하여 독립된 과학으로 정립할 것을 촉구했다. 그러면서 '신문학'이라는 종래의 명칭을 '언론학'으로 바꿀 것을 제안, 책명도 『언론학개론』이라고 붙임으로써, 이때부터 '신문학'이라는 명칭 대신 '언론학'이라는 용어가 사용되기 시작했다.

1972년 1월 윌버 슈람 편, 한국신문학회 역, 『컴뮤니케이션』(서울: 탐구당)이 나왔는데, 이 책은 한국신문학회 번역사업의 일환으로 김일철(서울대 신문대학원) 등이 윌버 슈람 편, *The Science of Communication*(New York: Basic Books, 1963)을 번역해서 발행한 것이었다.

1976년 9월에는 차배근 저, 『커뮤니케이션학개론』(상 · 하)을 세영사에

표 5-8 차배근 저『커뮤니케이션학개론』(상 · 하)의 편 · 장 · 절 목차

상권 (신국판 599쪽)	하권 (신국판 548쪽)
제1편 커뮤니케이션학 서설(序說)	제3편 매스커뮤니케이션론
제1장 커뮤니케이션의 개념	제10장 신문 · 통신 커뮤니케이션론
제2장 커뮤니케이션학의 성립과 발전	제11장 방송 · 영화 커뮤니케이션론
제3장 커뮤니케이션학의 본질과 체계	제12장 잡지 · 출판 커뮤니케이셔론
제2편 커뮤니케이션학 총설	제4편 대인 및 집단커뮤니케이션론
제4장 커뮤니케이터론	제13장 대인 스피치커뮤니케이션론
제5장 커뮤니케이션 메시지론	제14장 집단 커뮤니케이션론
제6장 커뮤니케이션 매체론	제1절 소집단 커뮤니케이션론
제7장 커뮤니케이션 수용자론	제2절 조직 커뮤니케이션론
제8장 커뮤니케이션 효과론	제5편 설득커뮤니케이션론
제9장 커뮤니케이션 상황론	제15장 광고 커뮤니케이션론
제1절 커뮤니케이션역사	제16장 PR 커뮤니케이션론
제2절 국제커뮤니케이션론	제17장 선전 커뮤니케이션론

자료: 차배근(1976),『커뮤니케이션학개론』(상 · 하), 목차.

서 발행했는데, 이 책의 편(篇)과 장(章) · 절의 목차만 간단히 소개해 보면 〈표 5-8〉과 같다. 이 표에서 보듯이 상권(上卷)은 2개 편으로 나누어 제1편 커뮤니케이션학 서설(序說)에서는 우선 제1장에서 커뮤니케이션학의 연구대상인 커뮤니케이션의 개념에 관하여, 제2장에서는 커뮤니케이션학의 성립과 발전에 관하여, 제3장에서는 커뮤니케이션학의 본질과 체계에 관하여 소개했다. 그리고 제2편 커뮤니케이션학 총설에서는 커뮤니케이션학의 연구대상인 커뮤니케이션 현상을 그 과정(communication process)에 따라 ① 커뮤니케이터(Communicator, 또는 Source) → ② 커뮤니케이션 메시지(Message) → ③ 커뮤니케이션 매체(Channel 또는 Medium) → ④ 커뮤니케이션 수용자(Receiver) → ⑤ 커뮤니케이션 효과(Effects), ⑥ 커뮤니케이션 상황(Setting)으로 나누어, 이들 각각의 커뮤니케이션 구성요소에 관하여 커뮤니케이션의 특정 유형에 관계없이 총체적으로 살펴보았다.[9]

다음으로 하권(下卷)은 각론(各論)에 관한 것으로, 커뮤니케이션 현상을 각 유형별로 크게 매스커뮤니케이션, 대인(對人)커뮤니케이션(interpersonal communication) 및 집단커뮤니케이션(group communication), 설득커뮤니케이션(persuasive communication)으로 나누었다. 그리고 매스커뮤니케이션은 다시 신문·통신, 방송·영화, 잡지·출판 커뮤니케이션으로 나누고, 설득커뮤니케이션은 다시 광고·PR·선전 커뮤니케이션으로 나누어 이들 각 유형의 커뮤니케이션 현상을 살펴보되, 이들을 다시 그 커뮤니케이터·메시지·매체·수용자·효과·상황으로 나누어 살펴보았다.

이러한 차배근의 『커뮤니케이션학개론』(상·하)에 관하여 중앙대 신문방송학과 이정춘 교수는 "기존의 통념적인 신문학의 체계를 뒤엎고 라스웰(Harold Lasswell)의 S-M-C-R-E 모형에 따라 신문학 이론을 체계화했으며, 신문지학에서부터 현대적인 미시커뮤니케이션 이론에 이르기까지 포괄적인 커뮤니케이션 이론을 체계화해서 언론학을 전공하는 당시 후학들에게 이론적 시야를 넓혀 주었을 뿐만 아니라, 당시 마땅한 교재가 부족했던 신문학도들에게 많은 자극을 준 본격적 언론학 교재로 평가받았다"고 "한국언론학교육 50년의 회고와 학문적 소회"라는 강연(중앙대 신문방송학과 50주년기념세미나, 2008. 11. 11, 중앙대대학원 국제회의장)에서 평가하였다.

(2) 커뮤니케이션학 총론에 관한 저서들에 나타난 주요 동향

커뮤니케이션학 총론(總論)에 관한 저서 중 우리나라 학자들이 저술한 주요 저서들만 살펴보면, 〈표 5-7〉에서 보듯이 커뮤니케이션 이론에 관한 저서로는 임상원·원우현 공저의 『매스커뮤니케이션 전파와 문화』(고려대

9 마지막의 커뮤니케이션 상황은 다시 시간적 및 지리적 상황으로 나누어 시간적 상황에서는 커뮤니케이션 현상이 시간에 따라 어떻게 변화·발전해 왔는지에 관한 커뮤니케이션 역사를 살펴보았고, 지리적 상황에서는 정치·지리적 상황에 따라 커뮤니케이션 현상이 어떻게 달라지는지에 관한 국제커뮤니케이션에 관하여 살펴보았다.

학교출판부, 1979)가 나왔다.

커뮤니케이션 역사(언론사)에 관한 저서로는 정진석의 『일제하한국언론투쟁사』(정음사, 1975)와 김규환의 『일제의 대한(對韓) 언론·선전정책』(이우출판사, 1978) 등이 나왔다. 이들 중 김규환의 저서는 그의 박사학위논문(일본 도쿄대학) "식민지조선에 있어서의 언론 및 언론정책사"(植民地下朝鮮に於ける言論および言論政策史)를 보완해서 책으로 낸 것이었다.

커뮤니케이션 법제·윤리·경영에 관한 주요 저서로는 서정우·차배근·최창섭 공저의 『언론통제이론』(법문사, 1978)과 이환의 저 『매스컴경영론』(열화당, 1975) 등이 나왔다. 이들 중 『언론통제이론』은 매스미디어에 대한 각종 통제, 예컨대 정치적·경제적 또는 광고주, 정보원(情報源), 공중(public) 등에 의한 통제가 매스미디어의 제도·내용·효과 등에 어떤 영향을 어떻게 미치는지 고찰한 저서였다.

국제커뮤니케이션에 관한 저서로는 서정우·팽원순·한병구 공저의 『비교신문학』(법문사, 1975), 이상두 저 『마르크스 레닌주의와 언론: 북한언론의 본질과 비판』(범우사, 1979) 등이 나왔다.

한편 커뮤니케이션 연구방법에 관한 저서로는 차배근의 『사회통계분석방법론: 커뮤니케이션학 연구중심』(세영사, 1977; 1978년 『사회통계방법』으로 개제)과, 『커뮤니케이션연구방법』(세영사, 1979; 1981년 『사회과학연구방법』으로 개제)이 나왔다.[10] 이들 저서는 우리나라 커뮤니케이션학계에 실증적 연구방법을 소개하는 데 크게 기여했는데, 1970년대부터 각 대학 신문학과와 신문방송학들이 실증연구방법론을 교과과정에 편성해서 교육하기 시작

10 이들 저서가 나오자 다른 학문분야에서도 많이 사용하면서 책 이름을 바꿔 달라는 요청이 많아, 『사회통계분석방법론』은 1978년 『사회통계방법』으로, 『커뮤니케이션연구방법』은 1981년 『사회과학연구방법』으로 개제했다.

했으나, 마땅한 교재가 없었기 때문이다.

그리하여 “당시 언론학도들이 필독서로 간주했던 차배근의 ‘3부작’(『커뮤니케이션학개론』·『사회과학연구방법』·『사회통계방법』)은 언론학이 엄밀한 사회과학적 방법론에 입각한 실증적 학문이라는 점을 각인시키는 데 기여했다”고 양승목(2009, p. 1039)은 “언론학연구50년: 성찰과 전망”이라는 글에서 서술했다.

(3) 커뮤니케이션학 각론에 관한 저서들에 나타난 주요 동향

커뮤니케이션학 각론(各論)에 관한 저서 중 신문 분야에 관한 것으로는 임근수의 『신문발달사』(정음사, 1970), 이해창의 『한국신문사연구』(성문각, 1971), 최준의 『한국신문사논고』(일조각, 1976) 등이 나왔다. 이들 중 임근수의 『신문발달사』는 세계 신문역사를 우리나라 학자로는 처음으로 체계적으로 정리한 역저(力著)였고, 이해창의 『한국신문사연구』와 최준의 『한국신문사논교』는 한국의 신문역사에 관한 깊이 있는 연구서였다. 그리고 박유봉·서정우·차배근·한태열 공저의 『신문학이론』(박영사, 1974)은 전통적인 신문학 체계 대신, 라스웰의 커뮤니케이션 모형(S-M-C-R-E)에 따라 신문론을 통제분석(control analysis), 내용분석(content anaslysis), 독자분석(audience analysis), 효과분석(effects analysis) 등으로 나누어 소개한 저서로서, 새로운 신문론 내지 신문학의 학문적 체계를 제시해 주었다.

한편 방송 분야에 관한 저서로는 최준의 『방송론』(일조각, 1971), 손용의 『방송편성제작론』(중앙대학교출판국, 1974), 이환의의 『방송교육론』(열화당, 1976) 등이 나와서 방송 분야 교재 부족의 해결에 큰 도움을 주었다. 그리고 광고·PR 분야의 저서로는 김원수의 『광고학개론』(박영사, 1971)과 윤희중의 『PR론』(이화여자대학교출판부, 1977)이 나왔는데, 이들 중 『광고학개론』의 저자 김원수는 경영학 전공 교수(서울대)였다.

마지막으로 여론·선전 분야에 관한 저서로는 장을병의 『정치적 커뮤니케이션』(태양문화사, 1978) 등이 발행되었다.

이상에서 살펴보았듯이 1970년대에는 커뮤니케이션학 각 연구분야에 관한 각론적 저서들이 많이 나온 것도 주요 동향의 하나였는데, 이는 우리나라 커뮤니케이션학도 각 분야별로 깊이 있게 연구·교육하기 시작했다는 것을 말해 주는 것이었다.

3) 「신문학보」 게재 논문들에 나타난 주요 동향

1970년대에 한국신문학회 학술지 「신문학보」에 게재된 학술논문들에 나타난 주요 경향을 살펴보면, 제3호부터 1979년도의 제12호까지 모두 10개 호를 발간했는데, 이들 10개 호의 목차를 각각 소개해 보면 〈표 5-9〉와 같다.

이들 10개 호에 실린 기사들 중에서 학술논문은 모두 81편이었는데, 그중에서 우선 세 번의 특집에 실린 논문들부터 살펴보면, 첫 번째 특집은 제6호(1973. 12 발행)의 최준(崔埈)교수회갑기념 특집으로, 이는 "한국커뮤니케이션연구의 반성"을 주제로 모두 9편의 논문으로 구성했다. 두 번째 특집은 제8호(1976. 6 발행)의 "매스미디어와 청소년의 일탈행위"에 관한 것이었는데, 이는 1975년 11월 27일과 28일 이틀 동안 춘천문화관광호텔에서 개최했던 1975년 추계연구발표회 겸 심포지엄에서 발표했던 "매스미디어와 청소년의 일탈행위"에 관한 6편의 논문으로 구성했다. 세 번째 특집은 제10호(1977년 발행)의 "커뮤니케이션과 발전"이라는 주제로, 이에 관한 23여 편의 논문(총 400여 쪽)으로 구성했는데, 이들 논문의 필자에는 신문학회 회원이 아닌 학자들, 예컨대 노명식(성균관대 사학과 교수), 소흥열(이화여대 철학과 교수), 왕인근(서울대 농경과 교수) 등도 포함되었다.

표 5-9 1970년대 「신문학보」 각 호(제3~12호)의 목차

구분	목차
제3호(1970) (논문 5건)	[논문] 신문학의 '푸블리찌스틱'학에로의 확대(박유봉), 매스 컴뮤니케이션 과학의 사회학적 연구(강현두), 신문문장의 특성연구(최진우), 선거기 정치 선전에 관한 분석연구(정대수), 한국방송윤리의 자율규제성과 그 문제점(목진자) [서평] 장용 저 『언론과 인권』(김철수), *Persuasive Communication* by Erwin P. Bettinhaus(임상원), *La Press En France* par Dr. Varin D'Sinvelle(곽한식) [자료] 각 대학 신문방송학과 카리큐럼 비교, 국내 석사학위일람표 [휘보] 학회일지, 회원명단, 편집후기
제4호(1971) (논문 6건)	[논문] 출판과 윤리: 저작권심의회 구성을 촉구(최준), 신문의 한글전용이 독자의 독서행위에 미치는 영향(오주환 · 임상원), 중앙방송국 경영형태에 관한 소고(문시형), 유형적 대중문화에 대한 비판적 고찰(이상회), 외신보도에 가해지는 Gate Keeper 기능(장두성), 지방언론인의 실태와 의식구조(조대희) [리포트] 아세아 매스컴 교육의 현황과 과제(김일철) [휘보] 학회사업일지
제5호(1972) (논문 4건)	[논문] 한국대학신문 학생편집장들의 의식형태에 관한 연구(오진환), 홍보학과 태도변용의 연구와 논리적 균형성(차배근), 영화언어의 진화(이신복), The Status of Professional Periodicals in the Field of Mass Communications: Korea(John L. Mitchell) [서평] Mass Communication: A Research Bibliography by Donald A. Hausen et. al.(김일철), Responsibility in Mass Communcation by William L. Rivers and Wilbur Scharamm(신근재) / 학회사업일지
제6호(1973) (논문 12건)	[최준교수화갑기념 특집: 한국 커뮤니케이션연구의 반성] (1) 서문(박유봉), (2) 야농 최준 교수 연보, (3) 한국신문학사서설(임근수), (4) 방송연구의 과제(이덕근), (5) 한국에 있어서의 PR연구의 어제와 오늘(윤희중), (6) 한국커뮤니케이션연구방법론의 회고(김일철), (7) 한국신문학교육의 문제성과 방향(이강수), (8) 신문과 교육(최정호), (9) 커뮤니케이션이론연구의 반성과 과제(차배근) [논문] 매스콤과 근대화이론에 대한 소고(서정우), 신문표제와 News성(최진우), 한국의 사회구조와 커뮤니케이션 체계(김일철) [문헌해제] 한국의 신문학관계 문헌해제(박정규) / 학회사업일지
제7호(1974) (논문 6건)	[논문] 독일에 있어서의 홍보학(Publizistikwissenschaft)의 성립과 발전(박유봉), 개발도상국의 언론철학(오진환), Status Inconsistency와 이직(오인환 · George Won · 이상희), 후진국 방송국의 교육적 효과(손용), Personality Traits and Program Preferences Regarding Violence on Television(최창섭), A Search for Integrated Communications Strategies in Promoting Family Planning and Rice Production Innovation(김지자) [Forum] '신문학이론'을 비판한다(최종수), "'신문학이론'을 비판한다"를 비판한다(차배근) / 학회사업일지

구분	목차
제8호(1975) (논문 8건)	[특집] 매스미디어와 청소년의 일탈행위 (1) 한국에 있어서의 매스미디어의 영향에 관한 사회적 관심의 추이(강현두), (2) 우리나라 청소년 일탈행위의 경향분석(유재천), (3) 어린이와 텔레비전(이강수), (4) 영화가 청소년의 일탈행위에 미치는 영향(임상원), (5) 신문과 청소년의 일탈행위(서정우), (6) 주간지 · 지의 내용과 그것이 청소년에게 미치는 영향(오인환) [논문] 소년범죄보도에 관한 연구(최진우), 커뮤니케이션의 문화적 요인에 관한 소고(박재환) / 학회사업일지
제9호(1976) (논문 8건)	[논문] Wilbur Schramm의 학문세계(최종수), 영화에 대한 정치적 · 사회적 통제(이신복), A Study of the Modernization of the Japanese Press with Special Attention to Technical Growth(Jin Hwan Oh), 커뮤니케이션 개념에 대한 제정의와 관점(차배근), 재한미국인의 한국에 대한 이미지 조사연구(서정우 · 차배근 · 최창섭), 방송조사연구에 대한 방송인들의 태도연구(최창섭 · 전성환), 미디어의 '이용과 총족' 연구(김재홍), 불란서 신문학 관견(부정남) / 학회사업일지
제10호(1977) (논문 21건)	[특집] 커뮤니케이션과 발전: 1. 발전의 개념 (1) 철학적 차원에서 본 발전(I)(소흥렬), (2) 철학적 차원에서 본 발전(II)(김경근), (3) 역사학에서 있어서의 발전(노명식), (4) 정치적 차원에서 본 발전(서정우), (5) 사회학적 관점에서 본 발전(유재천), (6) 문화적 차원에서 본 발전(원우현); 2. 발전 커뮤니케이션 전략과 이론 (1) 지식 · 태도 · 행위와의 관계(이경자), (2) 조직체와 발전커뮤니케이션(장을병), (3) 지역사회발전과 커뮤니케이션(리대룡), (4) 방송과 발전커뮤니케이션(최창섭), (5) 미국의 '근대화를 위한 커뮤니케이션이론'에 대한 비판적 고찰(이상희); 3. 한국에서의 발전커뮤니케이션 (1) 언론과 한국의 발전(최준), (2) 경제발전기의 한국언론(김진현), (3) 한국의 매스미디어보급(팽원순), (4) 농사기술전파와 커뮤니케이션(왕인근), (5) 가족계획과 커뮤니케이션(박흥수), (6) 언론인과 발전커뮤니케이션(오인환), (7) 정부의 국내 홍보(윤희중); 4. 아세아지역의 몇 가지 사례연구 (1) 비공산개발도상국가에서의 발전커뮤니케이션(김지자), (2) 북한의 신문(이광재), (3) 중공의 커뮤니케이션전략과 대중선동(한병구); 5. 회고와 전망. 발전과 자유(최정호)
제11호(1978) (논문 6건)	[논문] 커뮤니케이션학적 접종이론에 관한 소고(차배근), 텔레비전 사회교양프로그램의 효과적 편성과 제작을 위한 조사연구(김규 · 최창섭), 창조적인 매체로서의 텔레비전(남명자), 매스미디어의 악세스권에 관한 연구(팽원순), On Sociological Perspective of Gatekeeper Study(Kang Soo Lee), Dynamics of Communication Technology and Interpersonal Communication: A Crosscultural Perspective(Young Y. Kim) / 학회사업일지 / 학회규약
제12호(1979) (논문 8건)	[논문] 언론의 자유에 대한 기능주의적 분석(홍기선), 의사환경의 전개과정(김재홍), 사회개혁과정에서의 커뮤니케이션의 역할(이경자), 홍보정책 수립을 위한 커뮤니케이션 전파연구(원우현 · 임상원), 표본의 크기와 표집오차간의 관계에 관한 소고(차배근), 70년대 한국 미디어경영의 결산(이환의), An Inquiry into Communication and Control(오진환)

자료: 저자 정리.

이들 특집과 그 밖의 호에 실린 모두 81편의 논문들의 내용을 보면, 전통적 신문학에 관한 논문들보다는 커뮤니케이션 현상 전반에 관한 연구논문들이 점차 크게 증가한 경향을 보였다. 또한 사회과학적 내지 실증적 연구논문들도 점차 증가하는 경향을 보였다. 그런가 하면 연구방법 자체에 관한 연구, 예컨대 "표본의 크기와 표집오차간의 관계에 관한 소고"(차배근, 제12호)라는 논문 등도 나타나기 시작했다. 이와 같은 것들은 1970년대에는 우리나라의 신문학 내지 커뮤니케이션학의 연구·교육 영역이 다시 인간사회의 모든 커뮤니케이션 현상으로 확대·발전하는 동시에, 학문의 성격도 점차 사회과학으로 정착해 나가고 있음을 보여 주었다.

이렇게 되자 한국신문학회는 1977년 11월 26일 열린 총회에서 규약 제2장 제3조(목적)의 일부를 개정(제3차)하여 종전에는 "본 학회는 저널리즘 및 매스 컴뮤니케이션에 관한 연구, 조사 및 회원 상호 간의 협조와 친목 … 을 목적으로 한다"라고 규정했던 것을, "이 학회는 저널리즘 및 커뮤니케이션에 관한 연구, 조사 및 회원 상호 간의 협조, 친목 … 을 목적으로 한다"고 고쳤다. 즉 종전에는 연구·조사 대상이 저널리즘과 매스커뮤니케이션이었으나, 그에서 '매스'라는 단어를 삭제하여 연구·조사 대상을 모든 '커뮤니케이션' 현상으로 확대했다. 그러나 '커뮤니케이션'이란 외래어에 대한 적합한 우리말 용어가 없어서 우리말 명칭은 종전과 마찬가지로 '한국신문학회'라고 부르기로 했으며, 제1조의 영문 명칭만 예전에는 "Korean Society of Journalism and Mass Communication Studies"였던 것을 "Korean Society of Journalism and Communication Studies"로 개정했다.

1980년대:
정보화 사회의 대두와
커뮤니케이션학의 부상

1970년대 들어 우리나라에 어느 정도 정립하게 된 '커뮤니케이션학'은, 그 명칭은 여전히 신문방송학·언론학 등으로 부르기는 했지만, 1980년대가 되자 정보사회의 대두와 함께 가장 중요한 학문의 하나로 각광 받기 시작했다. 그러자 전국의 각 대학들이 다투어 커뮤니케이션학 관련 학과들을 신설해서, 4년제 대학의 경우 모두 21개, 2년제 전문대의 경우 6개를 설치했다. 그리하여 1980년대 말에는 전국의 커뮤니케이션 관련 학과의 수가 총 41개로, 1970년대 말보다 2.9배나 증가했다. 이 밖에 1982년 중앙대학교 신문방송대학원 설치를 시작으로, 언론대학원 · 언론정보대학원 · 언론홍보대학원 등 특수대학원도 1980년대 말까지 모두 14개나 설치했다. 이러한 양적 발전과 함께 1980년대에는 질적으로도 커뮤니케이션학이 크게 발전했다.

1. 커뮤니케이션 관련 학과와 교수진의 급증

우선 1980년대의 커뮤니케이션학 교육 실태부터 살펴보면, 1980년대에 신설한 커뮤니케이션 관련 학과들은 거의 대부분이 지방대학이나 서울지역 대학의 지방 캠퍼스에서 설치한 것이 특징이었다. 이는 1970년대까지 서울에 편중되었던 커뮤니케이션 관련 학과들이 지방으로 확산되기 시작한 것을 의미했다. 즉 1980년대 이전에는 4년제 지방대학 중에서 청주대학교만 유일하게 신문방송학과(1978년 창설)를 설치했으나, 1980년대에는 15개의 4년제 대학과 그 외에 6개의 2년제 대학에서 신문방송학과·

출판학과 · 방송연예과 · 인쇄학과 등을 신설했다.

1) 지방대학들도 다투어 커뮤니케이션 관련 학과 설치

4년제 지방대학 중에서는 광주의 전남대학교가 맨 먼저 1980년 사회과학대학 내에 신문방송학과를 신설했다. 1981년에는 대구의 계명대학교, 이리의 원광대학교, 완산군의 전주우석대도 각각 신문방송학과를 창설했다. 1983년에는 한양대학교가 서울캠퍼스의 신문방송학과와는 별도로 반월캠퍼스에도 신문방송학과를 설치했다. 1984년에는 대구의 경북대학교, 마산의 경남대학교, 화성의 수원대학교, 광주의 광주개방대학(현 광주대학교)가 신문방송학과를 설치했고, 건국대학교는 충주캠퍼스에 신문방송학과를 신설했다.[11] 1985년에는 한양대가 안산캠퍼스에 광보홍보학과를 신설했고, 광주대는 출판광고학과를 설치했다.

이렇게 해서 1985년 12월 말에는 신문학과 · 신문방송학과 · 광고홍보학과 등 커뮤니케이션 관련 4년제 학과만도 전국에 모두 24개에 달했으며, 재학생 수는 3,660명(학부 3,462명, 석사과정 162명, 박사과정 36명)이나 되었다. 그리고 그간에 배출한 졸업생은 모두 5,613명(학사 5,359명, 석사 246명, 박사 8명)이나 되었다(차배근, 1987, pp. 58-61).

1980년대 후반에도 9개의 커뮤니케이션 관련 학과들이 새로 생겨났다. 1987년에는 부산의 동아대학교가 신문방송학과를, 1988년에는 전주

11 전남대 신문방송학과 초대 학과장은 김민환, 계명대 신문방송학과 초대 학과장은 김재홍, 원광대 신문방송학과 초대 학과장은 김병국, 전주우석대 신문방송학과 초대 학과장은 유병무, 경북대 신문방송학과 초대 학과장은 김재홍, 경남대 신문방송학과 초대 학과장은 김영주, 수원대 신문방송학과 초대 학과장은 목정균, 광주개방대(현 광주대) 신문방송학과 초대 학과장은 정대수, 건국대 충주캠퍼스 신문방송학과 초대 학과장은 김학천이었다.

의 전북대학교도 신문방송학과를 신설했다. 이어서 1989년에는 춘천의 강원대, 부산의 경성대와 부산대, 대전의 충남대가 각각 신문방송학과를 설치했으며, 광주의 광주경상대(광주개방대의 후신, 현 광주대)는 기존의 신문방송학과와는 별도로 광고출판학과도 신설했다. 한양대는 1983년 안산 캠퍼스에 설치했던 신문홍보학과를 1989년 신문방송학과와 광고홍보학과로 분리했다. 한편 중앙대는 1974년 신문방송학과와 별도로 신설했던 광고홍보학과를 1980년 신문방송학과에 통합했다가 1989년 다시 분리했다.

1980년대에는 2년제 전문대학들도 다투어 커뮤니케이션 관련 학과를 설치하여 커뮤니케이션 분야의 전문기능인들을 양성했다. 특히 지방의 전문대학들이 많이 설치했는데, 1980년에는 부산경상전문대가, 1984년에는 대구전문대가 각각 방송연예과를 신설했으며, 1982년에는 충남 홍성의 혜전전문대, 1989년에는 대전의 대전전문대, 경기도 성남의 신구전문대, 부산의 부산전문대가 각각 출판학과를 설치했다. 그러나 일찍이 1964년 창설했던 서울의 서라벌예술대학 방송과는 중앙대학교 예술대학에 흡수되었다. 한편 역시 1964년 설립했던 부산의 한성여자실업초급대학 방송과는 1979년 1월 10일 한성여자실업초급대학이 4년제 부산산업대학으로 승격할 때 폐과했다가, 1988년 8월 29일 부산산업대학이 경성대학교로 명칭을 바꾼 다음 해인 1989년 10월 13일 다시 4년제 신문방송학과로 태어났다.

이렇게 해서 1980년대 말에는 전국의 커뮤니케이션 관련 학과의 수가 모두 36개(4년제 27개, 2년제 9개)로서, 1970년대 말(4년제 12개, 2년제 2개)보다 약 2.8배나 증가했다. 한편 학생 수도 크게 늘어 전국 커뮤니케이션 관련 학과의 입학정원은 모두 합쳐 1만 명을 상회했으며, 재학생 수는 약 5,600명에 달했다. 그러자 전임교수의 수도 대폭 증가해 전국의 교수 수

표 5-10 1989년 말 전국 커뮤니케이션 관련 학과 현황

(단위: 명)

지역	대학명	학과명	설립 연도	학사과정		석사 과정	박사 과정	졸업생 (학부)	전임 교수
				입학정원	재학생				
서울	경희대	신문방송학과	1965	40	172	20	7	732	5
	고려대	신문방송학과	1965	60	295	22	8	600	6
	광운대	신문방송학과	1990	40	40	x	x	–	2
	서강대	신문방송학과	1968	40	175	36	6	–	7
	서울대	신문학과	1975	28	147	15	7	–	6
	성균관대	신문방송학과	1967	40	174	21	14	640	7
	연세대	신문방송학과	1972	60	309	23	6	–	7
	이화여대	신문방송학과	1960	60	278	79	x	1,335	5
	중앙대	신문방송학과	1958	30	256	15	9	1,641	5
		광고홍보학과	74/89	30	30	6	1	140	2
	한국외대	신문방송학과	1978	50	176	12	x	153	6
	한양대	신문방송학과	1963	50	210	16	7	733	8
		광고홍보학과	1989	40	80	x	x	–	1
지방	강원대	신문방송학과	1989	20	40	x	x	–	3
	건국대(충주)	신문방송학과	1984	50	128	x	x	–	3
	경남대	신문방송학과	1984	40	155	x	x	–	5
	경북대	신문방송학과	1984	40	143	x	x	143	4
	계명대	신문방송학과	1981	60	260	9	x	348	5
	광주대	신문방송학과	1983	80	500	x	x	–	7
		광고출판과	1989	100	–	x	x	–	–
	동아대	신문방송학과	1987	40	120	x	x	–	3
	부산경성대	신문방송학과	1989	40	80	x	x	–	2
	부산대	신문방송학과	1989	35	63	x	x	–	1
	수원대	신문방송학과	1984	40	70	x	x	120	4
	원광대	신문방송학과	1981	40	175	x	x	175	4
	전남대	신문방송학과	1981	30	150	x	x	204	5
	전북대	신문방송학과	1988	30	79	x	x	–	3
	전주우석대	신문방송학과	1981	40	181	x	x	150	4
	청주대	신문방송학과	1878	40	187	x	x	–	4
	충남대	신문방송학과	1989	40	80	x	x	–	1

지역	대학명	학과명		설립 연도	학사과정		석사 과정	박사 과정	졸업생 (학부)	전임 교수
					입학정원	재학생				
전문 대학	대구전문대	방송연예과		1984	–	–	x	x	–	–
	부산경상대	방송연예과		1980	–	–	x	x	–	–
	서울예전	방송연예과		1974	–	–	x	x	–	–
	대전전문대	출판학과		1989	–	–	x	x	–	–
	부산전문대	출판학과		1989	–	–	x	x	–	–
	부산정보대	미디어 인쇄과	주	1989	40	–	x	x	–	–
			야	1989	40	–	x	x	–	–
	신구전문대	출판학과		1982	–	–	x	x	–	–
		인쇄학과		1978	–	–	x	x	–	–
	인천전문대	화상매체과		1981	80	–	x	x	–	–
	혜전전문대	출판학과		1982	–	–	x	x	–	–

* x는 해당 없음, – 는 파악하지 못했음을 의미함.

가 약 140명이 되었는데, 1989년 말 전국의 36개 커뮤니케이션 관련 학과의 입학정원, 재학생 수, 졸업생 수, 전임교수 수 등에 관한 현황을 집계해 보면 대체로 〈표 5-10〉과 같다(한국언론연구원, 1990b, pp. 373-381에서 발췌 정리).

2) 석 · 박사과정의 신설과 대학원 교육의 활성화

1980년대에는 커뮤니케이션 관련 대학원과정의 교육도 더욱 활성화되었다. 1984년에는 한국외대 신문방송학과가, 1989년에는 중앙대 광고홍보학과가 각각 석사과정을 설치함으로써 서울 시내의 모든 커뮤니케이션 관련 학과들이 대학원 교육을 실시하게 되었다. 또한 지방대학들도 커뮤니케이션 관련 석사과정을 설치하기 시작하여, 1985년에는 청주대가, 1989년에는 계명대와 전남대가 각각 석사과정을 설치했다.

또한 박사과정도 각 대학이 서로 다투어 설치해서, 1980년에는 한양대 신문학과가, 1981년에는 경희대와 성균관대 신문방송학과가 각각 박사과정을 설치했다. 이어서 1982년에는 중앙대 신문방송학과, 1983년에는 서강대 신문방송학과, 1989년에는 중앙대 광고홍보학과도 박사과정을 신설했다. 그리하여 1989년 말에는 서울 시내 소재 11개 대학 신문방송학과 중에서 한국외국어대, 이화여대, 광운대를 제외한 8개 대학의 8개 신문방송학과와 1개 광고홍보학과에서 박사과정 대학원 교육을 실시했는데, 이들 대학에서 그간에 배출한 박사들은 1982년 서울대에서 3명, 연세대에서 1명을 시작으로 해서, 1991년 2월 말까지 약 51여 명에 달했다 (정진석, 1992, p. 29).

한편 일부 대학들은 커뮤니케이션 관련 특수대학원(야간)도 별도로 설립해 주로 언론 관계 현역 종사자들을 대상으로 석사과정을 교육했다. 즉 1981년 중앙대가 신문방송대학원을 설립하여 신문·방송·광고PR·출판잡지·연극영화 분야 종사자들을 위한 석사과정을 교육했다. 그러자 1988년 동국대, 1989년 경희대가 각각 언론정보대학원을 신설했다.

또 일부 대학들은 다른 특수대학원에 언론학 전공 석사과정을 설치하기도 했다. 예컨대, 고려대는 1987년 정책과학대학원을 설립하면서 홍보광고 전공과정을 설치했고, 동국대는 정보산업대학원(1988년 설립)에 신문방송학과를 설치했다. 그런가 하면, 서강대는 공공정책대학원(1988년 설립)에 언론홍보학과를 두어 신문출판·방송·홍보정책·광고PR·문화예술커뮤니케이션 분야 석사과정 교육을 실시했고, 연세대와 한양대는 행정대학원(연세대는 1978년, 한양대는 1983년 설립)에도 언론홍보 전공과정을 설치, 이 분야의 석사과정 교육을 실시했는데, 이들 특수대학원에서 언론관계 교육은 주로 해당 대학 신문방송학과 교수들이 담당했다.

한편 각 대학 커뮤니케이션 관련 학과들은 연구소를 설립하여 각종 연구활동과 학술행사를 벌이면서 학술지를 정기적으로 발행하기도 했는데, 1980년대에는 3개 대학에서 커뮤니케이션 관련 연구소를 새로 설립했다.[12] 즉 1984년 3월 1일 한국외대가 '국제커뮤니케이션연구소'를 설립하고, 그 안에 학술연구부·국제사업부·출판사업부·연수교육부를 설치하여 각각 또는 합동으로 조사연구활동과 학술행사를 벌였다. 1985년에는 지방대학으로는 처음으로 전주우석대가 '지역언론조사연구소'를 설립하여 1986년 전북지역 TV시청경향 조사연구를 실시했다. 1986년 7월에는 대구의 계명대도 '지방언론연구소'를 설립하여 월례학술발표회를 개최하고 연 1회 학술 심포지엄을 개최하는 한편, 대구·경북지역 독자의식 조사 등을 실시하고 매년 「언론연구」라는 학술지도 발간했다.

3) 커뮤니케이션 관련 전임교수의 수도 크게 증가

앞에서 살펴보았듯이 1980년대에 모두 21개의 커뮤니케이션 관련 학과들이 새로 생기자 자연히 교수요원의 수요도 크게 늘어나게 되었다. 그리하여 1970년대 말에는 전국의 커뮤니케이션 관련 학과의 전임교수가 51명에 불과했던 것이, 1980년대 말에는 4년제 대학 전임교수만도 127명이나 되었다(한국언론연구원, 1990b, "신문방송학과 교수현황", pp. 382-398). 그런데 이들 중 91명이 1980년대에 새로 교수로 취임한 교수들이었다.[13] 이들 91명

12 앞서 살펴보았듯이 1960년대에는 처음으로 서울대가 신문연구소(1963. 3), 중앙대가 언론연구소(1969. 12), 고려대가 신문방송연구소(1969. 12)를 설립했으며, 1970년대에는 한양대가 언론문화연구소(1971. 2), 경희대가 커뮤니케이션연구소(1974. 5), 서강대는 언론문화연구소(1976. 3)를 설립했다.

13 1970년대 말 전국 커뮤니케이션 관련 학과 전임교수는 모두 51명이었으나, 1980년대까지 10년 사이에 15명이 사망·정년·이직·전직 등으로 인하여 감소되어, 1980년대 이전에 교수가 된 사람은 1980년대 말에는 36명만 남아 있었다. 따라서 이들 36명에다가 1980년

의 신임교수 중 서울 소재 대학에 취임한 교수는 30명, 지방 소재 대학에 취임한 전임교수는 61명으로 지방 소재 대학 취임교수가 거의 2배나 많았는데, 이는 1980년대에 지방 소재 대학에 10여 개의 커뮤니케이션 관련 학과들이 신설되었기 때문이다.

한편 참고로 1980년대에 새로 취임한 91명의 교수진의 학적(學的) 배경을 분석해 보면, 〈표 5-11〉에서 보듯이 첫째로 학부(학사과정)에서 커뮤니케이션 분야를 전공한 사람이 40명(전체의 44.0%)이고, 다른 학문분야를 전공한 사람이 51명(56.0%)으로 나타났다. 이는 신문학과나 신문방송학과 등의 학부(학사과정)에서부터 커뮤니케이션을 전공한 소위 '제3세대' 교수들이 1980년대부터 크게 대두하기 시작한 것을 말해 주는데, 10년 전인 1970년대 말 전국의 4년제 커뮤니케이션 관련 학과 교수 48명의 학부 전공분야를 보면, 커뮤니케이션 전공자는 겨우 6명에 불과했고 나머지 42명(82.4%)는 다른 학문분야를 전공한 교수들이었다.

둘째로 1980년대에 새로 교수가 된 91명의 최종학위를 보면, 석사학위 소지자가 35명(38.5%), 박사학위 소지자가 56명(61.5%)으로, 1970년대에 비해 박사학위 소지자들이 많이 증가했는데, 1970년대 말 전국의 4년제 커뮤니케이션 관련 학과 교수 48명의 최종학위를 보면 학사가 4명(8.4%), 석사가 22명(45.8%), 박사가 22명(45.8%)이었다. 그러나 지방 소재 대학의 경우는 1980년대에도 박사학위 소지자가 전체의 42.6%이고 나머지 57.4%는 석사학위 소지자들인 반면, 서울 소재 대학의 경우는 100%가 박사학위 소지자들이었다.

셋째로 1980년대에 취임한 교수 91명의 최종학위 취득국가를 살펴

대에 교수가 되어 1980년대 말까지 재직 중인 전임교수 91명을 합치면 1980년대 말 모두 127명이 되었다.

표 5-11 1980년대 취임 커뮤니케이션 관련 학과(4년제) 교수진(91명)의 학적 배경

(단위: 명(%))

구분	학사(학부) 전공		학위 취득국별 최종학위자 현황								합계
	신방학	기타	석사				박사				
			한국	미국	기타	소계	한국	미국	기타	소계	
서울 소재 대학	14 (46.7)	16 (53.3)	– –	– –	– –	– –	3 (10.0)	24 (80.0)	3 (10.0)	30 (100)	30 (100)
지방 소재 대학	26 (42.6)	35 (57.4)	31 (50.7)	2 (3.3)	2 (3.3)	35 (57.4)	13 (21.3)	9 (14.8)	4 (6.5)	26 (42.6)	61 (100)
합계	40 (44.0)	51 (56.0)	31 (34.1)	2 (2.2)	2 (2.2)	35 (38.5)	16 (16.6)	33 (36.3)	7 (7.7)	56 (61.5)	91 (100)

자료: 저자 정리.

보면, 석사(총 35명)의 경우는 한국이 31명(34.1%), 미국이 2명, 기타(독일) 2명이었다. 한편 박사(총 56명)의 경우는 미국이 33명(36.3%), 한국이 16명(16.6%), 기타 국가가 7명(독일 5명, 프랑스 2명)이었다. 그러나 10년 전인 1970년대 말 전국의 4년제 커뮤니케이션 관련 학과 교수 총 48명의 최종학위 취득국가를 보면, 석사의 경우는 한국이 9명(전체 48명의 교수 중 18.8%), 미국이 14명(29.2%)이었으며, 박사의 경우는 미국이 15명(31.3%), 독일이 4명, 일본이 1명이었다.

2. 한국신문학회는 '한국언론학회'로 변모·발전

1980년대에도 한국신문학회는 계속해서 각종 학술행사와 연구활동을 활발하게 벌였다. 그간에 회원수가 계속 증가해서 1981년에는 모두 88명(「신문학보」 제14호 부록 회원명단 참조)이었던 것이, 1983년 5월에는 121명(준회원 15명 포함)으로 늘어났으며, 1985년 4월 27일 한국신문학회가 명칭을 '한국언론학회'로 변경할 당시는 회원수가 137명에 이르렀다. 그 뒤에도

계속해서 회원수가 늘어나 1989년 3월 현재에는 200명을 돌파했는데, 그 중에서 커뮤니케이션 관련 학과 전임교수는 110명 정도였다고 당시 학회장 안광식(1989, p. 6)은 말했다. 그로부터 9개월 뒤인 1989년 말에는 4년제 학과 전임교수만도 126명에 달했는데, 이처럼 교수 수가 크게 늘어난 것은 앞서 말했듯이 특히 지방대학에 신문방송학과 등이 늘어나면서 그에 따라 교수요원들도 급증했기 때문이다.

1) 학회 명칭에 관한 여러 논의 끝에 '한국언론학회'로 개정

1980년대에 한국신문학회 역사상 괄목할 만한 사건의 하나가 발생했는데, 그것은 '한국신문학회'라는 종전의 명칭을 1985년 4월 27일 '한국언론학회'로 개칭한 것이었다. 학회 명칭을 고치자는 의견은 회원들 사이에서 1960년대 후반부터 제기되어 왔는데, 과거의 신문학이 1960년대에는 매스커뮤니케이션학으로, 1970년대부터는 다시 커뮤니케이션학으로 확대·발전했음에도 불구하고 계속해서 '신문학회'라고 부르는 것은 적절치 않다는 이유에서였다.

(1) 신문학회 명칭 변경에 관한 논의의 시작과 계속

학회 명칭을 고치자는 의견이 공식적으로 제기된 것은 1968년 5월 20일 열린 신문학회 총회에서였는데, 1960년대 후반에 와서 과거의 신문학이 매스커뮤니케이션학으로 확대·발전하자 이날 총회에서 학회 규약 일부를 개정(제2차 개정)했다. 즉 1959년 6월 30일 창립총회에서 제정한 규약 제2장 제3조(목적)에서는 "본회는 신문(journalism)에 관한 연구, 조사 및 회원 상호 간의 협조, 친목 (…) 등을 목적으로 한다"고 규정했던 것을, "본 학회는 저널리즘 및 매스 컴뮤니케이션에 관한 연구, 조사 그리고 회원 상호간의 협조, 친목 … 등을 목적으로 한다"고 개정했다. 그러면서 차제에 학회 명칭도 개정하자는 의견들이 나왔으나, '매스커뮤니케이션'이라는 외래어를 우리말로 어떻게 번역할 것인지에 대한 의견들이 분분해서 결론을 내리지 못하고, 제1조(명칭)에서 영어 명칭만 "Korean Society of Journalism and Mass Communication Studies로 한다"고 의결하였다.

그 뒤 1977년 11월 26일 열린 총회에서 다시 학회 명칭을 개정하자는 의견들이 공식적으로 제기되었는데, 1970년대 후반에 와서 과거의 매스커뮤니케이션학이 다시 매스커뮤니케이션뿐 아니라 인간사회의 모든 커뮤니케이션 현상을 연구하는 커뮤니케이션학으로 확대·발전했기 때문이다. 따라서 이날 총회에서 당시의 규약 제2장 제3조(목적) "본 학회는 저널리즘 및 매스 컴뮤니케이션에 관한 연구, 조사 그리고 회원 상호간의 협조, 친목 … 을 목적으로 한다"는 규정에 들어 있는 '매스 컴뮤니케이션'이란 단어에서 '매스'라는 단어를 삭제해 "이 학회는 저널리즘 및 커뮤니케이션에 관한 연구, 조사 및 회원 상호간의 협조, 친목 … 을 목적으로 한다"고 개정(제3차 개정)했다. 그러면서 차제에 학회 명칭도 개정하자는 의견들이 또 나왔지만 회원들 간의 의견이 분분해서 결론을 내리지 못하고, 규약 제1조(명칭)에서 영문 명칭만 "Korean Society of Journalism and Communication Studies"로 개정하였다.

(2) 1985년 한국신문학회의 명칭을 '한국언론학회'로 개정

그 뒤에도 계속해서 학회 명칭을 바꾸자는 제안들이 나오자, 신문학회는 1978년 4월 11일 열린 이사회에서 학회 명칭에 관한 소위원회를 설치해 연구토록 의결했다. 그리하여 소위원회에서 여러 차례의 논의를 거쳐, '신문방송학회'로 명칭을 바꾸자는 안건을 4월 29일 개최한 춘계 총회에

상정했으나, 여러 가지 논의 끝에 채택되지 못했다.

1980년대에 들어와서도 학회 명칭의 개정 문제가 계속 거론되자, 신문학회는 1984년 7월 14일 열린 이사회에서 학회 명칭의 변경에 관한 회원들의 의견을 물어 결정하기로 의결했다. 그리하여 회원들의 의견을 수렴하는 한편, 많은 논의를 거치면서 매스커뮤니케이션뿐만 아니라 대인커뮤니케이션을 포함하여 다양한 커뮤니케이션 분야를 모두 포괄하는 학회 명칭을 모색했으나, '커뮤니케이션'이라는 영어에 적합한 우리말 용어를 찾지 못하여 결국은 '한국언론학회'로 개칭하기로 의결했다. 그리고 이를 1985년 4월 27일 열린 총회에 상정한 결과, '언론학회'라고 하면 커뮤니케이션학의 주요 분야의 하나인 광고·PR 등은 다루지 않는 것 같은 느낌을 준다는 이유로 반대한 회원들도 적지 않았다. 그러나 다수결 원칙에 따라 '한국언론학회'라는 명칭이 그대로 채택되었다.[14]

이렇게 해서 과거 한국신문학회 명칭을 '한국언론학회'로 바꾸기로 결정하자, 학회 규약 제1조(명칭)도 "이 학회의 명칭은 한국언론학회라 한다"고 개정했다. 그러나 영문 명칭은 종전대로 "Korean Society for Journalism and Communication Studies"라고 부르기로 했다. 이렇게 해서 1959년 6월 30일 한국신문학회 창립 이후 약 25년 만에 학회 명칭이 1985년 4월 28일부터 '한국언론학회'로 변경되었다. 하지만 학회지 「신문학보」의 제호는 7년 동안이나 바꾸지 않다가 1992년 12월 발행 제28호부터 「한국언론학보」로 개제했다.

14 '신문학'이라는 명칭을 '언론학'으로 바꾸자고 처음 제안한 사람은 곽복산으로, 그가 편찬해서 1971년 발행한 『언론학개론』(서울: 일조각)에서 이렇게 제안하면서 책 이름도 『언론학개론』이라고 붙임으로써, 이때부터 '신문학'이라는 명칭 대신 '언론학'이라는 용어가 많이 사용되기도 했다.

2) 연구발표회의 정기적 개최와 「신문학보」의 계속 발간

한국언론학회(이하 '언론학회'로 약칭)는 1980년대에도 학회지 「신문학보」를 매년 한 호(號)씩 빠짐없이 발간했다. 즉 1980년 제13호부터 시작해서 1989년 제22호까지 발행했으며, 1980년 12월에는 별도의 특집을 발간하기도 했다. 이들 「신문학보」에 발표한 논문들의 소개는 생략하고 그에 나타난 주요 동향만 간단히 소개해 보면, 양승목이 1980년부터 1989년까지 10년 동안 「신문학보」에 게재한 총 107편의 논문들을 분석해 본 결과, 경험적 연구가 62편(57.9%)으로 가장 지배적이었으며, 다음이 해석적 연구로서 37편(34.5%)이었고, 비판적 연구는 8편(7.5%)에 지나지 않았다고 한다(양승목, 2009, p. 1030).

언론학회는 또한 연구발표회도 매년 봄·가을에 한 번씩 정기적으로 꾸준히 개최했다. 1981년도 추계학술발표회(1981. 11. 7)에서는 이상회(연세대)가 "커뮤니케이션 연구에 있어서 Critical Approach"라는 논문을 발표하여 처음으로 비판이론을 소개했다. 1982년도 춘계학술발표회(1982. 5. 29)에서는 안수근(중앙대 대학원)이 "Agenda Setting 이론의 접근방법에 관한 연구"라는 논문을 발표하여 새로운 매스커뮤니케이션 효과이론인 의제설정 이론(the agenda-setting theory)을 소개했다.

1983년도 봄철 학술발표회(1983. 6. 4)는 "한국신문100주년기념학술회의"로 꾸며서, 최준(중앙대)이 먼저 "한국언론 100년의 회고와 전망"이라는 논문을 발표했다. 이어서 정진석(한국외대)이 "한성순보의 뉴스원", 박정규(청주대)가 "한성순보와 조보에 관한 연구", 최진우(중앙대)가 "한국신문 뉴스기사의 100년 변천사", 팽원순(한양대)이 "한국통신사의 사적고찰"이라는 논문을 각각 발표하고 토론을 벌였다.

그 뒤에도 매년 봄과 가을에 한 차례씩 정기적으로 연구발표회를 개최했으며, 1989년에는 신문학회 창립 30주년을 맞이하여 10월 13일부터 15일까지 제주도 서귀포 KAL호텔에서 "한국 언론학 연구의 성찰과 과제"를 주제로 심포지엄을 개최했다. 그리고 이 심포지엄에서 발표한 10개 분야별 연구의 성찰과 과제에 관한 논문들을 묶어서 1990년 5월 『한국언론학 연구: 성찰과 전망』이라는 제목의 단행본으로 출간했다.

3) 연구분과에 관한 내규 제정과 연구분과 활동의 활성화

1980년대 언론학회의 괄목할 만한 주요 사업의 하나는 연구분과 활동의 활성화였는데, 앞서 말했듯이 과거 신문학회는 일찍이 1974년 5월 18일 정기총회에서 학회 내에 연구분과위원회를 설치하도록 의결했다. 그리고 그에 따라 5월 24일 5개 연구분과위원회, 즉 ① 매스콤 이론 및 방법연구분과위원회(간사 강현두), ② 매스콤사연구분과위원회(간사 최준), ③ 매스콤법제연구분과위원회(간사 장용), ④ 국제커뮤니케이션연구분과위원회(간사 서정우), ⑤ 광고 및 PR연구분과위원회(간사 윤희중)를 설치하고, 각 분과위원회 간사들이 6월 18일 회의를 열고 사업계획과 운영방안을 논의했다. 하지만 당시는 학회 회원수(數)가 그리 많지 않았기 때문인지 각 연구분과별 학술활동이 제대로 이루어지지 않았다.

그러나 이것이 씨앗이 되어 15년 뒤인 1988년 11월 15일 가을, 언론학회 임시총회에서 분과연구회의 활동을 활성화하기로 의결하고, "각 분과연구회 설치 및 그 위원장 선출에 관한 내규"를 제정하기로 했다. 그리하여 1989년 9월 2일 개최한 이사회에서 전문(全文) 6개 조로 된 '분과연구회에 관한 내규'를 제정했는데, 그 골자는 분과연구회를 설치하려면 10명 이상의 연기명으로 발의하되 설치계획을 회장에게 제출하여 이사회의 승인을 얻도록 하며, 각 분과연구회는 언론학회의 봄·가을 정기학술회의에 적극적으로 참여해야 하고, 정기학술회의 외에 매년 적어도 2회 이상 분과연구회가 주관하는 공개학술회의를 가져야 하며, 이를 언론학회가 적극 지원한다는 것 등이었다. 그러면서 언론학회 이사회는 세 가지 권유사항을 덧붙였는데, 그것은 "① 개인이 참여할 수 있는 분과연구회의 개수에는 제한을 두지 않는다. 그러나 활동이 미진한 회원에 한해서는 각 분과연구회에서 자율적으로 처리한다. ② 분과연구회가 학술발표를 할 때에는 다른 분과연구회 회원에게도 배포할 수 있는 논문을 만들어야 한다. ③ 언론학회의 봄과 가을 학술발표회에는 각 분과연구회의 연구활동을 다른 분과연구회 회원들에게도 알린다. 학회 사무국은 각 분과연구회의 가입 신청을 도와준다"는 것이었다.

이와 같은 골자의 '분과연구회에 관한 내규'와 권유사항이 공포되자, 같은 전공분야 회원들이 서로 뜻을 모아 분과연구회를 결성하기 시작하여, 1989년 1월부터 이듬해 2월까지 2개월 동안에만도 모두 12개나 만들어졌다. 이들을 설립순(順)으로 열거해 보면, 언론법제윤리연구회(1989. 1. 12 설립), 지방언론연구회(6. 24), 국제커뮤니케이션연구회(6. 30), 이론 및 방법연구회(6. 30), 정치언론학연구회(6. 30), 방송연구회(7. 8), 언론과 사회연구회(7. 15), 저널리즘연구회(8. 1), 광고PR연구회(8. 25), PR연구회(11. 3), 커뮤니케이션정책연구회(12. 2), 언론사연구회(1990. 2. 23)였다(박용규, 2009, p. 345).

이들 분과연구회는 '분과연구회에 관한 내규'에서 규정한 대로 언론학회의 봄과 가을 정기학술회의에 적극 참여했으며, 또한 매년 2회 이상 각 분과연구회가 주관하는 학술회의를 가졌다. 예컨대, '언론과 사회연구회'는 1989년도 가을철 언론학회 학술발표회에서 별도로 3개의 주제를 발표함으로써 분과연구회 단위의 발표가 처음 시작되었다. 한편 각 분과연구회는 자체적으로 학술발표회도 가졌는데, 예컨대 '언론과 사회연구회'는 1989년 7월 15일 설립 이후 1990년 3월까지 월례연구발표회를 무려 여섯 차례나 가졌다. 이처럼 각 분과연구회가 활발한 학술활동을 벌임으로써 언론학회 전체의 학술활동이 크게 활성화되었다. 특히 1989년도 언론학회 추계발표회부터 분과연구회별로 나눠 발표회를 갖게 되자, 그 이전에는 춘계나 추계 연구발표회에서 발표 논문의 수가 2~6편에 불과했던 것이 1990년대에는 한 회에 최소 5편에서 최대 13편에 이를 정도로 크게 증가했다.

3. 1980년대 커뮤니케이션학 연구·교육의 주요 동향

앞에서 살펴보았듯이 1980년대에는 우리나라에서도 커뮤니케이션 현상에 관한 학문분야인 종래의 신문학·방송학·광고PR학 등이 하나의 '우산' 속으로 모여들어 '커뮤니케이션학'으로 정립되면서 학문적 체계를 갖추게 되었다. 그러자 커뮤니케이션학 각 분야에 관한 깊이 있는 연구와 교육이 이루어지면서, 예컨대 커뮤니케이션이론, 매스커뮤니케이션효과이론, 커뮤니케이션발달사, 국제커뮤니케이션, 언론통제이론, 언론법제론 등이라든지 또는 신문론, 방송매체론, 광고론, PR론 등의 각론적 저서들이 속속 나오기 시작했다. 또한 커뮤니케이션 현상들에 관한 실증적 연구논문들도 많이 나오기 시작했다. 그러나 비판커뮤니케이션과 뉴미디어에 관한 연구가 대두한 것도 1980년대 주요 동향의 하나였다.

1) 비판커뮤니케이션 연구의 대두와 쇠퇴

우리나라에서 비판커뮤니케이션 연구는 1980년대 초부터 군사독재에 대항한 민주화 운동의 열기와 함께 대두하기 시작하여 한때 상당히 유행했다. 이들을 사로잡았던 주제는 자본주의와 계급지배의 문제로서, 간단히 말해서 '마르크스주의의 수용'이라고 특징지을 수 있었다(조항제, 1988, p. 13). 따라서 비판커뮤니케이션 연구자들은 자본주의식 언론을 비판하며 미국식 커뮤니케이션학을 매도하기도 했다.

이러한 비판적 커뮤니케이션 연구의 물꼬를 튼 것은 대학의 전임교수인 서울대의 이상희·박명진·강명구와, 성균관대의 김지운·방정배 등이었지만, 1980년대 비판커뮤니케이션 연구의 핵심적 주체는 대학원 중심의 국내파 소장 연구자들이었다. 특히 1980년대 초반에 입학한 서울대학교 대학원생들의 역할이 컸다(양승목, 2009, p. 1042). 1980년대의 비판커뮤니케이션 연구논문들을 분석해 본 조항제(1988)에 의하면, 1984년부터 1988년까지 서울대 신문학과(현 언론정보학과) 대학원과정에서 5년간 배출한 비판커뮤니케이션 분야의 석사논문만도 22편이나 되었다(양승목, 2009, p. 1042에서 재인용).

이처럼 비판커뮤니케이션에 관한 연구는 특히 1980년대 중반에 대학원생들 사이에서 절정을 이루었다. 그러나 1990년대 말부터 쇠퇴하고 말았는데, 1989년 소련과 동유럽 사회주의 국가들의 붕괴는 그때까지 진보적 지식인들 사이에서 진리로 통하던 마르크스주의의 유용성에 대한 믿음을 근본적으로 흔들어 놓았기 때문이다. 그러자 비판커뮤니케이션 연구자들은 그 대안으로 '포스트모던 마르크스주의'나 '포스트 모더니즘' 등을 모색하며 문화 관련 주제들로 관심으로 돌리게 되었다. 그러면서 1990년대부터 정치·경제학적 접근방법 대신, 텍스트 분석과 수용자 연구에 주력하는 문화연구가 주류를 이루게 되었다(원용진, 2000, p. 229).

2) 뉴미디어와 정보사회에 관한 연구의 시작과 발전

비판커뮤니케이션 연구와 함께 1980년대 초부터 우리나라 커뮤니케이션 학계에서도 크게 대두하기 시작한 주요한 학문적 동향의 또 하나는 뉴미디어(new media)와 정보사회에 관한 연구였다. 이는 여러 가지 뉴미디어들이 새로 등장하여 기존의 재래식 미디어(매체)들을 대체하면서 소위 '정보화 시대'가 도래하자, 자연히 우리나라 커뮤니케이션학계에서도 뉴미디어와 정보사회 쪽에 관심을 돌리기 시작했기 때문이다. 그러나 1980년대 초반까지는 뉴미디어 관련 기술들을 소개하거나, 이러한 기술들로 인한 기존 매체의 변화상이나 새로운 사회상에 대한 예견적 그림을 그려주는 정도였다.

그러다가 1980년대 후반으로 접어들면서 개인용 컴퓨터(Personal Computer, PC)와 홈비디오 등의 보급에 따라 PC 통신과 다중방송 서비스 등이 이루어지면서 그 이용실태 등에 관한 연구도 시작했다. 또한 1980년대 후반부터 케이블 TV와 위성방송 등 새로운 방송매체의 국내 수용문제에 관한 논의와 함께 이에 관한 연구들도 시작되면서 뉴미디어와 정보사회 관련 학술적 연구들이 증가했다. 강태영이 1980년대 「신문학보」에 게재한 '뉴미디어' 관련 논문들을 조사해 본 결과, 〈표 5-12〉에서 보듯이 1985년과 1989년 사이에 모두 10편이나 나왔는데, 이는 전체 논문 65편

표 5-12 「신문학보」 게재 '뉴미디어' 관련 논문수 현황

(단위: 편(%))

구분	1985	1986	1987	1988	1989	합계
전체 논문수	30	7	9	8	11	65
뉴미디어 논문수	4 (13.3)	1 (14.3)	1 (11.1)	1 (12.5)	3 (27.3)	10 (15.4)

자료: 강태영(2009), 「뉴미디어 연구 50년」, p. 601.

중 15.4%에 해당되는 것이었다(강태영, 2009, p. 601).

이와 같이 1980년대부터 뉴미디어에 관한 연구가 크게 대두하면서, 우리나라 커뮤니케이션학계에서도 기존의 '매스미디어 매개 커뮤니케이션'(Mass-Mediated Communication, MMC) 현상 중심의 연구로부터 점차 '컴퓨터 매개 커뮤니케이션'(Computer-Mediated Communication, CMC) 현상에 관한 연구로 전환해 나가기 시작했다. 그러면서 1990년대 와서는 여러 대학들이 기존의 커뮤니케이션학 관련 학과 명칭에 '정보'라는 단어를 추가해 언론정보학과·정보방송학과·방송정보학과·매체정보학과 등으로 고쳤는가 하면, 일부 대학은 학과 명칭을 아예 '다중매체영상학과' 또는 '멀티미디어학과' 등으로 바꾸기까지 했다.

1990년대: 커뮤니케이션 연구 · 교육의 다양 · 다원화

1990년대에도 우리나라 커뮤니케이션학은 양적 · 질적으로 장족의 발전을 이룩했다. 양적 발전의 하나로는 특히 커뮤니케이션 관련 학과와 학부 또는 전공분야의 기하급수적 증가를 들 수 있는데, 1980년대 말에는 전국에 모두 합쳐 37개(4년제 29개, 2년제 8개)였던 것이 1990년대 말에는 113개(4년제 86개, 2년제 27개)로, 1980년대 말보다 무려 3배나 증가했다. 한편 1980년대까지는 학과 명칭도 거의 대부분이 '신문방송학과'나 '광고홍보학과'였으나, 1990년대부터는 언론학과, 언론정보학과, 언론홍보영상학부, 매스컴학과, 커뮤니케이션학부 등 여러 가지로 다양화되었다. 또한 커뮤니케이션 관련 학회도 1980년대 후반까지는 '한국언론학회' 하나밖에 없었으나, 1990년대에는 여러 학회들이 등장하여 다학회(多學會) 시대를 이루게 되었다.

1. 커뮤니케이션 관련 학과의 기하급수적 증가

우선 1990년대에 신설한 커뮤니케이션 관련 학과 · 학부 · 전공과정을 살펴보면, 4년제를 무려 57개나 신설했고 2년제도 21개를 신설해서 모두 합쳐 78개를 새로 설치했다. 이는 우리나라에서 1950년대부터 1980년대 말까지 40년 동안 설치한 모든 커뮤니케이션 관련 학과수의 2배를 조금 더 넘는 것이었다. 이처럼 커뮤니케이션 관련 학과 · 학부 등이 크게 늘어나면서 자연히 전임교수의 수도 크게 늘어, 1999년 말에는 전임강사 이상의 전임교수만도 전국에 328명이나 되었다.

1) 커뮤니케이션 관련 학과·학부의 증가 실태

1990년대에 신설한 커뮤니케이션 관련 학과나 학부를 연도별로 보면, 〈표 5-13〉에서 보듯이 4년제 대학의 경우 1990년과 1992년에는 각각 1개였으나, 1994년에는 5개, 1995년에는 11개, 1996년에는 13개, 1997년에는 7개, 1998년에는 무려 18개, 1999년에는 1개가 신설되어 모두 57개

표 5-13 1990년대 신설 커뮤니케이션 관련 학과 · 학부 · 전공과정(1999년 말 현재)

설립 연도	4년제 대학의 학과 · 학부 · 전공과정 명칭	합계 (개)
1990	광운대 신문방송학과	1
1992	한세대 신문방송학과(이후 인문사회학부 신문방송학전공으로 됨)	1
1994	대진대 · 조선대 · 순천향대 · 호남대 신문방송학과, 경주대 광고홍보학과	5
1995	동국대 · 동신대 · 동의대 · 선문대 신문방송학과, 숙명여대 정보방송학과, 동국대 광고학과, 목원대 · 한신대 · 협성대 · 세명대 · 청주대 광고홍보학과	11
1996	경원대 · 성공회대 · 인제대 · 한일장신대 신문방송학과, 한림대 언론정보학부, 남서울대 광고홍보학과, 중부대 경영학부 광고홍보학전공, 동명정보대 매스컴학과, 청운대 방송산업학과, 한국방송대 방송정보학과, 한서대 · 한세대 인문사회학부 신문방송학전공, 가야대 경영학부 광고홍보학전공	13
1997	광주여대 신문방송학과, 서원대 · 신라대 광고홍보학과, 숙명여대 언론정보학부 홍보기획학전공, 동서대 영상매스컴학부, 아주대 미디어학부, 영남대 매체정보학과	7
1998	경운대 · 세종대 · 인천대 · 대구효성가톨릭대 신문방송학과, 수원대 신문방송홍보학과(야간), 국민대 언론학과, 창원대 언론정보학과, 한동대 언론정보문화학부, 서울여대 영상정보학부, 단국대 언론영상학부(서울), 단국대 언론홍보영상학부(천안), 부경대 정치언론학부 신문방송학전공, 영산대 언론광고학부, 제주대 언론홍보학과, 홍익대 광고홍보학부, 인하대 사회과학부 언론정보학전공, 동의대 언론광고학부 광고전공(1999년 '광고홍보전공'으로 개칭), 한세대 인문사회학부 광고홍보학전공	18
1999	대구대 사회과학부 언론매체학전공	1
합계		57

설립 연도	2년제 대학의 학과 · 학부 · 전공과정 명칭		합계 (개)
	출판 · 인쇄 분야	방송 · 영화 · 영상 분야	
1990	대구과학대 전자출판과, 신구대 인쇄학과(야간, 주간은 1989년 설립)	–	2
1992	백제예술대 출판편집과, 서일대 출판과, 신구대 출판과(야간, 주간은 1989년 설립)	백제예술대 방송연예과	4
1993	동주대 편집디자인과	계원예술조형대 영상디자인과	2
1994	–	부산예술문화대 영화영상과	1
1995	가천길대 문예편집과, 계원조형예술대 전자출판과, 서울정수기능대 인쇄매체학과	–	3
1996	김포대 전자출판과	공주영상정보대 방송영상제작계열, 대경대 연극영화방송계열, 성심외대 영상디자인전공	4
1997	동원대 문예편집과(이후 '출판미디어과'로 개칭)	동아방송대 방송연예과 · 영상제작계열	3
1998	–	동아방송대 인터넷방송과 · 방송극작과	2
합계	11	10	21

자료: 저자 정리.

나 되었다. 이들 학과를 지역별로 보면, 서울과 경기에 각각 10개, 충남에 8개, 부산과 대구 · 경북에 각각 6개, 광주 · 충북 · 경남에 각각 3개, 인천에 2개, 대전 · 강원 · 전북 · 전남 · 제주에 각각 1개가 신설되었다.

이처럼 1990년대에 4년제만도 무려 57개 학과나 학부 또는 전공과정을 신설했으나, 그간에 기존 학과들의 일부가 통폐합되기도 했다. 특히 1990년대 후반부터 교육부의 종용에 따라 각 대학이 군소학과들을 합쳐 학부(學部)로 통합함에 따라 일부 대학은 커뮤니케이션학 관련 학과를 사회과학부 · 인문사회학부 등에 통합시켜 그 아래 하나의 전공과정으로 만들었고, 어떤 대학은 각각 분리되어 있던 신문방송학과 · 광고홍보학과 등을 통합해서 언론정보학부·매스컴학부 등으로 만들었으며, 또 어떤 대학은 기존의 신문방송학과·광고홍보학과 등을 확대·발전시켜 언론정보학부·언론홍보영상학부·커뮤니케이션학부 등의 독립된 학부로 만들기도 했다. 하지만 많은 대학들은 종전과 마찬가지로 신문방송학과·광고홍보학과 등을 독립학과로 운영했다.

그리하여 각 대학별로 그 조직 단위와 명칭들이 매우 복잡하게 되었는데, 이러한 커뮤니케이션 관련 전공분야·학과·학부들을 모두 합치면 4년제 과정만도 1999년 말 모두 84개가 되었는데,[15] 이는 당시 우리나라 192개 4년제 대학 중 약 절반에 가까운 43.8%의 대학들이 커뮤니케이션 관련 학과·학부 또는 전공분야를 설치한 셈이었다.

1990년대에는 4년제 커뮤니케이션 관련 학과·학부 이외에 또한 2년제 학과들도 21개나 신설되었는데, 이들은 〈표 5-13〉에서 보듯이 출판·인쇄 분야 학과들이 11개였고, 방송·영화·영상 분야 학과들이 10개였다. 그리하여 1980년대 말에는 전국의 2년제 커뮤니케이션 관련 학과들이 모두 합쳐 8개였던 것이 1990년대 말에는 29개가 되었는데, 이들 학과의 재학생 수는 약 2,400명에 달했다.

2) 커뮤니케이션 관련 학과·학부의 재편과 명칭의 다양화

이와 같이 1990년대에는 전국의 각 대학이 모두 합쳐 78개(4년제 57개, 2년제 21개)의 커뮤니케이션 관련 학과나 학부 등을 신설했다. 그리하여 1999년 말 전국의 커뮤니케이션 관련 학부·학과 또는 전공분야를 모두 합치

15 이들 4년제 학부(학사)과정 재학생 총수는 약 1만 4천 명에 달했다. 이 수치에는 한국방송통신대 방송정보학과 재학생은 포함되지 않았다.

면 4년제가 85개, 2년제가 29개로서 총 114개나 되었다.[16] 그런데 이들 커뮤니케이션 관련 학부·학과 또는 전공분야의 명칭을 보면, 언론학과·언론정보학과·언론홍보영상학부·매스컴학과·커뮤니케이션학부 등등 매우 다양했는데, 이는 1980년대까지는 거의 대부분이 '신문방송학과'나 '광고홍보학과'였던 것과 비교하면 커다란 변화였다. 그러면 왜 이처럼 커뮤니케이션 관련 학과·학부 등의 명칭이 다양하게 변했는가?

첫째 이유는, 교육부가 1990년대 이전에는 대학의 학과명 등에 외래어를 사용하는 것을 금지해 왔으나, 1990년대에는 이를 해제했기 때문이다. 그러자 커뮤니케이션 관련 학과나 학부들도 외래어를 그대로 사용해서 '매스컴학과'니 '커뮤니케이션학부'니 하는 명칭을 붙이게 되었는데, 그 실례로는 〈표 5-14〉에서 보듯이 동명정보대의 '매스컴학과'나 경성대의 '커뮤니케이션학부'를 들 수 있다.

둘째 이유는, 앞서 말했듯이 교육부가 각 대학이 군소학과들을 합쳐 학부(學部)로 통합하도록 권장 또는 종용하자, 예컨대 종래의 신문방송학과를 다른 사회과학 분야 학과들과 연합하여 하나의 학부(school)로 만들면서 그 하부 조직단위의 하나로 '사회과학부 신문방송학 전공분야' 등으로 명칭을 바꿨기 때문인데, 그 실례로는 〈표 5-14〉의 '연합학부'란에 있는 여러 명칭의 연합학부들을 들 수 있다.

셋째 이유는, 기존의 신문방송학과·광고홍보학과나 또는 여러 전공분야들을 통합하여 하나의 독립학부로 만들면서 그에 적합한 명칭을 새로 붙이게 되었기 때문이다. 이러한 실례로는 〈표 5-14〉의 '독립학부'란에서 보듯이 숙명여대와 광주대의 '언론정보학부', 이화여대의 '언론홍보

16 이들 114개 학과·학부의 재학생은 학사과정만도 약 1만 7천 명을 상회했다.

표 5-14 커뮤니케이션 관련 학부 · 학과 등의 유형과 명칭(1990년대 말)

구분	학과 · 학부 명칭	해당 대학	개수(개)
독립학과	신문방송학과	고려대, 광운대, 동국대, 서강대, 성공회대, 성균관대, 세종대, 연세대, 중앙대, 한국외대, 한양대(서울), 건국대, 경북대, 경운대, 경원대, 계명대, 광주여대, 대진대, 동서대, 동신대, 동아대, 부산대, 선문대, 수원대, 순천향대, 원광대, 인제대, 인천대, 전남대, 조선대, 청주대, 충남대, 한일장신대 등	34
	신문방송홍보학과	수원대(야간)	1
	언론학과	국민대, 한양대(안산)	2
	언론정보학과	서울대, 창원대	2
	언론홍보학과	제주대	1
	매체정보학과	영남대	1
	매스컴학과	동명정보대	1
	방송정보학과	한국방송대	1
	방송산업학과	청운대	1
	광고학과	동국대	1
	광고홍보학과	경주대, 남서울대, 목원대, 서원대, 세명대, 신라대, 중앙대, 청주대, 한신대, 한양대(안산), 협성대	11
	소계		56
독립학부	언론정보학부	경희대, 숙명여대(정보방송학 · 홍보기획학전공), 광주대(신문방송학 · 광고정보학전공), 한림대	4
	언론정보문화학부	한동대	1
	언론영상학부	단국대(서울)	1
	언론홍보영상학부	이화여대, 단국대(천안)	2
	언론광고학부	동의대(신문방송학 · 광고홍보학전공), 영산대	2
	영상정보학부	서울여대	1
	미디어학부	아주대	1
	커뮤니케이션학부	경성대	1
	광고홍보학부	홍익대	1
	소계		14

구분	학과 · 학부 명칭	해당 대학	개수 (개)
연합학부	언론심리학부	전북대(신문방송학전공)	1
	언론홍보심리학부	우석대(신문방송학전공)	1
	사회매체학부	대구효성가톨릭대(신문방송학전공)	1
	정치언론학부	강원대(신문방송학전공), 경남대(언론홍보학전공), 부경대(신문방송학전공)	3
	사회과학부	대구대(언론매체학전공), 인하대(언론정보학전공),	2
	인문사회학부	한서대(신문방송학전공), 한세대(신문방송학 · 광고홍보학전공)	2
	경영학부	가야대(광고홍보학전공), 중부대(광고홍보학전공)	2
	소계		12
합계			82

자료: 저자 정리.

영상학부', 경성대의 '커뮤니케이션학부' 등을 꼽을 수 있다.

넷째 이유는, 과거의 학과 명칭이 해당 학과의 성격과 교육내용 등을 제대로 대변(?)해 주지 못해, 그것을 제대로 대변할 수 있는 새롭고 현대적 명칭으로 바꾸게 되었기 때문이다. 이러한 실례로는 서울대 신문학과의 경우를 들 수 있는데, 이 학과는 1975년에 창설하면서 '커뮤니케이션학과'로 명명(命名)하고자 했으나, 당시는 교육부가 학과 이름에 외래어 사용을 금지했기 때문에 영문 학과 명칭은 'Department of Communication'이라고 결정했으나, 우리말 명칭은 '신문학과'로 결정하면서 이를 광의(廣義)로 '커뮤니케이션학과'로 해석하기로 했었다. 그러나 다른 대학들 대부분이 '신문방송학과'라는 명칭을 붙이게 되자, 서울대 신문학과는 방송 분야는 교육하지 않느냐는 질문을 수없이 받게 되었다. 그런데다가 종래의 신문학이 커뮤니케이션학으로 확대 · 발전하자, 부득이 1997년 3월 종래의 '신문학과'라는 명칭을 '언론정보학과'로 바꾸게 되었다. 그러자 다른 대학의 커뮤니케이션 관련 학과나 학회 등도 '언론정보학'이라는 명칭을 많이 사용하기 시작했다.

마지막으로, 특히 1990년대에 커뮤니케이션 관련 학과나 학부들이 그 명칭을 다양하게 붙이게 된 또 하나의 이유로는, 우수한 학생들을 유인(recruit)하기 위하여 그들에게 어필(appeal)할 수 있는 명칭을 붙이게 되었기 때문이라는 점도 들 수 있다.

이와 같은 여러 가지 이유로 커뮤니케이션 관련 학과들의 명칭이 다양하게 되었다. 그러나 예전의 명칭을 그대로 고집한 학과들도 적지 않았는데, 예컨대 '신문방송학과'라는 명칭을 그대로 사용한 곳이 1999년 말 현재 34개로서, 전체 82개 학과 중 41.5%나 되었다.

3) 커뮤니케이션 관련 대학원 교육도 크게 발전

1990년대에는 또한 커뮤니케이션 관련 대학원 교육도 계속 발전해서, 1990년대 말에는 전체 85개의 4년제 커뮤니케이션학 관련 학과·학부 중에서 31개가 석사과정을, 12개는 박사과정도 두었는데, 석사과정 학생수는 전국을 모두 합쳐 약 600명, 박사과정 학생수는 약 170여 명이나 되었다. 그러나 이것은 본(本) 대학원, 즉 일반대학원만의 경우이며, 신문방송대학원·언론대학원·언론홍보대학원·광고홍보대학원 등 특수대학원까지 합치면 석사과정 학생수는 거의 2배가 넘었다.

1990년대에는 커뮤니케이션 관련 특수대학원을 무려 11개나 신설했는데, 1992년 연세대가 언론홍보대학원, 서강대는 언론대학원을 설립했고, 1993년에는 고려대가 언론대학원, 1994년에는 광주대가 언론대학원, 1995년에는 건국대·동아대가 각각 언론홍보대학원, 한양대는 언론정보대학원, 1996년에는 성균관대가 언론정보대학원, 1998년에는 단국대가

정보통신대학원, 세종대는 언론문화대학원, 1999년에는 홍익대가 광고홍보대학원을 설립했다. 그리하여 1990년대 말에는 전국에 커뮤니케이션 관련 특수대학원이 모두 14개에 달했다. 이들 특수대학원은 〈표 5-15〉에서 보듯이 신문·방송·광고·PR·출판잡지·영상매체·연극영화 등 여러 전공분야들을 설치해서 주로 야간에 교육했는데, 학생 중 약 90%는 각 전공분야의 현역 종사자들이었다.

표 5-15 커뮤니케이션 관련 특수대학원 현황(1999년 말)

대학명	대학원명	설립연도	학과 · 전공분야
건국대	언론홍보대학원	1995	신문출판학과(신문 · 출판잡지전공), 방송정보학과(방송 · 뉴미디어전공), 광고홍보학과(광고 · 홍보전공)
경희대	언론정보대학원	1989	저널리즘학과(신문 · 방송 · 출판전공), 전략커뮤니케이션학과(광고 · 홍보 · 스피치 · 토론 · 선거공학전공), 미디어예술학과(대중예술 · 디지털영상전공)
고려대	언론대학원	1993	신문 · 방송 · 영상 · 광고 · 정보통신전공
광주대	언론대학원	1994	언론학과, 광고홍보학과
단국대	정보통신대학원	1998	방송정보학과, 언론정보 · 방송영상 · 뉴미디어전공
동국대	언론정보대학원	1988	신문방송학과, 출판잡지학과
동아대	언론홍보대학원	1995	신문방송학과, 광고홍보학과
서강대	언론대학원	1992	언론학과(신문 · 출판 · 방송 · 광고 · 홍보 · 공연 · 영상 · 미디어교육전공)
성균관대	언론정보대학원	1996	언론매체학과, 광고홍보학과, 출판정보학과
세종대	언론문화대학원	1998	–
연세대	언론홍보대학원	1992	신문출판, 방송영상, 광고홍보전공
중앙대	신문방송대학원	1982	신문 · 출판전공, 방송전공, 뉴미디어전공, 광고홍보전공
한양대	언론정보대학원	1995	신문 · 방송 · PR광고 · 출판잡지 · 영상매체 · 연극영화전공
홍익대	광고홍보대학원	1999	광고홍보전공, 멀티미디어광고전공

자료: 저자 정리.

이와 같은 커뮤니케이션 관련 특수대학원들 이외에, 행정대학원·정보산업대학원 등 다른 분야의 특수대학원에서도 신문방송이나 광보홍보 전공분야 등을 설치해서 가르쳤다. 예컨대, 연세대 행정대학원(1978년 설립)과 한양대 행정대학원(1983년 설립)은 언론홍보 전공분야를 설치해서 언론과 홍보 등에 관한 석사과정의 교육을 실시했다.

그런가 하면, 고려대 정책과학대학원(1987년 설립)은 홍보광고 전공과정을, 동국대 정보산업대학원(1988년 설립)은 신문방송학과를, 서강대 공공정책대학원(1988년 설립)은 언론홍보학과를 두어 석사과정 교육을 실시했는데, 이들 특수대학원에서의 커뮤니케이션 관련 교육은 주로 신문방송학과 등의 교수들이 담당했다.

4) 각 대학 커뮤니케이션 관련 연구소도 7개나 신설

1990년대에는 또한 각 대학이 커뮤니케이션 관련 연구소를 모두 7개나 신설했다. 이는 1963년 서울대 신문연구소(현 언론정보연구소)의 설립 이후 1980년대 말까지 27년 동안에 총 8개의 연구소를 신설했던 것에 비하면 상당히 많은 수였다. 1990년대에 각 대학에서 신설한 7개의 커뮤니케이션 관련 연구소는 1992년 설립한 연세대 언론연구소, 1993년 설립한 중앙대 광고홍보연구소, 1994년 신설한 부산대 언론정보연구소, 1995년 신설한 경북대 여론홍보연구소, 1996년 설립한 성균관대 언론정보연구소 및 1998년에 각각 신설한 전남대 언론홍보연구소와 청운대 방송산업연구소였다.

이들 7개 연구소가 1990년대에 새로 생김으로써 1990년대 말에는 전국 대학의 커뮤니케이션 관련 연구소가 모두 16개나 되었다. 이들 각 연구소의 주요 활동과 정기간행물을 간단히 요약해 보면 〈표 5-16〉과 같

표 5-16 전국 대학 커뮤니케이션 관련 연구소 현황(1990년대 말)

대학명	연구소명	설립 연도	주요 활동과 간행물
서울대	언론정보연구소	1963	조사연구, 일본 도쿄대와 정례세미나, 학술지 「언론정보연구」 발간, 전국 각 대학 석·박사학위논문 요약집 발간
고려대	신문방송연구소	1969	정기학술발표회, 조사연구, 학술지 「커뮤니케이션과학」 발간
한양대	언론문화연구소	1971	조사연구, 학술지 「언론학보」 연 1회 발행
경희대	커뮤니케이션연구소	1974	조사연구, 학술회의 개최, 학술지 「커뮤니케이션연구」 발간
서강대	언론문화연구소	1976	월례발표회, 정기심포지엄, 학술지 「언론문화연구」 발간
중앙대	언론연구소	1983	각종 조사연구, 학술지 「언론연구논집」 발간
외국어대	언론정보연구소	1984	각종 조사연구, 학술회의 개최
우석대	지역언론조사연구소	1985	지역언론에 관한 조사연구, 학술지 「언론문화논선」 발간
원광대	언론문화연구소	1985	학술세미나, 시민문화강좌, 「언론문화연구집」 발간
연세대	언론연구소	1992	조사연구, 각종 학술회의 개최
중앙대	광고홍보연구소	1993	세미나, 금요포럼 개최(수시), 학술지 「광고홍보연구」 발간
부산대	언론정보연구소	1994	학술세미나, 학술대회 개최, 학술지 「언론과 정보」 발간
경북대	여론홍보연구소	1995	조사연구, 학술회의 개최
성균관대	언론정보연구소	1996	국제 세미나 개최, 각종 조사연구
전남대	언론홍보연구소	1998	각종 학술대회 개최와 조사연구
청운대	방송산업연구소	1998	각종 학술회의 개최와 조사연구

자료: 저자 정리.

은데, 이에서 보듯이 10개 연구소에서는 학술지도 정기적으로 발행함으로써 커뮤니케이션 연구의 활성화에 크게 기여했다.

2. 단일 학회 시대에서 여러 학회 시대로 변모·발전

커뮤니케이션 관련 학회들의 활동을 중심으로 1990년대 커뮤니케이션 연구의 주요 동향을 간단히 살펴보면, 1959년부터 1988년까지 거의 30년 동안은 한국언론학회(구 한국신문학회)가 우리나라 커뮤니케이션학계를 주도해 왔다. 그러나 1988년 한국방송학회, 1989년 한국광고학회 설립을 시작으로 1990년대에는 모두 5개의 커뮤니케이션 관련 학회들이 등장하여 다학회(多學會) 시대를 이루면서 해당 분야에 관한 각종 학술활동을 활발히 전개하기 시작했다.

1) 한국언론학회의 회원수 급증과 주요 학술활동

우리나라 커뮤니케이션학계의 모학회(母學會)라고 할 수 있는 한국언론학회의 1990년대 실태와 주요 활동을 살펴보면, 회원수가 급증하여 1989년 3월 약 200명이었던 것이 10년 뒤인 1999년 3월에는 680명으로 무려 3배나 증가했다.[17] 이렇게 회원수가 급증한 데에는 여러 가지 원인들이 있었으나, 그중 가장 큰 원인은 커뮤니케이션 관련 석사와 박사의 양산(量産)과 이들의 학회 가입을 들 수 있다. 매년 몇 명의 석·박사가 배출되어 몇 명이 언론학회에 가입했는지는 자세히 알 수 없으나, 1990년대 말 우리나라 커뮤니케이션 관련 대학원과정 교육실태를 보면, 전국 31개 커뮤니케이션 관련 학과의 석사과정 재학생이 모두 600여 명이고, 12개 커뮤니

17 1999년 3월 발행한 한국언론학회의 『회원주소록』에서 매년 발행하는 주소록을 보면, 1993년 5월에는 431명의 회원이 수록되어 있고, 1994년 5월에는 441명, 1995년 5월에는 236명, 1996년 6월에는 514명, 1997년 6월에는 563명, 1998년 6월에는 636명, 2001년 10월에는 743명이 수록되어 있다.

케이션 관련 학과의 박사과정 재학생 수는 약 170여 명에 달했다.

한국언론학회는 1900년대에도 춘계과 추계 학술대회를 한 번도 빠짐없이 개최했는데, 1989년 추계발표회부터 분과연구회별로 나누어 발표회를 개최하기 시작한 제도가 1990년대에는 완전히 정착되었다. 그러면서 발표논문 수도 크게 증가했는데, 1960~1970년대에는 한 회(봄·가을)의 발표논문 수가 2~6편에 불과했던 것이 1990년대에는 평균 15~20편으로 증가했다.

한편 한국언론학회는 학술지 「한국언론학보」(종전 「신문학보」를 1992년 12월 발행 제28호부터 개제)도 한 번의 결호(缺號)도 없이 발간했는데, 1991년까지는 특별한 경우를 제외하고는 연 1회 발행해 왔으나, 1992년부터 1994년까지 3년간은 연 2회 발행했다. 그러다가 1995년에는 연 3회 발행했고, 1996년부터는 연 4회 계간(季刊)으로 발행했다.[18] 이처럼 「한국언론학보」의 발간 횟수를 크게 늘린 것은, 물론 회원수도 늘고 회원들이 논문을 열심히 썼기 때문이기도 하지만, 또 한편으로 1990년대부터 각 대학에서 교수들의 발표 논문수를 인사고과에 반영하자 교수들이 논문을 많이 발표하게 되었으나 이를 게재할 학술지 지면이 부족했기 때문이다.

「한국언론학보」 이외에 한국언론학회는 또 「저널리즘비평」이라는 정기간행물도 1990년 1월부터 발행했는데, 이는 신문·방송·잡지·영화 등 매스미디어를 대상으로 저널리즘 전반에 대한 비평적 기능을 수행하기

18 2001년까지 5년간은 계간으로 연 4회 발행했으나, 2002년에는 5회, 2003년에는 7회, 2004년에는 5회, 2005년에는 4회, 2006년에는 6회, 2007년과 2008년에는 6회를 발행했으며, 현재는 격월간이 되었다. 이처럼 한 해에도 「한국언론학보」를 몇 호씩 발간하자, 과거에는 권(卷)이나 호(號)의 개념 없이 일련번호를 매겨 제X호 등으로 발행하던 것을 1998년 9월 발행 제42호부터는, 예컨대 제42권 제3호, 즉 1998년에 발행한 제42권 중 세 번째 호라는 식으로 호수를 매기기 시작했다.

위한 비평지로서, 학문과 언론실무 두 분야에 다리를 놓아 양측의 간극을 좁혀 보자는 취지에서 창간한 것이었다. 그리하여 1년에 2회 또는 3회씩 발행했으나, 2002년 10월 제33호를 끝으로 폐간했다.

한국언론학회는 매년 봄·가을 학술대회를 정기적으로 개최하는 한편, 수시로 "쟁점과 토론"이라는 세미나도 열었다. 한편 분과연구회들도 각 분과별로 활발한 학술활동을 벌였는데(자세한 것은 임종수, 2009, pp. 233-280 참조), 1990년대에는 기존의 11개 연구회 이외에 3개의 연구회가 더 결성되었다. 즉 1990년 2월 언론사연구회(뒤에 '커뮤니케이션과 역사연구회'로 개칭), 1991년 정치커뮤니케이션연구회, 1993년 휴먼커뮤니케이션연구회가 새로 결성되어, 한국언론학회 봄·가을 정기학술대회에서 분과별로 발표회를 갖는 것은 물론이고, 또한 분과별로 해당 분야에 관한 연구발표회·월례발표회·토론회 등을 개최했다.[19]

2) 각종 커뮤니케이션 관련 학회의 설립과 주요 학술활동

앞에서 말했듯이 1988년 이전에는 우리나라에 커뮤니케이션 관련 학회로는 한국언론학회(구 한국신문학회) 하나밖에 없었다. 그러나 1988년 한국방송학회, 1989년 한국광고학회의 설립을 시작으로, 1990년대에는 한국여성커뮤니케이션학회(1993년 설립), 사이버커뮤니케이션학회(1996년 설립), 한국PR학회(1997년 설립), 한국언론정보학회(1998년 설립), 한국광고홍보학회(1998년 설립) 등 여러 개의 커뮤니케이션 관련 학회들이 등장하여 해당

19 언론학회는 또한 회원들의 학술활동을 격려하기 위하여 1년에 한 번씩 해당 연도에 출판한 우수 도서를 선정하여 그 저자에게 '희관언론상'을 수여했으며, 신진 소장학자들 중에서 가장 우수한 논문을 쓴 회원에게는 '우수논문상'을 수여해서 격려했다.

분야에 관한 각종 학술활동을 전개하면서 다학회(多學會) 시대가 되었다.

(1) 한국방송학회 · 한국광고학회 · 한국여성커뮤니케이션학회 창립

이러한 다학회 시대의 문을 처음 연 한국방송학회(Korean Association for Broadcasting and Communication Studies)는 1988년 9월 10일 창립(초대 학회장 김규)했는데, 그 목적은 "현대 방송의 사회적 영향력이 더욱 중시됨에 따라 방송연구 또한 보다 전문적인 학문의 대상으로서 체계와 종합성이 요구됨을 인식하고 방송학의 연구를 위한 구심점이 되고자 한다. 또한 그 구성원은 학계 및 방송계 실무인을 포함함으로써 방송학이 이론과 방송 실제를 연구하는 학술기구로 기능하고자 함"이었다. 이런 목적에서 창립한 방송학과는 연례사업으로 정기학술대회 개최, 정기연구논문집 발간, 정기학술토론회 개최, 국제학술교류, 산학협동 등의 활동을 전개하며, 학술지로 「한국방송학보」(1989년 창간)를 매년 정기적으로 발간하고 있다.

한국광고학회(Korea Advertising Society)는 1989년 10월 경영학 분야의 유봉노 · 황창규 · 김원수 교수 등이 중심이 되어 설립(초대 학회장 유봉노)했다. 그러나 그 뒤 광고홍보학과 전공 교수와 미술대학 광고디자인 전공자들도 참여해서 여러 학문분야의 통합적 학회가 되었는데, 학회 목적은 "광고 및 이에 관련되는 이론과 실제의 연구 · 발표를 통하여 우리나라 광고 발전에 기여함과 회원 상호 간의 친목을 도모함"(정관 제2장)이다. 이러한 목적의 한국광고학회는 광고의 이론과 실무에 관한 연구, 회보와 회지 및 연구서적 간행, 연구발표, 국내외 학회와의 제휴 등에 관한 활동을 벌이면서 학회지로 「광고학연구」(1990년 창간)를 발간하고 있다.

한국여성커뮤니케이션학회(Korean Women's Association for Communication Studies)는 1993년 4월 3일 창립(초대 학회장 박정순)했는데, 정보사회로의 전환과 함께 미디어 영역에의 여성의 참여와 역할이 증대되는 상황에서 여성의 관점에서 커뮤니케이션과 미디어에 대한 이해를 도모하고, 나아가 학계나 언론계에서 아직 소수에 속하는 여성들의 연구활동의 장을 스스로 마련하여 여성인력의 역량을 발휘할 여건을 능동적으로 갖출 필요성에 따라 설립하게 되었다. 이 학회의 주요 사업은 정기학술세미나 개최, 커뮤니케이션학·언론학·페미니즘 관련 연구 및 조사, 연구지와 출판물 발행, 연구발표회 및 강연회 개최, 그 밖에 회원 및 여성 커뮤니케이션 전공자들의 권익 증진을 위한 활동과 해당 학회와 목적을 같이하는 국내외 관련 학술 및 사회단체와의 교류 등이며, 학회지로는 「미디어·젠더 & 문화」를 발행하고 있다.

(2) 그 외 여러 커뮤니케이션 관련 학회의 설립과 주요 활동

사이버커뮤니케이션학회(The Korean Academic Society for Cybercommunications)는 한국언론학회 소속 사이버커뮤니케이션연구회에서 활동하던 연구자들이 인문·사회과학을 통괄하는 조직의 필요성에 따라 1996년 9월에 설립(초대 학회장 오택섭)했다. 이 학회는 "사이버 세계에 대한 체계적이고 분석적인 사회과학적 연구와 정보통신학 관련 분야의 발전을 위한 정책 대안을 제시함으로써 한국사회의 정보화 촉진을 목적"으로 하고 있다. 이러한 목적의 달성을 위해 사이버커뮤니케이션학회는 정기학술세미나, 춘계·추계 학술대회, 특별 심포지엄, 국제 심포지엄 등을 개최하면서 매년 특정 주제를 설정하여 학제 간 교류와 연구를 위한 행사도 개최하며, 학술지로서 「사이버커뮤니케이션학보」를 연 4회 발간하고 있다.

한국PR학회(Korean Academic Society of Public Relations)는 1997년 2월 창립(초대 학회장 윤희중)했는데, 창립 목적은 "Public Relations에 관련되는 이론과 실제의 연구와 발표 및 교육, 국내외 관련 기관 및 업계와의 협력 및 교류를 통하여 우리나라의 PR 발전에 기여함과 동시에 상호 간의 친목 도모"였다. 이러한 목적을 위해 한국PR학회는 PR의 이론과 실무에 관련된 연구, 회지·회보 및 연구도서의 간행, PR 이론과 실제에 관한 발표회 및 강연회 개최, 해당 학회와 목적을 같이하는 국내외 단체와의 교류, PR의 발전을 위한 교육 및 연구활동, 기타 해당 학회의 목적 달성에 필요한 사업 등을 벌이고 있는데, 학술지로는 「홍보학연구」(1997년 창간)를 발행하고 있다.

한국언론정보학회(Korean Association for Communication and Information Studies)는 1998년 2월 창립했던 '한국사회언론연구회'를 동년 4월 사단법인화와 동시에 '한국언론정보학회'로 개칭해서 새로 출범한 학회(초대 학회장 이효성)이다. 창립 목적은 "매체·통신을 통한 커뮤니케이션 현상의 사회과학적 연구 및 교육을 수행하고, 국내외 관련 기관과의 교류 협력을 통하여 한국 커뮤니케이션 구조의 올바른 정립과 바람직한 정보화 사회의 발전에 기여"하기 위해서였다. 주요 사업은 학술대회 개최와 학술지 발간 등인데, 이 학회에서 1998년 10월 창간한 학술지 「한국언론정보학보」는 한국언론학회의 「한국언론학보」(1960년 창간) 및 한국방송학회의 「한국방송학보」(1989년 창간)와 함께 우리나라 커뮤니케이션학계 3대 학술지의 하나로 꼽히고 있다.

한국광고홍보학회(Korean Association for Advertising and Public Relations)는 1998년 8월 본래는 한국광고교육학회로 설립했던 것을 2001년 10월 개편한 학회(초대 학회장 이의자)이다. 설립 목적은 "광고홍보를 현대사회의 중요한 커뮤니케이션 도구로 인식하고 이에 관련된 사회과학적 연구와 소비자 교육을 통해 광고홍보 문화를 창달함으로써 광고홍보와 사회와의 바람직한 관계를 형성 및 발전시키는 데 기여함"이다. 주요 사업은 각종 학술회의 개최와 학술지 발간 등인데, 학술지로는 「광고홍보학보」(1999년 창간)를 발간하고 있다.

3) 지방 언론학회의 대두와 지역언론 발전에 기여

1990년대에는 이와 같이 각 분야별로 여러 개의 커뮤니케이션 관련 학회들을 설립했을 뿐 아니라, 또한 지역별로도 학회들을 설립하기 시작했다. 그리하여 1990년대 말에는 충청도와 강원도를 제외한 4개 지역에 지방 언론학회가 설치되어 각 지역별로 학술활동을 전개했다.

지방 언론학회 중 가장 먼저 설립된 곳은 1987년 결성한 호남언론학회(설립 당시 명칭은 '호남언론연구회')였다. 이 학회는 1981년 신설한 호남지역의 원광대·전남대·우석대 신문방송학과 교수들이 중심이 되어 설립했는데, 초대 회장으로는 우석대 김영선 교수, 부회장으로는 광주대 김기중 교수를 선출했다(채백, 2009, p. 284). 설립 이후 이 학회는 특히 호남지역 언론문제에 관심을 갖고 그에 관한 학술활동을 꾸준히 전개해 왔다. 그러나 호남언론학회에 가입해 있던 광주와 전남지역 신문방송학과 교수들이 1996년 9월 별도로 광주전남언론학회를 설립하자, 호남언론학회는 주로 전북지역을 기반으로 학술활동을 벌이게 되었다.

1992년 4월 4일에는 부산·울산·경남지역 신문방송학과 교수들이 부산울산경남언론학회를 창립했는데,[20] 창립 취지문을 보면 한국사회 전반과 언론의 모순·한계를 지적하면서 그간에 지방의 언론학 연구도 제 역할을 다하지 못했다는 현실인식을 바탕으로 보다 활발한 학술활동과 산학협동에 이바지하고자 학회를 설립하게 되었다고 밝혔다(채백, 2009, p. 287에서 인용). 이러한 취지에서 창립한 부산울산경남언론학회는 해마다

20 창립 당시 학회명은 '부산경남언론학회'였으나, 2004년 9월 울산시가 경상남도에서 독립하여 광역시로 승격하자 '부산경남언론학회'도 학회 명칭을 '부산울산경남언론학회'로 고쳤다.

지역언론의 발전을 위한 심포지엄을 개최하는 등, 지역언론 문제에 지속적으로 관심을 보였다. 그러면서 1997년에는 학술지로 「언론학연구」를 창간하여 매년 한 호(號)씩 발간하고 있다.

1996년 9월에는 앞서 말했듯이 그간에 호남언론학회에 가입해 있던 광주와 전남지역 신문방송학과 교수들이 별도로 광주전남언론학회를 설립(초대 학회장 최종수)했다. 설립 취지는 "지역언론의 다양한 문제와 바람직한 발전방안에 대한 논의의 장(場)을 마련하고 지역에 뿌리를 둔 연구 분위기를 제고하고 … 현업 종사자들과의 활발한 교류를 통해 현장의 목소리를 반영할 수 있는 창구를 마련, 학술활동과 교육활동에 연계할 수 있는 장을 마련하기 위함"이었다(채백, 2009, p. 291에서 인용). 따라서 이 학회는 앞서의 다른 지방 학회들과는 달리, 광주와 전남지역 언론학자들과 현업 언론인들로 구성되었다. 이 학파는 지역언론에 관한 학술활동을 활발하게 펼치면서, 1999년에는 학술지 「광전커뮤니케이션학보」를 창간했다.

1998년 5월에는 대구와 경북지역 언론학자들도 '대구경북언론학회'를 결성했는데, 이 학회 역시 다른 지역 언론학회들과 마찬가지로 지역언론에 관한 연구와 학술회의 등을 벌여 왔다.

이와 같이 각 지역별로 언론학회들을 설치하자, 1989년 이 지방언론학회들이 연합하여 지방언론연구회를 창립(초대 회장 박정규)하기도 했으나, 창립 후 별다른 활동이 없이 흐지부지되고 말았다.[21]

21 그러나 2000년 12월 다시 지역언론학회연합회를 결성했으며, 이 연합회는 2001년 10월 한국지역언론학회로 다시 태어났다. 한편 2003년에는 충청언론학회, 2006년에는 강원언론학회를 설립함으로써 우리나라 모든 권역에 지역언론학회가 생기게 되었다.

3. 1990년대 커뮤니케이션학 연구·교육의 주요 동향

1990년대에도 이와 같이 우리나라 커뮤니케이션학은 여러 가지로 많은 변화와 발전을 이룩했다. 그중에서 마지막으로 여러 가지 주요 동향 중 두 가지만 더 들어 보면, 첫째로는 한국 커뮤니케이션학 역사에서 소위 '제3세대'로 불리는 젊은 학자들의 부상을 들 수 있다. 그리고 두 번째로는 1980년대에 한때 유행했던 비판커뮤니케이션 연구는 쇠퇴한 반면, 뉴미디어에 관한 연구는 더욱 발전하여 1900년대에도 크게 발전한 것을 들 수 있다.

1) 학계 주도 세력으로 제3세대 교수들의 부상

1945년 광복 이후 1990년대까지 우리나라에서 커뮤니케이션학 연구와 교육을 주도적으로 이끌어온 학자들을 세대별로 나누면, 크게 3개 세대로 나누어 볼 수 있다. 제1세대는 광복 이후 '신문학'이라는 이름으로 우리나라 커뮤니케이션학을 개척한 원로들로서, 각 대학에 신문학과를 설치하고 한국신문학회(현 한국언론학회)를 창설한 곽복산·최준·이해창·임근수·박유봉·이덕근 등을 꼽을 수 있다.

제2세대는 아직 우리나라 대학에서 신문학이 크게 대두하기 이전인 1950~1960년대에, 학부(학사과정)에서는 다른 학문을 전공한 뒤 미국·독일·일본 등지에 유학해서 커뮤니케이션 관련 분야를 전공하여 석·박사 학위를 받고 귀국해서 1960~1970년대에 신문학과·신문방송학과 등의 교수가 되어, 전통적 신문학을 매스커뮤니케이션학 내지 커뮤니케이션학으로 확대·발전시킨 학자들을 말한다. 이들은 다시 2.0세대와 2.5세대로 나눌 수 있는데, 2.0세대는 1960년대에 교수가 되어 과거의 전통적 신문학을 매스커뮤니케이션학으로 확대·발전시킨 학자들로서, 예컨대 김규환·최정호·장용·김동철·안광식·윤희중·오진환·한병구·임상원·강현두·팽원순·이상희·이신복·최진우·김규·김지운 등이다. 그리고 2.5세대는 외국에서 석·박사학위를 받고 1970년대에 교수가 되어 매스커뮤니케이션학을 다시 커뮤니케이션학으로 확대·발전시키는 데 공헌한 학자들로서, 예컨대 서정우·차배근·한태열·유재천·원우현·손용·최창섭·오인환·박홍수·김경근·송유재·오택섭·추광영·이경자·홍기선·이준일·김정기·이정춘·박명진·이상철 등과, 국내에서 석·박사학위를 받은 리대룡·이광재·정수경·박정규·오두범 등을 말한다.

다음으로 제3세대는 1세대와 2세대의 지도를 직접 받거나 또는 그들의 저서 등을 보면서 신문방송학·광고홍보학 등 커뮤니케이션학을 공부하기 시작해 국내외에서 석·박사학위를 취득하고 전임교수 등이 된 젊은 학자들을 말한다. 이러한 제3세대는 1980년대부터 한국 커뮤니케이션학계에 등장하기 시작, 1990년대에는 한국 커뮤니케이션 연구와 교육을 주도해 나가기 시작했다. 그러면서 이들 젊은 학자들은 PC통신과 다중방송 등 뉴미디어를 통한 커뮤니케이션 현상에 특히 많은 관심을 갖고 이를 집중적으로 연구함으로써 뉴미디어와 정보사회 관련 분야가 크게 발전하게 되었는데, 이것도 1990년대 한국 커뮤니케이션학계의 주요 동향의 하나였다.

2) 전통적 미디어에서 뉴미디어로 연구·교육 대상의 확대

뉴미디어와 정보사회에 관한 연구는 이미 1980년대부터 시작되었으나, 앞서 언급했듯이 1980년대 초반까지는 뉴미디어 관련 기술들을 소개하거나 이러한 기술로 인한 기존 매체의 변화상이나 새로운 사회상에 대한 예견적 그림을 그려 주는 정도였다. 그러다가 1980년대 후반으로 접어들면서 개인용 컴퓨터(Personal Computer, PC)와 홈비디오 등의 보급에 따라 PC 통신과 다중방송 서비스 등이 본격적으로 이루어지면서 그 이용실태 등에 관한 연구도 시작했다. 또한 1980년대 후반부터 케이블 TV와 위성방송 등 새로운 방송매체의 국내수용 문제에 관한 논의가 시작되면서, 이에 관한 연구들이 1990년대 초반에는 주류를 이루었다.

그러다가 1995년 유선종합방송이 국내에 도입되는 시점을 전후해서 이에 관한 논의와 연구들이 특히 활발하게 이루어지기 시작했다. 그러면서 뉴미디어와 정보사회 관련 연구논문들도 급격히 증가했는데, 강상현이 1990년부터 2000년까지 우리나라 주요 대학의 석·박사학위논문들을 분석해 본 결과, 총 1,062편 중 뉴미디어와 정보사회 관련 논문들이 216편으로서 전체의 20.3%나 차지했다(강상현, 2001, p. 170).

한편 양승목이 1990년대에 우리나라 커뮤니케이션학계의 3대 학술지, 즉 한국언론학회의 「한국언론학보」, 한국방송학회의 「한국방송학보」, 한국언론정보학회의 「한국언론정보학보」에 게재한 총 436편의 논문들을 연구분야별로 분류해 본 결과, 〈표 5-17〉에서 보듯이 방송·뉴미디어·텔레컴·인터넷 등 뉴미디어와 밀접한 분야에 관한 논문이 모두 139편(전체의 31.9%)으로서 수위를 차지했다(양승목, 2009, p. 1048).

이와 같이 뉴미디어 관련 논문들이 매년 증가 추세를 보였는데, 강태영이 1990년대에 우리나라의 커뮤니케이션 관련 6개 학술지, 즉 「한국언론학보」·「한국방송학보」·「한국언론정보학보」 및 한국지역언론학회 학술지 「언론과학연구」, 성곡언론재단 발행 학술지 「언론과 사회」, 한국사이버커뮤니케이션학회 학술지 「사이버커뮤니케이션학보」에 게재된 '뉴미디어' 관련 논문 총 780편을 연도별로 나누어 본 결과, 1990년부터 1996년까지는 뉴미디어 관련 논문들이 매년 1~9편 정도였으나 1997

표 5-17 1990년대 커뮤니케이션 관련 3대 학술지에 나타난 연구분야별 비율

(단위: 편(%))

연구분야	한국언론학보	한국방송학보	한국언론정보학보	합 계
역사	14(6.7)	1(0.8)	16(15.1)	31(7.1)
법제/윤리/사상	25(12.0)	16(13.1)	8(7.5)	49(11.2)
저널리즘/정치컴	51(24.5)	18(14.8)	22(20.8)	91(20.9)
방송/뉴미디어/텔레컴/인터넷	43(20.7)	72(59.0)	24(22.6)	139(31.9)
광고/홍보	19(9.1)	6(4.9)	1(0.9)	26(6.0)
문화연구/문화사	15(7.2)	2(1.6)	24(22.6)	41(9.4)
국제컴	15(7.2)	3(2.5)	2(1.9)	20(4.6)
대인컴/조직컴	18(8.6)	1(0.8)	0(0)	19(4.3)
기타	8(3.8)	3(2.5)	9(8.5)	20(4.6)
전체	208 (100)	122(100)	106(100)	436(100)

자료: 양승목(2009), 「언론학연구50년: 성찰과 전망」, p. 1048.

년과 1998년에는 각각 25편, 1999년에는 27편으로 급증하기 시작해서 2000년에는 37편, 2001년에는 68편, 2006년에는 104편에 달했다(강태영, 2009, p. 612).

강태영이 또한 1991년부터 2000년까지 6개 학술지에 실린 '뉴미디어' 관련 논문 100편을 다시 주제별로 분석해 본 결과, 인터넷에 관한 것이 24편으로 가장 많았으며, 다음은 케이블 TV에 관한 것이 19편, 사이버 공간에 관한 것이 14편, 정보사회에 관한 것이 12편, 뉴미디어 자체에 관한 것이 9편, 뉴미디어 정책에 관한 것이 8편, UCC와 윤리법제에 관한 논문이 각각 7편으로 나타났다고 한다(강태영, 2009, p. 616).

이처럼 특히 1990년대 후반부터 인터넷, 사이버 공간, 뉴미디어, 정보사회 등에 관한 연구들이 크게 대두하면서, 우리나라 커뮤니케이션학의 연구와 교육 대상이 전통 미디어로부터 뉴미디어로 확대·발전하게

되었다. 이러한 추세는 2000년대에도 계속되었는데, 2000년 이후 우리나라에서 커뮤니케이션학의 연구·교육 실태와 주요 동향 등에 관한 고찰 및 소개는 다른 동료학자나 후학들에게 인계하기로 하겠다.

참고문헌

• 국문

강상현(2001), 「한국 언론학 연구 현황과 과제: 뉴미디어와 정보사회」, 2001년 한국 언론학대회 공동심포지엄 발표논문집, 『뉴밀레니엄시대의 언론학 연구와 교육』.

강태영(2009), 「뉴미디어 연구 50년」, 한국언론학회50년사편찬위원회 편, 『한국언론학회50년사』. 서울: 한국언론학회, pp. 585-629.

고려대학교100년사 편찬위원회(2005), 『고려대학교100년사』. 서울: 고려대학교출판부.

곽복산(1955), 『신문학개론』. 서울: 서울신문학원.

곽복산(1968), 「신문교육」, 한국신문협회 편, 『한국신문연감: 1968』. 서울: 한국신문협회.

곽복산(1971), 「신문학의 전개와 한국의 과제」, 곽복산 편저, 『언론학개론』. 서울: 일조각, pp. 30-47.

곽복산 편저(1971), 『언론학개론』. 서울: 일조각.

관훈클럽신영연구기금(1983), 「한성신보 · 한성주보 번역판」.

국사편찬위원회 편(1971), 「수신사기록」(한국사료총서 제9권). 서울: 탐구당.

김기수(1958), 「『일동기유(日東記遊)』: 속상조(俗尙條) 신문지」.

김동성(1924), 『신문학』. 경성: 조선도서주식회사.

김동성 · 김희진 · 황호덕(2015), 『미주의 인상』. 서울: 현실문화.

김동철(1990), 「이화여자대학교에서의 언론학 교육의 회고와 전망」, 이화여자대학교 신문방송학과 창설30주년기념 학술심포지엄 발표논문(1월 11일).

김봉희(1987), 『한국기독교문서간행사연구: 1882-1945』. 서울: 이화여자대학교출판부.

김사림(1948), 「신문과학의 전당, 조선신문학원의 전모」, 김사림 편, 『신문기자 수첩』. 서울: 모던출판사.

김사림 편(1948), 『신문기자수첩』. 서울: 모던출판사.

김성호(1978), 『한국방송관계문헌색인: 1945-1976』. 서울: 삼민출판사.

김영희(2011), 『이화여자대학교 언론홍보영상학부 50년: 1960-2010』. 서울: 이화여자대학교 커뮤니케이션미디어연구소.

김현준(1928), 「영국신문계일별」, 『동아일보』 1928. 7. 8.~7. 14 연재.

김현준(1929), 「근대신문학에 관한 제고찰」, 『대중공론』 9월호.

김현준(1931), 「독일급영국신문계순방인상기」, 『철필』 1월호.

김현준(1932), 「특집 조선언론계에 대하여: 학술적 전문잡지가 필요」, 『동광』 제34호.

노정팔(1977), 「한국신문학 교육의 선구자 우당(牛堂) 곽복산」, 차배근 외 3인 공편, 『한국신문학사』. 서울: 정음사.

대한신문연감편찬위원회(1955), 『대한신문연감: 1956』. 서울: 대한신문연감사.

박권상(1952), 「매스콤과 현대사회」, 『시사』. 서울: 시사잡지사.

박권상 · 장용 공역(1963), 『매스콤론』. 서울: 을유문화사.

박권상 역(1967), 『매스컴 사회학』. 서울: 법문사.

박기준 역(1956), 『신문론』. 서울: 서울신문사.

박용규(2009), 「학회활동에 대한 성찰과 과제」, 한국언론학회50년사편찬위원회 편, 『한국언론학회 50년사: 1959-2009』. 서울: 한국언론학회.

박유봉(1965), 『매스커뮤니케이션』. 서울: 일조각.

박유봉 · 서정우 · 차배근 · 한태열(1974), 『신문학이론』. 서울: 박영사.

박정규(1977), 「저서를 통해 본 신문학연구 및 단행본목록」, 차배근 외 3인 공편, 『한국신문학사』. 서울: 정음사.

박정규(1982), 「조선왕조시대의 전근대적 신문에 관한 연구」, 박사학위논문(서울대학교 대학원).

서정우(1977a), 「한국 최초의 신문학박사 김현준」, 차배근 외 3인 공편, 『한국신문학사』. 서울: 정음사.

서정우(1997b), 「우리나라 언론학의 어제와 오늘」, 한국언론학회, 언론학의 장래와 언론학교육의 방향, 24-1차 쟁점과 토론(7월 11일).

안광식(1977), 「이해창(李海暢) 교수와 그의 신문학연구」, 차배근 외 3인 공편, 『한국신문학사』. 서울: 정음사.

안광식(1989), 「언론학회 30년의 과정 평가와 방향 모색」, 『신문학보』 제24호, pp. 5-27.

안민호(2005), 「한국 언론학 연구의 이론 매트릭스: 1995~2004년 「한국언론학보」 게재논문을 중심으로」, 『커뮤니케이션이론』(한국언론학회 발행) 제1권 제1호, pp. 35-62.

양승목(1996), 「한국 언론학의 미래와 언론학 교육의 방향」, 『언론정보연구』(서울대학교 언론정보연구소 발행) 제33집.

양승목(2005), 「초창기 한국 언론학의 제도화와 정체성 변화: 남정 김규환 소고」, 『커뮤니케이션이론』 제1권 제1호, pp. 1-34.

양승목(2009), 「언론학연구50년: 성찰과 전망」, 한국언론학회50년사편찬위원회, 『한국언론학회50년사: 1959-2009』. 서울: 한국언론학회, pp. 1019-1066.

양재하(1934), 「신문대학급대학신문론: 학생신문발간과 신문연구기관급신문권위단체출현을 촉함」, 『신동아』 제4권 제5호, pp. 72-75.

오두범(1990), 「한국 커뮤니케이션 이론 및 방법론 연구의 성찰」, 한국언론학회 편, 『한국언론학연구 30년-성찰과 전망』. 서울: 나남출판사, pp. 13-26.

오소백(1954), 『신문강화』. 서울: 대신문화사.

오소백(1976), 「인물론: 우당 곽복산」, 『신문평론』, 9월호, pp. 90-92.

원용진(2000), 「문화연구의 미디어 논의 반성과 전망」, 『한국방송학보』 제14-3호, pp. 185-230.

유길준(1885), 『서유견문』. 도쿄: 고준샤(交詢社), 제17편 「신문지」, pp. 457-462.

유길준전서편찬위원회 편(1971), 『유길준전서』 제4권. 서울: 일조각.

이광린(1974a), 「『해국도지(海國圖志)』의 한국전래와 그 영향」, 이광린, 『한국개화사연구』. 서울: 일조각.

이광린(1974b), 「한성순보와 한성주보 대한 일고찰」, 이광린, 『한국개화사연구』. 서

울: 일조각.

이규태(1991), 「600년 서울」, 『조선일보』, 1991년 10월 1일 자 12면.

이정춘(2008), 「한국언론학교육 50년의 회고와 학문적 소회」, 중앙대학교 신문방송학과 50주년기념세미나 논문(http://www.jcrhie.pe.kr).

이해창 편저(1973), 『독일신문학연구』. 서울: 이화여자대학교출판부.

이화100년사편집위원회 편(1994), 『이화100년사』. 서울: 이화여자대학교출판부.

임경일(1938), 『신문』. 경성: 야담사.

임근수(1970), 『신문발달사』. 서울: 정음사.

임근수(1973), 「한국신문학사 서설」, 『신문학보』 제6호, pp. 8-21.

임근수(1976), 「한국신문학의 성립과정과 그 연구현황의 계보적 고찰」, 『저널리즘』 봄호.

임근수(1984), 『언론과 역사』(희관 임근수박사 논총). 서울: 정음사.

임근수화갑기념논문집간행위원회 편(1977), 『한국신문학50년사』. 서울: 정음사.

임종수(2009), 「분과연구회 20년의 성찰」, 한국언론학회50년사편찬위원회 편, 『한국언론학회 50년사: 1959-2009』. 서울: 한국언론학회, pp. 233-280.

장용(1969), 『언론과 인권』. 서울: 선명문화사.

정수경(1977), 「신문학연구기관과 그 업적」, 차배근 외 3인 공편, 『한국신문학사』. 서울: 정음사.

정진석(1985), 『한국언론사론』. 서울: 전예원.

정진석(1990), 『한국언론사』. 서울: 나남.

정진석(1992), 『한국언론학 박사 · 석사학위 논문총목록』. 서울: 나남.

정진석(1995a), 『인물한국언론사』. 서울: 나남

정진석(1995b), 『조선신문학원의 기자양성과 언론학연구』(언론학논선 9). 서울: 서강대학교 언론문화연구소.

정진석(1997), 「조선신문학원의 언론인 양성 교육」, 한국언론학회언론사연구회 · 중앙대언론연구소 공동세미나 초록집, 『곽복산교수와 서울신문학원 50주년』.

정진석(2009), 「한국언론학회 50년: 성장과 변화의 역사(1959-2009)」, 한국언론학회50년사편찬위원회 편, 『한국언론학회50년사: 1959-2009』. 서울: 한국언론학회, pp. 33-96.

조항제(1988), 「1980년대 비판커뮤니케이션이론 연구의 현황과 과제: 석사논문을 중심으로」, 『한국사회언론연구』 제2호, pp. 13-21.

조항제(1990), 「한국의 비판커뮤니케이션 연구에 대한 비판적 검토」, 박유봉박사 고희기념논문집편찬위위회 편, 『인간, 커뮤니케이션, 사회구조』. 서울: 보성사.

차배근(1974), 「'신문학이론을 비판한다'를 비평한다: 라스웰모형의 변형적용은 유효하다」, 『신문학보』 제7호.

차배근(1976), 『커뮤니케이션학개론』(상·하). 서울: 세영사.

차배근(1977), 『사회통계분석방법: 커뮤니케이션연구 중심』. 서울: 세영사.

차배근(1978), 『사회통계방법』. 서울: 세영사.

차배근(1979), 『커뮤니케이션연구방법』. 서울: 세영사.

차배근(1980a), 「기자의 전문화교육」, 『신문과 방송』 통권 제115호(6월호).

차배근(1980b), 「우리나라 조보에 관한 신문학적 분석고」, 『신문연구소학보』(서울대학교 신문연구소) 제17집, pp. 66-102.

차배근(1981), 『사회과학연구방법』. 서울: 세영사.

차배근(1982), 「미국에서 신문학교육의 성립·발전고: 미주리대학 신문학부의 설립을 중심으로」, 『신문연구소학보』(서울대학교 신문연구소) 제19집, pp. 31-70.

차배근(1985), 『커뮤니케이션학개론(하)』(전정판). 서울: 세영사.

차배근(1987), 「우리나라 신문방송학 교육실태에 관한 기초조사연구」, 『신문연구소학보』(서울대학교 신문연구소) 제24집, pp. 51-101.

차배근(1988), 『커뮤니케이션학개론(상)』(전정판). 서울: 세영사.

차배근(1989a), 『한국 언론학 교육의 현황과 문제점』, 한국언론학회 창립 30주년기념 토론회 주제논문집.

차배근(1989b), 『설득커뮤니케이션이론』. 서울: 서울대학교출판부.

차배근(1991), 「한국의 언론연구와 교육」, 『한국의 언론(I)』. 서울: 한국언론연구원, pp. 273-280.

차배근(1993), 「한국언론학의 생성과정에 관하여」, 김동철교수정년퇴임기념논문집, 『언론과 커뮤니케이션의 제문제』. 서울: 나남, pp. 77-104.

차배근(1999), 『매스커뮤니케이션효과이론』(제2판). 서울: 나남.

차배근(2008), 『중국근대언론발달사: 1815-1945』. 서울: 서울대학교출판부.

차배근(2009), 「한국언론학회를 일군 사람들: 한국신문학회 시기를 중심으로」, 한국언론학회50년사편찬위원회, 『한국언론학회50년사: 1959-2009』. 서울: 한국언론학회, pp. 97-187.

차배근(2015), 『미국신문발달사』. 서울: 서울대학교출판문화원.

차배근 · 이대룡 · 정진석 · 박정규 공편(1977), 『한국신문학사』. 서울: 정음사.

차배근 · 차경욱(2014), 『사회과학연구방법』. 서울: 서울대학교출판문화원.

채백(2009), 「지방학회의 대두와 발전」, 한국언론학회50년사편찬위원회 편, 『한국언론학회50년사: 1959-2009』. 서울: 한국언론학회.

천관우(1955), 「매스커뮤니케이션연구를 위한 서설」, 『서울대학교문리대학보』 제1호.

최선열(2001), 「한국언론학의 정체성 위기: 이론과 방법론을 중심으로」, 한국언론학회 심포지엄 및 세미나(5월), pp. 98-112.

최준(1960), 『한국신문사』. 서울: 일조각.

최준(1973), 「한국신문학연구의 반성」, 한국신문학회 1973년도 추계연구발표회 발표논문(「신문평론」 제46호 게재).

한국신문연구소(1980), 『한국신문방송연감: 1980년판』. 서울: 한국신문연구소.

한국신문편집인협회(1988), 『신문백년인물사전』. 서울: 한국신문편집인협회.

한국신문학회 역(1972), 『컴뮤니케이션』. 서울: 탐구당.

한국신문협회 편(1968), 『한국신문연감: 1968』. 서울: 한국신문협회.

한국언론연구원(1988), 『1988년도 언론인연수실적종합보고서』. 서울: 한국언론연구원.

한국언론연구원(1990a), 『언론인 세미나: 워크숍 실적보고서』. 서울: 한국언론연구원.

한국언론연구원(1990b), 『한국신문방송연감』. 서울: 한국언론연구원.

한국언론학회(1977), 「언론학의 장래와 언론학교육의 방향」, 1997년 제24-1차 쟁점과 토론(7월 11일).

한국언론학회50년사편찬위원회 편, 『한국언론학회50년사: 1959-2009』. 서울: 한국언론학회.

한국언론학회 편(1990), 『한국언론학연구30년: 성찰과 전망』. 서울: 나남.

한국언론학회 편(1991), 『한국언론학의 쟁점과 진로』. 서울: 나남.

한기악(1930), 「신문기자 양성에 대하여: 연구과 두었으면」, 『철필』 제1호, p. 25.

홍동호(1956), 『신문론』. 서울: 정양사.

• 외국문

小野秀雄(1971),『新聞研究五十年』. 東京: 毎日新聞社.

Abelson, Robert P.(1959), "Modes of Resolution of Belief Dilemmas," *Journal of Conflict Resolution*, 3, pp. 343-352.

Adorno, Theodor W.(1954), "Television and the Patterns of Mass Culture," *Quarterly of Film, Radio and Television*, No. 8.

Allport, Gordon W. and Hadley Cantril(1935), *The Psychology of Radio*. New York: Harper.

Allport, Gordon W. and Leo J. Postman(1945), "The Basic Psychology of Rumor," *Transactions of the New York Academy of Sciences*, Ⅷ, Serries Ⅱ, pp. 61-81.

Alston, William P.(1964), *Philosophy of Language*. Englewood Cliffs, N. J.: Prentice-Hall.

Andersen, Kenneth(1972), *Introduction to Communication: Theory and Practice*. Menlo Park, CA: Cummings.

Aristotle(1954), *Rhetoric*, translated by W. Rhys Roberts. New York: The Modern Library.

Arnheim, Rudolf(1944), "The World of the Daytime Serial," in Paul F. Lazarsfeld and F. Stanton(Eds.), *Radio Research, 1942~43*. New York: Harper.

Ayer, Alfred J.(1936), *Language, Truth, and Logic*. London: V. Gollance.

Bacon, Francis(1605), *The Advancement of Learning*. London: Printed by Leon.

Bailyn, Lotte(1959), "Mass Media and Children: A Study of Exposure Habits and Cognitive Effects," *Psychological Monographs*, 73, pp. 1-48.

Barnard, Chester I.(1938), *The Functions of the Executive*. Cambridge: Harvard University Press.

Bauer, Raymond A., I. de Sola Pool and Lewis A. Dexter(1963), *American Business and Public Policy*. New York: Atherton Press.

Bavelas, Alex(1950), "Communication Patterns in Task-oriented Groups," *Journal of Acoustical Society of America*, 22, pp. 725-730.

Berelson, Bernard(1952), *Content Analysis in Communication Research*. New York: The Free Press of Glencoe.

Berelson, Bernard(1959), "The State of Communication Research," *Public Opinion Quarterly*, 23, pp. 1-15.

Berelson, Bernard, Paul F. Lazarsfeld and William N. McPhee(1965), *Voting: Study of Opinion Formation in a Presidential Campaign*. Chicago: University of Chicago Press.

Berlo, David K.(1955), "Problems in Communication Research," *Central States Speech Journal*, 7, pp. 3-8.

Berlo, David K.(1956), "The Investigator: The Impact of a Satirical Radio Drama," *Journalism Quarterly*, 33, pp. 287-298.

Berlo, David K.(1957), "Some Determinants of the Effect of Oral Communication in Producing Attitude Change and Learning," *Speech Monographs*, 24, pp. 10-20.

Berlo, David K.(1960), *The Process of Communication*. New York: Holt, Rinehart and Winston.

Bettinghaus, Erwin P.(1969), *Persuasive Communication*. New York: Bobbs-Merrill.

Bishop, Isabella(1970), *Korea and Her Neighbors*(서울: 연세대학교출판부, 복간본).

Black, A.(1962), *Modes and Metaphors*. New York: Cornell University Press.

Black, Edwin(1965), "Platon's View of Rhetoric," in L. Crocker and P. A. Carmack, *Readings in Rhetoric*. New York: Charles C. Thomas.

Blotner, Joseph(1955), *The Political Novel*. New York: Doubleday.

Blumer, Herbert(1969), *Symbolic Interactionism: Perspective and Method*. Englewood Cliffs, NJ: Prentice-Hall.

Boas, Franz(1940), *Race, Language, Culture*. New York: Crowell Collier & Macmillan.

Bode, Hermon(1909), *Zur Entstehungsgeschichte der Modernen Zeitung*. Heidelberg-Bergheim: Universität Heidelberg.

Bogart, Leo(1956), *The Age of Television*. New York: Ungar.

Boivin, Emile(1949), *Histoire du Journalisme*. Paris: Presses Universitaires de France.

Bowers, John W.(1963), "The Congruity Principle and Oral Communication," *Central States Speech Journal*, 14, pp. 88-91.

Breed, Warren(1955), "Social Control in the News Room," *Social Forces*, 33, pp. 326-335.

Brehm, Jack W.(1956), "Post-decision Changes in the Desirability of Alternatives," *Journal of Abnormal and Social Psychology*, 52, pp. 384-389.

Brooks, Kenneth(Ed.)(1967), *The Communicative Arts and Sciences of Speech*. Columbus, Ohio: Charles E. Merrill.

Brown, Roger(1958), *Words and Things*. New York: Free Press.

Burke, Kenneth(1937), *Attitudes toward History*. New York: New Republic.

Bücher, Karl(1893), *Die Entstehung der Volkswirtschaft*. Tübingen, Germany: H. Laupp. Translated by S. Morley Wickett(1901), *Industrial Evolution*. New York: H. Holt.

Bücher, Karl(1912), "Das Zeitungswessen," in Paul Hindenberg ed., *Die Kultur der Gegenwart, Entwicklung, und Zide*. Berlin: B. G. Teubner.

Bücher, Karl(1915), *Unsere Sache und die Tagespresse*. Tübingen, Germany: J. C. B. Mohr, Paul Siebeck.

Bücher, Karl(1922), *Zur Frage der Pressreform*. Tübingen, Germany: J. C. B. Mohr, Paul Siebeck.

Bücher, Karl(1926), "Die Aufänge des Zeitungswesens,"(The Origin of the Press) in Karl Bücher, *Auswahl der Publizistikwissenschaft Schriften*, edited by H. D. Fischer and H. Minte. Bochum: Brockmeyer.

Bücher, Karl(1926), *Gesammelte Aufsätze zur Zeitungskunde*. Tübinge, Germany: H. Laupp.

Cantril, Hadley, Hazel Gaudet and Herta Herzog(1940), *The Invasion from Mars: A Study in the Psychology of Panic*. Princeton, N.J.: Princeton University Press.

Carnap, Rudolph(1937), *The Logical Syntax of Language*. New York: Harcourt, Brace and World.

Carroll, John B.(1955), *The Study of Language*. Cambridge, Mass.: Harvard University Press.

Cartwright, Dorwin(1949), "Some Principles of Mass Persuasion: Selected Findings of Research on the Sale of United States War Bonds," *Human Relations*, 2, pp. 253-267.

Cater, Douglas(1959), *The Fourth Branch of Government*. Boston: Houghton Mifflin.

Chase, Stuart(1938), *The Tyranny of Words*. New York: Harcourt, Brace and World.

Cherry, Colin(1957), *On Human Coummunication*. Cambridge, Mass.: Technology Press of MIT.

Cicero(1912-18), *Letters to Atticus*. Translated by E. O. Winstedt, 3 vols. London: Heinemann.

Cicero(1927-29), *Epistulae ad Familiares*(Letters to his Friends). Translated by W. Glynn Williams, 3 vols. London: Heineman.

Clark, Donald L.(1957), *Rhetoric in Greco-Roman Education*. New York: Columbia University Press.

Clevenger Jr., Theodore(1963), "A Summary of Experimental Research in Ethos," *Speech Monographs*, 30, pp. 59-78.

Cohen, Arthur R.(1964), *Attitude Change and Social Influence*. New York: Basic Books.

Cooley, Charles H.(1902), *Human Nature and the Social Order*. New York: Scribner's.

Cooley, Charles H.(1930), *Sociological Theory and Social Research*. New York: Holt, Rinehart & Winston.

Corbett, Edward P.(1965), *Classical Rhetoric for the Modern Student*. New York: Oxford University Press.

Crocker L. and P. A. Carmack(1965), *Readings in Rhetoric*. Springfield: Charles C. Thomas.

Dana, Charles A.(1865), *The Art of Newspaper Making*. New York: Appleton.

Daughery, William E. and Morris A. Janowitz(1958), *A Psychological Warfare Case-*

book. Baltimore: Johns Hopkins.

Davison, Phillips W.(1965), *International Political Communication*. New York: Frederick A. Praeger.

DeFleur, Melvin L.(1953), "The Spatial Diffusion of an Airborne Leaflet Messages," *American Journal of Sociology*, 59, pp. 144-149.

DeFleur, Melvin L. and Otto N. Larsen(1958), *The Flow of Information*. New York: Harper & Row.

Deutsch, Karl W.(1953), *Nationalism and Social Communication*. New York: John Wiley.

Dewey, John(1927), *The Public and its Problems*. New York: Henry Holt & Co.

Dewey, John(1934), *Act as Experience*. New York: Minton, Balch & Co.

Dodd, Stewart and Chick Hung Sung(1960), "A Comparison of Scales for Degrees of Opinion," *Journalism Quarterly*, 37, pp. 280-283.

Dodd, Stewart C.(1955), "Diffusion in Predictable," *American Sociological Reviews*, 20, pp. 392-401.

Dover, C. J.(1959), *Effective Communication in Company Publications*. Washington: Bureau of National Affairs.

Dovifat, Emil(1934), "Die Erweiterung der Zeitungskundlichen zur allgemein-Publizistischen Lehre und Forschung," in *Zeitungswissenschaft*, 9 Jg., Nr. 1/1. 1. 1934, SS. 12-20.

Durkheim, Emile(1915), *The Elementary Forms of Religious Life*. London: George Allen & Unwin.

Dysinger, Wayne S. and Christian A. Ruckmick(1933), *The Emotional Responses of Children to the Motion Pictures Situations*. New York: Macmillan Co.

Eaman, Ross(2009), *The A to Z of Journalism*. Lanham, Maryland: Scarecrow Press.

Emery, Edwin, Philip H. Ault and Warren K. Agee(1960), *Introduction to Mass Communication*, 5th ed. New York: Dodd, Mend & Co.

Endres, Kathleen L.(2008), "Newsletters, Newspapers, Pamphlets," in Rashimi Luthra ed. *Journalism and Mass Communication*, Vol. I. Paris: Unesco-Eolss.

Eyler, C. M.(1952), *The Technique of Political Propaganda in English Drama, 1600~1750*. Nashville, Tennessee: George Peabody College for Teachers Press.

Fand, Irving(1997), *A History of Mass Communication*. Boston: Focal Press.

Feather, Norman T.(1964), "A Structural Balance Model of Communication Effects," *Psychological Review*, 71, pp. 291-313.

Feather, Norman T.(1971), "Organization and Discrepancy in Cognitive Structures," *Psychological Review*, 78, pp. 355-379.

Festinger, Leon(1957), *The Theory of Cognitive Dissonance*. New York: Harper.

Ford, Edwin H. and Edwin Emery, eds.(1954), *Highlights in the History of American Press*. Minneapolis, MS: University of Minnesota Press.

Frandsen, Kenneth(1963), "Effect of Threat Appeals and Media of Transmission," *Speech Monographs*, 30, pp. 101-104.

Fritz, Charles A.(1922), "A Brief Review of the Chief Period in the History of Oratory," *Quarterly Journal of Speech*, 8.

Gamble, Michael W. and Teri Kwal Gamble(1989), *Introducing Mass Communication*. New York: McGraw-Hill.

Giffard, C. A.(1975-76), "Ancient Rome's Daily Gazette," *Journalism History* 2-4, pp. 107-108.

Gosnell, Harold F.(1952), *Champion Campaigner: Franklin D. Roosevelt*. New York: Macmillan.

Goulet, Vincent(2009), "Transformer la societe par l'enseignement social," *Cairn. Info*, 24(February).

Gray, Giles W.(1946), "The Precepts of Kagemni and Ptah-Hotep," *Quarterly Journal of Speech*, 32, pp. 446-454.

Gunn, Battiscombe(1948), *The Instruction of Ptah-ho-tep and the Instruction of Kagemni: The Oldest Book in the World – Translated from the Egyptian*. London: John Murray.

Hagemann, Walter(1947), *Grundzüge der Publizistik*. Münster: Rogensberg.

Hall, Edward T.(1959), *The Silent Language*. New York: Doubleday Company.

Hall, Edward T.(1964), "Adumbration in Intercultural Communication," in John Gumperz and Dell Hymes(Eds.), *The Ethnography of Communication*. LA: Sage, pp. 154-163.

Handson, Prederic(1872), *Journalism in the United States from 1860 to 1872*. New York: Harpers.

Hartley, Eugene L., Ruth E. Hartley and Clyde Hart(1952), "Attitudes and Opinions," in Eugene Hartley and Ruth E. Hartley, *Fundamentals of Social Psychology*. New York: Knopf.

Hayakawa, S. I.(1964), *Language in Thought and Action*. New York: Harcourt, Brace & World.

Heider, Fritz(1946), "Attitudes and Cognitive Organization," *Journal of Psychology*, 21, pp. 107-112.

Heider, Fritz(1958), *The Psychology of Interpersonal Relations*. New York: Wiley.

Heron, Alexander R.(1942), *Sharing Information with Employees*. Stanford: Stanford University Press.

Herzog, Herta(1944), "What Do We Really Know about Daytime Serial Listeners?" in Paul F. Lazarsfeld and F. Stanton(Eds.), *Radio Research: 1942~43*. New York: Duell, Sloan & Pearce.

Hiebert, Ray E., Donald F. Ungurait and Thomas W. Bohn(1985), *An Introduction to Modern Communication*. New York: Longman.

Himmelweit, Hilde, A. N. Oppenheim and Pamela Vance(1958), *Television and the Child*. London: Oxford University Press.

Hostettler, G. F.(1967), "Trends of the History of Rhetoric," in Kenneth Brooks (Ed.), *The Communicative Arts and Sciences of Speech*. Columbus, Ohio: Charles E. Merrill.

Hovland, Carl I., Arthur A. Lumsdaine and Fred D. Sheffield(1949), *Experiments on Mass Communication*. Princeton, N. J.: Princeton University Press.

Hovland, Carl I., Irving L. Janis and Harold H. Kelley(1953), *Communication and Persuasion: A Psychological Studies of Opinion Change*. New Haven, N. J.: Yale

University Press.

Hovland, Carl I. and Irving L. Janis eds.(1959), *Personality and Persuasibility*. New Haven: Yale University Press.

Hovland, Carl I. and Milton J. Rosenberg eds.(1960), *Attitude Organization and Change: An Analysis of Consistency among Attitude Components*. New Haven: Yale University Press.

Hovland, Carl I. and Walter Weiss(1951), "The Influence of Source Credibility on Communication Effectiveness," *Public Opinion Quarterly*, 15, pp. 635-650.

Hovland, Carl I. eds.(1957), *The Order of Presentation in Persuasion*. New Haven: Yale University Press.

Howell, Wilbur S.(1954), "English Background of Rhetoric," in Karl R. Wallace (Ed.), *History of Speech Education in America*. New York: Appleton-Century-Crofts.

Hyde, Grant M.(1968), "Foreword," in George F. Mott and Others, *New Survey of Journalism*. New York: Barnes & Nobles.

Hyman, Herbert H. and Paul B. Sheatsley(1947), "Some Reasons Why Information Campaign Fail," *Public Opinion Quarterly*, 11, pp. 412-423.

Inkeles, Alex(1950), *Public Opinion in Soviet Russia: A Study in Mass Persuasion*. Cambridge: Harvard University Press.

Innis, Harold A.(1950), *Empire and Communication*. London: Oxford University Press.

Innis, Harold A.(1951), *The Bias of Communication*. Toronto, Canada: University of Toronto Press.

Janis, Irving L. and Seymour Feshbach(1953), "Effects of Fear-Arousing Communications," *Journal of Abnormal and Social Psychology*, 48, pp. 78-92.

Janis, J. Harold ed.(1942), *Business Communication Reader*. New York: Harper & Row.

Jebb, Richard C.(1907), "Ancient Organs of Public Opinion," in *Essay and Addresses*. Cambridge: Cambridge University Press.

Katz, Daniel(1947), "Psychological Barriers to Communication," in *Annals of the American Academy of Political and Social Science* (March).

Katz, Elihu(1959), "Mass Communication Research and the Study of Popular Culture," *Studies in Public Communication*, Vol. 2, No. 2(Summer), pp. 1-7.

Katz, Elihu and Paul F. Lazarfeld(1955), *Personal Influence: The Part Played by People in the Flow of Mass Communication*. Glencoe: Free Press.

Kelly, Harold H.(1958), "Salience of Membership and Resistance to Change of Group Anchored Attitudes," *Human Relations*, 8, pp. 275-289.

Kelly, Harold H. and E. H. Volkart (1952), "The Resistance to Change of Group-anchored Attitudes," *American Sociological Review*, 17, pp. 453-465.

Kennedy, George(1963), *The Art of Persuasion in Greece*. Princeton: Princeton University Press, 1963.

Kirchner, Walter(1960), *Western Civilization to 1500*. New York: Barnes & Noble.

Klapper, Joseph T. and C. Y. Glock(1949), "Trial by Newspaper," *Scientific America*, Vol. 180, pp. 16-21.

Klapper, Joseph T.(1960), *The Effects of Mass Communication*. New York: The Free Press.

Knies, Karl(1857), *Der Telegraph als Verkehrsmittel*. Tübingen: Laupp.

Knower, Franklin H.(1945), "Graduate Theses—A Combined Index of Reports of Graduate Work in the Field of Speech and Dramatic Art, XII, 1902~1944," *Speech Monographs*, 12.

Korzybski, Alfred(1933), *Science and Sanity*. Lakeville: Non-Aristotelian Library Publishing Co.

Lang, Kurt and Gladys E. Lang(1959), "The Mass Media and Voting," in Eugene Burdick and A. J. Brodbeck(Eds.), *American Voting Behavior*. New York: Free Press.

Larsen, Otto N. and Richard J. Hill(1954), "Mass Media and Interpersonal Communication in the Diffusion of a News Event," *American Sociological Review*, 19, pp. 426-433.

Lasswell, Harold(1927), *Propaganda Technique in the World War*. Chicago: University of Chicago Press.

Lasswell, Harold(1948), "The Structure and Function of Communication in Society," in Lyman Bryan(Ed.), *The Communication of Ideas*. New York: Harper & Brothers.

Lasswell, Harold, Nathan Leites and Associate(1949), *The Language of Politics*. South Norwalk, Conn.: George W. Stewart.

Lasswell, Harold D.(1963), *The Future of Political Science*. New York: Atherton Press.

Lasswell, Harold D. and Dorothy Blumenstock(1939), *World Revolutionary Propaganda: A Chicago Study*. New York: A. A. Knopf

Lazarsfeld, Paul F., Bernard Berelson and Hazel Gaudet(1948), *The People's Choice: How the Voter Makes up His Mind in a Presidential Election*. New York: Columbia University Press.

Lazarsfeld, Paul F. and Patricia Kendall(1948), *Radio Listening in America*. New York: Prentice-Hall.

Le Clerc, J. Victor(1838), *Des Journaux Chez les Romains*. Paris: Librairie de Firmin Didot Freres.

Lee, Alfred M. and Elizabeth B. Lee(1939), *The Fine Art of Revolutionary Propaganda: A Study of Father Coughlin's Speech*. New York: Harcourt, Brace and Co.

Lee, Irving J.(1941), *Language Habits in Human Affairs*. New York: Harper & Brothers.

Lee, James Melvin(1918), "Instruction to Journalism in Institutions of Higher Education," *U.S. Bulletin*, No. 21.

Likert, Rensis(1954), "A Neglected Factor in Communication," *Audio-Visual Communication Review*, 2, pp. 163-177.

Linebarger, Paul M. A.(1948), *Psychological Warfare*. Washington: Combat Forces Press.

Lippmann, Walter(1922), *Public Opinion*. New York: Macmillan.

Lippmann, Walter(1925), *The Phantom Public*. New York: Harcourt.

Lowenthal, Leo(1944), "Biographies in Popular Magazins," in Paul Lazarsfeld and F. Stanton(Eds.), *Radio Research: 1942~43*. New York: Duell, Sloan & Pearce.

Lundberg, George A.(1955), "The Newspaper and Public Opinion," *Social Forces*, 34, pp. 709-715.

Löffler, Franz A.(1808), *Über die Gesetzgebung der Presse*. Leipzig: Brockhaus.

Maccoby, Eleanor E.(1954), "Why Do Children Watch Television?," *Public Opinion Quarterly*, 18, pp. 239-244.

Maccoby, Nathan(1970), "The New Scientific Rhetoric," in *The Voice of America Forum Lectures: Communication*, pp. 26-34.

Maccoby, Nathan and Eleanor E. Maccoby (1961), "Homeostatic Theory and Attitude Change," *Public Opinion Quarterly*, 24, pp. 538-545.

Mackin, John H.(1969), *Classical Rhetoric for Modern Discourse*. New York: The Free Press.

Maloney, John C.(1964), "Advertising Research and an Emerging Science of Mass Persuasion," *Journalism Quarterly*, 41, pp. 517-525.

Marting, Elizabeth B., Robert E. Finley and Ann Ward eds.(1963), *Effective Communication on the Job*, Rev. ed. New York: American Management Association.

Maverick, Augustus(1870), *Henry J. Raymond and the New York Press for 30 Years*. Hartford, Conn.: Hale.

McCombs, Maxwell E. and Donald L. Shaw(1972), "The Agenda-setting Function of Mass Media," *Public Opinion Quarterly*, 36(Summer).

McCroskey, James C.(1965), "Scales for the Measurement of Ethos," *Speech Monographs*, 32, pp. 65-72.

McCroskey, James C.(1968), *Introduction to Rhetorical Communication*. Englewood Cliffs, N. J.: Prentice-Hall.

McGuire, William J.(1960a), "Cognitive Consistency and Attitude Change," *Journal of Abnormal and Social Psychology*, 60, pp. 345-353.

McGuire, William J.(1960b), "Direct and Indirect Effects of Dissonance-Producing Messages," *Journal of Abnormal and Social Psychology*, 60, pp. 354-358.

McGuire, William J.(1962), "Effectiveness of Forewarning in Developing Resistance to Persuasion," *Public Opinion Quarterly*, 26, pp. 24-34.

McLuhan, Marshall(1969), *Gutenberg Galaxy*. Baltimore: Pelican Books.

Mead, George H.(1932), *The Philosophy of the Present*. London: Open Court.

Mead, George H.(1934), *Mind, Self and Society*. Chicago: University of Chicago Press.

Meerloo, Joost A.(1952), *Conversation and Communication*. New York: International University Press.

Meerloo, Joost A.(1964), *Hidden Communication: Theory of Telepathy*. New York: Helix Press.

Merrihue, Willard V.(1960), *Managing by Communication*. New York: McGraw-Hill.

Merrill, John(1959), *A Handbook of the Foreign Press*. Baton Rouge, LA: Louisiana State University Press.

Merton, Robert K.(1946), *Mass Persuasion*. New York: Harper.

Merton, Robert K.(1949), "Patterns of Influence: A Study of Interpersonal Influence and Communication Behavior in a Local Community," in Paul F. Lazarsfeld and F. Stanton(Eds.), *Communication Research: 1948~49*. New York: Harper & Brothers, pp. 180-219.

Merton, Robert K., M. Fiske and P. Kendall(1956), *The Focused Interview*. New York: Free Press.

Michael, Donald N. and Nathan Maccoby(1953), "Factors Influencing Verbal Learning from Films under Varying Conditions of Audience Participation," *Journal of Experimental Psychology*, 46, pp. 411-418.

Miller, Gerald R.(1963), "Studies on the Use of Fear Appeals: A Summary and Analysis," *Cental States Speech Journal*, 14, pp. 117-124.

Mott, George F. and Others(1968), *New Survey of Journalism*. New York: Barnes &

Nobles.

Murphy, Arthur E. ed.(1934), *Mind, Self and Society*. Chicago: University of Chicago Press.

Meyersohn, Rolf B.(1957), "Social Research in Television," in B. Rosenberg and D. M. White(Eds.), *Mass Culture*. New York: Free Press.

Newcomb, Theodore M.(1943), *Personality and Social Change*. New York: Holt.

Nimmo, Dan(1964), *News Sources and News Channels: A Study in Political Communication*. New York: Atherton Press.

Nixon, Raymond B.(1964), "Introduction," *Journalism Quarterly Cumulative Index*, Vol. 1-40(1924-63), AEJ, p. 6.

Osgood, Charles E., George J. Suci and Percy H. Tannenbaum(1957), *The Measurement of Meaning*. Urbana, Ill.: University of Illinois Press.

Osgood, Charles E. and Percy H. Tannenbaum(1955), "The Principle of Congruity in the Prediction of Attitude Change," *Psychological Review*, 62, pp. 42-55.

Park, David ed.(2008), *History of Media and Communication Research: Contested Memories*. New York: Peter Lang.

Park, Robert E.(1970), "The Natural History of the Newspaper," in Wilbur Schramm(Ed.), *Mass Communication*. Urbana: University of Illinois.

Peirce, Charles S.(1931-35), *Collected Papers of Charles Sanders Peirce*, 6 vols. Cambridge, Mass.: Harvard University Press.

Peter, Raymond W.(1950), *Communication within Industry*. New York: Harper & Row.

Peterson, Ruth C. and Louis L. Thurstone(1933), *Motion Pictures and the Social Attitudes of Children*. New York: Macmillan Co.

Pigors, Paul(1949), *Effective Communication in Industry*. New York: National Association of Manufacturers.

Pooley, Jefferson D.(2008), "The New History of Mass Communication Research," in David Park(ed.), *History of Media and Communication Research: Contested Memories*. New York: Peter Lang.

Prutz, Robert(1845), *Geschichte des deutschen Journalismus*. Hannover: C. F. Kius.

Pye, Lucian W.(1962), *Politics, Personality and Nation-Building: Burma's Search for Identity*. New Haven: Yale University Press.

Pye, Lucian W.(1963), *Communication and Political Development*. Princeton University Press.

Redfield, Charles E.(1958), *Communication in Management*, Rev. ed. Chicago: University of Chicago Press.

Roberts, Murath H.(1944), "The Science of Idiom: A Method of Inquiry into the Cognitive Design of Language," *PMLA*, 59.

Rosenberg, Milton(1956), "Cognitive Structure and Attitudinal Affect," *Journal of Abnormal and Social Psychology*, 53, pp. 367-372.

Rosenberg, Milton(1960), "A Structural Theory of Attitude Dynamics," *Public Opinion Quarterly*, 24, pp. 319-340.

Ruesch, Jurgen and G. Bateson(1951), *Communication: The Social Matrix of Psychiatry*. New York: W. W. Norton.

Ruesch, Jurgen and Weldon Kees(1969), *Nonverbal Communication*. Berkeley, Los Angeles: University of California Press.

Russell, Bertrand(1940), *An Inquiry into Meaning and Truth*. New York: W. W. Norton.

Sanborn, George A.(1964), "Communication in Business: An Overview," in W. Charles Redding and George A. Sanborn, *Business and Industrial Communication: A Source Book*. New York: Harper & Row.

Sandman, Peter M., David M. Rubin and David B. Sachsman(1972), *Media: An Introductory Analysis of American Mass Communication*. Englewood Clifrs, N. J.: Prentice-Hall.

Sapir, Edward(1931), "Communication," Edwin R. A. Seligman and Alvin S. Johnson(Eds.), *Encyclopedia of the Social Sciences*, 4. New York: Macmillan, pp. 78-80.

Sapir, Edward(1963), "Communications among Social Bees, Porpoises and Sonar:

Man and Dolphin," *Language*, 39, pp. 448-466.

Scheidel, Thomas(1963), "Sex and Persuasibility," *Speech Monographs*, 30, pp. 363-358.

Scholz, William(1962), *Communication in the Business Organization*. Englewood Cliffs, NJ: Prentice-Hall.

Schramm, Wilbur(1954), *The Process and Effects of Mass Communication*. Urbana: University of Illinois Press.

Schramm, Wilbur(1955), "Information Theory and Mass Communication," *Journalism Quarterly*, 32, pp. 135-146.

Schramm, Wilbur(1957), "Twenty Years of Journalism Research," *Public Opinion Quarterly*, 21, pp. 91-107.

Schramm, Wilbur(1963a), *The Science of Communication*. New York: Basic Books.

Schramm, Wilbur(1963b), "The Challenge to Communication Research," in Ralph Nafziger and David M. White, *Introduction to Mass Communication Research*, 2nd ed. Baton Rouge, LA: Lousiana State University.

Schramm, Wilbur, Jack Lyle and Edwin B. Parker(1961), *Television in the Lives of Our Children*. Stanford, C.A.: Stanford University Press.

Schramm, Wilbur ed.(1960), *Mass Communication*. Urbana, IL: The University of Illinois Press.

Schutte, William M. and E. R. Steinberg(1960), *Communication in Business and Industry*. New York: Holt, Rinehart & Winston.

Schäffle, Albert E.(1875), *Bau und Leben des socialen Körpers*. Tübingen: Laupp.

Selznick, Philip(1952), *The Organizational Weapon*. New York: McGraw-Hill.

Shannon, Claude(1949), "The Mathematical Theory of Communication," in Claude E. Shannon and Warren Weaver, *The Mathematical Theory of Communication*. Chicago: The University of Illinois Press.

Sherif, Muzarfer and Carl I. Hovland eds.(1961), *Social Judgement: Assimilation and Contrast Effects in Communication and Attitude Change*. New Haven: Yale University Press.

Siebert, Fred S., Theodore Peterson and Wilbur Schramm(1956), *Four Theories of the Press*. Urbana, IL.: University of Illinois Press.

Simmel, George(1950), *The Sociology of George Simmel*. New York: The Free Press of Glencoe.

Smith, Burce L. and Chitra M. Smith(1956), *International Communications*. Princeton, NJ: Princeton University Press.

Smith, Donald K.(1954), "Origin and Development of Department of Speech," in Karl R. Wallace(Ed.), *History of Speech Education in America*. New York: Appleton-Century-Crofts, 1954.

Spurgeon, Caroline(1936), *Shakespear's Imagery*. New York: Macmillan.

Starr, Shirley and Helen M. Hughes(1950), "Report of an Educational Campaign: The Cincinnati Plan for the United Nations," *American Journal of Sociology*, 40, pp. 389-400.

Stephens, Michell(1988), *A History of News: From the Drum to the Satellite*. New York: Viling Penguin, pp. 61-67.

Stuckey, W. J.(1966), *The Pulitzer Prize Novels*. Norman: University of Oklahoma Press.

Suetonius, Gaius(1924), *The Lives of the Caesars*. Translated by J. C. Rolfe. London: Heineman.

Tacitus, Cornelius(2010), *The Annals Translated by Ronald Mellor*. Oxford: Oxford University Press.

Tannenbaum, Percy H.(1955), "The Indexing Process in Communication," *Public Opinion Quarterly*, 19, pp. 292-302.

Thonssen, Lester and A. Craig Baird(1948), *Speech Criticism: The Development of Standards for Rhetorical Appraisal*. New York: The Ronald Press.

Truman, David(1951), *Governmental Process*. New York: Knops.

Wallace, David(1959), "A Tribute to the Second Sigma," *Public Opinion Quarterly*, 23, pp. 311-315.

Wallace, Karl R. ed.(1954), *History of Speech Education in America*. New York:

Appleton-Century-Crofts.

Waples, Douglas, Bernard Berelson and F. F. Bradshaw(1940), *What Reading Does to People*. Chicago: University of Chicago Press.

Weaver, Warren(1949), "Recent Contributions to the Mathematical Theory of Communication," in Claude E. Shannon and Warren Weaver, *The Mathematical Theory of Communication*. Chicago: The University of Illinois Press.

Westley, Bruce H. and Lionel C. Barrow, Jr.(1959), "An Investigation of News-seeking Behavior," *Journalism Quarterly*, 36.

Whorf, Benjamin L.(1941), "The Relation of Habitual Thought and Behavior to Language," in Leslie Spier, B. I. Hallowell and Stanley Newman(Eds.), *Language, Culture, Personality*, pp. 75-93.

Whorf, Benjamin. L.(1956), *Language, Thought and Reality*. Cambridge: Technology Press.

Whyte, Jr., William H. and the Editors of Fortune(1952), *Is Anybody Listening?* New York: Simon and Schuster.

Wiebe, Gerhart(1951-52), "Merchandizing Commodities and Citizenship on Television," *Public Opinion Quartely*, 15, pp. 679-691.

Wiener, Norbert(1948), *Cybernetics: or the Control and Communication in the Animal and the Machine*. New York: John Wiley & Sons.

Williams, Sara L.(1929), *Twenty Years of Education for Journalism: A History of the School of Journalism of the University of Missouri*. Columbia, Missouri: The E. W. Stephens Publ. Co.

Winick, Charles(1959), *Taste and the Censor in Television*. New York: Fund for the Republic.

Wolseley, Ronald E.(1972), *Understanding Magazine*, 2nd ed. Ames, Iowa: The Iowa State University Press.

찾아보기

ㅇ

ㅈ

ㅍ

ㅎ

A History of Communication Studies and Education in Korea

by Cha, Bae Keun
Professor Emeritus of Seoul National University

History of Communication Studies as an independent discipline plays an enormously significant role in studying communication because of the influence that such history has had on the legitimacy and self-image of the discipline and also because of the adaptability that they have shown when faced with the conceptual and methodological changes that they have undergone. This is the book which deals with the history of communication studies and education in Korea. The book explores elaborately the origin and development of communication studies and education as an academic discipline in Korea from 1883 until 1999.

Keywords: History of Communication Studies, History of Communication Education, Communication, History, Communication Studies, Communication Education

저자소개

차배근(車培根)

강원도 횡성 출생 / 서울대학교 사범대학 국어과 졸업 / 미국 켄트주립대학교(Kent State University) 대학원 커뮤니케이션학과 졸업(언론학 박사) / 서울대학교 언론정보학과 교수 / 현재 서울대학교 명예교수

주요 저서: 『커뮤니케이션학개론』(상·하, 1976), 『사회통계방법』(1977), 『사회과학연구방법』(1979), 『매스 커뮤니케이션 효과이론』(1986), 『설득커뮤니케이션이론』(1989), 『매스 커뮤니케이션 효과이론』(제2판, 1999), 『사회과학연구방법』(개정판, 공저, 2013), 『한국신문학사』(공저, 1977), 『중국전근대언론사』(1984), 『중국조선민족언론사』(공저, 1997), 『개화기 일본유학생들의 언론출판활동연구』(2000), 『우리신문 100년』(공저, 2001), 『서울대학교 대학신문사 I: 1952-1961』(2004), 『중국근대언론발달사: 1815-1945』(2008), 『미국신문발달사』(2015) 등